Lebe deine Sehnsüchte und Herzenswünsche, so riet man mir. Doch ich durfte erfahren, dass dies eine der schwierigsten Aufgaben ist, die es im Leben zu meistern gilt. Meine alten Muster ließen mich nicht los, wodurch ich anfing zu zweifeln. Gab es wirklich einen großen Plan, nach dem zu leben wir streben?

Ich resignierte zunehmend, als mir bewusst wurde, dass das Wissen um die Geheimnisse des Lebens allein nicht ausreichen würde, um mein Leben dauerhaft zum Positiven zu verändern. So begab ich mich auf eine Reise ins Unbekannte, die mir die Augen öffnen sollte.

Charmant und unverblümt weihten mich wundervolle Menschen auf einer Insel weit draußen im Meer in die Geheimnisse ein, was konkret mich von außen, aber auch in meinem Inneren steuerte und daran hinderte, ich selbst zu sein. Ich sollte erfahren, dass genau darin die Befreiung zu finden war, nach der ich mich so sehr sehnte.

Helfend nahmen mich die Inselbewohner an die Hand und offenbarten mir die mächtigsten Manipulationen, die es jemals gab. Was ich dabei zu sehen bekam, ließ mir den Atem stocken. Zu keiner Zeit hatte ich es für möglich gehalten, dass im Hintergrund Menschen die Fäden des Weltgeschehens in Händen halten könnten, um damit nicht nur mich, sondern die gesamte Weltbevölkerung für ihre Zwecke zu missbrauchen.

Trauer und Verurteilung waren meine erste Reaktion, als ich die Wahrheit vor dem Schleier erkannte. Doch als ich verstand, dass ich an den Zuständen, wie sie gegenwärtig auf diesem Planeten anzutreffen sind, nicht unbeteiligt war, begann ich zu verstehen – und veränderte mein Leben. Von nun an sollte alles anders werden …

Impressum:

© **Marador-Verlag**
1. Auflage 2015
ISBN 978-3-00-050335-1
www.marador-verlag.de

Lektorat:
Sonja Gebauer, Scheidegg
Gestaltung:
Alexander Otto, Leutkirch im Allgäu
Bilder:
fotolia.com, Titelbild: saicle
Druck:
CPI Moravia Books s.r.o.

Ralf Marador

Ich bin ...

... die Wahrheit
vor dem Schleier

Anmerkung

Der Autor Ralf Marador weist ausdrücklich darauf hin, dass er in keiner Weise gegen medizinische Behandlungen ist. Die Inhalte des Buches ersetzen keinen Arztbesuch.

Sie sollen jedoch gezielt zu einem besseren Verständnis für die Entstehung von krank machenden Lebensumständen beitragen. Deswegen reicht Ralf Marador der medizinischen Wissenschaft von ganz anderem Ansatz ausgehend die Hand.

Die Erläuterungen in diesem Buch erheben keinen Anspruch auf Vollständigkeit, Absolutheit oder gar wissenschaftliche Fundierung, da es sich dabei lediglich um die subjektive Betrachtungsweise des Autors handelt. Er übernimmt keine Haftung für Schäden, die durch falsche Schlussfolgerungen jeglicher Art entstehen.

Vielmehr geht es darum, dem Leser die vielschichtigen Manipulationen auf das eigene Leben in einfacher, verständlicher Weise aufzuzeigen. Jeder kann und soll die Informationen mit seinem eigenen Weltbild abgleichen.

Ich widme dieses Buch allen Menschen,
die bereit sind, neue Wege zu gehen
und die nicht länger eine Illusion leben möchten,
welche nur eine Halbwahrheit hervorzubringen vermag.

„Von jeder Wahrheit ist das Gegenteil ebenso wahr!"

Hermann Hesse

INHALT

INHALT

WORTE DER ERKENNTNIS

Als ich den ersten Band „Ich bin … das Geheimnis deines Lebens" vollendet hatte, glaubte ich, alles über das Geheimnis, das uns alle umgibt, erfahren und niedergeschrieben zu haben. Ich fühlte eine Euphorie, dass sich nun mein Leben und das meiner Leser nachhaltig zum Besseren ändern würde. Die Zeit des Wandels mit seinen kosmischen Einflüssen, in der wir seit einigen Jahren leben, würde ein Übriges tun, um einem Großteil der Menschen eine glückliche Zukunft zu bescheren.

Doch meine positive Einstellung sollte sich bald ändern. Ich bemerkte zunächst an mir selbst, dass es nicht einfach ist, nach den Gesetzmäßigkeiten des Lebens zu handeln und zu leben. Auch an den Rückmeldungen vieler Leser und dem Verhalten derjenigen unter ihnen, die mir nahestehen, erkannte ich, dass sich die anfängliche Euphorie, das eigene Leben mit den vielen nützlichen Informationen der ersten Geschichte nun dauerhaft zu meistern, als große Herausforderung entpuppte. So ließ mir das Gefühl keine Ruhe, dass es Dinge im Verborgenen geben muss, die uns unbewusst daran hindern, unseren Weg hin zu einem freudvollen, glücklichen, zufriedenen und harmonischen Leben voller Liebe zu leben. Meine innere Stimme sagte mir, wie auch im Vorfeld meines ersten Buches, dass ich mich auf meine Intuition verlassen durfte um dadurch den Schleier, der uns umgibt, für alle Zeiten zu heben und um die Wahrheit darüber zu erfahren, was und wer uns unbewusst oder absichtlich davon abhält, unser wahres Sein zu leben. So folgt der ersten Geschichte mit diesem Buch eine Fortsetzung, die nicht nur dem Erzähler, sondern auch dem Leser die Augen öffnen kann.

Voraussetzung dafür ist allerdings, neues Wissen zuzulassen und in sein bestehendes zu integrieren oder es sogar durch dieses zu ersetzen. Da wir allzu oft dazu neigen, zu glauben, wir wüssten bereits alles, brauchen manche Menschen stichhaltige Fakten. Darum habe ich auch dieses Buch, genau wie das erste, aus zwei Teilen aufgebaut. Der erste Teil enthält die Geschichte, über die der Leser auf einfache, spannende und verständliche Weise mit den Tatsachen konfrontiert wird. Im zweiten Teil erfährt der Leser, was sich in meinem Leben Richtungsweisendes ereignet hat, das der vorliegenden Geschichte diesen Verlauf gegeben hat.

Als Faktencheck für alle, die mehr über die einzelnen Themen dieses Buches erfahren möchten, habe ich zahlreiche Buch- und Seminartipps, Internetseiten sowie YouTube-Links aufgeführt, die mir zum Teil erst beim Schreiben auf wundersame Weise zugeführt wurden, durch E-Mails von Freunden oder durch Fügungen. So offenbarte sich mir mit jeder geschriebenen Seite die Kraft, die im Verborgenen liegt und die uns zu manipulieren versucht. Ebenso erfuhr ich, was ich zu Beginn der Geschichte noch nicht wusste: Die Inhalte dieses Werkes stellen Lösungsmöglichkeiten dar, welche jedem die Chance geben, diese Verhinderungsstrategien dauerhaft zu beseitigen.

Im weiteren Verlauf meiner Recherchen stieß ich auf Fakten, die mir klarmachten, dass jeder von uns aufgefordert ist, aufzuwachen, um zu erkennen, was um uns herum geschieht. Ich erkannte, dass es sich mittlerweile nicht mehr um eine „spirituelle Modeerscheinung" handelt, den Weg zur Selbstfindung einzuschlagen, sondern dass dies ein globales und kollektives Thema ist – so dringlich wie nie zuvor.

Erst als die letzten Zeilen der beiden Teile geschrieben und ich alles noch einmal sorgfältig durchlas, offenbarte sich mir die Notwendigkeit der Änderung unseres individuellen und kollektiven Handelns. Darum möchte ich dir, liebe Leserin, lieber Leser, unbedingt das Nachwort – Worte der Notwendigkeit – ans Herz legen. Hierin findest du weitere Informationen, die mir erst kurz vor Abschluss meiner Recherchen zuflossen.
Da ich aus eigener Erfahrung weiß, dass die Neugierde dich dazu führt, nun sofort das Nachwort zu lesen, bitte ich dich höflich, dies NICHT zu tun, bevor du die Teile eins und zwei gelesen hast. Erstens bringst du dich eventuell um die Spannung im Roman, zweitens besteht durchaus die Möglichkeit, dass du ohne die Informationen in der Romanhandlung und ohne Kenntnis der Fakten im zweiten Teil die Tragweite dieser Worte nicht vollständig erfassen kannst. Sei also lieber gespannt auf das, was dich erwartet.

Ich betrachte dieses Buch nicht als reinen Unterhaltungsroman, den man lediglich zum Zeitvertreib liest, sondern als ein spannendes Sachbuch moderner Form, das zum Nachdenken und Handeln anregen soll. Aus der Hirnforschung wissen wir, dass sich Bilder in unserem Kopf viel leichter einprägen als nüchterne Fakten. Deswegen ist die Romanform, kombiniert mit einem sachlichen zweiten Teil zur Ergänzung, sehr gut als Lebensratgeber geeignet. Das haben mir bereits viele Leser des ersten Bandes bestätigt.

Solltest du den ersten Band noch nicht kennen, so ist dennoch möglich, zuerst mit Band zwei zu beginnen. Ich beziehe mich immer wieder auf die Erkenntnisse des Erzählers der ersten Geschichte, wodurch sich die Zusammenhänge automatisch erschließen.

An dieser Stelle möchte ich dir, wie bereits im ersten Buch, eine Leseempfehlung geben:

- Nimm dir Zeit beim Lesen dieses Buches.
- Lies nur dann, wenn du diesem Lesestoff deine ganze Aufmerksamkeit widmen kannst. Das heißt, sei ausgeruht und mit deinen Gedanken voll beim Inhalt.
- Lege nach jedem Kapitel eine kurze Pause ein und lass die Geschichte auf dich wirken. Vergleiche sie mit deinem Leben.
- Mache dir eventuell Notizen. Am Ende des Buches findest du dafür Platz.

Du hast zwei Möglichkeiten, dieses Buch zu lesen:
Entweder du liest zuerst den Roman und informierst dich anschließend über die angefügten Fakten, um mehr über die Erklärungen, Behauptungen und Erkenntnisse der Romanfiguren zu erfahren. Oder du liest abwechselnd ein Kapitel des Romans und das dazugehörige Kapitel des Faktenteils. Hierzu kannst du die beiden Lesebändchen im Buch verwenden.

Nun wünsche ich dir bei der Lektüre dieses spannenden und informativen Buches viele Erkenntnisse, die dich erwachen lassen, um zu erkennen, welche Wahrheit sich vor dem Schleier verbirgt, der uns alle umgibt. Die Veränderung, die sich dadurch in deinem Leben ergeben kann, ist durchaus gewünscht.

Ralf Marador

TEIL EINS

„Wissen, dass man nichts weiß,
das ist das Allerhöchste.“

Lao-Tse

1

AUFBRUCH INS UNBEKANNTE

„Du bist, genau wie ich und viele andere auch,
aus deinem Seelenschlaf erwacht."

Ich ließ mich entspannt in meinen Sessel zurückfallen und schloss die Augen. Die letzten Wochen waren sehr anstrengend gewesen. Hatten sie mich doch viel Kraft gekostet. Lange war ich nicht mehr so verwirrt, verunsichert und wütend zugleich. So schlief ich schon nach wenigen Minuten ein. Sofort begann ich zu träumen und in meinem Unterbewusstsein zog ein Film an mir vorbei. Er erinnerte mich wieder daran, was alles vorgefallen war:

„Du bist wirklich das Letzte. Warum tust du mir so etwas an, ich will dich nie wieder sehen. Wenn ich das geahnt hätte, wären wir niemals …", schrie ich wütend, drehte mich um, knallte hinter mir die Türe zu und verließ hastig und mit tränenunterlaufenen Augen die Wohnung.

Völlig orientierungslos irrte ich durch die Straßen. Dabei kreisten meine Gedanken permanent um das eben Erlebte. Es war nicht das erste Mal und das schockte mich am meisten.

In meinem Sessel bewegte ich den Kopf mehrfach von links nach rechts, als wollte ich diese Erinnerungen von mir abschütteln, denn ich musste vergessen, die vergangenen zwei Jahre einfach aus meinem Leben streichen. Dabei hatte alles so schön angefangen:

Es war eine schicksalhafte Begegnung, durch die ich Menschen kennenlernte, die mir zeigten, wie das Leben wirklich funktioniert. Dabei erfuhr ich Dinge, von denen ich vorher noch nie etwas gehört hatte. Zahlreiche verständliche Geschichten zu den Themen Körper, Geist und Seele ließen mich erahnen, welches Geheimnis das Leben umgibt. Bei meinen Treffen mit Mary und Samuel lernte ich die Gesetzmäßigkeiten des Lebens kennen. Sie halfen mir weiter, die Reise in meine eigene Vergangenheit zu verstehen. Dabei stieß ich auf Antworten zu den Fragen: Wo komme ich her? Wo gehe ich hin? Wozu das alles? Endlich konnte ich die Hindernisse in meinem Leben beseitigen und meinen Lebensweg finden, den zu beschreiten ich mir vor langer Zeit vorgenommen hatte.

Doch sollte nun all das, was ich in den letzten zwei Jahren über das Leben gelernt und erfahren hatte, nicht stimmen? Ich begann zu zweifeln und konnte das Geschehene noch immer nicht fassen. So stürzte ich bereits in das nächste Jammertal. Es begann in mir zu kochen und zu brodeln, als ich wieder die Anfangsszene meines Traumes vor Augen hatte. Ich begann zu zittern, es bebte in mir, alles vibrierte, begann an mir zu rütteln. Plötzlich wurde ich von links nach rechts geworfen und in der nächsten Sekunde nach oben gehoben, bevor ich unsanft nach unten fiel. Das wiederholte sich einige Male, bis ich merkte, dass diese Eindrücke nicht in meinem Traum geschahen, sondern real sein mussten. „War das gerade ein Erdbeben?", dachte ich panisch. „Nein, das kann nicht sein. Bei einer so heftigen Erschütterung wäre schon längst das ganze Haus zusammengebrochen", beruhigte ich mich. Aber was war es dann? „Öffne einfach die Augen, dann wirst du es schon sehen", sprach meine innere Stimme. Doch ich traute mich nicht. Panik überkam mich. Ich befürchtete gleich in die Tiefe zu stürzen und schlug um mich, auf der Suche nach einem festen Halt. Zu meiner Linken ertastete ich nur eine Wand, aber zu meiner Rechten stieß ich auf etwas Weiches. Sofort umklammerte ich es mit festem Griff. Doch schon im selben Moment begann eine männliche Stimme laut aufzuschreien: „Au, sind Sie verrückt geworden, was machen Sie da? Lassen Sie mich sofort los und schnallen Sie sich gefälligst an."

Was hörte ich da? Ich sollte mich anschnallen, und überhaupt: Was machte der fremde Mann neben mir? Jetzt riss ich meine Augen auf und stellte zu meinem Entsetzen fest, dass ich in einem Flugzeug saß. Ich sah, wie sich meine Hände im Arm eines Mannes mittleren Alters festkrallten.

„Natürlich", fiel es mir augenblicklich ein, „ich war ja meiner unerträglichen Situation zu Hause entflohen und auf dem Weg in den Urlaub, um Abstand zu gewinnen." Peinlich berührt, ließ ich den Arm des Mannes los und entschuldigte mich sofort. Doch kaum hatte ich die Worte ausgesprochen, fing es wieder heftig an zu rütteln. Panisch suchte ich nach meinem Anschnall-gurt. Als ich den Verschluss in beiden Händen hielt, wollte ich ihn zusam-menfügen, bis er einrastete, doch meine Hände zitterten so sehr, dass ich es einfach nicht schaffte. Schweiß lief mir den Rücken hinunter und meine Lippen begannen zu vibrieren. Die Schweißperlen auf meiner Stirn sammel-ten sich und tropften mir auf den Schoß.

„Jetzt geh schon zusammen, du blödes Ding", murmelte ich.

„Ich schaff das nicht, oh Gott, wir stürzen gleich ab." Als ich den letzten Satz ausgesprochen hatte, wurden die Erschütterungen wieder heftiger und das Flugzeug neigte sich nach vorne. Vor lauter Entsetzen, dass das Gesagte jetzt gleich eintreten würde, musste ich weinen. „Ich hätte dies nicht sagen dürfen, denn Gedanken und Worte erschaffen doch Realität", stellte ich fest und wurde mir augenblicklich der Folgen bewusst, da dies eine Gesetzmä-ßigkeit war, die ich von Mary und Samuel gelernt hatte und an die zu halten ich mich bemühte. Doch bei mir brannten gerade alle Sicherungen durch.

„Scheiße, Scheiße, Scheiße", bemerkte ich nun völlig hysterisch und begann noch mehr zu zittern.

„Soll ich Ihnen beim Anschnallen behilflich sein", fragte mich nun ganz freundlich mein Sitznachbar.

„Wie können Sie in dieser Situation so ruhig sein, wir stürzen gleich ab", fuhr ich ihn an, „Sie hängen vielleicht nicht an Ihrem Leben, aber ich hin-gegen schon." Völlig aufgelöst fuhr ich fort mit meinen zitternden Händen den Gurt zu schließen, was mir jedoch partout nicht gelingen wollte.

„Jetzt lassen Sie sich halt von mir helfen, Sie sind ja ganz aufgewühlt. Und überhaupt, wir stürzen nicht ab."

„Das sagen Sie jetzt nur, um mich zu beruhigen. Wie können Sie in dieser Situation nur so entspannt sein? Sind Sie des Lebens etwa müde, dass es Ih-nen egal ist, wenn Sie gleich sterben?", provozierte ich ihn und gab mit einer Handbewegung das Okay, meinen Gurt zu verschließen.

Noch während er es tat, knackste der Bordlautsprecher über mir:

„Meine Damen und Herren, hier spricht Ihr Kapitän. Wie Sie schon be-merkt haben, fliegen wir gerade durch heftige Turbulenzen. Bitte schnallen Sie sich an und bleiben Sie vor allem sitzen. Es besteht kein Grund zur Sor-ge. Um weiteren zu erwartenden Luftturbulenzen auszuweichen, verlassen wir nun unsere Reiseflughöhe und befinden uns bereits im Sinkflug. Vielen Dank für Ihr Verständnis."

„Sehen Sie, ich hatte recht, es besteht kein Grund zur Panik", sagte der Mann neben mir. Langsam beruhigte ich mich wieder und saß nun ein wenig entspannter in meinem Sessel.

„Bitte entschuldigen Sie meine Reaktion. Ich weiß auch nicht, was da gerade mit mir los war", entgegnete ich verunsichert und drehte mich zum Fenster, um den Blicken des Mannes auszuweichen. Erleichtert lehnte ich mich zurück und wollte gerade die Augen schließen, als er mich abermals ansprach: „Hatten Sie das schon öfters mit der Flugangst?"

„Nein, nicht dass ich wüsste. Ich habe aber auch noch nie so eine Situation erlebt. Dieses starke Rütteln und dann auch noch der rasche Sinkflug, das zusammen muss wohl bei mir der Auslöser dafür gewesen sein, dass ich der Überzeugung war, wir würden nun gleich abstürzen. Ich dachte wirklich, wir würden gleich alle sterben."

„Was wäre daran so schlimm?", fragte mich der Mann und schaute mir tief in die Augen, als ich meinen Kopf entsetzt zu ihm drehte. Für einen Augenblick war ich sprachlos und dachte, dass dieser Mensch wohl tatsächlich seines Lebens müde sein musste. Darum entgegnete ich: „Kann es sein, dass Sie nicht an ihrem Leben hängen, sodass es Ihnen egal wäre, wenn Sie nun auf der Stelle sterben würden?"

„Natürlich möchte auch ich nicht zu diesem Zeitpunkt sterben, aber was könnte ich dagegen tun, wenn es so wäre? Ich sitze genau wie Sie in diesem Flugzeug und kann nicht einfach aussteigen, bevor es abstürzt. Also muss ich die Dinge hinnehmen."

„Hinnehmen sagen Sie, das kann man doch nicht einfach so hinnehmen, wenn man von einer Sekunde auf die andere aus dem Leben gerissen wird. Also ich habe noch einiges in meinem Leben vor", konterte ich und verschränkte trotzig meine Arme.

„Das habe ich auch, jedoch muss ich ja nicht unbedingt alles, was ich mir vorgenommen habe, in diesem Leben umsetzen und erfüllen", argumentierte er.

„Ah, ich verstehe, Sie glauben auch an die Wiedergeburt und das Spiel des Lebens, ja?"

„So ist es, und wie ich Ihren Worten entnehmen kann, kennen Sie sich auch damit aus. Jedoch scheinen Sie das Spiel noch nicht ganz verstanden zu haben!", konterte nun er.

„Wie kommen Sie darauf, dass ich es noch nicht ganz verstanden haben könnte? Ich meine, wenn ich durch einen Flugzeugabsturz ums Leben kommen würde, dann wäre meine Spielrunde zu Ende und ich könnte all das, was ich mir für dieses Leben vorgenommen habe, nicht mehr erfahren. Das wäre doch schlimm."

„Nun", sprach er ruhig weiter, „das kommt darauf an, denn wenn man den Absturz, der mit einem Ableben verbunden wäre, als zum Spielverlauf dazugehörig betrachten würde, so wäre das Ganze ja durchaus sinnvoll, meinen Sie nicht?"

„Also ich weiß nicht. Ein Unglück, das so viele Menschen gleichzeitig betrifft, soll zum Plan im Spiel des Lebens dazugehören? Das kann sich doch keiner ausdenken, geschweige denn vornehmen."

„Die Diskussion mit Ihnen scheint ja interessant zu werden, was unsere gefühlte Flugzeit sicher verkürzen wird. Doch darf ich mich zunächst vorstellen. Ich bin Henry. Wir können gerne du zueinander sagen, da ich spüre, dass du einer von ‚uns' bist", meinte er und streckte mir die Hand entgegen.

Nachdem wir uns gegenseitig vorgestellt hatten, ergriff ich zunächst das Wort:

„Also, Henry, wie darf ich das mit der Aussage ‚du bist einer von uns' verstehen?"

„Ganz einfach: Du weißt um das Spiel des Lebens, deswegen bist du genau wie ich und viele andere auch aus deinem Seelenschlaf erwacht. Das bedeutet, dass du nicht deinen Verstand oder dein Ego als das identifizierst, was du bist, sondern deine Seele und die Intuition, über die sie mit dir kommuniziert, als deine wahre Identität anerkennst. Somit bist du seelengeführt."

Was er gerade zu mir sagte, ließ mir eine Gänsehaut am ganzen Körper entstehen. Er dachte tatsächlich genauso wie ich, seit ich bei Mary und Samuel war. Früher hätte ich das, was ich eben gehört hatte, als Spinnerei abgetan und kein weiteres Wort mit ihm geredet. Doch nun begann mich dieser Henry zu interessieren.

2

ZUFALL ODER FÜGUNG

*„Wir dürfen eben nie die Rechnung
ohne den freien Willen machen."*

Nachdem uns die Stewardess etwas zu trinken gebracht hatte, setzten wir unsere Unterhaltung fort: „Nun gut, Henry. Du bist also der Meinung, dass ein Flugzeugabsturz auch zum Plan einer Seele gehört. Wie kommst du darauf dies zu behaupten, denn ich finde das ganz schön krass?"

„Du hast natürlich schon recht: Für uns Menschen ist es kaum vorstellbar, dass ein solches Schicksal von der eigenen Seele ausgesucht worden sein soll", bestätigte er meine Worte, „und es ist auch bei vielen Menschen so, dass ihre Seele es für sie nicht vorgesehen hat, bei einem Flugzeugabsturz ums Leben zu kommen."

„Aha", triumphierte ich, „dann war meine Angst vor dem Sterben doch nicht unberechtigt. Demnach gibt es also schon Zufälle, auf die wir keinen Einfluss haben, und eben diese machen mir Angst."

Henry starrte für einen Augenblick in seinen Trinkbecher und erklärte dann mit ernster Miene: „Zufall ist ein Wort ohne Sinn, denn nichts kann ohne Ursache existieren. Das sagte schon der Philosoph Voltaire im 17. Jahrhundert. Es bedeutet, dass alles eine Ursache haben muss, damit es überhaupt geschehen kann. So wäre es nun deine Aufgabe herauszufinden, wo die Ursache deiner Angst vor dem Sterben zu finden ist."

„Das kann ich dir nicht sagen. Es ist halt so, dass mich der Gedanke an den Tod in ein Gefühl der Panik versetzt. Es raubt mir fast den Atem. Und es schmerzt in der Herzgegend. Aber ich habe keine Ahnung, warum diese Gefühle in mir aufkommen", erklärte ich resigniert.

„Dann schau mal nach, was in dir geschieht, bevor du diese Gefühle bekommst", ermunterte er mich. „Hörst du deine innere Stimme oder deine Intuition, wie man auch sagt? Achtest du darauf, was dein erster Gedanke dir mitteilen möchte, und vor allem: Nimmst du ihn auch ernst? Oder bist du so im Denken verhaftet, dass du die Zeichen nicht wahrnehmen kannst?"

„Ja, natürlich nehme ich die Zeichen wahr. Als es zu wackeln anfing und sich dann auch noch das Flugzeug nach vorne neigte, war mein erster Gedanke, dass ich jetzt sterben würde", antwortete ich selbstsicher.

„Das war aber nicht deine Intuition, also die Standleitung zu deiner Seele, die dir das mitgeteilt hat, sondern es war dein Verstand, der dir diese Todesangst einredete. Denn wie du sicher weißt, reagiert der Verstand auf eine Situation immer mit Angst, Zweifel, Misstrauen und ähnlichen Gefühlen. Die Intuition jedoch setzt immer ein Vertrauen in die Information, die du erhalten hast, voraus. Vertrauen in die Führung deiner Seele."

„Ich konnte aber in diesem Moment nicht hinnehmen, dass mein Leben zu Ende sein könnte", widersprach ich energisch.

Für einen Augenblick, der mir wie eine Ewigkeit vorkam, fand keiner von uns beiden weitere Worte. „Kann es sein, dass du generell Angst vor dem Sterben hast?", fragte mich nun Henry.

„Ja", antwortete ich zögerlich, „ich habe einen großen Respekt vor dem Tod, ich kann es mir beim besten Willen nicht vorstellen, am Spiel des Lebens nicht mehr teilzunehmen. Ich hänge sozusagen an meinem Leben."

„Dann hast du in der Tat das Spiel, das wir alle spielen, noch nicht ganz verstanden. Mit Sicherheit weißt du schon sehr viel darüber, doch es fehlen dir noch einige entscheidende Erkenntnisse. Sie zu erhalten und dann auch in den Alltag zu integrieren, ist der nächste Schritt in deiner persönlichen Entwicklung", erläuterte mir Henry mit ruhigen Worten. „Damit du besser verstehst, was ich meine, möchte ich dir nun erklären, warum ich keine Angst hatte, als wir durch die Turbulenzen flogen. Deswegen beginne ich mit meiner Erläuterung schon vor dem Abflug." Er konzentrierte sich kurz und fuhr fort: „Als ich mich auf den Weg zum Flughafen machte, gab es keine Hindernisse. Das heißt, ich geriet in keinen Stau und mein Auto hatte auch keine Panne. So erreichte ich genau, wie ich es mir vorgenommen hatte, pünktlich den Flughafen. Das Einchecken verlief reibungslos und auch der Flug startete recht pünktlich. Kurzum, es gab keine Störungen oder Zeichen, die darauf hinwiesen, dass ich den Flug nicht antreten sollte. Das gab mir die Selbstsicherheit, dass diese Reise auf Seelenebene geplant ist, oder zumindest irgendetwas während der Reise für meinen weiteren Lebensplan wichtig sein würde."

„Okay, ich verstehe, was du mir damit sagen möchtest. Die Zeichen wären ein Hinweis meiner Seele an mich, die Reise nicht anzutreten. Damit würde sie mich quasi daran zu hindern versuchen, in dieses Flugzeug einzusteigen, da sie gewusst hätte, dass bei diesem Flug ein Unglück passieren wird."

„Ja genau, da es im Universum keine Zeit gibt, ist deine Seele in der Lage, das Unglück zu erkennen und kann dich so vor Schaden bewahren, wenn du es zulässt. Dass schon viele Menschen dieses Erlebnis hatten, zeigen die Berichte von Passagieren, die nicht in einer Unglücksmaschine saßen, weil sie ‚zufälligerweise' kurz vor dem Abflugtermin ihren Flug wegen einer Panne, einer Flugstornierung oder Umbuchung nicht angetreten hatten. Sie haben unbewusst oder im tiefen Vertrauen auf ihre innere Stimme gehört. Eine Untersuchung der Flugairlines ergab, dass im Vorfeld von Flugunglücken immer wesentlich mehr Passagiere Umbuchungen oder Stornierungen beim betreffenden Flug vornahmen als das bei den anderen Flügen der Fall war. Ebenso stellte sich heraus, dass in der Absturzmaschine meistens nicht die gewohnte Crewzusammensetzung an Bord war."

„Vielleicht war das ja der Grund dafür, dass ein Unglück geschehen konnte, weil die Crew nicht aufeinander eingespielt war", stellte ich fest.

„Ich bitte dich", reagierte Henry entsetzt, „du willst doch nicht ernsthaft damit sagen, dass du genau wie die Airlines das als Ergebnis der Untersuchungen ansiehst! Die wahre Erkenntnis ist doch, dass auch die Crewmitglieder, die nicht wie üblich an Bord waren, daran gehindert wurden, an Bord zu gehen. Sei es durch Krankheit, eine Panne oder sonstige Umstände. Sie haben entweder bewusst oder unbewusst auf die Zeichen reagiert. Und nun komme ich wieder auf deine Frage zurück, ob ich denn meines Lebens müde wäre, weil ich vorhin keine Angst hatte. Ich war im Vertrauen, sozusagen im Seelenvertrauen darauf, dass mir nichts passieren würde, denn ich fühlte mich sozusagen geführt. Und sollte es dennoch geschehen, so hätte ich es in jenem Moment auch nicht mehr zu ändern vermocht."

„Jetzt bin ich aber enttäuscht, denn ich dachte, du wärest der festen Überzeugung, dass dir nichts passieren kann, da du stets auf die Zeichen achtest und es für dich somit keine Zufälle gibt. Doch nun bekräftigst du mit deiner letzten Aussage, dass du irgendwo doch machtlos bist, wenn es um dein Schicksal geht."

„Tja", meinte Henry und zog dabei seine Schultern ratlos nach oben, „wir dürfen eben nie die Rechnung ohne den freien Willen machen. Wir werden zwar alle ‚von oben' geführt, jedoch greift die Seele in den freien Willen eines jeden Menschen niemals ein. Deswegen sind ja auch die Flugzeuge, die abstürzen, nicht leer, weil plötzlich alle Passagiere auf irgendeine Art und Weise verhindert waren. Und auch ich möchte nicht von mir behaupten, dass ich immer so wachsam bin, dass ich alle Zeichen wahrnehme. Sollte es daher einmal aus diesem Grund geschehen, so habe ich eben nicht aufgepasst, obwohl meine Seele alle Hebel in Bewegung gesetzt hatte, damit genau dies nicht passiert. Denn das tut sie immer, um mich vor Schaden zu bewahren. Doch der unbeabsichtigte Tod ist für mich deswegen nicht weiter schlimm, da ich ja weiß, dass ich in der nächsten Spielrunde eine neue Chance bekomme. Das meinte ich damit, als ich sagte: ‚Du bist in der Angst und nicht im Vertrauen.' Kannst du das nun verstehen?"

„Ja, das kann ich sehr gut, doch ich wundere mich darüber, warum mir dieses Vertrauen immer wieder fehlt. Denn eigentlich weiß ich um all das, was du eben erzählt hast. Doch ich vergesse es einfach immer wieder. Das wiederum möchte ich eigentlich gar nicht, habe aber keine Ahnung, wie ich das ändern könnte."

„Vermutlich fehlen dir einfach noch einige Informationen, die zu weiteren Erkenntnissen in deinem Leben führen, sodass du zielgerichteter auf deinem Lebensweg vorankommen kannst", erklärte mir Henry einfühlsam.

„Meinst du?", reagierte ich erstaunt, „Ich dachte, das, was ich von zwei lieben Menschen gelernt habe, sei alles, was man wissen muss."

„Nun, ich weiß ja nicht, was dir diese beiden Menschen, die du ganz offensichtlich sehr magst, alles beigebracht haben. Es war für dich zu jenem Zeitpunkt bestimmt eine ganze Menge. Doch sei gewiss, dass es noch viel mehr gibt, von dem übrigens die meisten Menschen noch nichts wissen."

In der folgenden Stunde erzählte ich, so gut ich konnte, alles, was Mary und Samuel mich lehrten. Henry hörte mir aufmerksam zu, als ich mit der Ernährung begann …

Nachdem ich geendet hatte, schaute mich Henry anerkennend an und meinte: „Da haben dir deine beiden Freunde bereits sehr viel mitgeteilt.

Und es ist alles richtig. Auch ich habe damals, das war vor über 20 Jahren, ebenso wie du Stück für Stück von diesen so wichtigen Dingen erfahren. Doch zu dieser Zeit gab es noch nicht sehr viele Menschen, die sich damit auseinandersetzten, geschweige denn überhaupt etwas darüber wissen wollten. Heute hingegen befassen sich viele Menschen mit alternativen Heilmethoden, mit Gesetzmäßigkeiten und der Spiritualität, weil sie spüren – oder aber am eigenen Leib erfahren haben –, dass das, was ihnen von ihren Ärzten, von den Politikern sowie in den Medien als Tatsachen angepriesen wird, nicht stimmen kann. Sie suchen nach Alternativen, genau wie du und ich, weil sie beginnen, das Spiel zu durchschauen. Doch selbst mit dem Wissen, das du bereits hast – und das ist schon ganz schön viel –, wirst du immer wieder in einer Sackgasse landen. Du hast es vorhin mit den Worten erklärt, dass du das, was du bereits weißt, im Alltag immer wieder vergisst, obwohl du das eigentlich gar nicht möchtest. Und das ist der springende Punkt. Du hast zwar den Schleier, der uns alle umgibt, angehoben und einen Blick dahinter geworfen, was dich wieder daran erinnert hat, wer du wirklich bist. Doch du weißt noch nicht, was sich alles vor dem Schleier, also hier auf dem Spielfeld oder auf der Bühne, die wir Erde nennen, abspielt. Und so fällt es dir schwer oder ist dir gar manchmal unmöglich, in deine volle Kraft und Stärke zu kommen, die für dich bestimmt ist."

Ich war sprachlos über das, was Henry mir eben mitgeteilt hatte, denn insgeheim spürte ich schon eine ganze Weile, dass mir noch wichtige Informationen fehlen, um eine tatsächliche Veränderung in meinem Leben herbeizuführen. Dabei dachte ich sofort wieder an meinen letzten Streit, der ja der Grund dafür war, dass ich jetzt im Flugzeug saß. „Du hattest wohl recht mit deiner Aussage, dass Zufall ein sinnloses Wort ist, weil nichts ohne Ursache entsteht. So bleibe ich lieber bei dem Wort Fügung. Denn nun sehe ich meinen Aufbruch von zu Hause als eine solche an, um die Dinge, die mir bis jetzt über das Geheimnis des Lebens noch verborgen geblieben sind, zu erfahren. Ich habe zwar noch keine Ahnung, wie das geschehen soll, doch spüre ich, dass ich in diesem Urlaub ein ganzes Stück weiterkommen werde."
Zufrieden und mit einem Lächeln im Gesicht, lehnte ich mich in meinen Sessel zurück.

„Wohin geht denn deine Reise, wenn ich fragen darf", unterbrach mich Henry in meinen Gedanken.

„Ich werde zwei wunderschöne Wochen auf Atlemuris verbringen. Mary und Samuel haben mir diese Insel, weit draußen im Ozean, empfohlen. Und schon alleine deswegen glaube ich daran, dass dieser Ort mich auf meinem Weg weiterbringen wird."

3

ATLEMURIS

„Die Menschen dort haben eine andere Vorstellung davon,
was glücklich und zufrieden macht."

Ich saß an Deck einer kleinen Fähre, die mich auf meine Urlaubsinsel brachte. Die Nachmittagssonne erwärmte meine Haut und der Fahrtwind wehte mir um die Nase. Ich hatte die Augen geschlossen und roch den Duft des Meeres. Der leichte Seegang beruhigte mich, sodass ich völlig entspannt auf einer Bank am Vorderdeck des Schiffes vor mich hinträumte, als Henry das Wort ergriff: „Es ist schon erstaunlich, wie zuverlässig das Universum arbeitet. Erst sitzen wir im selben Flugzeug, unterhalten uns wegen einer Turbulenz im Luftraum über Dinge, über die man nicht mit jedem Menschen reden kann, und nun sind wir gemeinsam auf einem Schiff, das uns an dasselbe Ziel bringt."

„Das Gleiche habe ich auch gerade gedacht", bemerkte ich und drehte dabei mein Gesicht in die Sonne, während ich ihn fragte: „Warst du schon einmal auf Atlemuris?"

„Oh ja, ich bin schon oft dort gewesen. Ein alter Freund wohnt seit einiger Zeit auf der Insel, den ich seitdem mehrfach besuchte. Schau, dort vorne kann man sie schon sehen. Das Atoll besteht aus insgesamt sieben bewohnten Inseln und zahlreichen kleineren, die unbewohnt sind. In einer guten halben Stunde müssten wir da sein, dann wirst du sehen, dass es das reinste Paradies ist. Wo wirst du wohnen?"

„Ich wohne …, warte mal", mit nachdenklicher Miene überlegte ich, wie der Name der Frau lautete, bei der ich mich einquartieren würde, und stöberte dabei in meinem Rucksack nach einem Zettel, auf den ich ihren Namen geschrieben hatte. „Ich hab es doch glatt vergessen. Ah, hier haben wir ihn ja, die Dame heißt Fatima."

„Du bist bei Fatima, wie kommst du denn an sie?"

„Über Mary und Samuel. Die beiden kennen sie aus der Zeit, als sie noch in unserer Stadt wohnte. Das muss aber schon lange her sein. Jedenfalls haben die beiden gemeint, dass ich bei ihr gut aufgehoben wäre."

„Das kann man wohl sagen, Fatima ist eine wunderbare Frau. Nun kann ich mir auch schon denken, warum dich Mary und Samuel auf die Insel und speziell zu ihr geschickt haben."

Ich war verblüfft, dass Henry Fatima kannte. So fragte ich neugierig: „Was ist an dieser Frau so besonders?"

„Nicht nur Fatima ist besonders, sondern die ganze Insel ist es, denn du musst wissen, dass auf ihr sehr viele Menschen aus allen Ländern dieser Erde leben. Sie alle haben hier gefunden, was sie lange vermisst haben. Es ist das Paradies auf Erden."

„Das kann ich mir durchaus vorstellen, dass sie das hier gefunden haben", sagte ich mit einem Blick auf die näher kommende Insel, die bereits die ersten palmenumsäumten Strände und ein türkisfarbenes Wasser preisgab.

„Ja, das ist wirklich ein wundervoller Anblick", bestätigte mich Henry, „doch das Besondere an der Insel ist die Art, wie dort die Menschen zusammenleben. Denn das ist meines Wissens einzigartig auf der Welt."

„Wie muss ich das verstehen?", fragte ich neugierig. „Leben die Menschen dort in einer Art Sekte zusammen und meditieren den ganzen Tag?"

„Wie kommst du denn darauf? Wäre das für dich das Paradies auf Erden?", entgegnete Henry entsetzt.

„Nein, ganz und gar nicht, das kam mir nur so in den Sinn, weil ich nicht verstehe, was für ein besonderes Zusammenleben du meinen könntest."

„Nun, da der Begriff Sekte bei den meisten Menschen negativ behaftet ist, weil es im Laufe der Geschichte immer wieder zu extremen Manipulationen und Ausnutzung von Sektenmitgliedern kam, ist dies sicher nicht die richtige Bezeichnung. Jedoch leben diese Menschen dort sehr wohl nach anderen Vorstellungen als der große Rest der Weltbevölkerung. Sie unterscheiden sich von ihnen in ihrem Umgang untereinander, denn sie haben eine Lebensform gefunden, die für alle von Vorteil ist und nicht nur für einige wenige. Lass dich einfach mal überraschen. Du hast ja nun zwei Wochen Zeit, ihren Lebensstil und vor allem ihre Einstellung zum Leben zu erkunden."

Ich drehte mich zu Henry um und meinte fordernd: „Nun hast du mich schon neugierig gemacht, da kannst du mir, bis wir da sind, noch ein wenig über die Insel berichten."

„Also gut, wie gesagt, dort leben fast ausschließlich Menschen aus der ganzen Welt zusammen, die irgendwann in ihrem Leben gemerkt haben, dass der Alltag kaum Raum für eine spirituelle Entwicklung lässt. Da die Insel zu dieser Zeit noch sehr spärlich bewohnt war und die Regierung des Landes Geld brauchte, verkaufte sie große Teile davon. Das war vor mehr als 20 Jahren. Altasar, ein wohlhabender Mann aus Deutschland, der sich seine Millionen schwer erarbeitet hatte, merkte zu jener Zeit, dass Geld alleine nicht glücklich macht. So kaufte er die Inselanteile, nahm seine gleichgesinnten Freunde mit und gründete auf Atlemuris diese Siedlung."

Henry deutete auf das bereits in der Ferne erkennbare Hafenstädtchen. Es schmiegte sich an einen Hang und wurde umsäumt von Wald und felsigen Hügeln. Rechts des Dorfkerns wurde die Landschaft flacher, sodass weitere Häuser, in größeren Abständen verteilt, an einen weitläufigen weißen Sandstrand gebaut waren. „Das ist Malikunda, die Hauptstadt der Insel. Ist sie nicht wunderschön?"

„Das kann man wohl sagen", stimmte ich Henrys Bemerkung kopfnickend zu, „sie sieht aus wie gemalt. Und dort wohnen all die Freunde dieses Altasar? Das müssen aber ganz schön viele sein."

„Nun, unmittelbar nachdem Altasar sich mit seinen Freunden hier niedergelassen hatte, war das Ganze eher ein kleines Dörfchen. Doch schon bald sprach sich unter den Menschen, die damals bereits so dachten wie du heute, auf der ganzen Welt herum, dass es hier eine Lebensform gibt, die es ermöglicht, sein volles Bewusstsein zu entwickeln, seine tatsächlichen Gaben und Talente zu entfalten und nebenbei ganz friedlich miteinander das Leben zu genießen. Dazu gehörten vor vielen Jahren auch Fatima und ihr Mann Benjamin. Wie gesagt, es waren damals lange nicht so viele Menschen, die aus ihren alten Überzeugungen und Verhaltensmustern ausbrechen wollten, wie heute. So entstand in den letzten zwanzig Jahren dieses wunderschöne Städtchen Malikunda. Da es dort bald zu eng wurde, breitete sich der Ort bis heute fast über die halbe Insel aus, was du an den verstreuten Häusern rechts des Zentrums erkennen kannst. Auch sind viele Einheimische vom Festland und von den Nachbarinseln hierher gezogen, sodass heute nicht mehr zu erkennen ist, wer in Malikunda beheimatet und wer zugewandert ist." „Und wie versorgen sich die Insulaner? Ich meine, gibt es Industrie, die Arbeitsplätze schafft, oder müssen die Bewohner ans Festland, um ihr Einkommen zu verdienen?", fragte ich neugierig.

„Die einen gehen einer Beschäftigung auf dem Festland nach, die anderen haben Arbeit auf der Insel. Das tut jeder, wie er es für richtig hält."

„Und wie ist das mit Kleidung, Haushaltswaren und Nahrungsmitteln? Gibt es dort Supermärkte, Einkaufszentren usw.?"

„Natürlich gibt es das dort alles, jedoch nicht in einer solchen Art und Weise, wie du es kennst. Diese Menschen sind mit weniger zufrieden als die meisten von uns. Und das liegt vor allem daran, dass sie eine andere Vorstellung davon haben, was glücklich und zufrieden macht."

„Das klingt ja hochinteressant", stellte ich fest, während ich meine Sonnenbrille aufsetzte. „Du hast mich mit deinen Erläuterungen richtig neugierig darauf gemacht, was mich dort erwartet."

Henry nickte erfreut und meinte: „Ich spüre, dass du in deinem Urlaub für deinen weiteren Lebensweg viele hilfreiche Erkenntnisse erhalten wirst. Schau dich genau um, sprich mit den Menschen, frage sie nach den Dingen, die du wissen möchtest, sie geben dir gerne Auskunft. Besuche zum Beispiel Altasar, er wird dir viele Informationen geben können, damit du verstehst, wie du dein Leben dauerhaft verändern kannst."

„Altasar lebt noch? Ich dachte er wäre schon gestorben, weil das, was er hier ins Leben gerufen hat, schon so lange her ist."

Henry begann zu lachen und meinte: „Ja, natürlich lebt er noch, er ist zwar schon ein alter Mann, aber er erfreut sich bester Gesundheit."

4

FATIMA

„Ich genieße es,
den Tag in Dankbarkeit zu verabschieden."

Nachdem das Fährschiff im Hafen angelegt hatte, verabschiedete ich mich von Henry, der mir erklärt hatte, wie ich zum Haus von Fatima finden würde. Seine Beschreibungen machten mich sehr neugierig darauf, was sie für ein Mensch sein mochte.

Ich ging, in Gedanken versunken, den gepflasterten Weg hinauf, während ich meinen Koffer hinter mir herzog. Auf halber Strecke musste ich stehen bleiben, weil ich ins Schwitzen kam und außer Puste war. Ich wischte mir den Schweiß von der Stirn, als ich bemerkte, welch ein Treiben in den kleinen Gässchen herrschte. Überall wurde geredet und gelacht. Kinder tobten vergnügt vor den Häusern. Fast vor jedem Haus stand ein Tisch, um den Menschen saßen, die sichtlich Spaß daran hatten, sich miteinander zu unterhalten. Plötzlich bogen zwei Kinder mit ihren Fahrrädern aus einer Seitenstraße. Als sie an mir vorbeifuhren, winkten sie mir zu und grüßten mich freundlich. Das bemerkte ein junger Mann, der unmittelbar in meiner Nähe vor einem Haus am Tisch saß und in einem Buch las.

Er klappte seine Lektüre zu und rief: „Kann ich dir behilflich sein, wo möchtest du hin?"

Peinlich berührt von seiner Offenheit, antwortete ich ihm stotternd: „Das schaff ich schon alleine, ich will zu Fatima, das ist ja nicht mehr weit."

„Ah, du bist das. Fatima erwartet dich schon, warte, ich trage dir deinen Koffer." Noch bevor ich Nein sagen konnte, hatte er meinen Koffer in der Hand und forderte mich auf, mit ihm zu kommen.

„Ist das bei euch normal, dass ihr anderen eure Hilfe aufdrängt", fragte ich, während ich hinter ihm herging und mich wunderte, warum er wusste, dass ich Fatimas Gast sein würde.

„Du brauchst nicht so zu tun, als ob du nicht froh darüber wärest, dass ich dir ein Stück des Weges deine Last abnehme. Dort, wo du herkommst, ist das sicher nur selten der Fall, aber hier auf Atlemuris sind wir alle füreinander da. Das gilt auch für Menschen, die zu Besuch bei uns sind."

„Ach, und die ganze Insel weiß auch bereits Bescheid, dass ich heute komme, oder?", bemerkte ich erstaunt.

„Na ja, nicht alle, aber schon einige. Wir freuen uns eben immer, wenn ein Mensch bei uns zu Gast ist, der unsere Lebensweise kennenlernen möchte. Und das spricht sich halt bei uns schnell herum. So, wir sind da", bemerkte er und blieb vor einem Häuschen stehen, das von einem kleinen, wundervoll angelegten Garten mit exotischen Pflanzen umgeben war.

Auf der Terrasse saß eine Frau, schätzungsweise Mitte fünfzig, in der untergehenden Sonne und blickte auf das Meer hinaus.

„Da drüben sitzt sie ja", bemerkte er, während er meinen Koffer vor das Gartentor stellte. „Hallo Fatima, ich bringe dir deinen Besuch."

Fatima drehte den Kopf in unsere Richtung. Als sie mich sah, reckte sie ihre Arme nach oben und winkte mir zu.

„Komm herein, die Türe ist offen", rief sie mir entgegen.

Ich wollte mich eben noch bei meinem Kofferträger bedanken, doch der war bereits verschwunden. So öffnete ich das schmiedeeiserne Gartentor und trat ein. Fatima kam bereits auf mich zu und umarmte mich herzlich, als ich mein Gepäck abgestellt hatte.

„Ich freue mich, dass du hier bist. Hattest du eine angenehme Reise? Mit Marco hast du ja bereits Bekanntschaft gemacht. Er ist ein sehr aufmerksamer junger Mann."

„Ja, das habe ich auch schon festgestellt. Und er hat scheinbar viel zu tun, so schnell wie er wieder weg war."

„Ja, so ist unser Marco, immer hilfsbereit und ohne Anspruch auf eine Gegenleistung. Komm mit, ich zeige dir gleich dein Zimmer, dann kannst du dich ein wenig frisch machen. Wenn du dich beeilst, kannst du schon deinen ersten Sonnenuntergang auf Atlemuris sehen."

Zehn Minuten später saß ich bei Fatima auf der Terrasse und wir blickten auf einen glutroten Feuerball, der soeben im Meer versank. Das Bild des rot leuchtenden Himmels und der sich spiegelnden Sonne auf der Wasserober-fläche wurde umsäumt von einer Bananenstaude auf der rechten und einigen Palmwedeln auf der linken Seite. Es war wie aus einem Bilderbuch.

„Du kannst dich glücklich schätzen, dieses Schauspiel jeden Tag bewundern zu dürfen", meinte ich, nachdem die Sonne hinter dem endlosen Horizont verschwunden war.

„Nicht jeden Tag habe ich Zeit dafür und nicht immer ist so schönes Wetter wie heute, doch ich genieße es, den vergangenen Tag mit dieser Zeremonie in Dankbarkeit zu verabschieden."

„Warum bist du dankbar für den Tag, er ist doch einer wie jeder andere auch? Bei euch auf der Insel ist bestimmt nicht so viel los wie in einer Groß-stadt irgendwo draußen in der weiten Welt!", bemerkte ich verständnislos.

„Na, das kommt ganz darauf an, was man unter ‚los sein' versteht, und vor allem, welche Erwartungen man an den Tag hat. Ich zum Beispiel habe keine, deswegen passieren meistens eine ganze Menge unerwarteter Dinge, die mir neue Erkenntnisse schenken."

Das konnte ich nicht ganz verstehen, da bei mir immer alles geplant sein musste, denn sonst überkam mich das Gefühl der Langeweile. Deswegen war mein Tag auch meistens gut durchstrukturiert. So ließ ich Fatimas Worte im Raum stehen und wechselte das Thema. „Mary und Samuel erzählten mir, dass du in unserer Stadt gewohnt hast, bevor du hierher ausgewandert bist. Als ich deinen Namen hörte, hätte ich vermutet, dass du eher aus einem arabischen Land kommst."

Fatima nickte und meinte: „Das stimmt auch, ich bin in der Türkei geboren. Meine Eltern gehörten damals zu den ersten Gastarbeitern, als ich zum ersten Mal auswanderte. Dort lernte ich irgendwann Benjamin kennen. Ich hatte mich sofort in ihn verliebt, und er sich auch in mich. Aber wie du dir denken kannst, war das meinem Vater ein Dorn im Auge. Er wollte mich nach seiner Religion und Kultur erziehen. Doch eine Fatima hätte sich das nicht gefallen lassen. Dazu musst du wissen, das Fatima aus dem Arabischen kommt und wörtlich übersetzt heißt: die Frau, die sich entwöhnt hat. So stellte er mich an meinem achtzehnten Geburtstag vor die Wahl, entweder einen Mann zu nehmen, den er für mich aussuchte, oder die Familie zu verlassen und nie wieder zurückzukommen. Ich entschied mich für das Zweite und zog zu Benjamin. Er war fünf Jahre älter und hatte durch einen Autounfall beide Elternteile verloren. So waren wir froh, dass wir einander hatten. Ich gab ihm Trost in seiner Einsamkeit und er gab mir ein neues Zuhause. Bald lernten wir Mary und Samuel kennen. Benjamin hatte über einen Freund von ihnen erfahren. Zum damaligen Zeitpunkt plagte ihn ein schwerer Verlustkonflikt, der ihn vor allem nachts nicht schlafen ließ. Mary und Samuel waren damals schon dabei, nach Feierabend interessierten Menschen ihr Wissen über das Geheimnis des Lebens zu vermitteln. Ihre Erklärungen faszinierten uns so sehr, dass wir gar nicht genug davon bekommen konnten. Wir spürten, dass es uns tief in der Seele berührte, und verstanden schnell, dass wir füreinander bestimmt waren. Die widrigen Umstände hatten uns zusammengeführt. Wir begriffen, dass es nur einen Gott gibt, egal welcher Religion oder Kultur wir angehören. Und dass allein der Mensch ihm verschiedene Namen und Ideale zuordnet, nach denen strikt zu leben er sich selbst auferlegt. Jedoch vertrat unser Umfeld diesbezüglich eine andere Ansicht. Unser beider Schicksal und die Erkenntnis, dass es schwer war, in unserer Heimat ein Leben nach den Regeln des Spiels des Lebens sowie nach dessen Gesetzmäßigkeiten zu verwirklichen, ließ in uns den Entschluss reifen, einer Gesellschaft, die von Unwissenheit geprägt war, den Rücken zu kehren. Doch wohin sollten wir gehen? Irgendwann jedoch hörten wir von Atlemuris. Wir nahmen unseren Jahresurlaub und verbrachten hier einige Wochen, die uns die Entscheidung leicht machten, zu Hause alle Zelte abzubrechen und hierher auszuwandern, um ein Leben zu führen, wie wir es uns immer vorgestellt haben."

Fatima lehnte sich in ihrem Gartensessel zurück und meinte abschließend: „So, nun kennst du in Kurzform meine Geschichte und warum ich hier bin."

„Da hast du aber eine bewegte Vergangenheit", meinte ich anerkennend, „doch sag, wo ist dein Mann? Ist er noch bei der Arbeit?"

Fatima sah mich erschrocken an und sagte dann kurz angebunden: „Benjamin ist vor drei Jahren gestorben. Doch kommen wir zu dir: Warum bist du hier und vor allem, was erhoffst du dir von dieser langen Reise?"

Etwas verwirrt von dem plötzlichen Themenwechsel und sprachlos von dieser direkten Frage, stammelte ich verwirrt: „Das mit deinem Mann tut mir leid, das ist bestimmt nicht leicht für dich gewesen."

Fatima sah gedankenversunken auf das weite Meer hinaus, ohne auf meine Frage zu reagieren. So fuhr ich nach einer kurzen Pause verunsichert fort: „Also, Mary und Samuel haben mir empfohlen, eine Auszeit zu nehmen, um einen Urlaub auf Atlemuris zu verbringen. Sie meinten, das wäre genau das Richtige für mich. Da ich sie vor zwei Jahren infolge einer Lebenskrise kennengelernt hatte und dank ihrer Hilfe meine starken Rückenbeschwerden sowie alles, was daran hing, in den Griff bekam, vertraute ich darauf, dass sie mir mit der Vermittlung deiner Person einen guten Tipp gegeben haben."

„Ich verstehe", nickte Fatima, „das heißt, du hast erneut eine Krise und erhoffst dir, dass ich es dieses Mal bin, der dir aus der Patsche hilft. Ist es so?"

Das waren harte Worte, die bei mir sofort eine Mauer gegenüber Fatima errichteten. „Wie kommst du darauf, so etwas zu behaupten?"

„Das ist ganz einfach", grinste sie mich liebenswert an. „Ich habe es deinen Worten und deiner Reaktion auf meine Antwort entnommen. Du sagtest, du bräuchtest eine Auszeit. Die braucht man aber nur, wenn das Leben gerade nicht rundläuft. Das deutete darauf hin, dass du eine erneute Krise hast, die aber nicht dieselbe sein muss wie vor zwei Jahren. Dann meintest du, dass du mit Marys und Samuels Hilfe deine Probleme in den Griff bekommen hättest. Dass du sie nur in den Griff bekommen hast, anstatt sie vollständig aufzulösen, war der zweite Hinweis für meine Vermutung. Denn wenn du sie nur im Griff hast, sind sie ja noch da. Du hältst sie quasi fest. Die Bestätigung, dass meine Vermutung stimmt, hast du mir schließlich mit deiner Reaktion auf meine Bemerkung gegeben. Du hast dich nämlich innerlich darüber aufgeregt, wie ich so dreist sein konnte, dir das zu unterstellen. Dadurch hast du dich verraten."

„Wieso soll ich mich verraten haben? Ich habe doch nichts Falsches getan, ich habe doch nur gefragt, wie du so etwas behaupten kannst."

„Das ist richtig, doch du hättest mal deine Stimme hören sollen, als du dies zu mir sagtest. Sie klang ziemlich vorwurfsvoll. Und zudem geben gesagte Worte immer Auskunft darüber, was du denkst und fühlst. In dem Wort ‚be-haupten' steht die Vorsilbe ‚be' für einen Besitzanspruch, wie beispielsweise in dem Wort be-halten. Zudem steckt noch das Wort ‚Haupt' darin. Ich habe dir also deiner Meinung nach mit meiner Aussage dein Haupt entnommen. Das würde sich niemand widerstandslos gefallen lassen. Deswegen hast du dich ja mit deinem unterschwelligen Ton gewehrt. Und das wiederum sagte mir, dass du von dem, was du bei Mary und Samuel gelernt hast, nur sehr wenig umsetzen konntest. Jetzt wirst du mit Sicherheit wissen wollen, wie ich darauf komme, oder?"

„Ja, das würde mich schon sehr interessieren", antwortete ich, noch immer schnippisch, und überlegte mir bereits, ob das mit der Reise wirklich so eine kluge Entscheidung gewesen war, denn Fatimas direkte Art gefiel mir nicht.

„Kennst du noch das Spiegelgesetz?", fragte mich Fatima herausfordernd.

„Ja, natürlich kenne ich das noch von Mary und Samuel."

„Und warum wendest du es dann nicht an?"

„Weil, weil …", ich wurde verlegen, da ich zu begreifen begann, was Fatima mir mitteilen wollte. Ich hatte wieder einmal nicht daran gedacht, die Gesetzmäßigkeiten in mein Leben einzubinden. So erklärte ich kleinlaut: „Teil zwei des Spiegelgesetzes besagt: Wenn das, was mein Gegenüber zu mir sagt, in mir selbst Betroffenheit wie Wut oder Ungerechtigkeit oder Ähnliches auslöst, so ist es mein eigenes Thema, das ich noch nicht gelöst habe."

„Sehr gut", lobte mich Fatima, „also weswegen bist du hier, oder was hast du in deinem Leben noch nicht im Griff? Und warum beraubst du dich selbst deines Hauptes, oder mit anderen Worten gesagt: Was ist es, das dich daran hindert, du selbst zu sein? Denn das ist die Erkenntnis des Spiegelgesetzes."

Fatima hatte mir gerade eine Lektion erteilt, die meine erste Meinung über sie relativierte. Ich war beeindruckt von ihrem analytischen Verstand und begann zu verstehen. „Du hast mir gerade auf sehr direkte Weise klargemacht, dass ich wohl in der Tat so einiges von dem, was ich bereits weiß, noch nicht in meinen Alltag umsetze. Darum erhoffe ich mir, es hier zu lernen."

„Solange du es dir nur erhoffst, wird es wohl bei diesem bescheidenen Wunsch bleiben. Deswegen solltest du den Wunsch in eine Absicht umwandeln, indem du sagst: ‚Ich bin bereit all das zu lernen, was mein vorhandenes Wissen dauerhaft in mein Leben integriert.' Denn mit dem, was du von Mary und Samuel gelernt hast, bist du bestens ausgestattet, ein glückliches und zufriedenes Leben voller Harmonie und Liebe zu führen. Sei versichert, dass du hier auf Atlemuris erfahren wirst was dich noch daran hindert, es dauerhaft zu leben."

5

RÜCKBLICK

„Wahrheit ist etwas, an das zu glauben du dich entschieden hast,
weil es für dich stimmig ist."

Ich war früh zu Bett gegangen, da mich die lange Reise müde gemacht hatte. Vor dem Einschlafen musste ich immer und immer wieder an den Satz von Fatima denken: „Ich bin bereit all das zu lernen, was mein bereits vorhandenes Wissen dauerhaft in mein Leben integriert, ich bin bereit all das zu lernen, was mein bereits vorhandenes Wissen dauerhaft in mein Leben integriert, ich bin bereit all das zu lernen, was mein bereits vorhandenes Wissen dauerhaft in mein Leben integriert …" Es wollte mir nicht mehr aus dem Kopf gehen, doch es dauerte nicht lange und die Strapazen der Reise ließen mich zufrieden einschlafen.

Am nächsten Morgen erwachte ich, als es hell wurde, und musste gleich wieder an diesen einen Satz denken. Ich stand auf, ging ans Fenster und blickte auf ein türkisblau leuchtendes Meer. Es lud mich geradezu ein, an den Strand zu gehen, um eine Runde zu schwimmen. So zog ich mich an und ging den Weg hinunter zum Hafen. Dabei begegneten mir bereits einige Frühaufsteher, die sichtbar glücklich ihren Tag begannen. Einige winkten mir zu und wünschten mir einen guten Morgen.

Auch Marco war bereits unterwegs. Er begrüßte mich zuvorkommend: „Kann ich dir behilflich sein?"

„Oh ja, sehr gerne, du könntest mir sagen, wie ich am schnellsten zum Strand komme. Ich möchte gerne schwimmen gehen", freute ich mich über sein Angebot und deutete dabei auf meine Badetasche.

„Das trifft sich gut, ich muss ohnehin gerade zum Hafen, da können wir zusammen gehen und ich zeige dir den Weg zu meinem Lieblingsstrand."

Wir spazierten dieselbe Gasse hinunter, die ich am Vorabend bereits genommen hatte, als Marco mich fragte: „Wie kommt es, dass du hier bei uns bist?"

„Wieso möchtest du das wissen?"

„Nun, wenn du einen reinen Badeurlaub mit ein wenig Sightseeing machen wolltest, dann hättest du deinen Urlaub in einem der großen Luxushotels auf dem Festland gebucht. Nun bist du aber hier auf Atlemuris gelandet und wohnst bei Fatima. Das hat doch etwas zu bedeuten."

„Da könntest du recht haben, es hat scheinbar wirklich etwas zu bedeuten. Weißt du, ich glaube, ich weiß selbst noch nicht so genau, was der Grund meines Hierseins ist, aber ich spüre, dass ich es schon bald erfahren werde."

„Das denke ich auch", bestätigte mich Marco, „denn die Gäste, die auf diese Insel kommen, sind, wenn sie wieder nach Hause aufbrechen, nicht mehr die, welche sie waren, bevor sie hierher kamen. – So, ich muss jetzt nach rechts abbiegen. Wenn du diese Straße entlanggehst, dann bist du in drei Minuten direkt an einem der schönsten Strände von Malikunda." Er deutete dabei nach links, bevor er sich verabschiedete und mir einen schönen Tag wünschte.

Als ich den Strand erreichte, musste ich feststellen, dass Marco nicht zu viel versprochen hatte. Ich sah eine kleine Bucht mit schneeweißem Sand. Sie war begrenzt von großen, dunklen Felsen, die das Meer und der Wind glatt geschliffen hatten. Die leichten Wellen umspülten eine schillernde Muschel, die in der Mitte der Bucht lag.

Sobald ich mich nach dem Schwimmen in den warmen Sand gesetzt hatte, ging mir der Satz schon wieder im Kopf herum. Dabei ließ ich die bezaubernde Muschel durch meine Hände gleiten. „Ich bin bereit all das zu lernen, was mein vorhandenes Wissen dauerhaft in mein Leben integriert." Normalerweise hätte ich meinem kleinen Männchen da oben spätestens jetzt verboten, immer und immer wieder dasselbe zu quasseln, doch dieser Satz fühlte sich gut an. Er ließ mich ruhig werden und hinterließ jedes Mal, wenn ich ihn gedanklich wiederholte, ein Gefühl des Vertrauens in mir. Gleichzeitig entstand eine Spannung, die es mich kaum abwarten ließ, zu erfahren, was das Geheimnis dieser Insel war. So zog ich mich wieder an und machte mich auf den Weg zurück zu Fatima, denn ich wollte so schnell wie möglich verstehen, warum ich erst so wenig von dem, was ich bereits von Mary und Samuel wusste, in mein Leben integrieren konnte.

Wir saßen auf der Terrasse beim Frühstück, als Fatima meinte: „Na, dann erzähle mal, was zu Hause alles vorgefallen ist, dass du nun eine Auszeit brauchst."

„Ist das wirklich nötig?", meinte ich abwehrend. „Ich mag eigentlich gar nicht darüber reden, denn dann kommen bei mir gleich wieder die Emotionen hoch. Eigentlich bin doch hier, um zu vergessen, was war. Darum sollte ich besser die Vergangenheit ruhen lassen und in die Zukunft schauen, meinst du nicht auch?"

„Wer hat dir denn das erzählt? Mary und Samuel bestimmt nicht, denn das ist genau das, was man nicht tun sollte. Wenn du die Vergangenheit ruhen lässt, bedeutet das nichts anderes, als dass du das, was geschehen ist, bildlich gesprochen, in eine Dose packst und zu Hause ins Regal stellst. Doch damit ist das Geschehene, das bei dir Spuren hinterlassen hat, nicht verschwunden, sondern nach wie vor präsent. Es wird dich auch weiterhin belasten. Darum ist es wichtig, jetzt die Dose wieder zu öffnen und das, was dich quält, nochmals anzuschauen. Nur auf diese Weise wird dir klar werden, wie du damit umgehen solltest, bevor du dich vom Inhalt endgültig verabschiedest. Wenn du das schaffst, dann veränderst du automatisch dein Leben. Denn wie dir sicher noch bewusst ist, erschaffst du dir mit deinen Gedanken, Worten, Handlungen und Gefühlen deine eigene Zukunft. So lange dir dies nicht erfolgreich gelingt, wirst du im Unterbewusstsein immer an den Inhalt deiner Dose denken. Darum bleiben wir zunächst in der Gegenwart, indem ich dich nochmals frage: Warum brauchst du eine Auszeit? Oder: Was befindet sich in deiner Dose? Und beginne am besten ganz von vorne."

„Also gut", gab ich widerwillig nach, „als ich vor zwei Jahren von Mary und Samuel verabschiedet wurde, ging es mir sehr gut. Ich hatte keine Rückenbeschwerden mehr, weswegen ich die beiden ursprünglich aufgesucht hatte. Beruflich war ich viel selbstbewusster geworden, mit meinem Vater, meiner Mutter und meiner Schwester hatte ich mich ausgesprochen, was uns wieder zusammenführte. Und ich begann eine wundervolle Beziehung mit meinem Engel, wie ich den Menschen nenne, dem ich übrigens zu verdanken habe, dass ich Mary und Samuel kennenlernte. Ich hielt mich an die Ratschläge, viel Wasser zu trinken, und gab meinem Körper bunte und abwechslungsreiche Nahrung. Ich entsäuerte und entgiftete ihn regelmäßig und gab ihm viel Sauerstoff für eine optimale Verbrennung, indem ich ausgedehnte Spaziergänge und Nordic-Walking-Touren unternahm. Dadurch konnte ich meine

Energiepotenziale wieder entfalten, was wiederum meine Selbstheilungskräfte auf körperlicher, geistiger und seelischer Ebene aktivierte. Durch das wundervolle Beispiel mit den Männchen, also dem Instinkt, dem Verstand und der Intuition, konnte ich meine Gedanken besser einschätzen und ließ mich vom Verstand nicht mehr auf die falsche Fährte locken, wenn mir mein Bauchgefühl, also mein erster Gedanke, etwas Wichtiges mitteilen wollte. Ich lernte mit den Regeln des Resonanz-, des Polaritäts- und des Spiegelgesetzes umzugehen. Doch wie du ja gestern bemerkt hast, vergesse ich das im Alltag immer wieder, was mich öfter in verzwickte Situationen bringt. Genauso ergeht es mir mit den Spielregeln im Spiel des Lebens. Ich kenne sie, aber es fällt mir schwer, danach zu leben. Ähnliches erlebe ich mit all den anderen Dingen, die ich dir gerade aufgezählt habe: Was am Anfang ganz einfach in mein Leben zu integrieren war, fällt mir mit jedem weiteren Tag schwerer, sodass ich sogar teilweise wieder in meine alten Muster zurückfalle, was mich natürlich ärgert, sowie mir das bewusst wird. Jedoch weiß ich nicht, was ich dagegen tun kann. Zudem kommen in mir zwischendurch Zweifel daran auf, ob das, was ich gelernt habe, wirklich richtig ist, oder ob nicht doch alles nur eine Erfindung von Mary und Samuel war mit dem Ziel, mir lediglich eine schöne Welt vorzugaukeln, die es in Wirklichkeit gar nicht gibt. Und nun habe ich mich zu allem Überfluss mit meinem Engel verkracht. Das lässt mich natürlich noch mehr am großen Plan der Quelle zweifeln. Wenn doch alles Fügung ist, wenn mein Engel und ich, wenn also wir beide uns vorgenommen haben, in diesem Leben zusammenzufinden, warum kann es dann so schnell wieder zu Ende sein? Das verstehe ich nicht. Ich meine, das ergibt doch keinen Sinn." Resigniert ließ ich die Schultern hängen und mir war zum Weinen zumute.

„Was ist denn geschehen?", fragte Fatima neugierig.

„Die Anfangszeit war so wundervoll. Endlich fühlte ich mich von einem Menschen verstanden und geliebt. Ich hatte das Gefühl, dass wir bestens zusammenpassen. Wir unternahmen sehr viel miteinander und waren überglücklich. Doch bald schon wollte mein Engel mehr Zeit für sich beanspruchen und besuchte mich nicht mehr regelmäßig. So verbrachte ich immer häufiger die Abende und Wochenenden alleine. Zuerst glaubte ich, dass der stressige Arbeitsplatz meines Engels der Grund dafür sei und Ruhe sicher das Richtige für meinen geliebten Engel, um wieder auf die Beine zu kommen. Doch dann fand ich heraus, dass mein Engel, anstatt sich auszuschlafen, sich lieber mit Freundinnen und Freunden traf, um sich zu amüsieren. Und schon bald hegte ich die Befürchtung, nicht mehr geliebt zu werden und dass die Alleingänge meines Engels einer neuen Partnersuche dienen könnten. Eifersucht kam in mir auf, denn ich wollte auf keinen Fall teilen.

Auf meine Vorwürfe entgegnete mein Engel: ‚Wenn du das von mir glaubst, dann kann ich dir auch nicht helfen.‘ So kam es zu unserem ersten heftigen Streit, der sich von nun an immer öfter wiederholte. Die Ruhe und Gelassenheit, die mein Engel dabei ausstrahlte, brachte mich fast zur Weißglut. Die letzte Aussage meines Engels war schließlich: ‚Wenn du mir nicht mehr vertraust, dann ist es wohl besser, wenn wir uns trennen.‘ Das brachte für mich das Fass zum Überlaufen. Ich drehte mich um, knallte die Türe hinter mir zu und verließ mit Tränen in den Augen Hals über Kopf die Wohnung.“

Nach einer kurzen Pause blickte ich zu Fatima und beendete meine Ausführungen mit den Worten: „Jetzt weißt du, warum ich hier bin.“

„Und was erwartest du nun von mir?“, fragte sie mich fordernd.

„Ich möchte gerne wissen, was ich falsch gemacht habe, und vor allem möchte ich erfahren, was ich tun kann, dass mein Leben dauerhaft so schön bleibt wie damals, als ich von Mary und Samuel kam. Denn das war die schönste Zeit meines Lebens.“

„Dann lass uns damit beginnen, dein Leben in eine neue Umlaufbahn zu befördern. Darum möchte ich dir zunächst erklären, was dich auf deiner Reise alles erwartet, denn du musst wissen, dass es so ziemlich allen, die hier auf Atlemuris leben, fast genauso ergangen ist wie dir.

Auch ich tat mir damals schwer, mein Wissen in die Tat umzusetzen. Es gab einfach zu viele Hindernisse und Begrenzungen, die der Alltag, die Kultur und die Gesellschaft dort draußen mit sich brachten. Und es lebten viel zu wenige Menschen in meinem Umfeld, die eine Veränderung wollten, weil sie gar nicht wussten, wie viel besser ein anderes Leben sein könnte. Sie kannten das Geheimnis des Lebens damals nicht. Heute werden es immer mehr Menschen, die in das Bewusstsein kommen, etwas ändern zu wollen, damit sie wieder Glück, Freude, Liebe und Freiheit in ihrem Leben empfinden können. Genau wie du befassen sie sich mit denselben Themen, denn ihre Seele führt sie zu dem Wissen, das die lang ersehnte Veränderung bringen kann. Es berührt sie sehr, wenn sie davon erfahren und sie spüren aus tiefstem Herzen, dass sie endlich gefunden haben, wonach sie viele Leben lang gesucht hatten. Dass dies der Wahrheit entspricht, hast du sicher bereits daran bemerkt, dass dir die Menschen zuhören, wenn du ihnen dein Wissen vermittelst. Dabei handelt es sich oft sogar um Menschen, von denen du nicht gedacht hättest, dass sie offen dafür sein würden."

„Ja, das stimmt", bestätigte ich Fatima, „ich kenne mittlerweile einige, die genauso denken wie ich, doch irgendwie haben sie alle dasselbe Problem: nämlich ihre Erkenntnisse dauerhaft in die Tat umzusetzen. Am Anfang sind alle euphorisch, doch nach ein paar Monaten fallen sie wieder in ihre alten begrenzenden Muster zurück. Manchmal geht es ihnen sogar noch schlechter als zuvor. Und genau das ist es, was mich daran zweifeln lässt, ob alles das, was ich zu meiner Wahrheit gemacht habe, auch so stimmen kann."

„Da hast du eben etwas ganz Entscheidendes gesagt", unterbrach mich Fatima. „Du hast dein neues Wissen zu deiner Wahrheit gemacht. Das war die richtige Entscheidung, denn Wahrheit ist etwas, an das zu glauben du dich entschieden hast, weil es für dich stimmig ist. Dass du nun wieder daran zweifelst, hat den Grund, dass dir jemand oder etwas versucht, seine Wahrheit aufzudrängen. Doch Wahrheit ist immer etwas ganz Individuelles, das nur du selbst aus deinem Herzen heraus entscheiden kannst zu glauben. Wir hier haben alle unsere Wahrheit gefunden – jeder die seine. Und keiner fordert vom anderen, dieselbe Wahrheit anzunehmen."

„Du sagtest gerade, jemand oder etwas versucht, mir seine Wahrheit aufzudrängen. Wie muss ich das verstehen?", fragte ich unsicher.

„Das wird dir klar sein, wenn du in vierzehn Tagen wieder nach Hause fliegst. Du wirst hier Menschen kennenlernen, die dir von ihrer Wahrheit berichten. Dadurch erhältst du einen neuen Blickwinkel auf das, was dich manipuliert, ohne dass du es bemerkst und wodurch du nicht mehr in der Lage bist, deine eigene Wahrheit zu leben. Du darfst also gespannt sein, was dich erwartet."

6

DAS FUNDAMENT

„Wie tief ist also das Fundament deines Hauses,
des Hauses deines Wissens?"

Fatima wurde mir von Minute zu Minute sympathischer. Die anfängliche Ablehnung war mittlerweile vollkommen verschwunden und ich fühlte mich sichtlich wohl in ihrer Gegenwart. Nachdem wir den Frühstückstisch abgeräumt hatten, setzte ich mich wieder auf die Terrasse und genoss den Ausblick. Wie wundervoll die Landschaft doch war. Dabei dachte ich: „Wenn ich hier wohnen würde, dann hätte ich auch keine Sorgen mehr. Kein Stress, keine Hektik, ich könnte einfach nur leben. Das möchte ich auch am liebsten. Doch wie konnte das zu Hause vonstattengehen? Der Alltag sah dort viel düsterer aus. Hier schienen alle so glücklich zu sein. Wie machten sie das nur …"

Plötzlich stand Fatima hinter mir und holte mich aus meinen Gedanken zurück in die Gegenwart. „Wenn du bereit bist, dann werde ich dir nun die Basis erläutern, die notwendig ist, damit du all dein Wissen dauerhaft in den Alltag integrieren kannst."

„Ja, darauf bin ich sehr gespannt. Ich habe nämlich soeben festgestellt, dass hier alle Menschen so fröhlich sind, als ob sie keine Sorgen, Ängste und Nöte verspürten."

„Nun, die haben wir hier schon auch, doch wir gehen einfach anders damit um", erklärte mir Fatima, legte dabei ihre Handflächen ineinander und fuhr fort: „Wie wir das tun, sollst du also erfahren. Nicht nur von mir, sondern von den Menschen selbst. Doch ich werde heute damit beginnen, etwas Struktur und Ordnung in dein neues Leben zu bringen."

„Also, ich finde, dass mir Mary und Samuel sehr strukturiert erklärt haben, wie das Leben funktioniert. Ich habe mir zu Hause alles fein säuberlich aufgeschrieben, damit ich es immer wieder nachlesen kann, wenn ich mal wieder von meinem Weg abgekommen bin. Das hat mir oft schon geholfen. Diese Idee stammt übrigens von meinem Engel."

Als ich die letzten Worte ausgesprochen hatte, überkamen mich wieder Gefühle der Trauer, der Verletzung und der Wut zugleich und mir standen Tränen in den Augen. Ich vermisste meinen Engel so sehr.

Während Fatima wieder das Wort ergriff, riss ich mich von meinen Gefühlen los und konzentrierte mich auf ihre Ausführungen. „Das ist sehr gut, denn wenn du mit deinen eigenen Worten das Gelernte niederschreibst, prägt es sich viel tiefer in dein Unterbewusstsein ein, als wenn du es nur hörst. Darum empfehle auch ich dir aufzuschreiben, was du hier erfährst. Führe doch einfach ein Tagebuch über deine Reise. Du wirst sehen, dass es für die nächste Zeit deines Lebens unverzichtbar werden wird. Doch kommen wir nun zum ersten wichtigen Punkt.

Mary und Samuel haben mit dir zusammen durch ihre Erläuterungen über Körper, Geist und Seele bildlich gesprochen ein hohes Gebäude erbaut. Es hat viele Stockwerke und jedes der einzelnen Kapitel ist eines davon. So hast du in deinem Kopf nun quasi ein Hochhaus mit über zwanzig Stockwerken erstellt. Stimmst du mir so weit zu?"

„Ja, das kann man so sagen. Doch warum machst du es so kompliziert? Ich hätte jetzt gesagt, sie haben mir eine Unmenge an Informationen gegeben, die ich auf vielen Seiten meines Tagebuches niedergeschrieben habe."

„Nun, das entspricht ja auch der Tatsache, doch es hat einen Grund, warum ich es dir am Beispiel des Gebäudes erklären möchte. Denn auch ich bediene mich, genau wie Mary und Samuel, bei meinen Erklärungen der Methode, Bilder in deinem Kopf zu erzeugen. Sie verankern sich einfach besser in deinem Gedächtnis. Denn wie du ja sicher noch weißt, speichern wir alles Erfahrene in Bildern oder Filmen ab, wodurch unsere Gefühle entstehen, die dann wiederum zu einer Reaktion bei uns führen."

„Ja, klar", bemerkte ich und fasste mir dabei an den Kopf, „das haben die beiden mir schon im Zusammenhang mit dem Verstand und dem Männchen in meinem Kopf erklärt. Aber wie du siehst, hatte ich es bereits wieder vergessen."

„Du hast es nicht wirklich vergessen, sondern du hast es einfach noch nicht in deine Denkweise integriert. Das jedoch ist entscheidend, denn solange du noch in deinen alten Mustern lebst, wird sich auch in deinem Leben nicht sehr viel ändern. Nun aber komme ich wieder auf die Metapher mit dem Gebäude zurück. Nennen wir es doch einfach das Haus des Wissens. Es ist also prall gefüllt mit all dem, was in deinem Tagebuch steht. Es hat mindestens zwanzig Stockwerke nach oben, doch wie viele Stockwerke führen nach unten in den Keller? Fehlt ihm etwa das Fundament? Was passiert mit einem Haus ohne Fundament, noch dazu, wenn es so hoch ist wie deines?"

Fatima sah mich herausfordernd an und ruderte dabei mir ihren Armen, signalisierend, dass ich eine Antwort auf ihre Frage geben sollte.

„Na, ich würde sagen, das Haus wird nicht lange stehen."

„Genau, kein Architekt der Welt würde ein Haus ohne Fundament bauen. Du kennst doch sicher das Gleichnis von Jesus, in dem die Rede davon ist, ob man sein Haus auf Fels oder Sand gebaut hat. Der Untergrund ist also entscheidend, wenn es darum geht, ob ein Haus standfähig sein wird oder bereits nach kurzer Zeit zusammenfällt. Und je nach Beschaffenheit des Untergrundes wird der Statiker dann berechnen, wie das Fundament aussehen muss. Je höher das Haus werden soll, umso tiefer muss das Fundament sein. Wie tief ist also das Fundament deines Hauses, des Hauses deines Wissens?"

Verlegen schaute ich auf den Boden, denn ich begann zu verstehen, was Fatima mir mitteilen wollte. „Ich habe keine Ahnung, aber so wie du das Ganze eben geschildert hast, kann es nicht tief sein."

„Das würde ich auch so sehen, denn hättest du ein Fundament, das tief genug ist, die vielen Stockwerke zu tragen, so würdest du nicht andauernd vergessen, was du bereits weißt. Oder anders gesagt: Dein Gebäude würde nicht immer wieder in sich zusammenfallen. Doch das braucht dich nicht zu beschämen, denn die meisten Menschen wissen nicht, wie sie ein Fundament unter das Gebäude ihres Wissens bauen können", beruhigte mich Fatima und legte dabei ihre Hand auf die meine.

„Es gibt zwei Faktoren, die entscheidend sind, um die Tiefe eines Fundamentes zu bestimmen. Da wäre zum einen die Höhe des Hauses und zum anderen die Beschaffenheit des Untergrundes, also: ob er eher sandig oder felsig ist. Der Untergrund ist eine fixe Größe. Das heißt, er wird sich nicht verändern. Sand bleibt Sand und Fels bleibt Fels. Im übertragenen Sinne handelt es sich dabei um deinen Charakter. Ist er eher hart wie eine Nuss, die man kaum knacken kann, oder zeigt er sich weich wie Wasser, was dich sehr nachgiebig macht? Bist du flüchtig wie Luft und legst dich ungern fest oder stehst du mit beiden Beinen mitten im Leben, sodass dich so schnell nichts umhauen kann? Ganz egal, wie der Untergrund auch aussehen mag: Die Höhe des Hauses steht in der Regel noch nicht unverrückbar fest."

„Wie muss ich das verstehen? Ich meine, wenn ich ein Haus plane, dann weiß ich doch im Vorfeld, wie viele Stockwerke es haben wird."

„Wenn du von einem realen Haus sprichst, so ist dies sicher richtig, jedoch weißt du heute noch nicht, was du morgen weißt. Damit möchte ich sagen, dass dein Wissen mit jeder Begegnung, jeder Erfahrung und vor allem jeder Erkenntnis – abhängig von deinem Charakter – schneller oder langsamer wächst. Darum weißt du heute noch nicht, wie hoch dein Gebäude morgen sein wird. Deshalb ist es wichtig, mit jedem Stockwerk, das du auf dein bestehendes Gebäude baust, auch das Fundament in die Tiefe zu graben. Nur so bleibt alles dauerhaft stabil. Das ist vergleichbar mit dem Spruch: ‚Wer hoch hinauswill, sollte niemals die Bodenhaftung verlieren‘, oder: ‚Man darf niemals die Erdung verlieren, sonst hebt man ab‘. Leuchtet dir das ein?"

Bei dieser Erklärung fiel mir sofort das Gesetz der Polarität ein. So antwortete ich spontan: „Ich denke, ich verstehe nun, was du mir damit sagen möchtest. Alles sollte im Gleichgewicht sein. Was aus dem Gleichgewicht gerät, hat keinen Bestand und dient nur dazu, den Grund zu erkennen, weswegen man sich nicht in seiner Mitte befindet. Richtig?"

„Ja, genauso ist es, und wie du siehst, hast du doch noch nicht alles vergessen, was dir Mary und Samuel beigebracht haben. Und nun darfst du an deinem Fundament arbeiten, um wieder ein Gleichgewicht herzustellen bei deinem Haus des Wissens. Wie das geht und was du dazu wissen musst, wirst du in fünf Schritten erfahren."

7

DER ERSTE SCHRITT

„Es gibt in Wahrheit keine Fakten, sondern nur Meinungen,
die aus der Beobachtung des Betrachters entstanden sind."

Die Sonne stand mittlerweile sehr hoch, sodass wir uns in den Schatten zurückzogen. Fatima war gerade in die Küche gegangen um uns etwas zu trinken zu holen, als ich mich in Gedanken mit dem eben Erfahrenen beschäftigte: Wie kann man ein Fundament errichten, wenn bereits das Gebäude steht? Ich bin mal gespannt, wie sie mir das erklären möchte. Und das mit dem Untergrund und dem Charakter bringe ich auch noch nicht in einen vernünftigen Zusammenhang. Ihre Bilder sind schon ganz schön weit hergeholt. Na ja, ich lass mich mal überraschen, wie das nun weitergeht.

Fatima stellte einen Krug Wasser und zwei Gläser auf den Tisch und forderte mich mit einer Handbewegung auf zuzugreifen. Das ließ ich mir nicht zweimal sagen und schenkte uns sofort ein. Ich nahm einen kräftigen Schluck und bemerkte sofort, dass das Wasser anders schmeckte als bei mir zu Hause. Plötzlich war ich hellwach und konnte kaum abwarten, was Fatima mir erklären wollte.

„Nun möchte ich dir den ersten Schritt zur Errichtung deines Fundamentes preisgeben. Er ist eine Frage an dich. Sie lautet: Auf wen hörst du?"

Fatima schaute mich mit strahlender Miene an und meinte: „Das hättest du jetzt nicht erwartet, stimmt´s? So eine lapidare Frage hättest du nicht hinter dem ersten Schritt zur Errichtung deines Fundamentes vermutet. Du hast bestimmt an etwas ganz Kompliziertes gedacht, hab ich recht?"

„Ja, das kannst du laut sagen, und ich muss gestehen, ich bin auch etwas enttäuscht."

Fatima musste schmunzeln und meinte: „Weißt du, die einfachen Dinge sind oft die effektivsten. Darum werden wir nun die Frage etwas vertiefen. Also, auf wen hörst du, wenn es darum geht, deine Träume, Sehnsüchte oder Herzenswünsche zu verwirklichen? Auf wen hörst du, wenn es darum geht, dir eine Meinung zu bilden, was das Richtige für dich ist? Auf wen hörst du, wenn es darum geht, eine Entscheidung zu treffen? Du siehst, jetzt wird die Frage schon präziser. Nun, auf wen hörst du, bevor du handelst?"

„Ich weiß nicht, ich informiere mich zunächst einmal, welche Möglichkeiten es gibt, dann wäge ich ab, ob ich etwas tun soll oder ob ich es lieber lasse."

„Okay, werden wir nun konkreter: Gibt es einen Wunsch oder einen Traum, den du dir gerne erfüllen möchtest?" „Oh ja, davon habe ich sogar ganz viele", kam es von mir wie aus der Pistole geschossen.

„Und warum hast du sie dir noch nicht erfüllt? Wer hindert dich daran, sie wahr zu machen?"

„Nun, wie gesagt, es sind einfach nur Wünsche und Träume, die vermutlich niemals in Erfüllung gehen werden."

Fatima sah mich verwundert an und meinte: „Wer behauptet das? Oder anders gefragt: Wer stiehlt dir deine Wünsche und Träume?"

„Da gibt es nichts zu klauen, ich habe sie mir ja noch nicht erfüllt, weil sie einfach nicht realisierbar sind. Es sind halt nur Wünsche, die in meiner Traumvorstellung vorhanden sind, weil sie sich gut anfühlen, wenn ich mich in sie hineindenke."

„Wer sagt dir, dass du sie nicht erfüllen kannst?"

„Ganz einfach, nehmen wir nur einen meiner Träume, vielleicht meinen größten, heraus. Er ist ein Häuschen im Grünen, vielleicht an einem See mit einem schönen Garten. Dort führe ich ein wundervolles Leben mit einem Menschen, den ich über alles liebe und von dem auch ich geliebt werde. Wir haben zwei Kinder und sind überglücklich." Melancholisch blickte ich in die Ferne, als Fatima mich aus meinem Tagtraum zurückholte.

„Und warum glaubst du, dass du dir diesen Wunsch nicht erfüllen kannst? Du hast doch von Mary und Samuel Informationen bekommen, wie man Wünsche manifestiert. Warum wendest du sie nicht an?"

„Ja, ja, das hört sich alles schön an, was ich damals erfahren habe, aber es funktioniert nicht!", konterte ich vorwurfsvoll.

„Hast du dafür Beweise? Ich meine, du wirst ja bestimmt deine Gründe haben, wenn du diese Meinung vertrittst."

„Ganz einfach", bemerkte ich ziemlich laut und fing an aufzuzählen, weshalb dieser Wunsch niemals in Erfüllung gehen konnte. „Da ist zunächst mein Arbeitsplatz, an dem ich das Geld verdienen müsste, um mir meinen Wunsch zu finanzieren. Doch das würde nicht ausreichen, weil immer alle anderen befördert werden, nur ich schaffe es einfach nicht. Und das, obwohl ich es mehr verdient hätte als sie. Wenn ich mich dann mit den Kollegen aus meiner Abteilung darüber unterhalte, meinen sie, dass ich halt noch nicht so weit sei um mehr Verantwortung zu übernehmen. Also, wie soll ich mir ein Haus leisten können? Die Banken würden mir unter dieser Voraussetzung niemals Geld geben. Und selbst wenn, meine Freunde und sogar meine Eltern raten mir ab, mich in eine so große finanzielle Abhängigkeit zu begeben. Immer wieder hört man in den Medien von Privatinsolvenz, also einer persönlichen Bankrotterklärung mit der Folge, sich offenbaren zu müssen, um wieder ganz von vorne anfangen zu können. Das möchte ich jedoch auf keinen Fall riskieren. Also ist der Wunsch des eigenen Hauses schon mal gestrichen. Und was die Liebe angeht, na ja, da habe ich einfach immer Pech, wie du ja an der zerbrochenen Beziehung mit meinem Engel gesehen hast. Also warum sollte dieser Wunsch in Erfüllung gehen? Ich gerate eben immer wieder an dieselben Charaktere, was mir sagt, dass ich nicht beziehungsfähig bin. Eine Bekannte hat mir schon geraten, ich solle mir doch, wie sie, einen Hund anschaffen. Dann sei ich wenigstens nicht mehr alleine. Du siehst, die Fakten sprechen doch eindeutig dagegen, was zeigt, dass dieser Wunsch vermutlich niemals in Erfüllung gehen wird!"

Fatima nickte bedächtig mit dem Kopf und meinte: „Interessant, interessant, du nennst das Fakten, was dir andere Menschen mitgeteilt haben."

„Ja, natürlich, das sind sie doch auch", unterbrach ich Fatima forsch.

„Nun, ich nenne das Meinungen. Denn das, was du von anderen zur Antwort bekommen hast, als du deinen Wunsch äußertest, war nur deren Meinung. Nicht mehr und auch nicht weniger. Doch du hast daraus sofort eine Tatsache gemacht, die du als Fakten bezeichnest. Das ist ganz typisch für die meisten Menschen. Sie hören eine Meinung und machen daraus eine Überzeugung, nach der sie dann ihr Leben ausrichten. Dadurch kommt alles zum Stillstand, da das, was andere sagen, mehr Gewicht erhält als die eigenen Wünsche und Sehnsüchte. Und nun komme ich nochmals auf meine Frage zurück: Auf wen hörst du? Du hast bis jetzt auf Menschen gehört, die das, was du dir wünschst, selbst noch nie bekommen haben. Darum sind sie der

Meinung, dass auch du es nie erhalten wirst. Es sind ihre Meinungen, aber niemals Fakten. Es gibt in Wahrheit keine Fakten, sondern nur Meinungen, die aus der Beobachtung des Betrachters entstanden sind. Denn dadurch ist dein Ratgeber der Überzeugung, dass seine Beobachtungen, man kann auch Erfahrungen dazu sagen, ebenso für dich gültig sind.

Wenn also zum Beispiel deine Eltern dir abraten, Schulden zu machen, um dir ein Häuschen zu kaufen, dann tun sie das deswegen, weil sie in ihrem Leben erfahren haben, dass es sich besser ohne Schulden lebt. Weil sie mit Schulden vielleicht nachts nicht schlafen können, da ihre Gedanken, oder um mit den Worten von Mary und Samuel zu sprechen, ihr Verstandesmännchen, ihnen einredet, dass sie womöglich morgen schon ihren Arbeitsplatz verlieren könnten und ihnen dann alles weggenommen würde. Es können auch ganz andere Gründe sein, die sie zu ihrer Meinung geführt haben. Doch Tatsache ist, dass es einzig und alleine ihre Überzeugung ist, die sie dir als Ratschlag geben, genau wie die gut gemeinten Ratschläge aller anderen Menschen. Es ist deren individuelle Wahrheit, nicht deine."

So hatte ich die Sachlage noch gar nicht betrachtet und ich musste Fatima irgendwie auch recht geben. Auf der anderen Seite fragte ich mich jedoch, wie man sich – wenn nicht über das persönliche Umfeld – dann einen Ratschlag einholen sollte, um sicherzugehen, dass man das Richtige tut. So stellte ich verunsichert und provokant zugleich meine Frage: „Was schlägst du mir also vor, auf wen ich hören sollte, wenn nicht auf meine Freunde, Bekannten, Verwandten, Fachleute oder die Medien? Viele Möglichkeiten gibt es ja wohl nicht mehr. Also mir fallen zumindest keine mehr ein."

„Bist du dir da ganz sicher?" Fatima sah mir tief in die Augen, als sie dies sagte, und wartete auf eine Antwort von mir. Ich überlegte, was sie wohl meinen könnte, und wurde langsam nervös, weil mir nichts einfiel. Fatima sah mir unterdessen weiterhin in die Augen, was mich noch nervöser machte.

„Also, nun … also … ich habe keine Ahnung, worauf du hinausmöchtest", beendete ich die für mich peinliche Situation. „Sag es mir, Fatima, denn offensichtlich weißt du etwas, das ich noch nicht weiß."

„Du weißt es sehr wohl, jedoch hast du es noch nicht in dein Leben integriert. Ja, was könnte das wohl sein? Du fragst dich jetzt bestimmt: Was habe ich schon wieder vergessen?"

„Jetzt mach es halt nicht so spannend, sag schon", bohrte ich ungeduldig.

„Wie wäre es mit deiner Intuition, der Standleitung zu deiner Seele, dem Universum oder dem Meer aller Möglichkeiten, wie die Quantenphysik dazu sagt? Wenn du diese Möglichkeit nutzen kannst, dann verfügst du über alle Informationen, die du brauchst, um eigenständig Entscheidungen treffen zu können. Denn alle Antwort ist in dir. Und zwar deine ganz persönliche Antwort, die zu deiner eigenen Wahrheit passt. Erinnerst du dich noch, was ich dir beim Frühstück sagte? ‚Wahrheit ist etwas, zu glauben du dich entschieden hast, weil es für dich stimmig ist.' Wenn du dich also entschieden hast, daran zu glauben, dass du immer geführt wirst, wenn du es zulässt, indem du deiner Seele den Auftrag dazu erteilst, dann … ja, dann werden auch deine Wünsche in Erfüllung gehen. Solange du jedoch von der Meinung anderer abhängig bist, so lange wirst du nur in ihre Fußstapfen treten und keine eigene Wahrheit entwickeln."

„Das ist aber schwer, immer seiner Intuition zu folgen. Das habe ich am Anfang, als mir Mary und Samuel dies über die Spielregeln im Spiel des Lebens erklärten, oft versucht. Manchmal ist es mir gelungen, oft jedoch auch nicht. Und je mehr Zeit verging, umso häufiger vergaß ich, dass es diese Möglichkeit gibt. Wie du siehst, habe ich selbst jetzt nicht einmal mehr an diese Möglichkeit gedacht."

Fatima musste schmunzeln, als ich dies verlegen zugab. „Wie bereits gesagt, ergeht es den meisten Menschen gleich, dass sie zwar wissen, was sie tun könnten, jedoch oftmals ihr Wissen nicht anwenden. Doch deswegen bist du ja hier. Um von mir, oder noch besser: von uns hier auf der Insel zu erfahren, wie du das ändern kannst, nicht wahr?"

Ich begann aufzuatmen und meinte: „Ja, so ist es. Also sag schon, was gibt es da für einen Trick?"

„Der Trick steckt in den fünf Schritten. Und der erste lautet: ‚Auf wen hörst du?' Im Idealfall solltest du auf deine innere Stimme hören, doch da dir dies vermutlich noch schwerfällt, bist du zuerst einmal auf die Hilfe anderer angewiesen. Darum ist es wichtig, dass du, solange du noch nicht selbst Entscheidungen treffen kannst, nur auf Menschen hörst, die irgendwann in ihrem Leben selbst an dem Punkt waren, an dem du dich momentan befindest, und die heute dort sind, wo du hin möchtest. Denn wenn dir diese Menschen einen Rat geben, so wissen sie genau, wovon sie sprechen, da sie es ja selbst erlebt haben. Sie werden dir deswegen nicht ihre Meinung mitteilen, die sie nur von anderen übernommen haben, sondern sie liefern dir ihr Vorgehen, durch das sie das geschafft haben, was du erreichen möchtest."

„Das klingt ja sehr sinnvoll, doch wo findet man solche Menschen?"

„Immer wenn Menschen ein schweres Leben hatten und daraus gestärkt hervorgegangen sind, so sind sie als Wegweiser für dich sehr hilfreich. Oder aber, wenn jemand sehr erfolgreich ist, so kann er dir schildern, was er getan hat, um sein Leben in eine neue Richtung zu lenken. Wenn ein Mensch rundum glücklich ist mit sich und seinem Leben, so kann er dir ein großer Ratgeber sein, wenn du ihn fragst, wie er dies geschafft hat. Oder, wenn ein Mensch einen Schicksalsschlag erfuhr, woraufhin er erfolgreich sein Leben veränderte und heute glücklich und zufrieden ist – diese Menschen sind allesamt deine besten Lehrmeister."

„Die findet man aber nicht gerade an jeder Ecke", bemerkte ich skeptisch.

„Da gebe ich dir recht, doch wirst du sie finden, wenn du sie ernsthaft kennenlernen möchtest. Auf Atlemuris leben sehr, sehr viele davon. Darum schlage ich dir vor, dich gleich heute Abend mit einem solchen zu treffen. Er ist abends ab 19 Uhr stets in der Bar am Hafen anzutreffen. Sein Name ist Altasar."

8

DIE BRUDERSCHAFT

„Seit einiger Zeit erfährt auch die breite Masse von den Gesetzmäßigkeiten,
doch das, was sie an die Hand bekommt,
ist nur ein Grundrezept."

Auf dem großen Platz am Hafen herrschte buntes Treiben. Kinder spielten ausgelassen miteinander. Manche saßen in Gruppen auf dem Boden, andere tollten umher und die kleinsten machten im Beisein ihrer Eltern stolz die ersten unbeholfenen Gehversuche. In den Lokalen um den Platz trafen sich Männer und Frauen in der Abendsonne und führten fröhliche Gespräche. Trotz des hohen Geräuschpegels war es sehr friedlich. Eben hatte die letzte Fähre im Hafen angelegt und die Passagiere gingen von Bord. An Land wurden sie soeben von ihren Freunden und Verwandten freudig begrüßt, als auch der letzte Passagier das Schiff verließ. Ich traute meinen Augen nicht! Ihn kannte ich doch! Es war Henry, der, mit einem Aktenkoffer in der linken Hand, mit nachdenklicher Miene in meine Richtung lief.

Als er vor mir stand, sagte ich überrascht: „Hallo Henry, du bist doch gestern mit mir angekommen und heute hast du die Insel schon wieder verlassen. Mit deinem Aktenkoffer sieht das aber nicht gerade nach Urlaub aus."

„Ja, da hast du recht, ich hatte am Festland noch etwas zu erledigen, dafür war es jedoch gestern schon zu spät", argumentierte er knapp. „Und du, hast du dich schon eingelebt? Wie gefällt es dir hier und was hältst du von Fatima?"

„Du hast wirklich nicht zu viel versprochen. Es ist wunderschön hier und Fatima ist in der Tat eine besondere Frau. Sie hat mir schon einiges erklärt, was sehr lehrreich für mich ist."

„Und nun suchst du bestimmt Altasar?", unterbrach er mich.

„Ja, das stimmt, woher weißt du das?"

„Ganz einfach, weil auch ich schon bei Fatima war und sie jeden zu Altasar schickt, der bei ihr um Rat bittet. Da drüben sitzt er übrigens." Er deutete auf einen Mann mit schulterlangem grauem Haar und einem ebenso grauen Dreitagebart. Mit seinem bunten Hemd, der alten zerbeulten Jeans, den Turnschuhen, der Sonnenbrille auf der Nase und dem goldenen Ohrring im linken Ohr wirkte er jünger als er tatsächlich war.

„Genauso hat ihn Fatima mir beschrieben", sagte ich erstaunt, „er sieht wirklich nicht wie Ende siebzig aus".

„Das habe ich dir doch gesagt. Er erfreut sich bester Gesundheit und du kannst viel von ihm lernen. Du, ich muss los, ich wünsche dir einen schönen Abend", meinte Henry freundlich und machte sich auch schon auf den Weg.

Ich ging auf den Tisch zu, an dem Altasar alleine saß, und überlegte mir, was ich zu ihm sagen sollte. Schließlich kannte er mich nicht und vielleicht wollte er ja auch lieber alleine sein. Plötzlich überkamen mich Zweifel, ob ich ihn wirklich ansprechen sollte. Fatima jedoch hatte gemeint, dass ich keine Scheu haben solle, denn wenn ihm mein Besuch ungelegen käme, so würde er es mir sagen und einen Termin mit mir vereinbaren. Also begrub ich meine Zweifel und trat an seinen Tisch.

„Hallo, Sie sind Altasar, richtig?"

Er hob seinen Kopf, nahm seine Sonnenbrille ab und sah mich mit leuchtend blauen Augen an. „Ja, das ist richtig, aber warum so förmlich, du kannst mich ruhig duzen. Hier sagen alle du zueinander. Was kann ich für dich tun?"

„Fatima schickt mich. Sie meinte, du könntest mir weiterhelfen."

„Ah, du bist ihr neuer Gast, sie hat mir schon von dir erzählt und dich bereits angekündigt. Setze dich doch, ich freue mich dich kennenzulernen. Was führt dich zu uns hierher nach Atlemuris?"

Nachdem ich ihm in aller Kürze berichtete, wie es dazu kam, dass ich nun bei ihm sitze, nickte er bedächtig mit dem Kopf und meinte: „Dann möchte ich dir zunächst erklären, was dazu führte, dass ich heute hier lebe, und warum es Malikunda gibt."

Er lehnte sich in seinen Stuhl zurück und begann zu erzählen: „Ich wurde vor 78 Jahren in eine sehr reiche Familie hineingeboren. Der Reichtum meines Vaters wurde ihm von seinem Vater vererbt und dieser bekam sein Vermögen ebenfalls von seinem Vater. Der wiederum von seinem Vater und, und, und. Meine Vorfahren gehörten seit jeher zu den Betuchten. Sie verstanden es, viel Geld zu verdienen. Das Erbe war jedoch immer an eine Bedingung geknüpft: Das Vermögen durfte nicht weniger werden, sondern musste sich vermehren. Deswegen schickte mich mein Vater auf eine sogenannte Eliteschule. Diese hatte auch er bereits besucht wie alle anderen in meiner Familie. Dort lernten wir zunächst, wie in jeder anderen Schule auch, Lesen, Schreiben und Rechnen. Doch darüber hinaus erfuhren wir Dinge, die ausschließlich in solchen Schulen gelehrt werden, weil sie eben nur für die Elite bestimmt sind. Dafür sorgen die Eltern, indem sie die Schule finanzieren."

„Das klingt ja richtig geheimnisvoll. Was kann man da so Wichtiges lernen, das man woanders nicht beigebracht bekommt? Ich dachte immer, man lernt in jeder Schule das Gleiche!", bemerkte ich erstaunt.

„Na ja. Das, was du als Schüler gelernt hast, lernt man dort natürlich auch, doch über dieses Basiswissen hinaus bringt man auf Privatschulen wie dieser den Schülern zusätzlich bei, wie das Leben funktioniert. So lernen sie den Umgang mit den Gesetzmäßigkeiten, also dem Spiegelgesetz, dem Polaritätsgesetz und natürlich dem Resonanzgesetz. Vor allem das Letztere spielt in dieser Gesellschaftsschicht eine wichtige Rolle. Auch ich wurde selbstverständlich darin ausgebildet, dieses Gesetz stets zu nutzen. Denn gerade wenn es darum geht, Geld zu verdienen, ist dies von größter Bedeutung."

„Moment", unterbrach ich Altasar, „heißt das, dass das Wissen um diese Gesetzmäßigkeit nur denen vorbehalten ist, die genug Geld besitzen, um es sich kaufen zu können?"

„Nein, das kann man so nicht sagen, denn es gibt genügend Menschen, die viel Geld besitzen und trotzdem nicht diese Kenntnisse erlernen durften."

Diese Aussage konnte ich so nicht stehen lassen. „Wieso nicht, ich meine, ich habe nicht viel Geld und trotzdem weiß ich davon."

Altasar sah mich überrascht an und meinte: „Und, kannst du das Gesetz auch anwenden? Wenn ja, warum bist du dann hier?"

Altasar hatte recht: Ich wusste zwar von den Gesetzmäßigkeiten, jedoch hatte ich in der Tat Schwierigkeiten, sie anzuwenden. „Du hast mich erwischt. Das ist mein Problem. Doch ich weiß nicht, weshalb ich nicht mit ihnen umgehen kann", gab ich kleinlaut zu.

„Ganz einfach, weil dir etwas vorenthalten wird. Seit einiger Zeit erfährt auch die breite Masse von den Gesetzmäßigkeiten, doch das, was sie an die Hand bekommt, ist nur ein Grundrezept. Es fehlen quasi all die Gewürze, die dem Gericht erst den entscheidenden Geschmack geben. Du weißt, wie ein Gericht schmeckt, wenn es nicht gewürzt ist. Du isst es nur mit Widerwillen und wirst es vermutlich auch nicht wieder zubereiten, es sei denn, du erfährst von jemandem, mit welchen Gewürzen du arbeiten musst, damit es lecker schmeckt. Wenn ein Starkoch ein Buch über seine besten Rezepte schreibt, dann wirst du darin nicht alles finden, was er verwendet. Er lässt bewusst etwas weg, denn er möchte, dass die Leute zu ihm kommen und sagen: ‚Bei dir schmeckt es doch viel besser als wenn ich es selbst koche. Ich bekomme das einfach nicht so hin wie du.‘ Genau das ist seine Absicht, denn er möchte schließlich jeden Abend ein gut besuchtes Haus haben. Ebenso verhält es sich mit dem Wissen über das Resonanzgesetz. Die Elite, die schon immer davon wusste, hat es bisher ganz allein für ihre eigenen Zwecke eingesetzt, um so die Menschen zu ihrem Vorteil auszunützen. Das funktionierte wunderbar. Und weil es so gut klappte, sind diese elitären Kreise ja auch so reich. Sie ziehen immer mehr an von dem, was sie bereits im Überfluss besitzen. Du kennst sicher den Spruch: Geld kommt immer zu denen, die schon genug davon haben.“

Dieser Satz war mir sehr wohl bekannt, darum unterbrach ich Altasar:

„Aber das ist doch ungerecht. Ich meine, dadurch werden die Menschen nur ausgenutzt. Die ungleichmäßige Verteilung führt dazu, dass auf der einen Seite Menschen verhungern, während die Elite so viel Geld besitzt, dass sie es niemals ausgeben kann. Das darf doch nicht sein. Und überhaupt, wer genau ist denn eigentlich diese ‚Elite‘?“ Entrüstet starrte ich in die Luft und schüttelte dabei missbilligend den Kopf.

Altasar hatte meinen Unmut bemerkt und winkte einen Kellner an den Tisch, um etwas zu trinken zu bestellen.

„Darf es auch etwas für dich sein?“, fragte dieser mich freundlich. Diese Aufforderung brachte mich wieder zurück auf den Boden, denn in mir hatte es angesichts solcher Ungerechtigkeit zu brodeln begonnen.

„Ja, ein Wasser bitte“, antwortete ich knapp.

Als der Kellner wieder gegangen war, meinte Altasar rücksichtsvoll: „Du warst gerade ganz schön emotional. Hast du bemerkt, wie dabei deine Energie in den Keller ging? Mit solchen Reaktionen jedoch vermagst du nichts zu ändern. Im Gegenteil, du schadest dir damit nur selbst. Aber darüber reden wir ein andermal. Doch lass mich dir deine Frage beantworten, wer die Elite ist, die sich das Recht herausnimmt, dieses Wissen für sich zu beanspruchen. Es handelt sich hierbei um Familien, die die gesamte Wirtschaft beherrschen. Das sind die Bankenbosse, die Großindustriellen und natürlich die Adelshäuser. Von den Letzteren gibt es zwar nicht mehr viele, doch ihre Nachkommen sind heute überall in den obersten Etagen der Wirtschaft zu finden und ziehen von dort aus ihre Fäden. Sie alle zusammen beherrschen die Welt. Das haben sie schon immer getan, und das wollen sie auch weiterhin tun. Sie sehen sich als privilegiert an. Das heißt, sie sind der Meinung, dass man besondere Fähigkeiten haben muss, um diese Aufgabe zu erfüllen und diese Fähigkeiten stecken ihrer Meinung nach im Erbgut der Menschen. Darum glauben sie, dass es gottgewollt sei, in eine solche Familie hineingeboren zu werden. Deswegen dürfen sie auch nur ihresgleichen heiraten, um die Blutslinie nicht zu verunreinigen. Und in der Tat ist es so, dass sich ihre DNS, also ihr Erbgut, von dem eines herkömmlichen Menschen unterscheidet. Diese Privilegierten also findest du alle auf den wenigen Eliteschulen dieser Welt. Doch auch nach Abschluss einer solchen Schullaufbahn ist der Lernprozess für die Schüler nicht beendet. Um ihnen ansschließend zur Meisterschaft zu verhelfen, wird jedem ein Mentor zur Seite gestellt. Dazu vereinigen sie sich in einer sogenannten Bruderschaft, in der ihre Mentoren aktiv sind – die erfolgreichsten Geschäftsleute dieser Erde. Sie bilden ihre ‚Nachkommen‘ nun gegenseitig darin aus, das in der Schule erworbene Basiswissen im Alltag erfolgreich umzusetzen. Du hast vielleicht schon von solchen geheimen Bruderschaften oder Logen, wie man auch manchmal sagt, gehört. Das sind zum Beispiel die Freimaurer, die Skull and Bones, die Bilderberger oder die Illuminati."

„Ja, einige dieser Namen kommen mir bekannt vor", stellte ich verwundert fest, „ich dachte jedoch, das sei nur eine Erfindung von Romanautoren. Wenn es diese Bruderschaften also wirklich gibt, wieso weiß man dann von ihnen, wenn doch das, was sie tun, so geheim und nur für sie bestimmt ist? Und warum kann man sie nicht einfach verbieten, wenn sie doch die Menschen nur ausnutzen?"

Altasar nickte zustimmend mit dem Kopf: „Dass man von ihnen weiß, macht ihnen nichts aus, da sie erfolgreich darin geübt sind, ihr Wissen nicht nach außen zu tragen. Deswegen existieren diese Namen in der Gesellschaft ja auch nur als Mythos. Weil also außerhalb dieser Bruderschaft niemand genau weiß, was sie tun, kann man ihnen auch nichts anhaben. Überdies frage ich dich: Wie willst du jemanden, der die Welt regiert, etwas verbieten? Ich meine, welches Gesetz soll da greifen, wenn sie selbst es sind, die alle Fäden in der Hand halten? Doch immer mehr Menschen ahnen bereits, dass die Politiker nur die Marionetten dieser einflussreichen Leute sind. Und so verhält es sich in der Tat. Das kannst du mir ruhig glauben, denn auch ich bin in einer dieser Bruderschaften gewesen. Auch ich hatte einen Mentor, der mich zur Meisterschaft, wie man sagt, gebracht hat. Ich weiß also, wovon ich spreche. Wenn man alles gelernt hat, was man nur lernen kann, und es auch erfolgreich umsetzt, also das Geld seiner Vorfahren vermehrt, dann ist man ein Meister und wird selbst zum Mentor, um sein Können an andere Mitglieder weiterzugeben. Ich war sehr erfolgreich im Umsetzen des geheimen Wissens und ich bin es auch heute noch."

Was Altasar mir erzählte, ließ mir fast den Atem stocken. Es hörte sich an wie in einem Politthriller aus Hollywood. Konnte es wirklich wahr sein, dass wir im Grunde genommen keinen Einfluss darauf hatten, eine Veränderung in der Gesellschaft herbeizuführen, weil ein paar wenige die Macht in ihren Händen halten, um uns zu ihrem eigenen Vorteil zu benutzen? Diese Vorstellung war für mich schrecklich, wenn nicht sogar deprimierend. Und was war mit Altasar? Gehörte er noch immer zu dieser geheimen Bruderschaft? Wenn ja, wieso war er dann hier auf Atlemuris? War das hier vielleicht doch eine Sekte und er war der Anführer, dem alle hörig waren? Vermehrte er auf diese Weise das Vermögen seiner Vorfahren? Wollte er mich mit diesem Gespräch als Sektenmitglied gewinnen? Und war Henry sein Mittelsmann, der das Geld in seinem Aktenkoffer für ihn in Sicherheit brachte? Meine Gedanken überschlugen sich. Darum atmete ich ein paar Mal tief ein und aus, um das Vermutete zu verdauen. Als ich mich wieder beruhigt hatte, fragte ich skeptisch: „Du sagtest, du gehörtest auch einer solchen Bruderschaft an. Daraus schlussfolgere ich, dass du ebenfalls zu dieser Elitespezies gehörst, die die Menschen zum eigenen Wohle ausnutzen. Stimmt das?"

9

DAS TOR DES VERGESSENS

„Es ist nichts anderes als die ersten Erfahrungen
deines Erdenlebens."

Altasar sah mich an, als verstünde er die Welt nicht mehr. Für eine ganze Weile sagte er kein Wort. Ich deutete sein Schweigen als ein Geständnis und fühlte mich in meinen Anschuldigungen bestätigt. Gerade überlegte ich, das Gespräch zu beenden und einfach zu gehen, als er mit ruhiger und bedächtiger Stimme erklärte: „Wie du sagtest: Es ist wahr, dass ich einer dieser Elitespezies bin. Ich habe die längste Zeit meines Lebens in diesen Kreisen zugebracht. Ich habe gelernt, wie man das Resonanzgesetz einsetzt und viel Geld verdient. Daran ist zunächst nichts auszusetzen. Doch irgendwann habe ich erkannt, dass die Menschen in meinem Umfeld die Gesellschaft nur noch ausnutzten. Das wiederum war nicht zu allen Zeiten so. Um dir das besser verständlich zu machen und um deine Zweifel zu beseitigen, möchte ich dir eine weitere Erkenntnis über das Spiel des Lebens vermitteln. Dazu fange ich am besten ganz von vorne an, nämlich an dem Punkt, an dem jeder Seelenanteil durch das Tor des Vergessens geht. Hierzu möchte ich dich fragen: Wie stellst du dir dieses Tor vor?"

Ich verstand nicht, was diese Frage mit meinen Zweifeln, ob hier alles mit rechten Dingen zuging, zu tun haben sollte. Doch irgendwie war ich wieder neugierig geworden. Mary und Samuel berichteten mir bereits von diesem Tor, als sie mir die Spielregeln im Spiel erklärten. So war ich gespannt, welche Neuigkeiten er mir in diesem Zusammenhang mitteilen würde.

„Ich hab keine Ahnung, vielleicht ist es eine Art Scanner, der alles Wissen löscht, das der Seelenanteil über seine vergangenen Leben in sich gespeichert hat. Somit weiß der Mensch, in den ein Teil seiner Seele inkarniert, nichts

mehr von seiner wahren Herkunft." Altasar sah mich erstaunt an und meinte: „Das ist eine Erklärung, die nur von einem materiell geprägten Verstand
kommen kann. Du stellst dir also vor, dass sich dort oben eine Maschine befindet. Und ähnlich wie an der Registrierkasse eines Supermarktes wird dein
Seelenanteil über ein Gerät gezogen, das alle gespeicherten Informationen
löscht, um schließlich nach der Zeugung deines menschlichen Körpers quasi
jungfräulich in ihn zu inkarnieren, stimmt's?"

„Ja, so könnte man sagen, obwohl ich mir nicht vorstellen kann, dass es so
funktioniert."

Altasar nickte zustimmend mit dem Kopf: „Das tut es so auch nicht."

„Und du weißt, wie das Tor des Vergessens aussieht? Hast du es denn schon
gesehen?"

Altasar begann zu lachen und meinte: „Deine Skepsis mir gegenüber scheint
ja ungebrochen zu sein. Doch um deine Frage zu beantworten: Es gibt kein
Tor im wörtlichen Sinne, deswegen kann es auch niemand sehen. Es ist in
jedem von uns zu finden."

„Wie muss ich das nun wieder verstehen? Ist der Scanner in unserem Körper
installiert?"

„Wenn du unbedingt bei diesem Bild bleiben möchtest, so sage ich: Ja.
Doch ich möchte ihm einen anderen Namen geben. Es handelt sich dabei
unter anderem um unser Gehirn. Und in ihm ist, wie du weißt, auch unser
Verstand zu Hause. Er ist dein Scanner."

„Und wie löscht er dann die Informationen über die Herkunft des
Seelenanteils?"

„Dein Scanner, also dein Verstand, kann nichts einfach löschen", argumentierte Altasar, „denn alle Informationen sind nur Schwingungen. Sie können
nicht einfach gelöscht werden."

Plötzlich erinnerte ich mich wieder daran, was ich über das Geheimnis des
Wassers gelernt hatte. Wasser als Speichermedium konnte alle Arten von
Schwingungen, also Töne, Worte und sogar Gedanken, in sich aufnehmen,
was man wiederum über gefrorene Wasserkristalle sichtbar machen konnte.

„Okay, dass alles schwingt, leuchtet mir ein. Du sagtest jedoch, dass Informationen nicht gelöscht werden können, also bleiben sie gespeichert. Wie
kommt es dann, dass ich mich nicht mehr daran erinnere, wer ich wirklich
bin? Kannst du mir das erklären?"

Altasar faltete seine Hände, während er sich bequem in seinem Stuhl zurücklehnte. „Dass du dich nicht mehr an deine wahre Herkunft erinnern kannst, liegt an den Spielbedingungen. Die Quelle allen Seins oder Gott – wie auch immer du den Schöpfer dieses Spieles nennen magst – hat die Spielregeln so gemacht, dass für jedes Leben ein neuer Seelenanteil in die jeweilige Spielfigur inkarniert. In dieser Spielfigur, die wir Mensch nennen, wohnt die Energie der Quelle, der wir alle entspringen. Sie war ursprünglich die reine Schwingung der Liebe und somit ein Teil deiner Seele, eben ihr Seelenanteil. Im Laufe der zahlreichen Leben, in der deine Seele viele ihrer Anteile auf die Erde schickte, hat sie jede Menge erlebt. All diese Erlebnisse bleiben als Information im Universum erhalten, sodass du jederzeit Zugriff darauf hast, wenn du dir dessen bewusst bist. Doch durch das Tor des Vergessens bleiben sie dir verborgen. Und nun sind wir wieder am Beginn deines Lebens. Die Energie deines Seelenanteils, wie man Schwingung auch nennt, steckt im Moment der ersten Zellteilung in den beiden entstehenden einzelnen Zelle. Sie teilen sich von nun an jeden Tag so oft, bis ein perfektes menschliches Wesen daraus entstanden ist. Wir nennen es auch ein Wunder, wenn ein neues Leben geboren wird. Doch bei näherer Betrachtung merken wir, dass die Quelle genau das Gleiche tat, als sie das Spiel des Lebens kreierte. Sie teilte sich und erschuf die Polarität, wodurch sie in der Lage ist, sich über ihre Millionen und Abermillionen von Seelenanteilen selbst zu erfahren. Auf materieller Ebene teilt sich also jede Körperzelle so oft, bis ein menschliches Wesen, wie du zum Beispiel, entsteht. Nun kannst du in deiner Spielrunde deine eigenen Erfahrungen machen. Da das Ganze in der Polarität geschieht, ist jede Zelle deines Körpers vom Anbeginn der Zellteilung allen möglichen Einflüssen ausgesetzt. So kommt es, dass dein Seelenanteil bereits im Mutterleib die ersten Erfahrungen macht. Sind diese Erlebnisse sehr einschneidend, können sie zu einem vorgeburtlichen Trauma führen, das später zu einem psychischen Problem heranwachsen und dich sehr beeinflussen kann. Doch bist du erst einmal auf der Welt, dann unterliegst du permanent den Einflüssen der Polarität. Mit jedem Tag wirst du nun Erfahrungen machen, die deine Urschwingung überlagern. Sie können sie zwar nicht löschen, doch kann sie durch viele andere Schwingungen in den Hintergrund gedrängt werden, sodass du sie nicht mehr wahrnimmst. Ich kann dich dennoch beruhigen, denn alle Antwort ist immer in dir. Damit meine ich die Schwingung der Quelle, also die Liebe. Das Leben mit all seinen Erfahrungen lässt uns dies jedoch früher oder später vergessen." Altasar machte eine kurze Pause, um seine Worte in mir wirken zu lassen. Ich bekam langsam eine vage Vorstellung davon, wie ich mir das Tor des Vergessens vorzustellen hatte. Doch als Altasar fortfuhr, war ich froh, seinen Erklärungen weiter lauschen zu dürfen.

„Hast du schon einmal ein neugeborenes Baby betrachtet, wenn es in seiner Wiege liegt? Es ist zufrieden, grinst ohne erkennbaren Grund und gibt Laute von sich, als ob es sich gerade mit jemandem unterhält. Dabei ist niemand da. Wir sagen, wenn wir so etwas beobachten: ‚Schau mal, es träumt.' Wenn es dann etwas älter ist und die Augen geöffnet hat, kann es sein, dass es plötzlich etwas in der Ferne beobachtet und sogar in seltsamen Worten spricht. Gerade so, als ob es sich mit jemandem unterhalten würde. Die Eltern können jedoch nichts entdecken. Was ich damit sagen möchte, ist, dass du die ersten sechs Jahre deines Lebens noch permanent mit deiner Seele in Verbindung stehst. Das heißt, dass du nicht fantasierst, sondern in dieser Zeit bewussten Zugriff zum großen Computer – also zur Quelle hast, in dem alles gespeichert ist. In dieser Zeit kannst du gedanklich noch mit der Seelenebene kommunizieren. Das bedeutet: Es gibt keinen Scanner, der dich von deiner wahren Herkunft trennt, indem er alles löscht. Denn dafür sorgt das Leben selbst."

Ich war erstaunt über die Ausführung Altasars, denn das hatte ich nicht vermutet. „Mary und Samuel haben mir erzählt, dass in den ersten sechs Lebensjahren die Betriebsanleitung für das Leben installiert wird. Dass also meine Eltern und mein Umfeld durch die Erziehung dafür sorgten, dass ich zunächst bestimmte Verhaltensmuster in mein Leben integriere. Nun sagst du mir, dass ich in genau diesem Zeitraum noch in direkter Verbindung zu meiner Seele stehe. Wie soll das zusammenpassen?"

„Ganz einfach", meinte Altasar, „genau diese sechs Jahre sind das Tor des Vergessens. Sie sind dein Scanner, der dich umprogrammiert, sodass du zunächst nicht mehr weißt, wer du in Wahrheit bist. Deine Eltern erfüllen ihren Auftrag darum auf das Beste, indem sie dir über jede Zelle deines Körpers zu verstehen geben, wie man in der Polarität lebt. Das tun sie auf genau die Art und Weise, die du dir auf Seelenebene ausgesucht hast, um deine individuellen Erfahrungen zu machen. Hast du das nun verstanden?"

„Ja, ich denke schon", antwortete ich euphorisch und begann das eben Erfahrene mit meinen Worten zusammenzufassen. „Ich bin während der ersten sechs Jahre meines Erdenlebens noch mit meiner Seele verbunden. Das bedeutet, dass ich eigentlich noch gar nicht ganz im Spiel des Lebens oder in der Polarität angekommen bin. Um nun am Spiel so teilzunehmen, wie ich es mir ausgesucht habe, geben mir meine Eltern und mein Umfeld eine Betriebsanleitung für mein Spiel mit auf den Weg, die dazu führt, dass ich nach und nach vergesse, wer ich in Wirklichkeit bin."

„Ganz genau, treffend erklärt", lobte mich Altasar, „das Tor des Vergessens ist also nichts anderes als das Ergebnis deiner ersten Erfahrungen in deinem Erdenleben. Das prägt dich so sehr, dass diese Schwingungen deine Urschwingung der Liebe in dir überlagern, wodurch du dich für lange Zeit nicht mehr an deinen wahren Ursprung erinnern kannst. So einfach ist das."

10

DAS EXPERIMENT

„Wenn es zu einem Übergewicht seitens der Ungerechtigkeit
kommt, dann ist das immer mit Zerstörung verbunden."

Ich war überrascht, dass die Erklärung über das Tor des Vergessens so einfach schien. In der Tat dachte ich an alles Mögliche, doch dass es so naheliegend war, verblüffte mich. Jedoch kamen wir gedanklich total vom Wege ab.

„Das erklärt mir so einiges", stimmte ich ihm zu, „doch was möchtest du mir damit bezüglich meiner Frage sagen, ob du ebenfalls zu diesen Ausbeutern gehörst?"

„Nicht so ungeduldig", antwortete Altasar und hob dabei seine Hand, um mich zu bremsen. „Warum hast du es so eilig, du hast doch Urlaub? Entspanne dich, du wirst alles erfahren, doch manche Antworten brauchen einfach eine ausführliche Erklärung, damit du sie besser verstehen kannst. Denn du befindest dich im Augenblick in einer Verurteilungshaltung. Meine momentane Aufgabe sehe ich darin, dich da wieder herauszuholen, denn sonst schadest du dir nur selbst."

„Was ist das nun wieder für ein Ablenkungsmanöver?", dachte ich skeptisch. Doch bevor ich etwas erwidern konnte, fuhr Altasar bereits fort:

„Die Quelle allen Seins – oder Gott, wenn dir dieses Wort lieber ist – erschuf also die Polarität. Manche sagen auch 3-D-Dimension dazu. Zur Wiederholung sei gesagt, dass auf der Erde alles ein Gegenstück benötigt, um eine Erfahrung zu machen. Man spricht in diesem Zusammenhang auch von Ursache und Wirkung. Das bedeutet, dass alles, was du tust, immer mit einer Reaktion auf deine Handlung verbunden ist, die dir die Möglichkeit zu neuen Erfahrungen eröffnet. Um jedoch überhaupt eine Erfahrung zu machen, musst du dich immer für eine von zwei Möglichkeiten entscheiden, zum Beispiel: entweder links oder rechts abzubiegen, oder nach oben oder nach unten zu gehen. Das beschreibt die Polarität in Kürze. Die 3-D-Dimension beschreibt das Realitätsempfinden auf unserem Planeten. Mit unseren Augen nehmen wir nur räumliche Dinge wahr. Sie entstehen immer aus Länge, Breite und Höhe. Somit entsteht vor unserem Auge beispielsweise ein Gegenstand oder eine Person. Darum können wir zunächst nur das glauben, was wir sehen. Auch unser Verstand kann nur diese Dreidimensionalität erfassen. Doch weißt du ja mittlerweile, dass es da noch einen weiteren Mitspieler in unserem Kopf gibt, nämlich die Intuition. Wenn du diesem Männchen mehr Aufmerksamkeit schenkst, dann wirst du merken, dass du plötzlich aus deinem 3-D-Weltbild eine Multi-D-Welt erschaffen kannst. Das heißt im Klartext, du bist in der Lage, nicht nur das zu erfassen, was für dich sichtbar ist, sondern du nimmst zusätzlich Dinge wahr, die du nicht sehen kannst. Das verhält sich ganz ähnlich wie in dem Zeitraum von deiner Geburt bis zu deinem sechsten Lebensjahr. Damals war es für dich normal, Dinge zu sehen oder zu hören, die den Erwachsenen verborgen blieben. Doch wie du nun weißt, hast du es vergessen. Wenn du diese Fähigkeit wieder aktivieren könntest, wäre es dir möglich, neue Dinge in dein Leben zu ziehen, die sich deinen jetzigen Augen noch verschließen. Doch um dies zu erreichen, ist es wichtig, die Gesetzmäßigkeiten genau zu kennen und auch anzuwenden. Und nun sind wir wieder bei der sogenannten Elite unter den Menschen. Sie haben in der Polarität, oder auch in der Dualität, einen wichtigen Platz. Denn ohne Reich gäbe es kein Arm und ohne Überfluss gäbe es auch keinen Mangel."

Ich war entsetzt darüber, dass Altasar diese Missstände zu legitimieren versuchte, und fuhr ihn aufgeregt an: „Aber das ist doch ungerecht. Wie kannst du das nur befürworten!"

„Ich befürworte es nicht, um deine Anschuldigung zu entkräften, jedoch gebe ich zu, dass ich es einst unterstützt habe. Doch bevor ich dir erzähle, wie es dazu kam, dass ich heute anders darüber denke, muss ich dir leider sagen, dass es ohne Ungerechtigkeit in der Dualität auch keine Gerechtigkeit geben würde. Bevor du jedoch gleich wieder Einspruch erhebst, möchte ich dir von einem Experiment erzählen, das mit dem Spiel des Lebens in Verbindung steht."

Die Sonne war mittlerweile untergegangen und das Treiben auf dem großen Platz war verklungen. Die Menschen, die noch unterwegs waren, saßen in kleinen Gruppen zusammen und unterhielten sich ausgelassen. Es war eine friedliche Stimmung zu spüren, die mir sehr gefiel.

Ein laues Lüftchen berührte gerade meine Haut, als Altasar weitersprach: „Du weißt nun, dass das Tor des Vergessens nichts weiter ist als dein Verstand, der von deinen Kindheitsprägungen genährt wird. Dadurch gerät deine Intuition so sehr in den Hintergrund, dass du vergessen hast, wer du wirklich bist. Das sind die Bedingungen, um an diesem Spiel teilzunehmen. Und nun beginnt das Experiment: Die Quelle hat allen Menschen gleichermaßen den freien Willen gegeben. Das heißt im Klartext: Jeder kann tun und lassen, was er möchte. Das Experiment besteht für die Quelle also darin, zu beobachten, was geschieht, wenn jeder Spieler von diesem Angebot Gebrauch macht. Egal was auch passiert, die Quelle, also die höchste Instanz, greift nicht ein. Was daraus entstanden ist, das kannst du der Geschichte der Menschheit entnehmen. Unsere Geschichtsbücher sind voll von Ungerechtigkeit, die du sicher zu Recht so sehr anprangerst. Ungerechtigkeit in Form von Schmerz, Gewalt, Missbrauch und, und, und. Das taten die Menschen alles nur, um in der scheinbar feindlichen Welt zu überleben. Du kannst aber auch darin lesen, wie sich die Menschen organisierten, um aus ihrem Überlebensdrang heraus Dinge zu erfinden, die das Leben unbeschwerter und sicherer machten. Damit meine ich den Fortschritt vom Jäger und Sammler zum erfolgreichen, millionenschweren Erfinder – um ein Beispiel aus der Welt der Elite aufzuzeigen. Dazwischen sind selbstverständlich alle Varianten und Entwicklungen möglich. Was ich damit sagen möchte ist, dass die Menschen, die die Zusammenhänge der universellen Gesetzmäßigkeiten im Spiel des Lebens sehr schnell verstanden haben, maßgeblich daran beteiligt waren, der Gesellschaft diese Entwicklung und den daraus resultierenden Wohlstand zu ermöglichen. Denken wir doch nur einmal daran, unter welch harten Bedingungen die Händler vor Hunderten von Jahren vor unserer Zeit Güter wie Stoffe, Gewürze, Salz oder Heilmittel, aber auch neues Wissen zu den Menschen brachten.

Als die Eisenbahn erfunden war, wurde das Leben für viele Menschen leichter. Denn plötzlich konnte man die Waren ohne Einsatz von Körper und Leben von A nach B transportieren. Und als Thomas Edison mit dem elektrischen Strom experimentierte, da wurde das Leben für uns Menschen noch angenehmer. Dass heute ein Großteil der Menschheit ein unbeschwertes Leben führen kann, haben wir – im Verhältnis gesehen – ein paar wenigen Menschen zu verdanken. Diese wenigen waren und sind auch heute noch diejenigen, die gelernt haben, wie sie an das Wissen gelangen, um neue Dinge zu erfinden und auch, wie sie es erreichen können, ihre Erfindungen unter die Menschen zu bringen. Im Grunde genommen haben solche Menschen das Tor des Vergessens nie wirklich passiert. Denn schon von Kindesbeinen an erlaubte man ihnen, den Kontakt zu ihrer Seele zu bewahren. Somit konnten sie auf das universelle Wissen zugreifen, dass im Universum jederzeit abrufbereit ist und jedem zur Verfügung steht.

Das ist die positive Seite der Elite, nämlich, dass wir diesen Personen sehr viel zu verdanken haben. Dabei unterstelle ich ihnen durchaus, dass sie bis zu einem gewissen Punkt aus Idealismus handelten und handeln. Ich vermute, dass dies ihre übergeordnete Aufgabe ist, die sie sich vor ihrer Inkarnation, also vor ihrer Spielrunde, vorgenommen haben. Der respektable Vorsatz, die Welt ein Stückchen besser zu machen.

Daneben existiert aber auch eine zweite Gruppe in besagter elitärer Schicht. Sie wächst seit der Zeit der Industrialisierung beständig. Sie nutzt ihr Wissen aus, um sich an den Menschen zu bereichern, ohne ihnen im Gegenzug einen Nutzen zu bringen. Bei ihnen geht es nur darum, möglichst viel Geld zu verdienen, um das eigene Vermögen zu vergrößern. Dabei ist ihnen egal, dass sie durch ihr Verhalten jene Menschen, die sie zum Zweck der Mehrung ihres Reichtums missbrauchen, an den Rand des Abgrundes drängen und zum Teil existenzunfähig machen. Sie nehmen sogar den Verlust von Menschenleben billigend in Kauf, ohne auch nur ein schlechtes Gewissen zu haben. Dieses Gebaren gab es natürlich schon immer, doch in den letzten dreißig Jahren hat es exorbitant zugenommen."

Altasar machte eine kurze Pause, damit ich mir das eben Erfahrene vergegenwärtigen konnte. So wie er es mir erklärte, konnte man diesen Menschen für ihre Erfindungen in der Tat dankbar sein, weil sie etwas Gutes für die Menschheit bewirkt hatten. Für diese Taten gönnte ich ihnen ihren finanziellen Reichtum, denn sie hatten eine wertvolle Leistung vollbracht, die für alle von Nutzen war.

Die andere Gruppe, von der er sprach, war jedoch genau die, über deren Verhalten und Einstellung ich mich anfangs so aufgeregt hatte. So waren es zum Beispiel die Firmenbosse, die Unternehmen aufkauften oder übernahmen, um ihren Reichtum zu vermehren. Sie entließen rücksichtslos jene Menschen, die mitgeholfen hatten, den Betrieb zu dem zu machen, was er heute war. Diese Beschäftigten wurden durch billige Zeitarbeitskräfte ersetzt, und gerieten durch das System so sehr in Not, dass sie bereit sind, jede Arbeit anzunehmen, nur um zu überleben. Für viele schien es aus diesem verhängnisvollen Kreislauf kein Entkommen zu geben.

Je intensiver ich darüber nachdachte, umso mehr Beispiele für Ungerechtigkeit in unserer heutigen Zeit fielen mir ein. Da ich keine Lösung für dieses Problem sah, weil die von Altasar beschriebene Elite scheinbar so machtvoll war, spürte ich, wie sich Resignation in mir breitmachte.

Altasar zog mich aus meinem selbst gegrabenen Loch wieder heraus, indem er erklärte: „Es gibt also zwei Arten von Elitespezies, um wieder bei deiner Beschreibung zu bleiben. Die eine ist die fördernde Elite, die andere nenne ich die parasitäre Elite. Und genau wegen jener habgierigen, ausnutzenden und menschenverachtenden Elite trat ich aus der Bruderschaft aus. Ich hatte erkannt, dass uns die Quelle zwar unseren freien Willen gegeben hat, um alles zu tun, was wir möchten, doch diese negative Entwicklungsströmung ging mir entschieden zu weit. Ich erkannte für mich, dass das Experiment mit dem freien Willen irgendwann zum Scheitern verurteilt sein würde, wenn wir dieses Spiel so weiterspielten wie bisher. Denn wenn die Menschheit sich wegen ein paar wenigen, die sie ausnützen, nicht weiterentwickeln kann, dann fährt das ganze System irgendwann gegen die Wand. Die Dualität bringt zwar immer das Gegenstück hervor, also im Falle von Gerechtigkeit natürlich die Ungerechtigkeit, doch wenn es zu einem Übergewicht seitens der Ungerechtigkeit kommt, so ist das zwangsläufig mit Zerstörung verbunden."

Da musste ich Altasar recht geben, denn was das Ungleichgewicht anrichten kann, hatte ich am eigenen Körper durch Krankheit erfahren. Mary und Samuel waren es damals, die mich wieder in mein Gleichgewicht brachten.

„Dies also ist ein Grund", sprach Altasar weiter, „warum ich heute hier sitze und mit dir darüber rede. Es war der Auslöser dafür, dass ich nach Atlemuris gegangen bin, um ein neues Leben anzufangen. Denn von hier aus bringen wir den Menschen die Geheimnisse, die man sonst nur in den Eliteschulen lernt, bei. Wie du siehst, ist das Verheimlichen dieses Wissens der Grund dafür, dass die einen immer reicher werden, während die anderen fast am Verhungern sind. Doch es geht nicht nur um Geld. Hierin liegen auch viele

Lösungsmöglichkeiten für ein glückliches und gesundes Leben voller Liebe."

„Haben denn deine Kollegen aus der Bruderschaft nichts dagegen, wenn du so offen darüber berichtest, was doch eigentlich geheim ist?", fragte ich neugierig.

„Natürlich ist ihnen das überhaupt nicht recht, denn du musst wissen, dass ich, bevor ich mich für diesen Schritt entschied, mit ihnen auf Konfrontation gegangen bin. Ich wollte sie dazu bewegen, ihre Einstellung und ihre Handlungen zu ändern. Doch ich habe schnell gelernt, dass es sehr schwer ist, gegen den freien Willen anzukommen, wenn er sich einmal fast fanatisch in einem festgefressen hat. Sie haben mich natürlich als Nestbeschmutzer beschimpft. Sie versuchten, mich mit fadenscheinigen Verleumdungen ins Gefängnis zu stecken und somit mundtot zu machen. Sie drohten mir sogar, mich umzubringen. Doch mein Verlangen, diese Ungerechtigkeit zu ändern, führte mich dann zu der Chance, hier auf Atlemuris ein neues Leben zu beginnen. Weit weg von der Bruderschaft bin ich aus dem System ausgestiegen und habe damals begonnen, eine Keimzelle zu gründen, um das Wissen in die Welt zu bringen. Und wenn du möchtest, kannst auch du es erfahren. Ich oder jeder andere auf dieser Insel kann es dir erklären, denn hier leben alle mit diesem Wissen und, wie du sicher bereits gesehen hast, das sehr glücklich."

Nun hatte das Gespräch für mich eine überraschende Wendung angenommen, sodass ich Altasar von nun an vollkommen vertrauen konnte. Ich wollte unbedingt mehr erfahren, doch es war schon spät geworden. Deshalb fragte ich: „Wäre es möglich, dass du mir dein Wissen persönlich vermittelst?"

Altasar sah mich erstaunt an und meinte: „Ah, ich sehe, ich konnte deine anfängliche Skepsis mir gegenüber entkräften, das freut mich. Natürlich werde ich dir mehr darüber verraten. Darum komme morgen zu mir nach Hause, dann werden wir den nächsten Schritt zusammen gehen."

11

DER ZWEITE SCHRITT

„Es nutzt dir wenig, wenn du dir immer mehr Wissen aneignest,
aber gleichzeitig nicht in der Lage bist, es anzuwenden."

Ich lag schon wach in meinem Bett, als die Sonne ihre ersten Strahlen durch das Fenster schickte. In meinem Kopf kreisten Gedanken über das Gespräch mit Altasar. Diese Wendung hatte ich nicht erwartet. Es beschämte mich innerlich, dass ich das Schlechte in ihm gesehen hatte. Doch nun, da ich seine Geschichte kannte, hatte ich große Hochachtung vor ihm. Wenn man einem luxuriösen und bequemen Leben den Rücken kehrte und das System, unter dem man aufgewachsen war, anprangerte, gehörte viel Mut dazu, es zu verlassen. Die Widerstände, die ihm mit dieser Entscheidung entgegengebracht wurden, waren mit Sicherheit gewaltig. Das ist unbequem, und ich wüsste ehrlich gesagt nicht, ob ich das Gleiche hätte tun können, wenn ich an seiner Stelle gewesen wäre. Dass er nun hier etwas Neues aufgebaut hatte, was seinen Idealen entsprach, faszinierte mich einerseits, andererseits war ich neugierig, wo die Unterschiede zu der Gesellschaft lagen, in der ich lebte. Die Zufriedenheit, die Altasar, aber auch die Bewohner von Malikunda ausstrahlten, zeigte mir jedoch schon jetzt, dass sie alle wunschlos glücklich sein mussten. So schlug ich meine Bettdecke zurück und stand voller Vorfreude auf, gespannt darauf, was heute alles geschehen würde. Ich ging zu dem kleinen Tisch am Fenster, um die ersten Zeilen in mein neues Tagebuch zu schreiben. Die Überschrift lautete:

Wie ich meine Herzenswünsche manifestiere, um ein Leben in
Freude, Liebe und Gesundheit zu führen.

Nach dem Frühstück, das hier herrlich schmeckte, machte ich mich sofort auf den Weg zu Altasar. Fatima hatte mir erklärt, wo er wohnte, und freute sich mit mir, dass es mir ein Bedürfnis war, mehr von ihm zu erfahren.

Auf halbem Weg bog ich in eine Seitengasse ein, als ich aus einem offenen Fenster eine männliche Stimme hörte, die mir bekannt vorkam. Neugierig blieb ich unter dem Fenster stehen und belauschte die Unterhaltung.

„Eddy, es ist alles okay, mach dir keine Sorgen. Sie werden dich hier nicht finden. Ich habe alles für dich unter größten Sicherheitsvorkehrungen erledigt. Niemals werden sie herausbekommen, wo du dich versteckst. Aber du musst mir versprechen, dass du auf keinen Fall von irgendeinem Handy aus versuchst, mich oder jemand anderen anzurufen. Sie überwachen mittlerweile den gesamten Telefonverkehr."

„Ich mache mir aber Sorgen, vor allem um meine Frau. Ich hätte es nicht tun dürfen", entgegnete dieser Eddy mit resignierter Stimme.

„Ich sagte dir doch, es ist alles okay. Deine Frau ist in Sicherheit. Sie wird zwar rund um die Uhr überwacht, aber sie scheinen ihr zu glauben, dass sie nicht weiß, wo du dich aufhältst. Sie ist sehr gut darin, ihnen etwas vorzumachen."

„Meinst du, ich werde sie jemals wiedersehen? Ich kann es fast nicht mehr ertragen. Sie fehlt mir so sehr. Ich hätte es nicht tun dürfen." Eddys Stimme klang völlig verzweifelt.

„Jetzt pass mal auf, Eddy, es war deine Entscheidung, also musst du auch …" Plötzlich wurde das Fenster geschlossen und ich hörte nur noch ein leises Gemurmel. Verdammt, dachte ich, zu gerne hätte ich herausbekommen, worum es bei dieser Unterhaltung ging, denn offenkundig musste sich hier jemand verstecken. Vielleicht erfuhr ich es ja noch während meines Aufenthaltes. Den Mann jedenfalls, mit dem Eddy sich unterhalten hatte, kannte ich bereits.

Altasar saß in seinem Garten unter einem Feigenbaum und las gerade in einem Buch, als ich am Strick neben dem Gartentor zog, der an einer Schiffsglocke befestigt war. Das Bimmeln ließ ihn aufschauen. Als er mich entdeckte, legte er sein Buch zur Seite und bat mich mit einem einladenden Wink einzutreten. Zur Begrüßung umarmte er mich herzlich und sogleich breitete sich in mir ein wohliges Gefühl des Willkommenseins aus.

„Es freut mich, dass du dich entschieden hast, von mir persönlich den nächsten Schritt erklärt zu bekommen", meinte er anerkennend und bat mich, Platz zu nehmen. „Damit hast du unbewusst den ersten Schritt umgesetzt. Weißt du denn noch, wovon ich spreche?"

Zuerst verstand ich tatsächlich nicht, was er damit meinte, doch dann fiel mir ein, dass Fatima ihn mir gestern bereits erklärt hatte und heute Morgen schrieb ich ihn als Erstes in mein Tagebuch. So antwortete ich stolz: „Ja natürlich, der erste Schritt lautet: Auf wen hörst du?"

Altasar nickte und meinte: „Richtig, diese Frage ist zunächst eine Aufforderung an dich, auf die Menschen zu hören, die irgendwann einmal an dem Punkt im Leben standen, an dem du jetzt angelangt bist, und die heute bereits dort sind, wo du gerne hin möchtest. Genau diese Menschen dienen dir sozusagen als Wegbereiter, denn sie kennen diesen Weg aus eigener Erfahrung. Somit geben sie dir Fakten an die Hand und keine Meinungen. Denn Meinungen sind Theorie, Fakten aber sind die Praxis.

Nun, da ich in der Bruderschaft gelernt habe, wie man seine Wünsche und Ideen in die Realität umsetzt und damit sehr erfolgreich Geld verdient, gehöre ich durchaus zu den Menschen, auf die du bedenkenlos hören kannst. Von mir erfährst du quasi aus erster Hand, was du tun kannst, um deine Situation zu verbessern."

„Es geht mir aber gar nicht ausschließlich darum, Geld zu verdienen", unterbrach ich ihn. „Nicht, dass du jetzt denkst, ich bräuchte kein Geld. Im Grunde genommen bräuchte ich sogar viel Geld, um mir meine Wünsche zu erfüllen, doch in erster Linie geht es mir darum, glücklich zu sein. Ist das denn mit deiner Methode ebenso möglich?"

„Aber natürlich, deswegen bin ich ja auch aus dem System ausgestiegen. Ich stellte fest, dass Geld allein nicht glücklich macht. Doch das, was ich in Bezug auf das Geldverdienen gelernt habe, lässt sich eins zu eins auf jede Art von Wunsch umsetzen. Wenn du also ein Leben führen möchtest, in dem du deiner wahren Bestimmung folgen kannst, so sind es dieselben Punkte, die du beachten solltest, um diesen Wunsch dauerhaft in dein Leben zu ziehen.

Das Wichtigste dabei ist, dass du mit jeder neuen Erkenntnis dein Fundament vertiefst. Das kannst du tun, indem du dir die folgenden fünf Schritte verinnerlichst. Die Fragestellung des ersten Schritts kennst du bereits: Auf wen hörst du? Der zweite Schritt betrifft deine Lernfähigkeit, also deine Bereitschaft, erworbenes Wissen auch tatsächlich umzusetzen. Denn es nutzt dir wenig, viele Kenntnisse anzuhäufen, ohne je in der Lage zu sein, sie anzuwenden. Menschen, die damit Probleme haben, werden auch Theoretiker genannt. Oftmals sind das Personen, die immer alles besser wissen, dieses Know-how aber nie selbst erfolgreich in die Realität umsetzen. Sie geben den anderen permanent gute Ratschläge, die sie selbst jedoch nie ausprobiert haben."

„Ah, ich verstehe, was du meinst. Solche Menschen sind mir bestens bekannt. Darunter fallen in meinen Augen auch die Politiker. Sie wechseln mit jeder Amtsperiode ihre Ämter, dass man sich nur wundern kann, wie sie es zum Teil über Nacht hinbekommen, sich in vollkommen fremde Fachgebiete einzuarbeiten. Als angebliche Experten wissen sie scheinbar stets ganz genau, was für ihre Arbeitgeber, also das Volk, jeweils am besten ist. Erst vor Kurzem wurde in meinem Heimatland aus der ehemaligen Familienministerin im Handumdrehen eine Verteidigungsministerin. Da stellte sich mir schon die Frage, ob dieses System wirklich funktionieren kann."

Altasar schmunzelte, als ich ihm davon erzählte, und meinte: „Davon habe ich auch gehört. Doch dies ist nicht das einzige Beispiel. Die Politik im Gesamten ist so aufgebaut, dass die Macht nahezu ausnahmslos in den Händen absolut reiner Theoretiker liegt. Denn hätten sie selbst schon einmal unter den Bedingungen gelebt, die sie der Bevölkerung auferlegen, so wüssten sie, wovon sie sprechen und würden höchstwahrscheinlich ihre Entscheidungen überdenken. Und da die Mitglieder der Führungsriege in Wirklichkeit die Handlanger der Parasitenelite sind, versuchen sie nach derselben habgierigen Methode ihren eigenen Vorteil aus ihrer bevorzugten Lage zu ziehen. Doch dieses Problem im Außen können wir hier und jetzt nicht ändern. Deswegen komme ich zu einem späteren Zeitpunkt noch einmal darauf zurück.

So lass uns wieder über dich reden, denn es ist viel wichtiger, dass jeder Einzelne in seinem Leben etwas bewegt. Wenn alle das tun würden, dann sähe die Welt schon morgen ganz anders aus.

Suchen wir also nach einer Lösung im Innen. Darum möchte ich den Satz von gestern nochmals wiederholen: Alle Antwort liegt in dir."

Die Bedeutung dieses Satzes war mir mittlerweile wohlbekannt, handelte es sich doch dabei zum einen um das Erkennen der Zeichen im Außen und damit um einen Hinweis darauf, was ich im Innen verändern durfte. So könnte man das Spiegelgesetz zusammenfassen. Zum anderen ging es darum, meiner Intuition zu lauschen, dem Männchen also, das immer als Erstes zu mir spricht. Doch dies war bislang meist nur Theorie für mich. „Warum höre ich die Antworten nicht in mir?", fragte ich verzweifelt.

„Nun, das liegt daran, dass dein Lernindex sehr niedrig ist. Du wirst dich jetzt bestimmt fragen, was es damit auf sich hat."

Ich nickte zustimmend und war gespannt auf seine Antwort.

„Der Lernindex ist eine Zahl zwischen null und hundert und beschreibt die Fähigkeit, sein Wissen erfolgreich in den Alltag umzusetzen. Diese Kennziffer setzt sich aus zwei Komponenten zusammen. Die eine ist das Wissen selbst, die andere ist die Bereitschaft, Veränderungen in seinem Leben zu akzeptieren. Denn neu hinzugewonnenes Wissen ersetzt in der Regel das bisherige oder aber ergänzt es sinnvoll."

„Das ist mir zu theoretisch, kannst du mir vielleicht ein Beispiel geben, damit ich es besser verstehe", unterbrach ich Altasar abermals.

„Ja, natürlich. Als unsere Vorfahren noch glaubten, die Erde sei eine Scheibe, gingen sie mit ihrem Wissen so um, dass keiner sich traute, weit auf das offene Meer hinauszufahren, voller Furcht davor, über den Scheibenrand hinauszugeraten und geradewegs in den Tod zu stürzen.

Erst als Ferdinand Magellan sich mit dem universellen Wissen verband und die Theorie entwickelte, dass die Erde keine Scheibe sein konnte, und diese Behauptung gar durch die erste Weltumsegelung bewies, glaubten ihm die Menschen. Sie hörten auf ihn, weil er wusste, wovon er sprach. Solange er nur seine Theorie verbreitet hatte, fand er keinerlei Beachtung.

Hier haben die Menschen an ihrem Fundament gearbeitet, indem sie intuitiv den ersten Schritt, nämlich „Auf wen hörst du?" gegangen sind. Von nun an leuchtete jedem ein, dass die Erde nicht flach, sondern kugelförmig war. Im zweiten Schritt akzeptierten sie dieses Wissen und waren sodann bereit, es in ihr Leben zu integrieren. Dadurch wurde die Welt zu dem, was sie heute ist: ein global vernetztes System. Hätte die Menschheit den zweiten Schritt nicht getan, wäre heute noch jeder Kontinent isoliert und wüsste nicht um die Existenz anderer Kulturen. Auf dich bezogen könnte das zum Beispiel bedeuten, dass du nie erfahren hättest, wie ein Hamburger schmeckt. Wenn du also weißt, dass dich ungesunde Ernährung krank macht und du dich trotzdem von Fastfood ernährst, so würde das bedeuten, dass dein Lernindex bei null liegt."

„Wieso bei null? Ich weiß doch, dass solche Nahrungsmittel nicht gesund sind. Folglich kann man nicht davon sprechen, dass ich unwissend bin. Denn für mich wäre es logisch, dass lediglich nichts zu wissen nichts wert ist", wandte ich ein.

„Doch, genauso ist es aber. Dein Wissen ist keinen Pfifferling wert, solange du es nicht in dein Leben integrierst. Mathematisch lässt sich das wie folgt erklären: Wenn du für dein Wissen und deine Bereitschaft, das Wissen umzusetzen, auf einer Skala von null bis zehn jeweils Punkte vergibst und die Werte jeweils miteinander multiplizierst, so erhältst du deinen Lernindex. Du könntest also sagen: Die Punktevergabe für mein Fastfood-Wissen liegt bei zehn, weil ich alles darüber in Erfahrung gebracht habe. Stellst du nun jedoch fest, dass deine Punktezahl für das Umsetzen des Wissens bei null liegt, weil du deine Kenntnisse rund um die gesunde Ernährung nicht in die Realität umzusetzen vermagst, so liegt dein Lernindex logischerweise bei null. Eine Zahl mit null multipliziert, ergibt immer null.

„Ah, ich verstehe. Wenn ich also die beiden ermittelten Punktewerte aus den Aspekten Wissen und Umsetzen des Wissens multipliziere, erhalte ich meinen Lernindex."

„Ich sehe, du hast es verstanden", lobte mich Altasar, „und nutzt diesen Index künftig als Messinstrument, mit dem du jederzeit ermitteln kannst, ob du wirklich etwas aus deinem Wissen gemacht hast. Je höher der Lernindex, umso besser. Optimal wäre natürlich ein Index von hundert Prozent. Wenn du diesen Level dauerhaft festigen kannst, dann werden sich auch deine Wünsche und Sehnsüchte erfüllen."

„Das stelle ich mir aber ganz schön schwierig vor. Ich weiß nicht, ob ich das kann, denn da spielen ja eine ganze Menge Faktoren eine Rolle", meinte ich zweifelnd.

„Deswegen wollen wir uns auch gleich einen dieser Faktoren anschauen, der dich daran hindert, deinen Lernindex permanent auf hundert zu halten."

12

DAS HAMSTERRAD DES LEBENS

„Du musst wissen, dass deine Glaubenssätze
selbsterfüllende Prophezeiungen sind."

Die Ermittlung des Lernindexes gefiel mir, denn durch eine ehrliche Punktevergabe konnte ich eine Größe festlegen, um zu sehen, wie gut ich bereits in der Lage war, mein Wissen in mein Leben zu integrieren. Denn das war es ja offensichtlich, was mir zu meinem Glück fehlte. Doch sah ich auch große Schwierigkeiten in der konsequenten Umsetzung, da der innere Schweinehund mein ständiger Begleiter war. Insofern hatte Altasar mit dem Beispiel des Fastfoodkonsums nicht unrecht. Ich wusste, dass es nicht gesund war, und trotzdem aß ich davon immer wieder.

„Nun bin ich aber wirklich gespannt, was du mir für einen Rat gibst, damit ich künftig nicht mehr so inkonsequent bin. Denn das scheint mein größtes Hindernis zu sein auf dem Weg zu meinem persönlichen hohen Lernindex."

„Ja, genau da liegt der Knackpunkt. Darum forschen wir nach dem Grund, warum du meistens in deinen alten Mustern verharrst. Dazu müssen wir wieder an den Startpunkt zurückkehren, zum Tor des Vergessens. Denn dort nimmt etwas seinen Anfang, das dich ein Leben lang begleiten kann. Zumindest aber so lange, bis es dir bewusst wird. In den ersten sechs Jahren deines Lebens entsteht etwas, das sich von nun an zunehmend in deinem Leben etablieren wird, nämlich dein ganz persönliches Weltbild. Es entwickelt sich durch die bereits erwähnte Bedienungsanleitung für dein Leben. Hinzu kommen in den folgenden Jahren die Erfahrungen mit den Mitmenschen wie deinen Freunden, Bekannten und Verwandten. In der Schule vermittelt man dir, was du tun musst, um draußen im Alltagsdschungel zu überleben. Darüber hinaus schreiben dir Kultur und Religion vor, wie du dich zu verhalten hast. Und als Krönung suggerieren dir Werbung und Medien, was in deinem Leben wichtig ist.

All diese Informationen sorgen dafür, dass in dir Glaubenssätze entstehen, die dein Verstandesmännchen verwaltet und genau zum richtigen Zeitpunkt für dich parat hält, und zwar dann, wenn eine Entscheidung ansteht. Diese Glaubenssätze sind deine ganz persönlichen Überzeugungen. Und sie bilden dein individuelles Weltbild. Dieses Weltbild wiederum ist vergleichbar mit einer Brille, die wie ein Filter wirkt. Durch diese Filterbrille betrachtest du dein Leben und alles, was um dich herum geschieht."

Plötzlich kam ein Wind auf und die großen Blätter des Feigenbaumes, unter dem wir saßen, begannen laut zu rascheln. Draußen über dem Meer zogen dicke, dunkle Wolken heran, die bereits die Sonne verdeckten.

„Lass uns ein kleines Spiel spielen, nach dem Motto: Ich sehe etwas, das du nicht siehst", meinte Altasar in aller Seelenruhe. „Wenn du da rüberschaust, was siehst du?" Er deutete auf das Meer hinaus in die Richtung, wo sich die Wolken auftürmten. Ich verstand nicht, was er damit bezwecken wollte, ließ mich jedoch auf seine Frage ein.

„Nun, ich sehe eine bedrohliche Regenfront, die nichts Gutes verheißt. Ich würde sagen, dass heute kein schöner Tag wird. Vermutlich werde ich nicht wie geplant heute Mittag an den Strand gehen können. Eigentlich schade, denn ich hatte mich so darauf gefreut."

„Interessant", meinte Altasar, nickte dabei bedächtig mit dem Kopf und begann aufzuführen, was er erkannte: „Ich sehe einige Wolken, die vermutlich Regen bringen werden, der endlich wieder die Luft reinigt und der Erde, den Menschen sowie den Pflanzen das lang ersehnte Wasser bringt, das sie zum Leben so dringend benötigen."

Für kurze Zeit war ich sprachlos, denn aus diesem Blickwinkel hatte ich das Szenario, das ich beschreiben sollte, nicht betrachtet. „Ja, so kann man das natürlich auch sehen", meinte ich erstaunt und etwas verwirrt zugleich, da ich nicht sofort begriff, was er mir durch dieses Spiel mitteilen wollte.

„Du stimmst mir sicher zu, dass wir ein und dieselbe Situation unterschiedlich wahrnehmen, obwohl wir beide genau dasselbe sehen. Jeder schaut dabei durch seine eigene, ganz individuelle Filterbrille. Du sahst das Bedrohliche, Negative darin, ich das Nützliche, Positive."

„Ah, ich verstehe, was du meinst", platzte ich begeistert heraus, „das ist wie mit dem Wasserglas. Der Pessimist sagt, es ist halb leer und der Optimist beschreibt es als halb voll."

„Ja, das ist ein sehr treffendes Beispiel. Weil jeder andere Erfahrungen im Leben macht, hat er auch ein anderes Weltbild. Du hast höchstwahrscheinlich die Erfahrung gemacht, dass es dort, wo du herkommst, sehr oft regnet, sodass du den Regen eher als eine Lebenseinschränkung empfindest. Daher hast du in deinem Weltbild verankert, dass Regen etwas Lästiges und Überflüssiges ist. Im wahrsten Sinne des Wortes betrachtest du Wasser als etwas, das du im Überfluss besitzt. Bei uns hier regnet es jedoch nicht so viel. Manchmal kommt es vor, dass wir mehrere Monate keinen Regen haben. Darum ist Wasser für mich etwas sehr Kostbares. Ich empfinde Dankbarkeit dafür, dass es endlich wieder regnet, weil wir hier auf das Wasser angewiesen sind.

An diesem ganz einfachen Beispiel kannst du sehr schön sehen, dass das individuelle Weltbild jedes einzelnen Menschen immer von seinem Umfeld geprägt wird. Im Übrigen wirst du heute Nachmittag auf jeden Fall wieder an den Strand gehen können, da ich aus Erfahrung weiß, dass bis dahin die Wolken über die Insel hinweggezogen sind. Bei dir zu Hause würden sie höchstwahrscheinlich noch lange hängen bleiben, weswegen du der Meinung warst, dass das mit dem Schwimmen heute nichts mehr werden wird."

„Der Rest ist nun schnell erklärt", meinte Altasar. „Dein individuelles Weltbild entsteht also mittels deiner Filterbrille, durch die du das, was um dich herum geschieht, entsprechend interpretierst. Aufgrund deiner persönlichen Interpretation entwickelst du ein bestimmtes Verhalten. Die Reaktion, die du damit an den Tag legst, führt nun zu einem konkreten Ergebnis. Da das Ergebnis in der Regel genau deinem Glaubenssatz entspricht, erhältst du eine Bestätigung dafür, dass dein Weltbild richtig ist. Daraus schlussfolgerst du, dass sich dein Leben so, wie es verläuft, nicht ändern lässt. Auf einen Nenner gebracht, ist das deine kleine Welt."

Das war jetzt doch ein wenig zu schnell für mich. Ich musste wohl ziemlich verwirrt dreingeschaut haben, sodass Altasar sofort nachhakte und meinte: „Ich merke, dass du dir dieses Hamsterrad des Lebens noch nicht bildlich vorstellen kannst. Deswegen möchte ich dir ein Beispiel geben: Da haben wir Anna. Sie wuchs in einer Familie auf, in der das Geld meistens knapp war, weswegen sie auch nicht so viele Spielsachen besaß wie ihre Klassenkameradinnen. Wenn sie beim Einkaufen ihre Mutter fragte, ob sie nicht auch so eine schöne Puppe haben könne, wie ihre Freundin, so bekam sie zu hören, dass sie ihren Vater fragen solle, da er das Geld nach Hause bringe. Sie, die Mutter, habe nur das Haushaltsgeld zur Verfügung, das gerade für das Nötigste reiche. Vom Vater bekam Anna auf ihre vorgetragene Bitte hin zur Antwort, dass sich die Familie das nicht leisten könne, und im Übrigen müsse er hart für sein Geld arbeiten. Daraufhin beschloss Anna, dass sie später einmal viel Geld verdienen wollte, um sich all die Spielsachen, die sie sich wünschte, kaufen zu können. Als sie ihrem Vater diesen Entschluss mitteilte, fing er an zu lachen und meinte: „Hör mir jetzt gut zu, Anna. Es gibt Menschen, die viel Geld besitzen, und es gibt Menschen, die wenig Geld zum Leben haben. Wir gehören zu der zweiten Gruppe, daran wirst auch du nichts ändern können. Merke dir das gut, mein Kind!" Diese Erfahrung führte von nun an zu einigen Überzeugungen in Annas Leben. In ihrem Weltbild war jetzt verankert, dass man nichts dagegen tun kann, wenn man weniger hat als die anderen. Doch das ist noch nicht alles. Des Weiteren bestand ihre kleine Welt darin, dass der Mann das Geld nach Hause brachte und die Frau vom Mann abhängig war. Von nun an war sie der festen Überzeugung, dass ihre Familie nie genug Geld haben würde.

Nun musst du wissen, dass der Mensch in seinem Leben viele Glaubenssätze erfährt. Darum legt er eine Rangliste an. Sein Verstandesmännchen erstellt sozusagen eine Top-Ten-Hitparade der Überzeugungen und spielt die am häufigsten auftretenden Glaubenssätze immer wieder ab, so wie im Radio meistens die Top-Ten-Hits gespielt werden. Die ändern sich zwar von Zeit zu Zeit, weil es neue Hits gibt, aber einige überleben und werden fast jeden Tag ausgestrahlt. So ist es auch bei Anna. Diese in ihrer Kindheit erlebte Situation wird in ihrer Top-Ten-Chartliste landen und zum Dauerbrenner werden. Durch die Filterbrille interpretiert sie von nun an ihre Lebenssituationen. Da in ihrer Welt die Frau auf einen Mann angewiesen war um zu überleben, heiratete sie früh und bekam bald Kinder. Dadurch konnte sie nicht selbst einer Arbeit nachgehen, um ihr eigenes Geld zu verdienen. So erhielt sie die erste Bestätigung für ihr Weltbild, nämlich dass die Frau vom Mann abhängig ist. Als das Geld immer knapper wurde, wollte sie aus ihrer Überzeugung, dass lediglich der Mann das Geld nach Hause bringt, ausbrechen und sich einen Job suchen. Da sie jedoch keine qualifizierte Ausbildung hatte, musste sie sich mit Hilfsjobs begnügen, die sie viel körperliche Kraft kosteten und darüber hinaus noch schlecht bezahlt waren. Damit erfüllte sich auch ihre zweite Überzeugung, nämlich dass man hart für sein Geld arbeiten muss. Weil das Geld jedoch immer noch nicht ausreichte, um ein angenehmeres Leben zu führen, erhielt sie die Bestätigung, dass es wohl so etwas wie ein Schicksal gibt, wodurch sie definitiv zu der zweiten Gruppe Menschen gehörte. So nahm sie von nun an widerstandslos hin, dass ihre Familie nie genug Geld haben würde."

Nun verstand ich, was Altasar mir erklären wollte. Das Hamsterrad des Lebens war für mich mit dieser Geschichte bildlich geworden. Dabei wurde mir bewusst, dass es mir oft genauso erging. Sofort kam mir die Situation mit meinem Vater vor zwei Jahren in den Sinn. Damals trug ich den Glaubenssatz in mir, dass ich, bedingt durch meine Kindheitserlebnisse mit ihm, nur geliebt werden konnte, wenn ich mich für andere einsetzte. Diese Überzeugung führte dazu, dass ich mir immer mehr Verantwortung auflud, um die für mich damals so wichtige Anerkennung von außen zu erhalten. Wenn ich die Liebe als Gegenleistung von meinem Gegenüber nicht erhielt, so tat ich noch mehr, bis ich meine Überzeugung bestätigt bekam, nämlich dass man viel arbeiten muss, um Anerkennung zu erhalten und geliebt zu werden. Das war einer der Top-Ten-Hits, durch den mein Hamsterrad angetrieben wurde. Das erzählte ich Altasar und meinte: „Ich habe damals begriffen, weswegen ich so handelte, doch ehrlich gesagt fällt es mir bis heute schwer, diese Überzeugung nicht mehr zu leben. Immer wieder ertappe ich mich dabei, dass ich in die alten Muster verfalle."

Altasar beugte sich langsam zu mir nach vorne, als wolle er mir ein Geheimnis verraten. „Du musst wissen, dass deine Glaubenssätze selbsterfüllende Prophezeiungen sind. Solange du mit ihnen lebst, wirst du alles dafür tun, dass sie in Erfüllung gehen. Dafür sorgt dein Verstandesmännchen, denn es möchte dir mit allen Mitteln beweisen, dass es recht hat."

„Aber wie kann ich das ändern? Ich möchte doch nicht mehr länger nach meinen alten Überzeugungen leben."

„Nun, du bist in das Hamsterrad des Lebens eingestiegen und strampelst dich darin schon eine lange Zeit ab. Doch merke dir: Wo du alleine hineingekommen bist, musst du auch wieder selbstständig herausfinden. Ich kann dir nur die Türe zeigen, die aus deinen alten Überzeugungen hinausführt. Hindurchgehen musst du alleine."

13

DER DRITTE SCHRITT

*„Erfolgreiche Menschen hinterfragen nicht, ‚wie‘ sie ihren
Traum realisieren können, denn ihre Motivation ist das ‚Warum‘.“*

Jetzt war mir zwar bewusst, dass ich im Hamsterrad des Lebens gefangen war, doch wusste ich immer noch nicht, wie ich zum Ausgang kam. So hakte ich abermals nach: „Wie schaffe ich es also, ein neues Weltbild zu kreieren? Ich meine, das hast du mir bis jetzt noch nicht verraten, oder habe ich nicht richtig zugehört?“

Altasar lehnte sich wieder in seinem Stuhl zurück, hob seine linke Hand, deutete mit dem rechten Zeigefinger auf den Daumen und sagte: „Dann wollen wir mal wiederholen, was du bereits an Informationen erhalten hast, um deinem Ziel ein Stück näher zu kommen.

Erstens: Da dein Wissensstand bereits sehr hoch ist, was die Geheimnisse des Lebens anbelangt, ist es für dich von größter Wichtigkeit, dem Haus deines Wissens ein stabiles Fundament zu geben. Es sollte genauso tief sein wie das Haus hoch ist, da es sonst einsturzgefährdet ist. Zweitens: Um an deinem Fundament zu bauen, sind fünf Schritte notwendig.

Im ersten Schritt lautet die Frage: Auf wen hörst du? Dazu gab ich dir die Empfehlung, immer auf die Menschen zu hören, die irgendwann einmal in ihrem Leben an dem Punkt waren, wo du heute stehst, und die heute dort sind, wohin du gerne möchtest. Wenn du also glücklich, zufrieden, frei von Zwängen und voller Liebe sein willst, dann lerne von den Besten auf diesem Gebiet. Von ihnen erfährst du, wie du zu deinem Ausgang gelangst. Hörst du hingegen auf die gut gemeinten Ratschläge deines Umfeldes, die dir von allem abraten, weil sie selbst Ängste in sich tragen, die sie davon abhalten, entscheidende Schritte zu gehen, so landest du höchstwahrscheinlich in einer Sackgasse ohne Chance auf einen Ausweg. Diese Menschen geben dir nur ihre subjektive Meinung weiter, also ihre Überzeugung, zu der sie anhand persönlicher Erfahrungen gelangt sind. Da sie jedoch meistens selbst im Hamsterrad stecken, sind sie keine empfehlenswerten Ratgeber."

Das klang alles logisch und ich war froh, dass Altasar alles nochmals wiederholte, denn jetzt verstand ich das Ganze schon viel besser. Doch eine entscheidende Frage drängte nach einer Antwort: „Sag, Altasar, woher weiß ich, dass ein Mensch, der mir einen Ratschlag gibt, wirklich der Richtige ist. Ich meine, wie erkenne ich, dass er weiß, wovon er spricht, und mir nicht nur seine persönlichen Überzeugungen einreden möchte?"

„Das ist eine gute Frage", entgegnete Altasar. „Jesus sagte einmal: ‚Schau dir den Baum genau an, bevor du seine Früchte isst.' Er meinte damit, dass du dir die Menschen, von denen du einen Rat annehmen möchtest, einer genauen Prüfung unterziehen solltest. Frage dich: Hat er das erreicht, was ich erreichen möchte? Wenn ja, dann ist er für dich ein guter Mentor, denn er liefert dir sozusagen den physischen Beweis dafür, und das nicht nur, weil er weiß, wovon er spricht, sondern auch, weil er es erfolgreich umgesetzt hat. Lautet die Antwort jedoch Nein, so lass dich von ihm nicht von deinem Weg abbringen, sondern suche weiter. Wenn du aus tiefster Überzeugung heraus deinen Ausgang finden und die Türe durchschreiten möchtest, dann wird deine Suche erfolgreich sein.

Dienliche Informationen erfährst du nicht nur von den Menschen persönlich, sondern durchaus auch von guten Büchern. Doch achte hier ebenso darauf, dass es nicht nur Fantasiegeschichten sind, die darin erzählt werden, sondern Tatsachen. Solche findest du am besten in Biografien über Persönlichkeiten, die ihren Weg aufzeigen, den sie alleine oder mit anderen zusammen gegangen sind. Solche Informationen sind für dich wertvoll."

Ich nickte verständnisvoll und war mit dieser Antwort fürs Erste zufrieden. In meinen Gedanken wollte ich nun den zweiten Schritt formulieren. Bei der Vielzahl an Informationen hatte ich ihn jedoch bereits wieder vergessen. So war ich froh, als Altasar ihn nochmals wiederholte.

„Im zweiten Schritt gilt es, das Wissen, das du über Bücher oder Menschen in Erfahrung gebracht hast, nun auch in dein Leben zu integrieren. Was nützt es dir, wenn du alles weißt, aber nichts davon umsetzt. Es nützt dir gar nichts, da du so deinen Ausgang nicht finden wirst. Darum überprüfe regelmäßig deinen Lernindex. Das tust du, indem du Punkte vergibst für dein neu hinzugewonnenes Wissen sowie für deine Tatkraft bei der konsequenten Umsetzung. Im Idealfall wären das zehn Punkte für das Wissen und ebenso viele Punkte fürs Umsetzen. Wenn du diese beiden Punktwerte miteinander multiplizierst, erzielst du einen Lernindex von hundert Prozent. Wären dein Wissensdurst mit zehn Punkten, deine Fähigkeit es umzusetzen jedoch mit null Punkten zu bewerten, so läge dein Lernindex bei null Prozent. Du siehst, es nützt dir praktisch gar nichts, dass du so viel weißt, wenn du es nicht umsetzen kannst."

„Okay, das habe ich nun verstanden", meinte ich dankbar, „doch wie kann ich mein Wissen umsetzen? Das ist doch der springende Punkt, nicht wahr?"

„Du hast gerade etwas sehr Wichtiges gesagt. Du fragtest nämlich, ‚wie‘ du das umsetzen kannst. Und genau dieses ‚Wie‘ ist es, das dich daran hindert, in die Gänge zu kommen."

Nun war ich aber überrascht, denn das hatte ich nicht als Antwort erwartet. „Das verstehe ich nicht. Warum soll die Frage nach dem ‚Wie‘ falsch sein? Eben das Hinterfragen, wie das gehen soll, was du mir gerade als Lösung für meine Probleme anbietest, ist doch das Wichtigste. Wenn ich nicht die Fakten kenne, durch die ich erfahren kann, wie ich vorgehen muss, damit das, was du mir rätst, auch gelingt, wie soll das dann funktionieren?"

Altasar sah mich grinsend an und meinte: „Diese Reaktion höre ich meistens, wenn ich den nächsten Schritt erkläre. Fast alle sind überrascht darüber, dass sie das, was sie für eine der wichtigsten Fragen halten, im Grunde genommen die unwichtigste ist.

Darum lautet der dritte Schritt: Frage nicht nach dem ‚Wie‘, sondern nach dem ‚Warum‘."

Irritiert sah ich Altasar an und wiederholte ungläubig seine Antwort: „Nach dem ‚Warum‘! Weshalb soll das ‚Warum‘ wichtiger sein als das ‚Wie‘? Das musst du mir schon genauer erklären."

„Das hatte ich auch vor, weil ich weiß, dass du damit zunächst deine Probleme haben wirst. Doch: Was steckt denn hinter einer Frage, die mit ‚Warum‘ beginnt? Ich verrate es dir. Es sind deine Sehnsüchte, deine Herzenswünsche oder aber deine Träume und Visionen."

Altasar machte eine kurze Gedankenpause und fuhr mit einer weiteren Frage fort: „Sagt dir der Name Aristoteles Onassis etwas?"

Ich musste kurz überlegen, woher ich den Namen kannte, doch dann fiel es mir ein. „War das nicht einer der reichsten Menschen der Welt?"

Altasar nickte mit dem Kopf und meinte: „Er war nicht einer der reichsten, er wurde nach dem Zweiten Weltkrieg zum reichsten Mensch der Erde. Ich möchte dir anhand seiner Geschichte erklären, weshalb das ‚Warum' von entscheidender Bedeutung ist.

Der gebürtige Grieche wanderte zweiundzwanzigjährig mit sechzig Dollar in der Tasche nach Argentinien aus. Dort verdiente er zunächst als Kurier und Hotelpage seinen Lebensunterhalt. Nebenbei verkaufte er orientalischen Tabak. Alsbald war diese Ware bereits in Nord- und Südamerika gefragt. So begann sein Aufstieg aus dem Nichts. Schon nach zwei Jahren hatte er einhunderttausend Dollar verdient und war für seine Verhältnisse ein reicher Mann. In den kommenden Jahren verstand er es, sein Vermögen weiter zu vermehren, sodass er nach dem Zweiten Weltkrieg seine Idee, eine eigene Handelsflotte aufzubauen, in die Tat umsetzen konnte. Er hatte die Vision, dass Schiffe künftig ein wichtiges Beförderungsmittel für Güter aus der ganzen Welt sein sollten. Seine Freunde rieten ihm davon ab und meinten, dass nun, da die gesamte Weltwirtschaft am Boden lag und überall das Geld knapp war, diese immense Investition zum Scheitern verurteilt sein musste. Sie fragten ihn ausnahmslos alle, ‚wie' er dieses Vorhaben erfolgreich in die Tat umsetzen wolle, da doch alle Fakten dagegensprachen. Er hörte jedoch nicht auf die Meinung der anderen, da er darauf auch in seinem bisherigen Leben nichts gegeben hatte, sondern lauschte seiner inneren Stimme. Denn sie hatte ihn noch nie enttäuscht. Alle seine Visionen erhielt er, indem er aus einem Gefühl heraus handelte. Er hatte gelernt: Je unlogischer seine Eingebung war, desto erfolgreicher wurde sie. Da er sich nicht damit beschäftigte, wie diese Vision umsetzbar sein könnte, also ‚wie' er an das Geld, die Geschäftsbeziehungen oder die Vertriebswege gelangen könnte, sondern sich nur auf das ‚Warum' konzentrierte − nämlich warum er aus seinem tiefsten Inneren heraus diese Vision in die Tat umsetzen wollte −, war er so motiviert, dass niemand ihn davon abhalten konnte, seinen Traum zu verwirklichen. Er sah vor seinem geistigen Auge, dass die Menschen schon bald nach Gütern aus fernen Kontinenten verlangen würden. Die Soldaten brachten nach dem Krieg Lebensmittel und Gebrauchsgegenstände mit nach Hause. So wuchs schnell das Verlangen, Amerika unter anderem mit Sauerkraut, Spaghetti, Olivenöl und gutem Wein zu beliefern, während Europa nach

Kaugummi, Schokolade, Coca Cola und Erdnussbutter verlangte. Diesen internationalen Handel und das damit verbundene Zusammenrücken der Kulturen konnte er voraussehen, weil er sich mit dem unendlichen Wissen des Universums verbunden hatte. Somit wurde er in den 1960er-Jahren durch das Wirtschaftswunder zum reichsten Mann der Welt. Hätte er auf die Meinung seiner Freunde gehört, die ihm sicher gutgemeinte Ratschläge gaben, so hätte er diesen Erfolg vermutlich nicht verzeichnen können.

Hast du an diesem Beispiel den entscheidenden Unterschied zwischen der Mehrheit der Menschen und der kleinen Gruppe der Elitespezies erkennen können?"

Für die Antwort auf diese Frage brauchte ich nicht lange zu überlegen, denn mir war schnell klar, worauf Altasar hinauswollte. „Na klar", antwortete ich sofort, „erfolgreiche Menschen hinterfragen nicht, ‚wie' sie ihren Traum realisieren können, denn ihre Motivation ist das ‚Warum', das sie zu Höchstleistungen bewegt."

„Richtig", bestätigte mich Altasar, „Onassis' Antwort auf das ‚Warum' lautete höchstwahrscheinlich, dass er sich so viele Besitztümer aneignen wollte, dass er nie wieder Geldsorgen haben musste."

„Da könntest du recht haben", bestätigte ich seine Vermutung. „Wenn man bedenkt, dass er mit nichts angefangen hat, ist dies eine Erklärung für sein erfolgreiches Handeln."

„Er kann natürlich noch viele andere Beweggründe gehabt haben, doch Geld ist meistens der größte. Übrigens war das auch bei Anna aus meiner Geschichte so. Als sie beschloss, dass sie später einmal viel Geld verdienen wollte, beantwortete sie unbewusst die Frage, ‚warum' ihr das wichtig war, in ihrer kindlichen Naivität damit, dass sie sich dann endlich ihren Herzenswunsch erfüllen und alle Spielsachen kaufen konnte, die sie sich immer gewünscht hatte. Sie dachte als Kind nicht daran, zu hinterfragen ‚wie' sie das anstellen würde. Das tat ihr Vater für sie mit der Antwort, dass sie immer zu den Menschen gehören werde, die nie genug Geld verdienen würden, um sich so etwas leisten zu können. Darum sollte sie sich das für immer merken. Und das tat sie ja dann auch, wie man an ihrem weiteren Werdegang erkennen kann. Sie hörte auf seine Meinung. Du siehst also, obwohl beide den gleichen Traum hatten, ging er nur für einen in Erfüllung.

Wie du an den beiden Beispielen erkennen kannst, können zwei unterschiedliche Fragestellungen entscheidend für den weiteren Lebensverlauf sein.

Hinter einem ‚Wie‘ verstecken sich also immer Fragen, die etwas Begrenzendes, Einschränkendes oder Zweifelndes in sich tragen: Wie soll ich das nur hinbekommen? Wie soll das nur funktionieren? Wie werde ich das nur jemals verstehen? Wie kann ich jemals glücklich sein? Wie soll ich nur das Geld zusammenbekommen? Und, und, und. Dies sind alles Fragen, die der Verstand stellt. Das erkennst du daran, dass hinter jeder einzelnen Frage das Thema der Angst verborgen liegt. Angst davor, es nicht zu schaffen. Bei einer ‚Warum‘- Frage ist das anders. Wenn du dir nämlich anstatt dich zu fragen ‚wie‘ das gehen soll, die Frage stellst, ‚warum‘ du es unbedingt tun möchtest, dann wirst du, wenn du tief in dich hineinhörst, eine Stimme wahrnehmen, die dir den Grund verrät, weswegen du dich für etwas entschieden hast. Dieser Grund ist deine Sehnsucht, dein Herzenswunsch, der tief in dir lodert, oder dein Traum, den du dir schon immer erfüllen wolltest. Diese Stimme ist der Ruf deiner Seele, die dich auf deinen Weg bringen möchte. Im ‚Warum‘ steckt also deine Motivation etwas zu tun. Im ‚Wie‘ hingegen steckt Angst und daraus resultierend Resignation, weswegen du es häufig auch sein lässt. Die meisten Menschen konzentrieren sich jedoch auf das ‚Wie‘, weil sie dies so gelernt haben. Sie werden regelrecht darauf gedrillt, sich damit zu beschäftigen. Zuerst im Elternhaus und dann in der Schule. Immer steht die eine Frage im Raum: Wie willst du in dieser Gesellschaft bestehen, wenn du dich nicht an die Regeln hältst?“

Ich fühlte mich gerade ertappt, da Altasar genau das aussprach, woran auch ich mich mein ganzes Leben lang gehalten hatte. In mir kamen die Kindheitserlebnisse mit meinem Vater hoch, der mir immer wieder zu verstehen gegeben hatte, dass aus mir nie etwas werden würde, wenn ich nicht endlich nach seinen Regeln funktionieren würde. In der Schule wurden die Befürchtungen meines Vaters bestätigt, da es nur darum ging, gute Noten zu schreiben, um ein Abschlusszeugnis zu erhalten, das es mir dann ermöglichte, den Vorstellungen meines Vaters, aber auch denen der Lehrer gerecht zu werden. Mit meiner Berufswahl war es dasselbe. Es stand immer die Frage im Raum, „wie“ ich mit dem richtigen Job das erreichen konnte, was man von mir verlangte. Doch nicht nur mein Vater wollte das von mir, was aus seiner Sicht ja gut gemeint war. Nun folgte zudem der Druck der Gesellschaft, die klar sagte: Ohne Gleichschritt wirst du keinen Erfolg haben. So passte ich mich an die gesellschaftlichen Normen an und wurde krank.

Das war also das Hamsterrad des Lebens, in das ich durch ein simples Wort am Anfang einer jeden Frage, dem „Wie", eingestiegen war. Den Ausweg sollte ich nun über das „Warum" finden.

14

DAS INNERE KIND

„Sorge dich nicht, sondern lebe!"

Es regnete in Strömen und wir waren ins Haus gegangen, um uns vor dem Wind und den Wassermassen in Sicherheit zu bringen. Blitze zuckten vom dunkelgrauen Himmel und der Donner hallte bedrohlich.

Die Bäume verbogen sich im Wind, sodass ich glaubte, sie würden jeden Moment aus dem Boden gerissen. Gerade rüttelte eine Böe am Fensterladen, als Altasar sich zu mir an den Tisch setzte und meinte: „So heftig, wie die Gewitter bei uns auch manchmal sein mögen, sie gehen in der Regel ebenso schnell wieder vorbei. Manchmal hinterlassen sie Chaos, was für uns dann Arbeit bedeutet, um es wieder in Ordnung zu bringen. Doch nach jeder Aufräumaktion ist alles wieder gereinigt in seinem Urzustand und die Sonne lacht vom blauen Himmel.

Genauso verhält es sich, wenn wir uns neue Überzeugungen und Glaubenssätze zulegen, die die alten ablösen. Zuerst entsteht ein Durcheinander, was durchaus chaotisch und mit viel Arbeit verbunden sein kann. Doch wenn wir wieder Ordnung in uns und unser Leben gebracht haben, dann ist unser Fundament ein großes Stück in die Tiefe gewachsen, was dem Haus des Wissens mehr Stabilität verleiht."

„Du sprichst zwar immer sehr zweideutig, doch ich glaube, ich verstehe, was du mir damit sagen möchtest", bemerkte ich begeistert. „Du meinst, ich kann vor lauter Unordnung in mir meinen Ausgang nicht finden, stimmt's?"

„Ja, so kann man das durchaus sehen. Da du sowieso gerade nicht an den Strand gehen kannst, nutzen wir die Zeit, indem ich dir mit einer weiteren Erklärung ein wenig beim Aufräumen behilflich bin."

Das hielt ich für eine gute Idee, da Aufräumen noch nie meine Stärke war. Somit kam mir sein Angebot sehr entgegen.

„Du erinnerst dich an das Tor des Vergessens als jene Zeit in deiner Kindheit, in der du durch die Bedienungsanleitung für dein Leben deinen bewussten Seelenkontakt verloren hast. Das ist jedoch nicht das Einzige, das dir damals oder auch später noch schleichend abhandengekommen ist."

Erstaunt sah ich Altasar an, weil ich nicht glauben konnte, dass in meiner Kindheit noch etwas vorgefallen sein konnte, das mich bis zum heutigen Tag prägte.

„Was soll das sein?", fragte ich verständnislos.

„Es geht um deine Geborgenheit, deine Leichtigkeit, deine Unbeschwertheit, dein Vertrauen in dich und das Leben, einfach um die Tollkühnheit, mit der du in das Leben eintauchen könntest."

„Ja, das stimmt, all diese Eigenschaften fehlen mir. Warum nur?"

„Kommst du nicht selbst darauf? Kannst du dir nicht vorstellen, weswegen du diese wundervollen Eigenschaften gegen Unsicherheit, Abhängigkeit und Angst eingetauscht hast?"

„Nun, vermutlich sind es die Glaubenssätze, die dies zu verantworten haben."

„So ist es, in der Tat. In deiner Kindheit, also nicht nur bis zum sechsten Lebensjahr, ist etwas geschehen, das dir dein Urvertrauen genommen hat. Dein Verstand hat sich daraus entwickelt. Von dem Tage an, als du dein eigenes Spiegelbild erblicktest und dich selbst damit identifizieren konntest, war es so weit: Vor deine Seelenverbindung legte sich nun der Schleier des Vergessens. Da du in jenem Moment deinen irdischen Körper zum ersten Mal bewusst wahrgenommen hast, wurde er für dich zur Realität. Somit rückte dein wahres Sein jeden Tag ein bisschen mehr in den Hintergrund. Aus deinen Erfahrungen wurden von nun an Überzeugungen und Glaubenssätze. Und gleichzeitig entstand auch die Angst in dir. Auf sie hast du bis heute deinen Fokus gerichtet.

Ich möchte dir dazu die Geschichte von Max erzählen: Max machte im Alter von einem Jahr seine ersten Gehversuche. Er hatte plötzlich den Drang sich fortzubewegen, um neue Dinge zu erleben. Doch kaum hatte er unbeholfen einen Fuß vor den anderen gesetzt, fiel er auch schon wieder hin. Das geschah oft, und manchmal tat er sich dabei auch weh. Doch er stand immer wieder auf und strahlte vor Freude darüber, dass er wieder einen Schritt geschafft hatte. Er war so euphorisch, dass er schon nach wenigen Wochen sicher gehen konnte. Hätte er jedes Mal, wenn er hingefallen war und sich dabei auch noch weh tat, einen Glaubenssatz daraus gemacht wie zum Beispiel ‚Aufstehen bedeutet ein Risiko, da man sich verletzen kann, wenn man umfällt‘, so würde er höchstwahrscheinlich heute noch nicht gehen können. Doch in seinem kleinen Kindergehirn war damals kein Platz für solche Überzeugungen, denn er befand sich noch in seinem Urvertrauen."

Mit diesem Beispiel wurde mir schlagartig klar, was Altasar zum Ausdruck bringen wollte. „Du meinst also, erst mit der Entwicklung des Verstandes können auch Glaubenssätze in uns entstehen."

„Ja, denn solange das Gehirn von Max noch in einem Zustand der Unbewusstheit dessen war, was er tat, sah er keinen Grund, es nicht zu tun. Deswegen konnte er sich auch riesig freuen, als ihm seine Mutter einen leckeren Brei in den Mund schob. Dabei hob er die Ärmchen und wedelte damit unkontrolliert in der Luft umher. So tat er kund, dass seine Geschmacksnerven gerade etwas Wundervolles erfahren hatten. Wenn es etwas gab, das ihm nicht gefiel, dann konnte er, egal wo er gerade war, laut schreien, um dadurch seinen Unmut mitzuteilen. Als er größer wurde und schon reden konnte, begann er plötzlich vor fremden Menschen zu singen und zu lachen, ohne sich darüber Gedanken zu machen, ob er jemanden stören oder sich selbst gar blamieren würde. Wenn er glücklich war, ließ er alle daran teilhaben und tobte herum. Er kreischte, rannte und tanzte, bis ihn seine Eltern in die Schranken wiesen. Und wenn er etwas unbedingt wollte, so konnte es sein, dass er im Supermarkt vor der Kasse so lange seine Mutter bearbeitete, bis sie ihm seinen Wunsch erfüllte. Heute würde Max niemals in den Sinn kommen so zu handeln. Denn das Leben hatte ihn geformt, sodass er inzwischen der Überzeugung ist, dass man sich nicht so unkontrolliert verhält, weil man damit auffällt und sich möglicherweise blamieren könnte. So hat er im Laufe seines Lebens über die Entwicklung des Verstandes, bedingt durch seine Erlebnisse und Erfahrungen, sein inneres Kind verloren. Je intensiver diese Erfahrungen waren, die er durchlebte, umso stärker manifestierten sich Glaubenssätze in ihm, wodurch die Unbeschwertheit seiner Kindertage mehr und mehr in den Hintergrund geriet.

Heute ist er ein ernster Vorgesetzter, der keinen Spaß versteht und alleine ist, weil ihn niemand wirklich mag. Tief in seinem Inneren mag er sich selbst nicht. Er empfindet Sehnsucht danach, sich wieder so zu fühlen wie damals

als Kind: geborgen, unbeschwert, leicht und einfach glücklich. Doch ihn beschäftigt permanent die Frage, ‚wie' das gelingen könnte. Sämtliche Ausreden fallen ihm daraufhin ein, die ihm natürlich sein Verstandesmännchen fein sortiert präsentiert: Wie würde das aussehen? Was sollen die anderen von mir nur denken? Ich könnte ja meine Autorität oder mein Gesicht verlieren, keiner würde mich mehr ernst nehmen und, und, und. Dabei müsste er nur die Frage mit einem ‚Warum' beginnen. Zum Beispiel: Warum er gerne wieder so wäre wie damals, als er noch ein Kind war. Die Antwort darauf, nämlich endlich wieder unbeschwert und glücklich zu sein, würde ihn zu seinem verlorenen inneren Kind führen."

Sehnsüchtig starrte ich in den Raum und hatte das tiefe Gefühl, dass es mir genauso erging wie Max. Wie gerne würde ich ein unbeschwertes Leben in absoluter Freiheit und voller Glück führen.

„Was rätst du mir also, um mein inneres Kind wiederzufinden?", fragte ich Altasar unverblümt.

„Eigentlich ist es ganz einfach", meinte er, „sorge dich nicht, sondern lebe. Das soll heißen, dass du einfach immer öfter ausgelassen sein sollst, ohne dass du dir darüber Gedanken machst, ob und wie du damit bei den anderen ankommst. Diejenigen, die sich darüber aufregen, dass du etwas tust, das sich ihrer Meinung nach nicht gehört, schauen dabei im Grunde in den eigenen Spiegel. Denn wenn sie dich sehen, wünschen sie sich im Grunde ihres Herzens, genauso mutig zu sein wie du. Die anderen, die dich so sein lassen, wie du dich gibst, kannst du mit deinem Auftreten vielleicht sogar dazu bewegen mitzumachen. Das klingt doch gut, oder?"

15

DER VIERTE SCHRITT

*„Wer glaubt, bereits alles zu wissen,
der wird nie erfahren, was er noch nicht weiß.“*

Der Regen hatte noch mehr zugenommen und es schien, als erreichte das Gewitter nun seinen Höhepunkt. Die dunklen Wolken zogen mit hoher Geschwindigkeit über die Insel, aber am Horizont konnte man bereits wieder erste Aufhellungen erkennen. Wenn Altasar recht behielt, konnte ich tatsächlich heute Nachmittag zum Baden an den Strand gehen. Darüber freute ich mich innerlich fast wie ein kleines Kind. Als ich dies bewusst wahrnahm, verstand ich, warum Altasar mir so ausführlich erklärt hatte, wie wichtig es war, sein inneres Kind wiederzufinden. Es tat mir gut, das zu spüren, da es etwas Unbeschwertes und Spannendes hatte, wie bei einem Kind eben, das zum ersten Mal in seinem Leben etwas erfuhr, das es total faszinierte. Als Erwachsener hat man so viel erlebt, dass es kaum noch etwas Neues gibt, über das man sich wirklich freuen könnte. Das erinnerte mich an eine Aussage von Mary und Samuel, die meinten, man solle nicht in der Vergangenheit oder Zukunft leben, sondern einfach im Hier und Jetzt. Genau das taten wohl die Kinder. Und weil das die unbeschwerteste Form des Lebens ist, sehnen wir uns innerlich alle danach, wieder zu werden wie die Kinder. Unser inneres Kind ist also noch immer in uns, und manchmal können wir es spüren, vor allem, wenn wir neue Dinge in unser Leben ziehen: zum Beispiel eine Urlaubsreise an einen Ort, an dem wir noch nie gewesen sind. Die Vorfreude, die ich in einer solchen Situation empfinde, erinnert mich geradezu an meine Kinderzeit. Wie ich an Heiligabend vor der verschlossenen Wohnzimmertüre stand und mit meiner Schwester darauf wartete, bis das Glöckchen läutete als Zeichen nun den Raum betreten zu dürfen, weil der Weihnachtsmann die Geschenke abgeliefert hatte. Ebenso löste eine neue Liebe wundervolle Gefühle aus. Das Kribbeln, die Schmetterlinge im Bauch, wenn man es kaum mehr erwarten konnte, seine große Liebe wiederzusehen, waren vergleichbar mit den Gefühlen, die entstanden, als ich noch klein war und meine Mutter mich alleine gelassen hatte, weil sie ihre Einkäufe tätigte. Damals konnte ich es kaum erwarten, bis sie wieder nach Hause kam. Das Gefühl der Sehnsucht danach, den Menschen wiederzusehen, den man unendlich liebt, ließ mich vor Freude fast zerspringen. Ja, die Kindheit hatte auch viele schöne Gefühle, nicht nur unangenehme. Doch irgendwie erinnert man sich viel zu selten daran, und noch viel seltener erlebt man sie als Erwachsener wieder.

Vermutlich liegt es daran, dass man glaubt, einem Erwachsenen stehe dieses Verhalten nicht zu. Sagen wir nicht manchmal: Jetzt werd' endlich mal erwachsen, du bist doch kein Kind mehr! Oder: Du benimmst dich gerade wie ein kleines Kind. Also reiß dich zusammen! Das sind wohl die Glaubenssätze, durch die wir unser inneres Kind verlieren. Diese Erkenntnis ließ eine neue Überzeugung in mir entstehen. Ich wollte wieder mehr meine geheimsten Gefühle ausleben.

Doch kaum hatte ich diesen Wunsch zu Ende gedacht, meldete sich auch schon mein Verstandesmännchen und meinte: „Das wird wohl nicht funktionieren. Wenn du wieder zu Hause in deinem Alltagstrott bist, dann ist das alles schnell wieder vergessen."

Was mich sogleich zu der Frage brachte, die ich Altasar schon vor einer halben Stunde gestellt hatte. „Alles, was du mir bis jetzt erklärt hast, finde ich unglaublich interessant, doch es beantwortet immer noch nicht meine Frage, was ich tun kann, um dauerhaft ein neues Weltbild zu kreieren."

Altasar nickte und meinte: „Du meinst, du möchtest eine Antwort auf die Frage: ‚Wie' schaffe ich es, meine alten Glaubenssätze dauerhaft über Bord zu werfen?"

Verblüfft sah ich ihn an und bemerkte sogleich: „Jetzt sind wir ja schon wieder beim ‚Wie'. Ich habe das Gefühl, ich komme da irgendwie nicht drum herum."

„Das sollst du auch gar nicht. Ein bisschen ‚Wie' ist ja auch wichtig. Sagen wir, fünfundneunzig Prozent ‚Warum' und fünf Prozent ‚Wie' sind genau das richtige Verhältnis. Denn ein paar Gedanken, wie du das ganze ‚Warum' umsetzen kannst, darfst du dir schon machen. Vor allem, wenn man die Techniken erlernen möchte, mit denen man sein neues Wissen auch zu seinen neuen Überzeugungen machen kann. Und genau darum geht es im vierten Schritt. Doch lass mich nochmals die ersten drei Schritte wiederholen. Oder kannst du es für mich tun?"

Kurz war ich schockiert darüber, dass er mich abfragen wollte, und kam mir vor wie in der Schule. Vor lauter Aufregung fiel mir der erste Schritt nicht mehr ein. So sagte ich mit künstlicher Überzeugung: „Das möchte ich lieber dich machen lassen, du findest bestimmt die besseren Worte."

Altasar sah mich überrascht an und ich hatte das Gefühl, er durchschaute meine Unsicherheit.

„Also gut", meinte er, und begann mit knappen Worten die Zusammenfassung. „Der erste Schritt lautet: Auf wen hörst du? Der zweite Schritt fragt: Wie hoch ist dein Lernindex? Der dritte Schritt besagt: Frage nicht nach dem ‚Wie', sondern nach dem ‚Warum'. Stimmt's, oder habe ich etwas vergessen?"

Ich setzte mich aufrecht in meinen Stuhl und meinte wegen der vielen Wiederholungen fast gelangweilt: „Nein, das war alles richtig und ich habe es nun auch wirklich begriffen. Doch mich würde vielmehr interessieren, wie es nun weitergeht."

„Aha", sagte Altasar mit strengem Blick, „sieh an, sieh an. Du bist also auch so ein Schlaumeier, der denkt, sobald er etwas begriffen hat, damit alles zu wissen. Doch lass dir sagen: Wenn du etwas begriffen hast, bedeutet das nicht automatisch, dass du auch tatsächlich alles verstanden hast. Du hast zwar kapiert, was ich dir erklärt habe, doch genau in diesem Moment sinkt dein Lernindex, da du aufhörst dazulernen zu wollen. Denn du hast ja deiner Meinung nach alles begriffen! Doch in Wahrheit hört man nie auf zu begreifen, sondern lernt immer wieder dazu."

Ich war platt. Altasar hatte mir soeben ordentlich den Spiegel vorgehalten. Ich hatte mich darüber geärgert, dass er wiederholt aufführte, was ich bereits wusste. Dabei war meine Reaktion nur ein Zeichen dafür, mich mehr auf Altasars Empfehlungen einzulassen, indem ich darauf vertraute, dass er genau das richtige Vorgehen wählte, das ich benötigte, um mich weiterzuentwickeln.

So fragte ich kleinlaut: „Was für einen Rat gibst du mir also?"

„Um dein neues Wissen dauerhaft anwenden zu können, ist es wichtig, Teile deines alten Wissens zu löschen", meinte Altasar trocken.

„Wie soll ich das anstellen, ich meine, ich bin doch kein Computer, bei dem man einfach auf die Entfernen-Taste drückt und alles, was man nicht mehr haben will, ist weg. Wie soll das funktionieren?"

„Da hast du natürlich völlig recht. Einfach ist es nicht, seine alten Gewohnheiten, Überzeugungen und Glaubenssätze, die einen begrenzen, mit einem Klick loszuwerden. Doch möglich ist es. Um dies tun zu können, ist es wichtig zu erfahren, wie Gewohnheiten biologisch gesehen entstehen. Ich gehe nun bewusst auf die biologischen Ursachen ein, da du ja bereits weißt, worin diese Glaubenssätze ihren Ursprung haben. Die Bedienungsanleitung deiner Eltern zum Beispiel ist eine solche Ursache, die sich prägend auswirkte. In deinem Gehirn geschieht zu diesem Zeitpunkt etwas, das ich dir nun näher erläutern möchte."

Das hörte sich ja spannend an und ich konnte es kaum erwarten, Altasars Erklärung zu hören.

„Da der gesamte Vorgang äußerst kompliziert ist, bediene ich mich zu deinem besseren Verständnis einfacher Bilder. Nehmen wir also an, dein Gehirn sei ein Computer. Auf ihm wäre zunächst außer dem Betriebssystem nichts gespeichert, wie das bei einem neu gekauften Computer eben ist. Dieser Zustand entspräche einem frisch gezeugten Kind. Dieses Kind würde nach neun Monaten geboren und erhielte seinen freien Willen, um zu vergessen, wer es in Wahrheit ist. Von nun an machte es jede Menge Erfahrungen, die alle im Computer gespeichert werden wollen. Dazu wäre es notwendig, entsprechende Verknüpfungen herzustellen. Das wiederum würde bedeuten, das, was von außen an Informationen kommt, mit einer Leitung zu versehen, um darüber an einer bestimmten Stelle im Computer abgespeichert werden zu können. Von nun an könnte jede weitere Information, die der ersten Information gleicht, sie bestätigt oder ergänzt, auf derselben Leitung zum Zielspeicher transportiert werden. Durch unterschiedliche Informationen entständen viele solcher Leitungen. Sie führten jeweils zu verschiedenen Speicherplätzen. Diese Leitungen, die dadurch entständen, werden neuronale Verbindungen genannt.

Über dieses Vorgehen unseres Gehirns lernen wir Gehen, Sprechen, entwickeln Gefühle und nicht zuletzt auch Lebenserfahrung. Wir nennen das Intelligenz. Wie du weißt, verwaltet unser Verstandesmännchen unter anderem auch all die Speicherplätze der Gefühle und Emotionen.

Nun kommt es im Laufe des Lebens dazu, dass sich einige Informationen von außen immer häufiger wiederholen, weil bestimmte Gewohnheiten und Überzeugungen mittlerweile täglich oder stündlich, manchmal sogar alle paar Minuten die entsprechende Leitung passieren wollen. Angesichts des mittlerweile immer größer gewordenen Datenvolumens muss der Betreiber, also der Körper, größere Leitungen anbieten, dass es zu keinen Verzögerungen im Datenfluss kommt. Das wäre fatal, denn wenn das Verstandesmännchen nicht gleich reagieren kann, nachdem das Intuitionsmännchen seinen ersten Gedanken, also den Rat der Seele, mitgeteilt hat, könnte es auf Dauer arbeitslos werden. Darum werden diese Leitungen nun immer dicker, während andere weniger frequentierte gleich bleiben oder sogar so selten Benutzung finden, dass sie wieder abgeschaltet werden."

Dieses Bild gefiel mir, und es brachte mir ein weiteres ins Gedächtnis, das Altasar vorher in mir erzeugt hatte. „Ah, jetzt verstehe ich auch deinen Vergleich mit den Top-Ten-Hits und der Hitparade, wodurch ich mir mein Hamsterrad kreiere."

„Siehst du, so ergibt alles wieder einen Sinn. Die Leitungen oder neuronalen Verbindungen, die am stärksten ausgebaut sind, werden ganz vorne in der Hitparade landen. Andere werden nur selten gespielt und manche verschwinden wieder vom Angebotsmarkt, da du sie nicht mehr wahrnimmst. Deine Top-Ten-Hits hast du also selbst erschaffen durch den Ausbau dieser Leitungen zu riesigen Datenautobahnen. Und was du selbst installiert hast, kannst du auch wieder ganz alleine zurückbauen."

„Also, ich weiß nicht. Wenn ich dabei versehentlich etwas deinstallieren sollte, das vielleicht zu einem späteren Zeitpunkt wieder einmal interessant für mich werden könnte … Das fühlt sich nicht gut an. Ich glaube nicht, dass ich mich da rantrauen würde. Schließlich kann man nie wissen, ob man es noch braucht."

„Bist du ein Sammler, der glaubt, alles aufbewahren zu müssen, weil es eventuell doch noch wichtig sein könnte?", fragte mich Altasar ironisch.

„Ja, so bin ich eben veranlagt", antwortete ich selbstsicher.

„Hast du denn schon einmal kontrolliert, was du von all den angesammelten Dingen tatsächlich irgendwann einmal benötigt hast?"

Ich brauchte nur einen kurzen Moment um zu begreifen, dass das äußerst selten vorkam.

„Du hast natürlich recht, die meisten Dinge benötige ich wirklich nicht mehr, doch wenn dies einmal der Fall sein sollte, so bin ich froh darüber, dass ich es nicht weggeworfen habe."

„Dann sieht es bei dir zu Hause also auch so aus, dass dein Keller, deine Dachkammer oder deine Garage vor lauter Müll fast überquillt, habe ich recht?"

„Na ja, es ist schon ganz schön viel, was ich da abgestellt habe, aber es hat alles seine Ordnung. Wenn ich etwas suche, dann finde ich es in der Regel auch gleich", meinte ich stolz.

„Solange du dich von alten Dingen nicht trennen kannst, bleibt die Vergangenheit nach wie vor präsent. Und je geordneter du sammelst, umso schneller kommst du an das Gesuchte wieder heran. Die Erinnerungen, die mit den Gegenständen verbunden sind, werden immer anwesend sein. Solange es positive Erinnerungen sind, mag dich das nicht belasten, doch wenn negative Emotionen damit einhergehen, dann wirst du diese tatsächlich erst los, wenn du dich von dem Gegenstand trennst. Darum kann ich dir nur raten, dass du deinen Abstellraum mal ordentlich entrümpelst. Was sich im Außen zeigt, findest du immer auch in deinem Inneren vor. Und je geordneter du in deinem Gehirn vorgehst, umso leichter tut sich dein Männchen, es zu finden."

Was Altasar soeben sagte, gab mir zu denken. In meinem Kopf waren viel zu viele Gedanken, die ich eigentlich gar nicht haben wollte. Auch von ihnen sollte ich mich endlich trennen.

„Wenn wir nun dieses Alltagsbeispiel auf deinen Computer zu Hause übertragen", fuhr Altasar fort, „so sind deine wichtigsten Programme an deinem Arbeitsplatz auf dem Desktop als Kacheln oder Symbole angezeigt. Wenn du eines dieser Programme nicht mehr unter deinen Favoriten haben möchtest, weil es dir nicht mehr wichtig ist, so drückst du einfach die Entfernen-Taste und die entsprechende Verknüpfung ist gelöscht. Das Programm selbst bleibt dir jedoch im Hintergrund erhalten, sodass du jederzeit wieder die Verknüpfung herstellen könntest. Genauso verhält es sich, wenn du bestimmte Gewohnheiten löschen möchtest. Sie werden nie ganz verschwinden, sondern bleiben im Hintergrund stets erhalten. Das bedeutet, dass du dich immer an sie erinnern kannst, sie werden dein Leben jedoch nicht mehr beeinflussen. Weil sie nicht mehr dieselbe Bedeutung für dich haben wie vor der Entrümpelung. Wie du siehst, brauchst du also keine Angst davor zu haben, dass dir irgendetwas verloren geht. Wenn du etwas von deinen angesammelten Dingen weggeworfen hast und feststellst, dass du es doch noch gebraucht hättest, so kaufst du es dir eben noch einmal. Und wenn du feststellst, dass du eine alte Gewohnheit unbedingt wiederhaben möchtest, ja dann lässt du sie einfach wieder aufleben. Wie das erneute Anschaffen eines Gegenstandes mit erhöhtem Zeit- und Geldaufwand verbunden ist und damit mit einem gesteigerten Energieeinsatz, so musst du auch ein wenig mehr Energie dafür aufwenden, bis du deine alte Gewohnheit wieder aktiviert hast. Doch ich kann dir aus eigener Erfahrung sagen, dass dies so gut wie nie vorkommt, denn in der Regel haften diesen bewusst abgelegte Gewohnheiten auch einige Nachteile an, die du nun aber nicht mehr haben möchtest. Doch die Entscheidung triffst immer du selbst, niemals ein anderer."

Das, was Altasar eben erklärte, klang alles sehr einleuchtend. Doch wie sollte das mit dem Entfernen alter Gewohnheiten funktionieren?

„Wenn du mir jetzt noch verrätst, wie ich die Entfernen-Taste finde, dann wäre ich voll und ganz zufrieden."

„Genau das habe ich vor", beruhigte mich Altasar, „doch zuvor möchte ich dir am Beispiel des Autofahrens zeigen, wie du deine Datenautobahnen im Detail errichtest.

Als kleines Kind hast du vielleicht bei deinem Vater im Auto gesessen und fandst es toll, wie er das Auto fuhr. Darum hast du ihn gefragt, ob du auch mal fahren dürftest. Darauf antwortete er dir vermutlich, dass man das nicht einfach so darf, sondern es erst erlernen müsste. Erinnerst du dich daran, wie es war, als du endlich alt genug warst, um deine erste Fahrstunde zu nehmen? Damals hattest du keine Ahnung, wie man ein Auto bewegt. Es war also in deinem Gehirn noch keine Leitung vorhanden, über die du an diese Information gelangen konntest. Doch am Ende der ersten Stunde bereits war eine zarte Verbindung installiert. Mit jeder weiteren Fahrpraxis bautest du sie weiter aus, und an deinem Prüfungstag existierte sie bereits als dünnes Kabel. Du konzentriertest dich jedoch noch stark auf einzelne Abläufe, wie die Gangschaltung beispielsweise. Ebenso musstest du darauf achtgeben keine Verkehrsschilder zu übersehen oder aus Versehen in eine Einbahnstraße einzubiegen. Das Fahren strengte dich sehr an und du durftest dich nicht ablenken lassen, um Unfälle zu vermeiden. Mit jeder Fahrt aber wuchs deine Leitung. Nach einigen Monaten konntest du dich bereits mit deinem Beifahrer unterhalten und beherrschtest die Gangschaltung automatisch. Nach etwas mehr als einem Jahr nahmst du bereits die gängigsten Verkehrszeichen im Augenwinkel wahr und wusstest, was sie bedeuten. Jetzt hatte deine Leitung schon eine ansehnliche Dicke. In den folgenden Jahren bautest du deine Routine beständig weiter aus, sodass du heute während des Fahrens in der Lage bist, gleichzeitig das Radio zu betätigen, dich mit deinem Beifahrer zu unterhalten und auf den Verkehr zu achten, ohne dabei noch nennenswerte Fehler zu machen. Manchmal fährst du sogar über viele Kilometer, während die Zeit wie im Flug vergeht. Dabei kannst du dich oft nicht mehr daran erinnern, wo du langgefahren bist, so sehr waren deine Gedanken auf ihrer eigenen Reise. Das Fahren selbst funktioniert mittlerweile ganz automatisch."

Altasars Beispiel verdeutlichte wirklich sehr schön, wie Datenautobahnen im Gehirn entstehen, aber welchen Rat wollte er mir damit geben? Fragend richtete ich meine nächsten Worte an ihn: „Und was ist nun der vierte Schritt? Ihn kann ich in deinem Beispiel nicht erkennen."

„In diesem Schritt geht es darum, dir darüber klarzuwerden, wie deine alten Überzeugungen entstanden sind. Das ist äußerst wichtig, denn auf dieselbe Art und Weise kannst du auch neue Gewohnheiten in dein Leben integrieren. Der Vergleich mit dem Autofahren ist daher bestens geeignet, dir die vier Stufen der Wissensentwicklung zu erläutern.

Die erste Stufe ist die unbewusste Unwissenheit. Sie sagt aus, dass du nicht weißt, was du noch nicht weißt. Ich weiß, dass diese Aussage ziemlich ungewöhnlich klingt. Darum lass sie dir an einem Beispiel erklären:

Ein Flugzeug verfügt über ein Radarsystem. Darauf sieht man alles, was in einem bestimmten Radius, welchen das Radarsystem erfassen kann, geschieht. Dieser Radius entspricht dem Weltbild eines Menschen, für den es nur das gibt, was er kennt und sieht. In Wahrheit jedoch ist der Radius viel größer, als ihn das Radarsystem erfassen kann. Und genauso verhält es sich mit dem persönlichen Weltbild. Jeder kennt und sieht nur einen kleinen Ausschnitt dessen, was alles existiert. Wird einem das klar, so versteht man, dass man nicht weiß, was es noch alles zu erfahren gibt. Auf dieser Stufe befand sich in unserem Beispiel auch das Kind, das Autofahren wollte, das jedoch noch gar nicht wusste, dass es nicht fahren kann. Es wusste also nicht, dass es nichts weiß. Genau deswegen war es ja auch so naiv zu denken, dass es ebenfalls fahren könnte. Wenn sich ein Erwachsener von niemandem etwas sagen lässt und immer alles besser weiß, weil er glaubt, bereits alles zu wissen, verhält er sich in gewisser Weise auch naiv. Denn genau wie ein Kind ist er sich dessen nicht bewusst, dass er vieles noch nicht weiß. Er verschließt sich unbewusst vor neuem Wissen. Wissen ist jedoch sehr wichtig, um sich selbst eines Besseren zu belehren, nämlich um zu erkennen, dass man nicht weiß, was man noch nicht weiß. Dieser Lernprozess endet niemals. Wer jedoch glaubt, bereits alles zu wissen, der wird nie erfahren, was er noch nicht weiß. Sich dessen bewusst zu werden, ist die erste Stufe, die Stufe der unbewussten Unwissenheit."

„Aber sagtest du nicht vorher, dass wir wieder mehr Unbeschwertheit an den Tag legen und mehr von unserem inneren Kind annehmen sollten", unterbrach ich Altasar aufgebracht. „Widerspricht sich das nicht? Jetzt soll ich plötzlich doch nicht so naiv sein wie ein Kind, sondern ganz vernünftig und wissbegierig. Dabei hatte ich mich gerade an den Gedanken gewöhnt, meine kindliche Seite wieder mehr auszuleben. Was ist denn nun richtig?"

Irgendwie wurde mir das jetzt alles zu kompliziert. Zuerst erklärte er mir die vier Schritte, jetzt noch die vier Stufen. Und obendrein diese Widersprüchlichkeit. Ich fühlte mich etwas überfordert. War es wirklich das, was ich wissen musste, um in meiner Bewusstseinsentwicklung weiterzukommen?

So folgte ich den Worten meines Verstandesmännchens, das mit den mir eben bereitgestellten Argumenten sehr überzeugend war, und sagte selbstsicher: „Ich glaube, es ist das Beste, wenn ich weitermache wie bisher, denn das hat mich immerhin schon ein ganzes Stück weitergebracht."

16

DIE VIER STUFEN ZU NEUEN GEWOHNHEITEN

„An deinen alten Glaubenssätzen hängenzubleiben ist kein Fortschritt, sondern Stillstand, und das bedeutet Rückschritt."

Altasar sah mich verwundert an. Er hatte nicht damit gerechnet, dass ich plötzlich einen Rückzieher machen würde.

„Es ist ganz alleine deine Entscheidung, wann du bereit dazu bist, neue Nervenverbindungen in deinem Gehirn zu installieren. Jeder Tag deines Lebens ist dazu geeignet, etwas zu ändern. Momentan schaut es allerdings so aus, als ob dein Männchen gewaltig etwas dagegen hat, dass es jetzt geschehen soll. Ich befürchte, es hat Angst, arbeitslos zu werden. Doch ich sage dir, dass das niemals vorkommen wird, denn auch neue Gewohnheiten müssen verwaltet werden. Sie lösen die alten ja nur ab. Solange du jedoch nicht bereit bist, deinen Lernindex zu verändern, wird eine Weiterentwicklung deines Bewusstseinszustandes nicht möglich sein. Mit deiner Entscheidung, so weiterzumachen wie bisher, bescheinigst du dir einen Lernindex von Null. Und wie du ja bereits weißt, ist so kein Wachstum möglich."

„Aber warum habe ich dann das Gefühl, dass sich das, was du mir erklären möchtest, widerspricht?", fragte ich, nach wie vor skeptisch.

„Du meinst die Sache mit der kindlichen Naivität, die so mancher Erwachsene an den Tag legt, wenn es darum geht, für neues Wissen offen zu sein, weil er nicht weiß, was er noch nicht weiß?"

„Ja, genau", bestätigte ich verunsichert.

„Nun, der Naivität eines Kindes, wie im Beispiel von Anna, liegt ein anderes Motiv zugrunde als bei einem Erwachsenen. Anna handelte nach ihrem Gefühl, was immer die Frage nach dem ‚Warum' vorausgehen lässt. Und wenn ich dir den Rat gebe, wieder mehr dein inneres Kind zu leben, ist dies eine Möglichkeit zu deinen verborgenen Gefühlen zurückzugelangen. Deswegen ist das ‚Warum' das Wichtigste im Leben und der Grund dafür, ihm durchaus fünfundneunzig Prozent seiner Zeit zu widmen. Doch die restlichen fünf Prozent deiner Zeit darfst du dich mit dem ‚Wie' auseinandersetzen. Und in den vier Stufen geht es nun um die Technik, also um die Frage: ‚Wie bekomme ich es hin, das ‚Warum' und damit meine Gefühle, Wünsche und Sehnsüchte in mein Leben zu integrieren? Die Gewohnheit aufrechtzuerhalten, zu glauben, man wüsste schon alles, ist dementsprechend naiv. Denn hinter solchen Gewohnheiten steckt die Angst, an sich arbeiten zu müssen und dabei eventuell zu versagen. Deswegen stellt sich dieser Mensch als Ausrede auch die Frage ‚wie' er noch mehr Wissen in seinen Kopf bekommen soll, wo der doch ohnehin schon viel zu voll mit all den alten Gewohnheiten ist. Besser wäre es, sich stattdessen zu fragen, ‚warum' neues Wissen womöglich sinnvoll sein könnte.

Darum wäre es auf deinem weiteren Weg wichtig, die Naivität, die dir als Kind gegeben war und die es dir ermöglichte, deinen Gefühlen Beachtung zu schenken, wieder aufleben zu lassen. Sie bringt dir die Neugierde auf das Leben zurück.

Wenn Erwachsene so naiv sind zu glauben, sie wüssten bereits alles über das Leben, so ist dabei oft auch eine gewisse Bequemlichkeit im Spiel. Sie wiederum kann in der Angst vor Überforderung begründet sein. Kannst du denn nun das eine vom anderen unterscheiden?"

„Ja, das leuchtet mir jetzt ein, und ich glaube, ich möchte doch noch mehr über diese Technik erfahren. Denn obwohl du mir nun alles bereits mehrfach erklärt hast, kann ich es mir immer noch nicht merken."

„Siehst du", meinte Altasar und nickte bedächtig mit dem Kopf, „genau deswegen ist es so wichtig, dir die vier Schritte zu erklären. Sie enthalten Tipps für dich, neues Wissen dauerhaft zu verinnerlichen.

Darum möchte ich auch gleich wieder zu unserem Beispiel, dem Autofahren, zurückkommen. Als Kind warst du auf der Stufe der unbewussten Unwissenheit. Du hättest niemals das Auto deines Vaters ohne fremde Hilfe fahren können. Irgendwann wurde dir aber bewusst, dass du Autofahren lernen musst. Und als du zum ersten Mal Fahrunterricht genommen hast, erreichtest du die zweite Stufe. Sie ist die Stufe der bewussten Unwissenheit.

Da du nun wusstest, was du noch nicht weißt, warst du bereit, dir die fehlenden Kenntnisse im Fahrunterricht anzueignen. Das entspricht ungefähr deinem Wissensstand, als du entschieden hattest, von Mary und Samuel in das Geheimnis deines Lebens eingeweiht zu werden. Du hattest damals schnell erkannt, dass es Dinge gibt, von denen du noch nichts wusstest.

Für die Fahrprüfung hast du viel geübt und dich darauf konzentriert, alles richtig zu machen. Als du sie bestanden hattest, war dies die Bestätigung für dich, dass du nun selbst ein Auto fahren kannst. Die Zeit unmittelbar nach deiner Führerscheinprüfung entspricht der dritten Stufe. Es ist die Stufe des bewussten Wissens. Man könnte auch sagen, du wusstest nun, dass du weißt, wie man ein Auto fährt. Das ließ dich glauben, nun bereits perfekt fahren zu können und nichts und niemand stünde dir mehr im Weg. Doch du musstest dich noch sehr darauf konzentrieren, alles fehlerfrei hinzubekommen. Vor allem durftest du dich nicht ablenken lassen. Das Anfahren am Berg fiel dir noch schwer, weil du die einzelnen Abläufe nach wie vor nicht richtig verinnerlicht hattest und dir das Feingefühl für Gas und Kupplung noch fehlte. Die reibungslose Koordination von Gangschalten und Blinkersetzen und zugleich den Straßenverkehr im Auge zu behalten, kostete dich nach wie vor viel Konzentration. Der erste Strafzettel wegen zu schnellen Fahrens ließ dich erahnen, dass dir die Routine fehlte, dich bereits problemlos mit deinem Beifahrer beschäftigen zu können und trotzdem alle Verkehrszeichen zu beachten. Der Auffahrunfall schließlich, den du verursachtest, weil du zu sehr damit beschäftigt warst, dein Autoradio zu bedienen, verdeutlichte dir einmal mehr, dass bewusstes Wissen allein nicht ausreicht, um ein guter Autofahrer zu sein. So ergeht es dir auch momentan: Du weißt mittlerweile sehr viel und bist dir dessen auch bewusst, doch es fehlt dir die Routine darin, dein Wissen erfolgreich umzusetzen. Das ist typisch für die Stufe, auf der du dich gerade befindest. Erst die vierte Stufe kann dir dies ermöglichen.

Beim Autofahren stellt sich die Routine mit jeder gefahrenen Stunde mehr und mehr ein. Wenn du viele Jahre Fahrpraxis besitzt, kann dich nichts und niemand mehr ablenken. Du fährst automatisch vorausschauend und hast alles, was um dich herum geschieht, auf deinem ‚Radarschirm' im Blick. Nun kannst du dich nebenbei zusätzlich deinem Beifahrer oder der Freisprecheinrichtung deines Handys widmen und gleichzeitig das Navigationssystem verfolgen, ohne dabei die Straßenbeschilderung aus den Augen zu verlieren und es gelingt dir obendrein, auf andere Verkehrsteilnehmer Rücksicht zu nehmen. All das geschieht im Unterbewusstsein. Darum nennt man die vierte Stufe auch die Stufe des unbewussten Wissens. Wenn du sie erreicht hast, dann geschieht einfach, was du weißt. Das heißt, anders als auf der dritten Stufe, auf der du dich noch auf alles konzentrieren musstest, weil dir die Routine fehlte, stehen dir nun auf der vierten Stufe gut ausgebaute Datenautobahnen zur Verfügung. Die einstmals zarten neuronalen Verbindungen haben sich inzwischen zu einem dicken Strang weiterentwickelt, wodurch sie dich in die Lage versetzen, dein Wissen über das Unterbewusstsein anzuwenden. Dorthin zu gelangen, ist die Aufgabe, um deinem Leben eine andere Richtung zu geben. Meistere den vierten Schritt und du kannst alles erreichen!"

Das hörte sich alles ganz einfach an, wenn Altasar es mir erklärte, doch ich ahnte schon, dass dieser vierte Entwicklungsschritt das Schwierigste am gesamten Prozess darstellte.

„Warum habe ich das Gefühl, dass die vierte Stufe die beschwerlichste ist", fragte ich – überzeugt davon, dass ich sie, wenn überhaupt, nur mit Mühe bezwingen können würde.

„Sie zu erreichen, fordert von dir die meiste Kraft, denn in deinem Unterbewusstsein wirken auf deiner momentanen Stufe bereits so viele Dinge, dass darauf fast kein Platz mehr zu sein scheint für neue Überzeugungen. So haben sich darauf zum Beispiel all deine Ängste breitgemacht. Die Angst davor, nicht geliebt zu werden, zu versagen, etwas nicht gut genug zu beherrschen. Aber auch deine felsenfesten Überzeugungen davon, wie etwas im Leben funktioniert. Zum Beispiel, dass man viel arbeiten muss, um es einmal gut zu haben. Gewisse Statussymbole zu besitzen, um den anderen zeigen zu können, wie gut man ist. Oder die innere Überzeugung, zu den Verlierern der Gesellschaft zu gehören. Keinem Menschen zu vertrauen, weil die Welt so feindlich ist. Nicht einmal das Vertrauen in sich selbst zu entwickeln, da man permanent von außen eines Besseren belehrt wird. Oder aber die Verurteilung anderer, weil sie nicht so sind oder denken wie du. Aber auch Sorgen um die eigene Existenz, um das eventuelle Schicksal einer schweren Erkrankung oder die Furcht vor dem Sterben haben sich auf dieser vierten Stufe in dir breitgemacht. Da sind unzählige Möglichkeiten, die mit den Dingen konkurrieren, die du sicher liebend gerne sofort dort etablieren möchtest. Doch diese sogenannten alten Gewohnheiten und Überzeugungen sind mit solch dicken Leitungen verbunden, dass der zarte Draht einer neuen Erkenntnis kaum Beachtung finden wird."

„Ja, aber was mache ich dann, wenn das Ganze so aussichtslos ist? Ich habe überhaupt keine Chance gegen all das anzukommen, was sich ganz offensichtlich automatisch in mir abspielt!"

Altasar schien mir rechtzugeben, denn er meinte: „Ich stimme dir zu. Es spielt sich in der Tat das meiste automatisch ab, genau wie beim Autofahren. Dabei spielt das Unterbewusstsein eine entscheidende Rolle. Mit unseren sechs Sinnen – dem Sehen, dem Hören, dem Gleichgewicht, dem Fühlen, dem Schmecken und dem Riechen – sind wir in der Lage, Dinge in unserem Umfeld wahrzunehmen, ohne unseren Verstand bewusst zu benutzen. Dinge, die maßgeblich am Ausbau unserer neuronalen Datenautobahnen beteiligt sind. Mit den Augen können wir zum Beispiel einen Menschen sehen, dessen äußeres Erscheinungsbild jemandem ähnelt, mit dem wir einmal ein unschönes Erlebnis hatten. Sofort läuft das Programm der Vorverurteilung ab, und das nur, weil dieser Mensch vielleicht denselben roten Pullover trägt wie der, mit dem wir einen Streit hatten. Mit den Ohren nehmen wir vielleicht immer und immer wieder dieselben Worte wahr, die uns sagen: Du bist einfach nicht gut genug. Am Anfang wehren wir uns noch dagegen, doch irgendwann glauben wir, was uns da eingetrichtert wird, weswegen wir uns auch gar nicht mehr anstrengen, besser zu werden."

Bei dieser Beschreibung fühlte ich mich absolut ertappt, denn genau das erlebte ich häufig bei meiner Arbeit. Dass nicht ich befördert wurde, sondern immer nur die anderen, erklärte sich mir nun damit, dass ich es unbewusst aufgegeben hatte, um eine Beförderung zu kämpfen. Aus dieser Sicht hatte ich meine Situation noch gar nicht betrachtet.

„Die Nase", sprach Altasar weiter, „kennt jeder als Sinnesorgan über die Redewendung: ‚Ich habe gleich gerochen, dass da etwas faul ist.' Doch kann auch hier ein Erlebnis dazu führen, dass man mit seiner Einschätzung durchaus auf dem falschen Weg ist. Nehmen wir als Beispiel ein verletzendes Erlebnis mit einer Frau oder einem Mann. Sie oder er hatte ein bestimmtes Parfüm getragen, als es zu einer Auseinandersetzung kam, die schließlich die Trennung in einer Beziehung zur Folge hatte. Von nun an erinnert sich die- oder derjenige immer an jene schmerzvolle Situation, wenn ihm ein Mensch mit genau demselben Duft begegnet. So ist es möglich, dass aus diesem

Grunde all die Menschen, die ein Parfüm tragen, als potenzielle Partner ausscheiden. Die Datenautobahn dieser Erfahrung ist inzwischen so groß, dass sie in die persönliche Top-Ten-Hitparade aufgenommen wird, was natürlich gravierende Auswirkungen auf die Partnersuche haben kann.

Der Gleichgewichtssinn nimmt vor allem Beschleunigung wahr. Auf Gefühlsebene kennen wir die Redewendung: ‚Das hat mir den Boden unter den Füßen weggezogen.' Wenn also eine Situation mit rasender Geschwindigkeit in unser Leben tritt, der plötzliche Tod eines geliebten Menschen zum Beispiel, dann kann einem aufgrund dieser unerwarteten Wendung schon mal schwindlig werden. Treten jedoch häufiger wegen solchen Ereignissen Schwindelgefühle auf, weil man sich um Menschen in seinem Umfeld sorgt mit dem Hintergrund, man könnte sie verlieren, so kann dies ein Indiz dafür sein, dass sich eine neuronale Verbindung zu einer großen Datenautobahn weiterentwickelt, die Verlassensängste in unumstößliche Glaubenssätze wandelt.

Beim Fühlen ist unter anderem unser größtes Sinnesorgan, die Haut, beteiligt. Körperliche Nähe wird zum Beispiel darüber wahrgenommen: ein zärtliches Streicheln, Liebkosungen beim Liebesspiel, die Wärme der Haut des anderen, die Geborgenheit spüren lässt. Es kann aber auch die Kälte sein, die in einem entsteht und die einem einen Schauer über den Rücken jagt, wenn man mit der Ablehnung eines anderen konfrontiert wird. Dabei genügt manchmal schon ein entsprechender Blick, der einem dieses Gefühl vermittelt.

Und damit sind wir beim zweiten Bereich angelangt, der am Fühlen beteiligt ist.

Es sind unsere Gefühle selbst, die durch unsere Erfahrungen mit anderen Menschen im Außen entstehen. Gefühle sind immer die Schnittstelle, um zu definieren, wo in unserem Kopf das entsprechende Erlebnis abgespeichert werden soll. Wenn also beispielsweise ein Gefühl der Angst entsteht, differenziert der Verstand sofort, ob es sich hierbei zum Beispiel um Verlassens-, Versagens-, Existenz- oder Todesangst handelt. Die Differenzierungen sind sehr fein und dein Verstandesmännchen hilft fleißig mit beim Sortieren, denn es braucht diese Ordnung, um später alles wiederzufinden. Deine sechs Sinne sind sozusagen der Filter, der alles, was im Augenblick nicht lebensnotwendig ist, selektiert und ohne dass du es bewusst wahrnimmst, zur Bearbeitung und Verwaltung an das Gehirn weiterleitet. Gäbe es diese

Einrichtung nicht, würden wir durch die Fülle an Daten, die wir dann bewusst zu verarbeiten hätten, vermutlich wahnsinnig werden. Von all dem bekommst du also nichts mit, da deine Wahrnehmung nicht darauf ausgerichtet ist. Denn fünfundneunzig Prozent dessen, was um dich herum geschieht, nimmst du ausschließlich mit deinem Unterbewusstsein wahr. Nur winzige fünf Prozent dringen demnach in dein Bewusstsein vor. Und das ist auch gut so. Denn würdest du alles mitbekommen, was sich im Hintergrund abspielt, wärst du hoffnungslos überfordert. Wegen der Reizüberflutung, könntest du dich beispielsweise beim Autofahren nicht mehr auf das Wesentliche konzentrieren, was durchaus lebensgefährlich sein könnte. Deswegen bietet diese Hirnfunktion einen absolut sinnvollen Schutzmechanismus, der die Aufgabe hat, das eigene Leben zu schützen."

„Ist das nun ein Zufall, dass die prozentuale Verteilung identisch ist mit der Frage nach dem ‚Wie und Warum‘, oder gibt es da einen Zusammenhang?", stellte ich neugierig fest.

„Ich muss sagen, du passt gut auf", lobte mich Altasar. „In der Tat haben die beiden miteinander zu tun. Da deine unbewussten Wahrnehmungen alle auf der Gefühlsebene basieren, und die Frage nach dem ‚Warum‘ ebenfalls ausschließlich aufgrund von Gefühlen deines Herzens beantwortet wird, lässt sich hier bereits ein Zusammenhang erkennen. Er begründet sich im Gefühl oder der Emotion. Unbewusstes Wahrnehmen geschieht also immer durch eine Emotion. Das bewusste Wahrnehmen hingegen geschieht mit dem Verstand, genauso wie die Frage nach dem ‚Wie‘ nur vom Verstand beantwortet werden kann. Immer ist unser Gehirn mit seinem besserwisserischen Männchen daran beteiligt, etwas mit vermeintlicher Logik zu erklären. Die Logik oder der Verstand hindern uns jedoch meistens daran, das Richtige zu tun. Bewusst wahrgenommene Gefühle hingegen führen uns immer auf den richtigen Weg."

Das konnte ich nun gar nicht verstehen, darum fragte ich fast schon verzweifelt: „Mein Verstand sagt mir nun schon wieder, dass ich das nicht kapiere, und deswegen kann ich dir auch nicht mehr folgen. Auf der einen Seite sind die Gefühle wichtig, um sich mit dem ‚Warum‘ zu beschäftigen, auf der anderen Seite sind aber meine Gefühle dafür verantwortlich, dass ich mit ihnen die Datenautobahnen zu meinen Überzeugungen ausbaue. Das wiederum hindert mich jedoch daran, meine neuen Bedürfnisse zu etablieren. Was soll ich denn nun tun: auf meine Gefühle achten oder sie ignorieren?"

„Du sprichst genau den springenden Punkt an. Da du dir durch die fünfundneunzig Prozent unbewusster Wahrnehmungen mittels deiner Gefühle automatisch ein Weltbild erschaffen hast, dessen du dir bisher nicht im Geringsten bewusst warst, gilt es nun deine daraus entstandenen Überzeugungen infrage zu stellen. So darfst du also mit den verbleibenden fünf Prozent deines bewussten Verstandes daran arbeiten, auf der vierten Stufe Platz zu schaffen für neue Überzeugungen."

„Und wie soll das gehen?", fragte ich abermals skeptisch.

„Lass es mich dir mit einer kleinen Geschichte erklären: Ein Indianerjunge ging zu seinem Großvater, weil er Kummer hatte. Er klagte ihm sein Leid und fragte dann: ‚Großvater, in meinem Herzen kämpfen zwei Wölfe, welcher von beiden wird gewinnen?' Nach einer Weile antwortete der Großvater: ‚Es gewinnt immer der, den du nährst.'"

Nach einer kurzen Gedankenpause wurde mir klar, was Altasar damit sagen wollte.

„Ah, ich verstehe", erklärte ich begeistert, „die Gewohnheiten, die ich über die neuronalen Verbindungen in meine Top-Ten-Hitparade aufgenommen habe, bekommen deswegen so viel Aufmerksamkeit von mir, weil ich sie unbewusst üppig mit meinen Gefühlen gefüttert habe. Das ließ sie stattlich anwachsen, wodurch sie dick und fett wurden. Somit ist es heute ein Leichtes für mich, sie permanent abzuspielen. Im Umkehrschluss müsste das bedeuten, dass ich meine alten Gewohnheiten einerseits lediglich aushungern und gleichzeitig meinen neuen Überzeugungen auf der anderen Seite mehr Nahrung zuführen muss. Könnte man das so sagen?"

„Eben das möchte ich dir zu verstehen geben. Wenn du deine Ängste weiterhin nährst, indem du ihnen Aufmerksamkeit schenkst, dann werden sie dich auch in Zukunft beherrschen. Richtest du hingegen künftig deine Aufmerksamkeit bewusst auf neue Dinge, so haben die unbewussten Mechanismen keine Chance mehr, automatisch zu wirken. Du hungerst sie sozusagen aus. Dadurch gewinnst du die Oberhand über deine Ängste. Das wiederum ist sehr wichtig, denn alle Arten von Ängsten beherrschen unser Leben die meiste Zeit, solange wir nicht wissen, dass sie das tun. Haben wir dies erst einmal durchschaut, so beginnt der heilende Aushungerungsprozess. Einer neuen Überzeugung von nun an die notwendige Nahrung zu geben, bedeutet aber auch, das konsequent zu tun. Genauso, wie du jeden Tag essen und trinken musst, um zu leben, braucht auch deine neue Überzeugung täglich entsprechende Aufmerksamkeit, sonst stirbt sie wieder ab."

Das leuchtete mir ein, doch stellte ich es mir nicht einfach vor, gegen die alten Gewohnheiten anzukommen. „Wie kann ich also mein neues Wissen am besten ernähren?"

„Auch das möchte ich dir anhand einer kurzen Geschichte erklären: Ein Shaolin-Mönch ging zu seinem Großmeister, weil er sich in der Kampfkunst der Shaolin weiterbilden wollte. Bisher hatte man ihm nur einen einzigen Schlag gezeigt. Darum bat er den Großmeister, ihn weitere Schläge zu lehren, denn er wollte ebenso ein Meister dieses Könnens werden. Der Großmeister betrachtete ihn lange Zeit und meinte schließlich: ‚Keiner fürchtet sich vor deinen tausend Schlägen, die du einmal geübt hast, sondern vor dem einen Schlag, den du tausendmal geübt hast.'"

„Okay", sagte ich mit einem Fragen in meiner Stimme, „und was heißt das übersetzt?"

„Diese Geschichte zeigt dir, wie wichtig es ist, permanent an deinen neuen Gewohnheiten zu arbeiten, sodass sie eines Tages gleichermaßen unbewusst geschehen, wie es heute noch deine alten Gewohnheiten tun. Dabei ist es wichtig, dich jeden Tag damit auseinanderzusetzen. Damit meine ich, dass du zum Beispiel Bücher liest, in denen es um das Thema geht, das du in deinem Unterbewusstsein etablieren möchtest. Doch lies es nicht nur einmal, sondern mehrmals. Die permanente Auseinandersetzung ist wichtig, damit sich deine zarten neuronalen Verbindungen ausbauen. Weil du dadurch den alten Leitungen keine Nahrung mehr schenkst, hungerst du sie aus und sie bilden sich langsam zurück. Auch der Austausch mit anderen Menschen, vor allem mit denen, die bereits dort sind, wo du gerne hinmöchtest, trägt mit dazu bei. Doch beschränke dich bei allem, was du tust, so lange auf ein Thema, bis es dir in Fleisch und Blut übergegangen ist. Wenn du mehrere Themen gleichzeitig angehst, verzettelst du dich nur und du wirst am Ende nichts richtig beherrschen. Das ist es, was der Großmeister damit meinte, als er sagte: ‚Keiner fürchtet sich vor deinen tausend Schlägen, die du einmal geübt hast, sondern vor dem einen Schlag, den du tausendmal geübt hast.' Meistere also den einen Schlag, bevor du dich dem nächsten zuwendest. Und suche dir qualifizierte Hilfe von außen. Hier nun schließt sich der Kreis. Wir sind wieder am Anfang, als ich dich fragte: ‚Auf wen hörst du?'

Wenn du von nun an darauf achtest, dass dein Lernindex permanent sehr hoch ist, kannst du das, was andere dir mitteilen, besser aufnehmen. Schließlich weißt du nicht, was du noch nicht weißt. Das Buch, das du heute liest, erweist sich morgen als ein anderes, wenn du es dir erneut aufmerksam zu Gemüte führst. Gestern wusstest du nicht, wie dein Wissenstand heute sein wird, und mit dem Wissen von heute hast du keine Vorstellung davon, wie du dieses Wissen morgen interpretieren und anwenden wirst. Nun verstehst du auch, warum ich alles, was ich dir heute erklärte, so häufig wiederholt habe. Die permanente Wiederholung führt zu den Veränderungen, die du dir wünschst. ‚Einmal ist keinmal', besagt eine Redewendung, und da ist wirklich etwas Wahres dran. Veränderung nennt man Evolution. An deinen alten Glaubenssätzen hängenzubleiben, ist kein Fortschritt, sondern Stillstand, und das bedeutet Rückschritt, vor allem, wenn andere das, was ich dir gerade erklärt habe, befolgen. Dann ziehen sie an dir vorbei und winken dir im besten Fall zu, während sie dich überholen. Du findest das vielleicht ungerecht, doch in Wahrheit hast du es selbst in der Hand, ob du mit ihnen gehst oder lieber stehen bleibst."

17

DER ERSTE TAGEBUCHEINTRAG

*„Wie vielfältig die Natur doch ist, wie wunderbar sie
ihre Pracht und Fülle für jeden sichtbar zur Schau stellt,
und doch ist sie so geheimnisvoll."*

Altasar hatte recht behalten. Nach den starken Regenfällen verzogen sich die Wolken in kürzester Zeit und die Sonne lachte wieder vom blauen Himmel. So saß ich nun am Strand von Malikunda und blickte auf das glitzernde Wasser, auf dessen Oberfläche sich die Nachmittagssonne spiegelte. Die Muschel vom Vortag lag noch immer im Sand. Ich legte sie in meine Handflächen und betrachtete ihre schillernde Zeichnung. Wie vielfältig die Natur doch war, wie wunderbar sie ihre Pracht und Fülle für jeden sichtbar zur Schau stellte, und doch war sie so geheimnisvoll. Es gab noch so vieles, was sich unseren Sinnen verschloss. Doch das Spannende am Leben war die Entdeckung all der Dinge, die wir durch unsere Gewohnheiten gar nicht wahrnahmen. Wenn ich nur an all die Erklärungen von Altasar dachte, die mich schwer beeindruckten und mir ein besseres Verständnis dafür gaben, was sich so alles auf diesem Planeten abspielte, von dem wir nichts mitbekamen, so ahnte ich, dass ich hier noch viel dazulernen konnte. Altasar verabschiedete mich mit der Empfehlung, mit vielen Menschen auf der Insel über ihre Erfahrungen zu sprechen, denn ich könnte von jedem etwas lernen. Allerdings müsste ich zunächst meinen Fokus dafür öffnen, was bedeuten würde, meine Bereitschaft dafür zu zeigen, alles ohne Widerstand anzunehmen. Denn häufig offenbarte sich das, was es mir sagen sollte, erst zu einem späteren Zeitpunkt. Manchmal sogar erst, wenn ich genügend Puzzleteile zusammengefügt hatte, sodass sie ein schlüssiges Bild ergaben – das Bild meiner eigenen Wahrheit.

Um die einzelnen Puzzleteile nicht wieder zu vergessen, legte ich die Muschel behutsam zur Seite, öffnete mein Tagebuch und begann die wichtigsten Punkte, die ich bis jetzt erfahren hatte, unter der folgenden Überschrift zu schreiben:

Wie ich meine Herzenswünsche manifestiere, um ein Leben in Freude, Liebe und Gesundheit zu führen.

Baue ein Fundament unter dein Gebäude des Wissens. Es sollte immer so tief sein wie das Gebäude hoch ist, damit es künftig nicht mehr einstürzen kann.

Der erste Schritt dazu ist, auf die Menschen zu hören, die einmal dort waren, wo ich gerade stehe, und die heute dort sind, wo ich gerne hinmöchte. Denn nur sie kennen den Weg, die anderen sagen nur ihre Meinung, ohne den Weg je gegangen zu sein.

Möglichkeiten, an dieses Wissen zu gelangen, sind:
a. das persönliche Gespräch mit diesen Menschen
b. Bücher, Hörbücher, Vorträge über Biografien solcher Menschen

Der zweite Schritt ist, das in Schritt eins Erfahrene konsequent in mein Leben zu integrieren. Das Kontrollinstrument für meine zielgerechte Umsetzung ist der Lernindex. Über die ehrliche persönliche Einschätzung mittels Punktevergabe von 1 bis 10 (1 = niedrig, 10 = hoch) errechnet er sich durch folgende Formel:

Wissen x Umsetzen = Lernindex
_10 x 10 = 100_

Wobei ein Lernindex von 100 anzustreben ist.

Im dritten Schritt erhöhe ich meine Motivation, um das erlangte Wissen dauerhaft in mein Leben zu integrieren. Dazu ist die richtige prozentuale Verteilung der Fragen „Wie?" und „Warum?" entscheidend.

Fünf Prozent „Wie":
Das sind die nüchternen Fakten, denen nur geringe Bedeutung geschenkt wird. Denn nach ihnen verlangt hauptsächlich mein Verstandesmännchen. Es sind Fragen, die von Angst begleitet sind. Darum hindern sie mich meistens an der Umsetzung.

Typische Fragen sind:
Wie soll das nur gehen? Wie soll ich das nur jemals umsetzen können? Wie soll ich das Geld dafür aufbringen?

Fünfundneunzig Prozent „Warum":
In allen Fragen, die mit „Warum" beginnen, finde ich unter anderem mein verloren gegangenes inneres Kind mit seinen Träumen, Sehnsüchten und Herzenswünschen. Sie sind der Ruf meiner Seele, wieder auf meinen Weg zu finden. Ich habe sie durch das Tor des Vergessens (Erziehung und Erlebnisse maßgeblich der ersten sechs Lebensjahre) in den Hintergrund gedrängt. Die Beantwortung dieser Fragen zeigen mir den Weg.

Typische Fragen sind:
Warum mache ich das? Warum will ich das unbedingt? Warum werde ich das Gefühl nicht los? Warum drängt es mich, dies zu tun?
Die Antworten darauf sind die wahre Motivation etwas zu tun, weswegen ich den oft unbequemen nächsten Schritt unbedingt gehen sollte.

Der vierte Schritt:
Um meine bisherigen Gewohnheiten und Glaubenssätze, die ich nicht mehr benötige, dauerhaft durch neue zu ersetzen, sind die ersten drei Schritte von großem Nutzen. Die entstandenen Datenautobahnen oder neuronalen Verbindungen, wie man auch dazu sagt, hungere ich aus, indem ich meine neuen Glaubenssätze sooft wie möglich konsequent lebe. (Beispiel Autofahren lernen) Folgende vier Stufen der Entwicklung sind dabei zu beobachten:

1. Stufe:
Unbewusste Unwissenheit.
Bedeutet: Ich weiß nicht, was ich noch nicht weiß.
Es sind keine neuronalen Verbindungen vorhanden.

2. Stufe:
Bewusste Unwissenheit.
Bedeutet: Ich weiß, was ich noch nicht weiß.
Es sind winzige neuronale Verbindungen entstanden.

3. Stufe:
Bewusstes Wissen.
Bedeutet: Ich weiß, was ich weiß.
Es sind dünne neuronale Verbindungen vorhanden.

4. Stufe:
Unbewusstes Wissen.
Bedeutet: Ich mache automatisch, was ich weiß.
Es sind dicke neuronale Verbindungen installiert.

Erst das Erreichen der vierten Stufe führt zu einer dauerhaften Datenautobahn und damit zu einer neuen Gewohnheit, die für immer in meinem Leben verbleibt und es damit garantiert verändert.

Ich hatte mein Tagebuch bereits zugeklappt, als mir einfiel, dass mir Altasar noch den fünften Schritt mitgeteilt hatte, indem er hinzufügte, dass dieser der wichtigste von allen sei. Gleichzeitig sei er aber auch der schwierigste, obwohl er sich am leichtesten anhöre. Also schrieb ich:

Der fünfte Schritt:
Befolge die ersten vier Schritte jeden Tag. Denn nur dann wird sich auch tatsächlich etwas verändern!

Ich ließ mir gerade nochmals alle Punkte durch den Kopf gehen und spielte dabei gedankenversunken mit meinem Tagebuch, als plötzlich eine strenge Stimme hinter mir meinte: „Was machen Sie da? Haben Sie eine Erlaubnis, an diesem Strand zu baden?"
Ich erschrak so sehr, dass mir mein Tagebuch aus der Hand fiel. Zunächst wusste ich gar nicht, was los war, denn ich glaubte bislang, dass diese Insel das reinste Paradies wäre. Doch anscheinend befand ich mich an einem Privatstrand und der Eigentümer war über einen Eindringling in sein Ho-

heitsgebiet verärgert. Ich war enttäuscht, dass die heile Welt, die ich hier bis jetzt zu sehen bekam, doch nicht echt war. Nachdem ich mich von diesem Schock erholt hatte, drehte ich mich langsam um, um zu sehen, wer dieser Mensch war, der mich soeben meiner Illusion beraubte. Dabei sah ich in das grinsende Gesicht von Marco.

„Mann, hast du mich erschreckt", sagte ich, wütend zwar, aber erleichtert zugleich, weil ich ahnte, dass ich mit meiner Befürchtung doch nicht recht hatte.

„Oh, das tut mir leid, das wollte ich nicht. Ich komme gerade von der Arbeit und wollte noch eine Runde schwimmen gehen, als ich dich hier sitzen sah. Dabei überkam mich das Gefühl dich zu überraschen, doch nun habe ich dich wohl aus deinen Gedanken herausgerissen, stimmt's?"

„Ja, das kannst du aber laut sagen. Ich bin so erschrocken, dass mir sogar mein schönes Tagebuch in den Sand gefallen ist. Jetzt habe ich den feinen weißen Sand überall zwischen den Seiten."

„Na, das ist doch toll, dann erinnerst du dich zu Hause immer, wenn ein Sandkorn herausfällt, an die schöne Zeit bei uns", meinte Marco mit einem verschmitzten Lächeln im Gesicht. „Aber sag, warum schreibst du dieses Tagebuch? Genieße doch lieber den Augenblick, anstatt ihn mit Worten festhalten zu wollen. Wenn du ihn intensiv genug spüren kannst, wird er dir nie wieder aus dem Sinn gehen. Im Gegenteil, du wirst noch mehr davon bekommen."

„Ich verstehe zwar gerade nicht, was du damit meinst, doch ich halte keineswegs das schöne Bild, das sich mir im Augenblick an diesem wundervollen Strand bietet, mit meinen Worten fest, sondern vielmehr die zahlreichen Informationen, die ich von Altasar bekommen habe", erklärte ich, immer noch leicht verwirrt.

„Ah, ich verstehe, das ist natürlich etwas anderes. Denn dieses Wissen musst du unbedingt schriftlich festhalten, damit du immer wieder nachschlagen kannst. Das ist ganz wichtig."

„Woher weißt du, worüber Altasar mit mir gesprochen hat? Gibt es denn hier überhaupt keine Geheimnisse?", entgegnete ich bestürzt.

„Aber nein, wo denkst du hin. Ich konnte einfach nur eins und eins zusammenzählen. Du als Gast bei Altasar – das kann nur bedeuten, dass er dir aus seinem Leben erzählt hat und dir dabei die fünf Schritte erklärte. Das macht er bei jedem so, der zu ihm kommt. Und er hat recht damit, wenn er sagt,

dass dies die fundamentalsten Grundlagen sind, die jeder beherrschen sollte. Denn das Leben bietet so viele Verlockungen, die uns von unserem Weg
abkommen lassen, dass man sich immer wieder daran erinnern darf, was gerade in einem abläuft. Hier auf Atlemuris findest du eine Menge Menschen,
von denen du lernen kannst, doch am meisten lernst du von Altasar."

„Hast du dein Wissen auch von ihm?", fragte ich neugierig.

„Ich habe natürlich auch schon mit Altasar über so einiges gesprochen, doch
das meiste weiß ich von meinen Eltern und aus der Schule, denn ich bin auf
der Insel geboren."

„Das ist ja interessant. Ihr lernt alles, was wirklich fürs Leben wichtig ist, bereits in der Schule?", meinte ich erstaunt.

„Ja, ihr etwa nicht? Dafür ist doch die Schule da, oder nicht?", entgegnete
Marco verwundert.

„Eigentlich sollte man das annehmen, doch ich bin mir da nicht ganz so
sicher, was die tatsächliche Umsetzung anbelangt. Darum würde mich interessieren, wie so ein Schulalltag bei euch aussieht."

„Wenn du willst, kann ich dich gerne mit meinem ehemaligen Lehrer bekannt machen", strahlte Marco mich an und man spürte, dass ihm seine
Hilfsbereitschaft Spaß machte. „Ich besorge dir gerne in den nächsten Tagen
einen Termin bei ihm."

„Das wäre ganz lieb von dir, denn ich bin neugierig, worin der Unterschied
zu unserem Schulsystem liegt, das so gelobt wird", freute ich mich. Und
auch darüber, vielleicht bald schon ein weiteres Puzzleteil zu bekommen.

„Doch ein Satz, den mir Altasar mit auf den Weg gegeben hat, beschäftigt
mich so sehr, dass er mir nicht mehr aus dem Kopf gehen will. Vielleicht
kannst du mir erklären, was er bedeuten soll."

„Kein Problem, wann immer ich dir helfen kann, tue ich es sehr gerne."

„Das weiß ich, Marco. Deswegen habe ich mich ja auch getraut, dich darauf
anzusprechen", antwortete ich leicht verlegen.

„Na, dann schieß mal los. Wie lautet denn der Satz, über den du dir so sehr
den Kopf zerbrichst?"

18

DAS POSITIVE FÜHLEN

„Was du lange genug denkst,
das fühlst du irgendwann.
Was du fühlst, das strahlst du aus,
was du ausstrahlst, das ziehst du an.“

Marco saß neben mir im warmen Sand, hob meine Muschel auf und warf sie sich geschickt von einer Hand in die andere, während er mir zuhörte.

„Als mich Altasar mit einer festen Umarmung verabschiedet und schon zum Gartentor hinausbegleitet hatte, rief er mir diesen Satz noch hinterher. Er sagte: ‚Ich möchte dir eine wichtige Erkenntnis mit auf den Weg geben. ‚Sie lautet: Du wirst zu dem, was du die meiste Zeit fühlst. Denk darüber nach.‘ Dann winkte er mir freundlich zu und verschwand in seinem Garten.“

Für eine kurze Zeit herrschte Stille. Dann übernahm Marco das Wort. „Warum bereitet dir dieser Satz Schwierigkeiten? Er ist doch ganz logisch.“

„Na, das ist er für mich eben nicht“, meinte ich bestürzt. „Wenn er gesagt hätte, ich werde zu dem, an was ich die meiste Zeit denke und tue, dann hätte ich aufgrund seiner Ausführungen sagen können, dass dies wohl stimmen mag. Denn wenn ich permanent denke, dass ich nicht gut genug bin, oder es nicht wert bin, geliebt zu werden, dann glaube ich durchaus bei meinem heutigen Wissensstand, dass ich mir dadurch einrede, auch so zu werden. Doch er sagte, dass ich zu dem werde, was ich die meiste Zeit fühle. Das Fühlen findet jedoch im Unterbewusstsein statt, wie ich nun weiß, also bekommt es mein Verstand meistens gar nicht mit, folglich kann ich doch auch nicht zu dem werden, weil ich ja gar nicht daran denke.“

Marco sah mich verwirrt an und meinte: „Ei, ei, ei, du denkst aber kompliziert. Ich glaube, euer Schulsystem ist echt überholungsbedürftig, denn wir lernen diese Tatsache bereits in der ersten Klasse. Schon da wird uns erklärt, dass wir bei allem, was wir denken, uns trotzdem auf unser Gefühl verlassen sollen. Später wurde uns dann im Geschichtsunterricht vermittelt, dass die Menschen über Jahrtausende gelernt haben, ihre Antworten zu denken anstatt sie zu fühlen. Diese Entwicklung führte zu den Zuständen, die wir heute auf der Erde vorfinden."

„So etwas lernt ihr in der Schule! Und du verstehst das auch, was sie dir da beigebracht haben, ja?"

Marco sah mich an, als hätte ich in einer anderen Sprache gesprochen. „Warum sollte ich es nicht verstehen? Darauf baut doch das ganze Leben auf. Es ist sozusagen das wichtigste Naturgesetz überhaupt."

„Moment", unterbrach ich Marco, weil ich nun überhaupt nichts mehr verstand. „Von welchem Gesetz sprichst du?"

„Na, vom Resonanzgesetz. Es ist das oberste Gesetz. Es steht über allen anderen Naturgesetzen. Es gibt Naturgesetze, die anderen Gesetzen übergeordnet sind. So steht zum Beispiel das Gesetz des Auftriebs über dem Gesetz der Schwerkraft. Das heißt, obwohl das Gesetz der Schwerkraft auf unserem Planeten allgegenwärtig ist, weil alles, was man fallen lässt, zu Boden fällt, so hat man mit dem Gesetz des Auftriebs die Möglichkeit, die Schwerkraft zu überwinden. Deswegen können ein Vogel oder ein Flugzeug fliegen und fallen nicht vom Himmel. Das Gesetz des Auftriebs setzt somit das Gesetz der Schwerkraft außer Kraft."

„Ja und was hat das mit dem Resonanzgesetz zu tun?", fragte ich verwirrt.

„Dieses Gesetz hat kein Gesetz, das über ihm steht, um es außer Kraft zu setzen. Darum wirkt es immer. Egal, was du auch dagegen unternimmst, du wirst zu dem, was du die meiste Zeit fühlst."

„Es tut mir leid, Marco, aber ich kann dir immer noch nicht folgen. Ich bin ja um einiges älter als du, doch du hast mich gerade mit deinem Wissen schwer beeindruckt. Scheinbar lernt ihr wirklich sinnvolle Dinge in der Schule, darum erkläre mir doch bitte, was du damit genau meinst, sodass ich es verstehen kann. Ich komme mir nämlich gerade vor wie von einem anderen Planeten. Ihr lernt so etwas in der ersten Klasse und ich habe keine Ahnung davon, das ist ja unglaublich."

Marco war von meiner Offenheit dermaßen beeindruckt, dass er seine spontane Reaktion darauf nicht verbergen konnte. „Ich hätte niemals gedacht, dass ich je einem erwachsenen Menschen das Resonanzgesetz erklären müsste. Aber gut, ich merke schon, dass ich dir gegenüber da ein ganzes Stück im Vorteil bin, wenn man in diesem Zusammenhang überhaupt von Vorteil sprechen kann, denn egal, ob du etwas darüber weißt oder nicht: Diese Gesetzmäßigkeit wendest du automatisch jeden Tag, jede Stunde, jede Minute, sogar jede Sekunde an. Um dir das, was da passiert, zu erklären, beschreibe ich dir am besten das Experiment mit den zwei Stimmgabeln, das wir auch in der Schule gemacht haben."

Als ich das hörte, machte es bei mir Klick!, und ein Licht ging mir auf. „Ah, jetzt verstehe ich, was du meinst, der Versuch mit den zwei Stimmgabeln hat mich wieder daran erinnert."

Marco war nun verwirrt. Er wusste für einen kurzen Moment gar nicht, was er sagen sollte, und antwortete fast enttäuscht: „Wenn du den Versuch kennst, so ist dir ja auch die Gesetzmäßigkeit bekannt. Warum begreifst du dann den Satz von Altasar nicht?"

„Nun, sagen wir so: Das Experiment, dass eine schwingende Stimmgabel eine zweite in der Nähe zum Schwingen bringt, ist mir bekannt. Ein paar Freunde haben mir mit diesem Versuch erklärt, dass Worte, aber auch Gedanken auf dieselbe Art und Weise übertragen werden wie der Ton von einer Stimmgabel auf die andere. Zudem schilderten sie mir das Experiment mit den gefrorenen Wasserkristallen, die vorher mit Musik, Worten, aber auch Gedanken beschallt wurden, und die jeweils eine andere Kristallstruktur im Wasser hinterließen."

„Na also, dann kennst du doch bereits alles", meinte Marco und wollte schon aufstehen, um ins Wasser zu gehen.

„Nein, ich würde nicht sagen, dass ich deswegen alles weiß, denn daraus erschließt sich mir immer noch nicht, warum ich zu dem werden soll, was ich die meiste Zeit fühle. Und außerdem ärgert es mich gerade sehr, dass ich das alles schon wieder fast vergessen hatte."

„Na, deswegen hat dir ja Altasar jede Menge Informationen darüber gegeben, was du tun kannst, damit es dir im Gedächtnis verbleibt." Marco machte es sich im Sand wieder bequem und fuhr fort: „Und was das andere angeht, so hast du anscheinend wirklich ein Problem mit dem Fühlen."

Marcos unverblümte Ehrlichkeit beeindruckte mich immer mehr. Ich war ihm in keiner Weise böse, weil er mich so bloßstellte, sondern verspürte einzig den Drang, dieses Geheimnis gelüftet zu bekommen.

„Also, dann schieß los, was hat es mit dem Fühlen auf sich? Aber erkläre mir alles, denn jetzt will ich es ganz genau wissen."

Ich ließ mich nach hinten fallen und stützte mich auf meinen Ellenbogen ab, während Marco zu reden begann: „Es ist schon lange her, dass Thomas Edison und Albert Einstein unabhängig voneinander herausgefunden haben, dass das menschliche Gehirn Sender und Empfänger von Schwingungsfrequenzen ist. Vereinfacht vorgestellt, ist dieser Vorgang derselbe wie bei einem Radio. Wenn man es einschaltet, empfängt man auf einer bestimmten Schwingungsfrequenz ein ganz bestimmtes Programm, das von einem Radiosender Hunderte Kilometer entfernt ausgestrahlt wird. Der Unterschied zu dem Vorgang, den Edison und Einstein herausgefunden haben und zum Radiobeispiel ist zum einen, dass das Gehirn nicht nur Schwingungsfrequenzen empfängt, sondern auch aussendet. Dies geschieht jedoch auf einer höheren Frequenz oder Schwingungsebene als beim Radio. Dazu kommt, dass auf dieser Frequenz auch die Geschwindigkeit der Übertragung wesentlich höher ist. Sie ist sogar schneller als das Licht. Um welche Schwingungsfrequenzen handelt es sich also, die schneller als mit Lichtgeschwindigkeit unterwegs zu ihrem Empfänger sind?" Marco schaute mich herausfordernd an und gab mir damit zu verstehen, dass ich seine Frage beantworten sollte.

„Ich weiß es nicht wirklich", argumentierte ich verlegen, „ich hätte jetzt vermutet, dass es sich um die Frequenzen der Gedanken handeln könnte, doch dass ich damit falsch liege, hast du mir durch deine Reaktion eben gezeigt. Also würde ich sagen, dass es sich um die Schwingung von Emotionen und Gefühlen handelt. Obwohl ich es nicht erklären könnte."

„Wäre denn eine Erklärung für dich wichtig, wenn ich dir sage, dass deine Antwort richtig ist", grinste Marco mich an.

„Ja, ich denke schon, ich interessiere mich immer dafür, wie etwas funktioniert, bevor ich es akzeptieren kann. Du etwa nicht?"

„Also ich habe gelernt, dass ich mich weniger um das ‚Wie' als vielmehr um das ‚Warum' kümmern soll. Deswegen wollte ich mir gar nicht den Kopf darüber zerbrechen, wie die Quantenphysik, von der wir nämlich gerade reden, im Detail funktioniert, da ich sie mit meinem Verstand sowieso nicht richtig erfassen könnte. Und dann würde vermutlich Folgendes geschehen:

Da ich es nicht verstünde, könnte ich auch nicht zulassen, dass es sich in mein Weltbild einfügt. Und dadurch würde ich nie das ‚Warum‘ erfahren. Das jedoch ist so bedeutungsvoll, um zu verstehen, weswegen Gefühle wichtiger sind als Gedanken. Ich spreche bewusst nur von Gefühlen und nicht von Emotionen, denn Emotionen sind wie Gewitter, die aufgrund einer erlebten Situation über uns hereinbrechen und ihre Ladung an angestauten Energien entleeren. Wenn, wie heute Morgen geschehen, ein Gewitter aufzieht, dann lacht danach meistens die Sonne und alles ist wieder in Ordnung, wie du ja selbst gesehen hast.“

„Ah, ich verstehe. Du meinst, wenn in mir angestaute Wut beispielsweise zu einem Wutausbruch führt, und ich damit alles, was mich gestört hat, aussprechen konnte, so fühle ich mich hinterher wieder wohler. Könnte man das so sagen?“

„Ja, genauso ist es. Es ist aber nicht nur Wut, die zu einer entsprechenden Emotion führen kann. Genauso gut kann Freude zu einer spontanen Emotion oder, wie man auch sagt, zu einem Gefühlsausbruch führen. Wenn man zum Beispiel etwas geschenkt bekommt, das man sich schon lange gewünscht hat, können ebenfalls spontan Gefühle entstehen. Diese Gefühle sind zwar nicht dieselben wie bei einem Wutausbruch, aber dennoch sind sie spontaner Natur. Das bedeutet, dass sie sich genau wie ein Gewitter in der Regel schnell wieder verflüchtigen.“

Was Marco eben gut erklärte, verstand ich zwar, jedoch war mir nicht klar, was dies mit dem Resonanzgesetz zu tun hatte.

„Also, ich weiß nicht genau, was du mir damit sagen möchtest. Auf der einen Seite sagst du, Emotionen seien nicht gleichzusetzen mit Gefühlen. Auf der anderen Seite entstehen bei Emotionen ebenfalls Gefühle, zwar nur kurze, dafür aber sehr heftige.“

Marco ballte seine Hand zu einer Faust und reckte sie zu einer Siegerpose in die Höhe. „Bingo, jetzt sind wir da angekommen, wo ich hinwollte, nämlich bei der Intensität, Qualität und Dauer von Gefühlen. Denn diese sind entscheidend für die Sendeleistung deines Gehirns.“

„Was ist das denn nun schon wieder?“, fragte ich verständnislos.

„Wie ich vorher erklärte, ist dein Gehirn Sender und Empfänger von Schwingungsfrequenzen. Und die Gefühle bilden diese Schwingungsfrequenz, die dein Gehirn aussendet, und nicht die Gedanken oder Worte, die du denkst oder sagst.“

„Echt", sagte ich erstaunt, da ich immer noch davon ausgegangen war, dass es die Gedanken und Worte waren, die die Frequenz bilden. Genauso wie bei dem Versuch mit der Stimmgabel der Ton oder bei den Wasserkristallen die gedachten Worte.

„Nun bin ich aber fast ein wenig enttäuscht, und weil ich keine Erklärung dafür habe, auch wenn du sagst, das ‚Wie' sei nicht wichtig, so kann ich es dennoch nicht glauben, dass dies stimmen soll. Die beiden Experimente geben mir als Erklärung einen Sinn, sodass ich Gedanken und Worte als Frequenz akzeptieren kann. Deine Aussage ist mir jedoch nicht beweiskräftig genug."

Marco sah mich verzweifelt an und meinte: „Man könnte wirklich meinen, dass du aus einer anderen Welt kommst. Was für uns selbstverständlich ist, weil wir jeden Tag mit dieser Tatsache leben, stellst du komplett infrage. Darum meine erste Anmerkung dazu: Auf wen hörst du? Kommt dir diese Frage bekannt vor? Du hörst lieber auf dein Verstandesmännchen, das dir nur seine Meinung kundtut, ohne es jemals ausprobiert zu haben. Dabei kommt es sich auch noch unglaublich schlau vor. Ganz nebenbei gesagt, sinkt natürlich dein Lernindex rapide in den Keller, und in deiner Bewusstseinsentwicklung stehst du noch nicht einmal auf der ersten Stufe. Denn du akzeptierst nicht, dass du nicht weißt, was du noch nicht weißt. Das bescheinigt dir einen Lernindex von Null."

Diese Argumente saßen wie die sprichwörtliche Faust aufs Auge. Ich wusste zunächst gar nicht, was ich sagen sollte, denn Marco hatte recht. Ich war wieder in meinem alten Muster, wie so oft, und hatte es nicht einmal bemerkt.

Als ich mich wieder gesammelt hatte, rang ich nach Worten: „Also … nun … wie du siehst, bin ich sprachlos. Ich habe mich wohl wieder einmal von meinem Verstandesmännchen in die Sackgasse manövrieren lassen. Das war nicht meine Absicht. Entschuldige bitte."

„Wofür willst du dich entschuldigen? Du hast mir doch nichts getan. Du hast dir doch nur selbst etwas zugefügt, indem du dir den Spiegel vorgehalten hast. Das nämlich ist eine Reaktion auf das Resonanzgesetz, doch darauf komme ich später noch einmal zu sprechen. Natürlich nur, wenn du möchtest, dass ich dir den Rest des Resonanzgesetzes erkläre."

„Selbstverständlich möchte ich das", bejahte ich seine Frage.

„Also gut. Es sind nicht die Worte, die gesendet werden, da deine Sendestation nicht dein Mund ist, sondern dein Gehirn. Seit Neuestem weiß man sogar, dass das Herz eine wichtige Rolle dabei spielt. Doch das würde nun zu weit führen. Jedes Wort, ob gedacht oder gesprochen, jedes Ereignis, jede Erfahrung lässt in uns Gefühle entstehen. Manchmal positive und manchmal negative. Sie alle senden wir permanent über unsere Sendestation aus. Und diese Schwingungen oder Frequenzen gehen augenblicklich, also in Lichtgeschwindigkeit, eine Resonanz mit derselben Schwingungsfrequenz anderer Menschen ein, die diese aussenden. Das ist wie bei dem Stimmgabelversuch. Das Entscheidende, ob die Resonanz auf deine Schwingung auch bei dir ankommt, ist jedoch die Dauer der Aussendung deiner Frequenz. Je länger die gleiche Frequenz ausgestrahlt wird, umso größer ist die Chance, dass du dieselbe Schwingung von einer anderen Person erhältst. Eine Emotion, wie wir sie vorher besprochen haben, ist also nur ein Impuls, auf den du höchstwahrscheinlich lediglich eine vergleichsweise kurze Reaktion erhalten wirst, da die Sendezeit dieses Gefühls sehr begrenzt ist. Wenn du jedoch Gefühle aussendest, die in deinem Unterbewusstsein durch tiefe Überzeugungen und Glaubenssätze entstanden sind, dann kannst du davon ausgehen, dass du auch einen regen Empfang auf deine Sendungen erhältst, da dein Unterbewusstsein häufig Dauersendungen mit einer Endlosschleife daraus macht. Das ist ähnlich wie bei Werbesendungen im Nachtprogramm einiger Radiosender. Weil du nun durch deine lang andauernden Gefühle permanent die gleiche Lieferung erhältst, wirst du eben dann auch genau zu dem, was du die meiste Zeit fühlst.“

Bei dieser Erklärung fiel mir sofort die Beschreibung des Hamsterrades ein, das Altasar mir heute Morgen verständlich gemacht hatte. Dabei wurde mir so einiges klar. „Durch meine Erfahrungen, die ich im Laufe meines Lebens mache, entstehen Überzeugungen und Glaubenssätze. Diese beeinflussen nachhaltig meine Gedanken. Vor allem die in meiner Top-Ten-Hitparade. Diese Gedanken lassen in mir Gefühle entstehen, die ich unbewusst permanent aussende. Durch das Resonanzgesetz ziehen sie automatisch genau das an, was ich ausgesendet habe. Ich nehme irrtümlicherweise das, was ich anziehe, als Bestätigung meiner Überzeugungen wahr. Diese Erfahrung wiederum bescheinigt mir meine Glaubenssätze, wodurch mein ganz persönliches Weltbild entsteht. Und das alles nur, weil ich unbewusst Gefühle ausgesendet habe.“

„Wow", platzte Marco heraus. „Ich hätte nicht gedacht, dass du das so schnell begreifst. Doch lass mich es nochmals in einer Kurzfassung erklären: Was du lange genug denkst, das fühlst du irgendwann. Was du fühlst, das strahlst du aus, was du ausstrahlst, das ziehst du an. Und das, was du anziehst, zeigt dir das Spiegelgesetz. Es ist nämlich nichts anderes als das Ergebnis deines Fühlens. Damit hast du ein kostenloses Messinstrument für deine Gefühle."

Nun konnte ich Marco wieder einmal nicht folgen und meinte deswegen: „Was möchtest du mir damit schon wieder sagen? Ich dachte, das Spiegelgesetz ist eine eigene Gesetzmäßigkeit. Wenn ich dich nun aber richtig verstanden habe, so gehören die beiden zusammen."

Marco nickte. „Sie gehören nicht nur zusammen, sie sind ein und dasselbe. Denn an deinem Gegenüber kannst du immer erkennen, was du ausgesendet hast. Das vierte Spiegelgesetz zeigt dir dies vielleicht am deutlichsten. Es heißt: Alles, was mir an meinem Gegenüber gefällt und mein Herz berührt, zeigt mir, wer ich bin. Man könnte auch sagen, dein Gegenüber zeigt dir, welche Gefühle du ausgesendet hast. Denn durch das Gesetz der Anziehung, wie man es auch nennen kann, ging deine Schwingung mit der deines Gegenübers in Resonanz. Wenn deine Frequenz Freundlichkeit, Herzlichkeit, Freude oder einfach nur positiv ist, ziehst du den oder die Menschen in dein Umfeld, die ebenfalls genau diese Eigenschaften aussenden. Somit hast du einen sichtbaren und spürbaren Beweis dafür, welche Gefühle tatsächlich in dir sind."

„Ich verstehe", bemerkte ich leise, weil sich in meinem Kopf eine Frage formulierte, die mich bereits beschäftigte. „Dieses Beispiel leuchtet mir ein, doch wie ist das, wenn mich mein Gegenüber ärgert oder sogar Wut in mir auslöst, ich jedoch eigentlich recht positiv der ganzen Situation gegenüberstehe?"

„Na, dreimal darfst du raten. Wenn du mit den Schwingungen deines Gegenübers in Resonanz gehst, dann hast du auch dieselben Schwingungen zuvor ausgesendet und sendest sie durch deine Reaktion immer noch aus. Dabei nützt es dir nichts, wenn du positiv denkst, aber deine Gefühle dabei negativ sind. Wenn du also zu dir immer und immer wieder sagst, dass dieser Mensch doch eigentlich gar nicht so schlecht ist wie du von ihm gedacht hast, dabei aber in deinem Unterbewusstsein alte Erlebnisse und Erinnerungen gespeichert sind, die dich etwas anderes über ihn fühlen lassen, so nutzt dir das positive Denken gar nichts, da das Denken keine so hohe und starke Schwingung aussendet wie deine Gefühle. Das ist der Grund, weswegen positives Denken meistens nicht funktioniert. Dasselbe erfährst du, wenn du etwas tust, von dem du aus dem Gefühl heraus der Meinung bist, dass es nicht funktioniert oder nicht das Richtige ist. Dann wird es auch genau so kommen wie du fühlst, obwohl du dir vielleicht mehrfach eingeredet hast, dass es das Richtige sei. Das Resonanzgesetz ist allgegenwärtig und es ist das Gesetz, das allen anderen Gesetzen übergeordnet ist. Jesus hat einmal gesagt: ‚Es geschehe dir nach deinem Glauben.' Wenn dieser Satz tatsächlich bei dir in einzelnen Lebenssituationen zutrifft, dann nicht, weil du an deine Worte glaubst, die du dir ausgedacht, oder ein Gebet oder eine positive Affirmation nachgesprochen hast, sondern, dass du das, was du glaubst, auch fühlst."

Ich war schwer beeindruckt von Marcos Ausführungen, weil ein so junger Mensch schon solche Erkenntnisse in sich trug. Das zeigte mir wieder einmal, dass Atlemuris doch eine ganz besondere Insel mit ganz besonderen Menschen war.

Marco sah mich an und strahlte, weil er bemerkte, dass er mir eine große Hilfe sein konnte, um den Satz von Altasar, und damit verbunden so viele Dinge, die in meinem Leben geschehen waren, zu verstehen. Er stand auf und machte sich bereit ins Wasser zu rennen. Doch bevor er startete, gab nun er mir noch etwas mit auf den Weg.

„Im Grunde genommen musst du dir nur im Klaren darüber sein, dass du alles, wirklich alles, was du in deinem Leben erfährst, durch deine Gefühle, die du ständig aussendest, anziehst und damit selbst erschaffst. Wenn du das verstanden hast, dann übernimmst du die Verantwortung für dein eigenes Leben und wirst dadurch zum Schöpfer deiner Realität. Zusammengefasst erklärt dies den Satz von Altasar: ‚Du wirst zu dem, was du die meiste Zeit fühlst. Wenn du also am liebsten ein Leben in Freude, Liebe und Gesundheit führen möchtest, dann fühle positiv anstatt nur daran zu denken!'"

19

ALLES IST INFORMATION

„Das Gefühl ist immer die Information mit der obersten Priorität,
weil sie der Schwingung den Sinn, die Bedeutung oder die Absicht,
die hinter deinen Worten steht, verleiht.“

Ich ging den gepflasterten Weg hinauf zu Fatimas Haus und musste dabei fortwährend an Marcos Worte denken: „Wenn du das verstanden hast, dann übernimmst du die Verantwortung für dein eigenes Leben und wirst dadurch zum Schöpfer deiner Realität.“ Irgendwie konnte ich das noch nicht richtig glauben und spürte, dass ich weitere Informationen brauchte. Doch wer konnte sie mir liefern? Vielleicht wusste Fatima, wer mir dabei eine Hilfe sein könnte. Oder sollte ich gleich noch einmal zu Altasar gehen? Dazu müsste ich jetzt einfach rechts abbiegen, dann wäre ich in wenigen Minuten bei ihm angelangt.

Ich war so in meine Gedanken versunken, dass ich gar nicht bemerkte, dass Henry plötzlich vor mir stand, und erschrak augenblicklich, als er mich begrüßte.

„Na, wen haben wir denn da? Du machst aber keinen guten Eindruck auf mich, sieht so aus, als ob dich etwas schwer beschäftigen würde“, meinte er besorgt. Durch seine Gegenwart hatte ich sofort wieder das belauschte Gespräch vom Vormittag im Kopf. Und auch das Bild mit der Aktentasche, als er von der Fähre kam, war gleich wieder präsent. Irgendwie wusste ich nicht, was ich von ihm halten sollte. Ich wollte jedoch nicht unhöflich sein und gab ihm eine ehrliche Antwort.

„Ja, das stimmt, ich habe heute so viele Informationen bekommen, dass ich zum einen bis oben hin voll bin damit, zum anderen aber habe ich das Gefühl, dass mir zum besseren Verständnis noch ein Puzzleteil fehlt.“

Henry nickte und meinte: „Kannst du vielleicht das Thema ein wenig eingrenzen? Eventuell kann ich dir ja weiterhelfen."

Eigentlich hatte ich ja gehofft, dass er mich nicht in ein Gespräch verwickeln würde, aber da er sich mir nun schon anbot, nahm ich seine Hilfe an, wenn auch ein wenig skeptisch. „Meinst du? Na ja, einen Versuch ist es sicher wert. Es geht um die Quantenphysik ..." Dann erzählte ich ihm, was Marco mir alles über Frequenzen und Schwingungen, aber auch über das positive Fühlen erklärt hatte. Währenddessen gingen wir zum Hafen und setzten uns in eines der Lokale am großen Platz.

„Das Resonanzgesetz hat wohl gerade bei dir richtig heftig zugeschlagen", meinte Henry.

„Wieso das denn?", platzte es spontan aus mir heraus.

„Na, weil ich mich mit der Quantenphysik sehr gut auskenne. Auch mich beschäftigt immer sehr die Wissenschaft, wenn es um den Sinn des Lebens geht. Obwohl ich sagen muss, dass sie schwer zu verstehen ist. Außerhalb von Atlemuris sind sich nur wenige Menschen bewusst, dass es überhaupt so etwas wie Gesetzmäßigkeiten gibt, nach denen wir unser Leben meist unbewusst gestalten. Marco hingegen ist mit den Gesetzmäßigkeiten aufgewachsen. Für ihn ist es nicht so wichtig zu wissen, wie das Leben im Detail funktioniert, da er jeden Tag sieht, dass es so abläuft. Für ihn ist das die Realität. Deswegen ist es für ihn auch normal, dass er sich so glücklich fühlt. Und wenn es einmal nicht so ist, dann weiß er, was er dagegen tun kann, damit es ihm gleich wieder besser geht. Dort, wo wir beide herkommen, suchen die Menschen meistens einen Schuldigen für ihr unglückliches Leben, weil sie keine Ahnung haben, dass sie alles, was sie erfahren, selbst in ihr Leben gezogen haben."

Meine anfänglichen Zweifel, dass Henry vielleicht nicht der richtige Gesprächspartner sein könnte, waren mittlerweile verflogen und ich gab ihm recht. „Dass wir der Schöpfer unserer eigenen Realität sind, hat mir Marco auch schon gesagt. Doch jetzt bin ich gespannt, ob du mir die fehlenden Puzzleteile liefern kannst, damit ich es vollständig verstehe."

Nachdem der Kellner die Getränke gebracht und mit uns noch ein wenig geplaudert hatte, begann Henry zu erklären. „Die Schwingungen und Frequenzen, von denen dir Marco erzählt hat, nennt man in der Quantenphysik auch Energie. Und Energie enthält immer eine Information. Nämlich die Information einer Frequenz oder Schwingung. Das kennst du ja von dem Stimmgabelversuch. Die Schwingung, die beim Anstoßen entsteht, ergibt einen Ton. Und dieser Ton ist die Information. Konkret könnte es das hohe C auf der Tonleiter sein. Wenn ich also ein Wort sage, zum Beispiel ‚Danke‘, dann ist das auch eine Energieform oder eine Schwingung, die eine Information enthält. Nämlich, dass dir jemand mit diesem Wort seine Wertschätzung entgegenbringt.“

„Aber Marco sagte mir, dass das Wort keine so starke Wirkung hat wie das Gefühl!“, warf ich verunsichert ein.

„Ja, das ist auch richtig, denn wenn die Wertschätzung, die dir jemand mit Worten bekundet, nicht ehrlichen Herzens ist, so wirst du dies durch sein ausgesendetes Gefühl auch spüren.“

„Ah“, sagte ich begeistert, „jetzt verstehe ich auch, warum positives Denken oft nicht funktioniert. Wenn ich zu mir selbst sage: ‚Du schaffst das‘, jedoch denke: ‚Ich habe Angst es nicht zu schaffen‘, dann ist die Information, die in den positiven Worten steckt, leider negativ. Damit sende ich dann auch die Schwingung oder Frequenz des Versagens aus. Kann man das so sagen?“

„Und ob. Das ist vollkommen richtig“, lobte Henry mich.

„Das Gefühl ist immer die Information mit der obersten Priorität, weil sie der Schwingung den Sinn, die Bedeutung oder die Absicht, die hinter deinen Worten steht, verleiht.“

Nun brannte mir bereits die nächste Frage unter den Nägeln. „Wie ist das, wenn mich jemand mit Worten, deren Absicht und Gefühle ganz eindeutig sind, bombardiert, ich aber nicht mit ihnen in Resonanz gehe. Wenn ich zum Beispiel beschimpft oder angeschrien werde und mein Gegenüber damit die Absicht verfolgt mich zu verletzen oder zu demütigen und mich diese Worte aber nicht berühren, weswegen ich auch nicht mit ihnen in Resonanz gehe?“

Henry musste einen Augenblick überlegen und gab mir dann zur Antwort: „Du sprichst das dritte Spiegelgesetz an. Wenn jemand etwas Unangenehmes zu dir sagt, es bei dir aber keine Reaktion auslöst, dann bedeutet das für dich, dass du diese Information oder die Absicht, die dahintersteckt, nicht verstehen kannst, weil du im übertragenen Sinne seine Sprache nicht sprichst. Die Sprache seiner Gefühle, die er mit seinen Worten aussendet, geht mit dir nicht in Resonanz, weil du diese Information nicht in dir trägst.“

Nachdenklich schaute ich auf das Meer hinaus und dachte darüber nach, was Henry mir eben zu verstehen gab. Er musste wohl bemerkt haben, dass mich noch immer Fragen beschäftigten, vor allem, wie ich mich am besten den negativen Informationen entziehen konnte.

„Weißt du, mit den Informationen, die jeder von uns aussendet, ist es so wie mit dem Fernsehprogramm. Du hast permanent die Auswahl zwischen etlichen Programmen. Solange dein Fernseher nicht eingeschaltet ist, bekommst du nichts davon mit. Die Energie oder die Information, die jeder einzelne Fernsehsender aussendet, ist permanent vorhanden, doch erst, wenn du das Gerät einschaltest, kannst du auch etwas mit der Information anfangen. Und weil die Auswahl enorm ist, entscheidest du, welche der unendlich vielen Informationen du aufnehmen möchtest. Wenn du dich zum Beispiel für den Krimi im ersten Programm entschieden hast, dann gehst du mit der Spannung und dem Nervenkitzel in Resonanz. Im zweiten Programm ist es das Drama, das bei dir Tränen fließen lässt. Und im Dritten steckt dich eine Komödie zum Lachen an. Jedes Programm ist mit einer Information versehen, die einen Sinn und eine Bedeutung für dich hat und deswegen mit dir in Resonanz geht, weil du dich dafür entschieden hast, eines der vielen Programme anzusehen."

„Dann wäre es ja am besten, wenn ich gar nichts anschaue, denn so gehe ich auch mit nichts in Resonanz."

„So meinte ich das aber nicht. Denn würdest du den Fernseher ausgeschaltet lassen, könntest du weder Spannung, Herzschmerz oder Humor fühlen und erleben. Da du jedoch am Spiel des Lebens teilnimmst und dieses den Sinn und die Bedeutung hat, Erfahrungen zu machen, aus denen du immer Erkenntnisse gewinnst, wirst du mir recht geben, dass es keinen Sinn machen würde, den Film deines Lebens ausgeschaltet zu lassen, damit du mit nichts in Resonanz gehen kannst. Im übertragenen Sinne bedeutet das nämlich, dass du dann tot wärest, weil keine Energie Gefühle in dir auslösen kann. Es gibt solche Menschen, die sich vor dem Leben verschließen. Doch das möchtest du bestimmt nicht anstreben, oder?"

Henry hatte recht, erst die vielen Erfahrungen, die uns durch unsere Gefühlswelt möglich sind, machen das Leben spannend. Doch das galt es erst einmal zu verstehen. Denn allzu oft erlebt man das eigene Empfinden als Belastung anstatt es als ein Abenteuer zu sehen – das Abenteuer, durch Gefühle seine eigene Welt zu erschaffen.

„Nein, das wäre mir zu langweilig. Denn erst durch das ‚Abenteuer Leben‘ lerne ich, was ich wirklich möchte. Wer nichts erlebt, erfährt auch keine Gegensätze. Doch sie sind es, die uns erkennen lassen, welcher der richtige Weg ist.“

Henry nickte anerkennend. „Da sagst du etwas Wahres. Erst wenn du deine Erfahrungen in der Polarität gemacht hast, bist du in der Lage, deinen Traum und deine Herzenswünsche wiederzuerkennen und zu definieren. Wenn du begriffen hast, dass dieser Prozess nur notwendig war, um klare Differenzierungen zu treffen, darfst du deine alten Gefühle loslassen und dich neuen zuwenden. Stell dir dazu vor, wie dein neues Leben aussehen soll. Doch benutze dafür nicht deinen Verstand, denn er will sich alles gleich wieder bis ins kleinste Detail ausmalen und gerät dadurch in ein Für und Wider. Lass besser dein Herz sprechen und spüre, wie sich deine Zukunft anfühlen soll. Wenn dir das gelingt, so halte dieses Gefühl fest. Je länger du das kannst, umso größer ist die Chance, dass der Wunsch auch eintritt. Zweifel sind dabei sehr hinderlich.“

Ich konnte gut verstehen, was Henry mir damit sagen wollte. Seine Erklärung war das Puzzleteil, das mir zum besseren Verständnis dieses aufschlussreichen Satzes noch gefehlt hatte. Schwingung ist demnach nichts anderes als Energie, die eine Information in sich trägt, welche den Sinn, eine Bedeutung, die Absicht oder einfach gesagt ein bestimmtes Gefühl interpretiert. Mir wurde klar, dass ich künftig darauf achten musste, welche Gefühle in mir schwingen.

„Da hast du recht, ein Leben ganz ohne Gefühle, das wäre nichts. Doch die negativen Emotionen müssten meinetwegen nicht sein. Viel lieber würde ich ausschließlich positive Gefühle in mir tragen, doch das scheint gar nicht so einfach zu sein.“

20

NEUE GEWOHNHEITEN

„Du bist in der Tat vielen unangenehmen,
negativen, manipulierenden und chaotischen Dingen,
die um dich herum bestehen, ausgesetzt.
Sie gilt es zu erkennen und zu beseitigen.“

Fatima schöpfte mir eine ordentliche Portion ihres leckeren Mittagessens nach, als sie mich fragte: „Hast du denn schon eine Vorstellung davon, wie es dir gelingen könnte, dich die meiste Zeit gut zu fühlen?“
Nachdem ich von Marco und Henry die Informationen bekommen hatte, weshalb die Gefühle dafür verantwortlich waren, um das in mein Leben zu ziehen, was ich tatsächlich wollte, aber dadurch auch automatisch das, was ich nicht wollte, in mein Leben trat, war mir klar geworden, dass es wohl das Beste wäre, mich von nun an nur noch gut zu fühlen. Denn dann würde ich diese Frequenz permanent ausstrahlen, wodurch ich logischerweise nur noch eine solche Schwingung zurückerhalten müsste. Das würde meiner momentanen Lebenssituation einen ordentlichen Schub nach vorne verleihen. Also musste ich eine Möglichkeit finden, mit der sich dies erreichen ließ. Henry gab mir mit seiner Methode, die Zukunft positiv zu fühlen, einen ersten Hinweis. Aber das genügte mir noch nicht. „Ehrlich gesagt, nein. Ich habe schon den ganzen Vormittag immer wieder darüber nachgedacht, aber ich bin bis jetzt auf kein brauchbares Ergebnis gestoßen. Es scheint mir fast nicht möglich zu sein, immer nur gute Gefühle auszusenden, denn dazu geschieht einfach zu viel Unangenehmes und Negatives um mich herum, sodass ich mich immer wieder schlecht fühle. Irgendwie bin ich diesen ganzen Dingen wohl machtlos ausgeliefert“, meinte ich und aß lustlos von meinem Teller.

„Nun bin ich aber enttäuscht von dir", meinte Fatima und stemmte dabei ihre Hände in die Hüften. „Nach dem, was du nun alles gelernt hast, kann das nicht dein Ergebnis sein. Du weißt jetzt, warum du zu dem wirst, was du die meiste Zeit fühlst, und dass du aufgrund dessen genau das in dein Leben ziehst, was du aussendest. Und nun behauptest du allen Ernstes, dass du deiner Lebenssituation machtlos ausgeliefert bist? Also, das soll einer verstehen. Insofern hast du bis jetzt nichts dazugelernt. Ich hätte zumindest erwartet, dass du mich fragst, was es für Alternativen gibt, um sich dauerhaft besser zu fühlen und um dadurch eine Möglichkeit zu bekommen, genau das in sein Leben zu ziehen, was man am liebsten hätte. Aber mit dieser Einstellung ist dein Lernindex ganz im Keller."

Fatima hatte mir auf ihre unnachahmliche Art wieder einmal gezeigt, wo ich gerade stand, was mich an mir selbst sehr ärgerte. Auch jetzt gelang es mir immer noch nicht, meine alten negativen Verhaltensweisen abzustellen.

„Du hast natürlich wie immer recht", sagte ich kleinlaut und starrte dabei auf meinen Teller.

„Was ist also dein Plan für mich? Worauf muss ich achten, damit ich zum Schöpfer meines Lebens werde?"

„Das gefällt mir schon besser. Denn mit deiner ersten Aussage hast du dich zum Opfer deiner Umstände gemacht. Und aus dieser Rolle kommst du so leicht nicht wieder heraus. Sie ist das Hamsterrad, aus dem du nur aussteigen kannst, wenn du dein neues Wissen auch anwendest. Du weißt nicht, was du noch nicht weißt, und deswegen werde ich dir nun einige Hinweise geben, damit du anschließend wieder ein Stück mehr Wissen dazugewinnen kannst – welches du natürlich auch in die Tat umsetzen solltest."

Das klang gut. Also war ich gespannt, was Fatima mir riet.

„Du hast gerade etwas Wahres gesagt. Du bist in der Tat vielen unangenehmen, negativen, manipulierenden und chaotischen Dingen, die um dich herum bestehen, ausgesetzt. Sie gilt es zu erkennen und zu beseitigen. Das kannst du jedoch erst, wenn du davon weißt. Solange dies nicht der Fall ist, beherrscht dein Umfeld deine Gefühle. Doch nun konkret, worum es geht:

Du weißt jetzt, dass alles Energie und damit Information ist. Somit ist es wichtig, dass alles, worauf du Einfluss nehmen kannst, genau die Schwingung enthält, die dich glücklich macht.

An erster Stelle sind dies deine negativen Überzeugungen und Glaubenssätze, die du durch positive ersetzen solltest. Sie stehen deswegen an erster

Stelle, weil du mit ihnen permanent konfrontiert bist, und sie deswegen dein Weltbild sehr überzeugend erschaffen. Darum manipulieren dich diese Schwingungen am intensivsten und hindern dich daran, positive Gefühle zu entwickeln. Wie das geht, hat dir Altasar zum großen Teil schon erklärt. Doch wirst du hierzu noch einiges mehr in Erfahrung bringen können.

An zweiter Stelle steht die Nahrung. Mit ihr hast du den intensivsten Kontakt, da du sie tagtäglich in deinen Körper aufnimmst. Sie nährt dich mit der Information, die du verzehrst. ‚Du bist, was du isst!‘, das erkannte schon Hippokrates im Altertum. Wenn du also Dinge zu dir nimmst, die eine negative Information in sich tragen, dann kannst du dich auch nicht glücklich fühlen, da du mit diesen Schwingungen unweigerlich in Resonanz gehen musst. Du kannst dich nicht dagegen wehren, denn sie befinden sich in deinem Körper.“

„Ah, ich verstehe, was du meinst. Es handelt sich um Giftstoffe wie Geschmacksverstärker, Glutamate, Farbstoffe usw. Sie werden in Form von Sondermülldeponien in meinem Körper abgelagert, weil er sie nicht verarbeiten kann und sie deswegen auch nicht mehr so leicht loswird. Erst durch ein Entgiftungsprogramm und reichlich Wasser lassen sie sich wieder entfernen. Davon haben mir Mary und Samuel schon erzählt und ich achte mittlerweile auch sehr darauf, solche Produkte nicht mehr zu essen“, sagte ich stolz und war der Meinung, dass ich in puncto Ernährung schon mal ganz viel richtig machte.

„Das ist sehr gut“, lobte mich Fatima, „dies ist die biologische Erklärung dafür, warum man darauf achten sollte, diese Stoffe nicht zu sich zu nehmen. Doch es ist nur ein kleiner Teil dessen, was es darüber zu wissen gibt. Viele Inhaltsstoffe findest du gar nicht auf der Lebensmittelverpackung, oder du kannst sie nicht erkennen, weil sie zweideutig formuliert sind. Das sind zum einen Spritzmittel und Umweltgifte, zum anderen aber auch Stoffe, die durch die Bestrahlung von Lebensmitteln – der längeren Haltbarkeit wegen – enthalten sind. Grundsätzlich kann man sagen, dass alles, was nicht in der Natur in seiner reinsten Form vorkommt, sondern von Menschenhand erzeugt wurde, Informationen enthält, die dich daran hindern, glücklich zu sein. Denn sie beeinflussen oder überlagern deine positive Schwingung in dir negativ. Das ist die quantenphysikalische Seite dieser Stoffe.“

Das verstand ich aufgrund meines neuen Wissens zwar, doch noch bevor ich etwas dazu anmerken konnte, fuhr Fatima auch schon fort: „Bei tierischen

Produkten kommt noch die Art und Weise der Haltung und Aufzucht dazu. Damit meine ich, was die Tiere zu fressen bekommen haben. Diese Informationen, die beispielsweise genmanipuliertes Tierfutter oder auch Medikamente enthalten, verzehrst du später. Auch das hemmt dich in deiner Entwicklung zum positiven Fühlen. Hinzu kommt der Stress der Tiere während der Haltung und vor allem bei der Schlachtung. Beim Schwein ist dies besonders deutlich zu erkennen. Da es sehr intelligent ist und deswegen sensibel auf Stress reagiert, schüttet es Unmengen von Adrenalin aus, wenn es zur Schlachtbank geführt wird. Bei Großmetzgereien dauert dieser Prozess oft mehrere Tage lang, weil das Tier viele Hundert Kilometer weit transportiert wird. Wenn du dann dein Schweineschnitzel verspeist, nimmst du auch die Schwingung des Adrenalins zu dir, was dazu führt, dass du ebenfalls unter erhöhtem Stress stehen wirst. Stress jedoch ist nie etwas, das Glücksgefühle auslöst."

„Das ist ja interessant, unter diesem Gesichtspunkt habe ich das noch gar nicht betrachtet."

Fatima gab mir mit einer Handbewegung zu verstehen, dass sie noch mehr dazu erklären konnte. „Wie du siehst, ist das Ganze sehr komplex und es geht noch weiter. Denn nicht nur du sendest mit deinen Gefühlen eine Schwingung aus. Das tut jeder Mensch. Die Schwingungen gehen in Resonanz mit allen gleichartigen Schwingungen, aber sie vermischen sich auch mit anderen. Durch diese Tatsache nimmt jedes Nahrungsmittel alle Schwingungen aus seiner Umgebung auf. Somit ist auch die Schwingung des Erzeugers, des Metzgers, des Verkäufers und so weiter darin enthalten. Auf unser Schwein bezogen bedeutet das: Angenommen, der Bauer, der die Schweine züchtet, hasst seinen Job, weil er vielleicht ungefragt in die Fußstapfen seines Vaters hat treten müssen, obwohl er viel lieber einem besser bezahlten Bürojob nachgehen würde, so sendet er bei seiner Arbeit permanent diese Schwingung aus und informiert somit unbewusst auch das Schwein. Oder: Der Metzger mag seinen Job nicht, aber es bleibt ihm nichts anderes übrig als ihn auszuführen, weil er nichts anderes gelernt hat. Auch diese Information manifestiert sich in der Schweinehälfte. Wenn nun obendrein die Fleischverkäuferin in einer schweren persönlichen Lebenskrise steckt, vielleicht wegen einer bevorstehenden Scheidung, so sendet sie ihre Gefühle ebenfalls an dein Schweineschnitzel und, und, und. So ließe sich das Gedankenspiel mit allem, was du verzehrst, immer weiter fortsetzen.

Und wie du siehst, nimmst du außer den schädlichen Zusatzstoffen auch noch eine Menge anderer Informationen zu dir, die dich, ohne dass dir das bewusst ist, negativ beeinflussen können."

„Aber wie kann das geschehen? Wie kann ich mit diesen negativen Schwingungen in Resonanz gehen, wenn ich sie gar nicht selbst aussende, denn so funktioniert doch das Resonanzgesetz. Was ich aussende, ziehe ich an, oder?", fragte ich bestürzt.

„Das erklärt sich über das Wasser, da es ein Speichermedium für Informationen ist, was der Versuch mit gefrorenen Wasserkristallen sehr gut darstellt. Der Zusammenhang findet sich darin, dass du aus zirka siebzig Prozent Wasser bestehst. Da in allem, was es auf der Erde gibt, Wasser enthalten ist, können diese Informationen gespeichert werden wie bei einem Computer. So kommt es, dass negative Schwingungen sehr wohl von dir aufgenommen werden können, obwohl du sie vielleicht nicht mit deinen Gefühlen angezogen hast. Ich sage bewusst ‚vielleicht', denn wenn ich mit meinen Ausführungen fertig bin, wollen wir schauen, ob du nicht doch mit ihnen in Resonanz gegangen bist, weil du sie unbewusst ausgesendet hast. Sie bringen auf jeden Fall deine positiven Frequenzen schwer durcheinander. Und das Wasser in dir macht genau das möglich. Du kannst dir das vielleicht anhand eines Orchesters vorstellen. Solange die Musiker vom Dirigenten im Takt geführt werden, klingt die Musik sehr harmonisch und man fühlt sich wohl, wenn man ihr lauscht. Würde man daraus ein Wasserkristall gefrieren, so hätte es eine schöne gleichmäßige Form. Macht der Dirigent jedoch einen Fehler, weil er den Musikern einen falschen Einsatz und damit eine falsche Information gibt, wird das Zusammenspiel disharmonisch. Ein solches Wasserkristall wäre sehr bizarr und ungleichmäßig strukturiert.

Genauso verhält sich die Schwingung in deinem Körper. Wenn du als Dirigent dem Wasser deines Organismus eine falsche Informationen gibst, entsteht plötzlich Chaos, was du als Unwohlsein, Stress oder Disharmonie empfindest. Dann fühlst du dich einfach nicht gut."

Es waren also nicht nur die künstlichen Zusatzstoffe und Gifte, wie ich bisher immer annahm, auf die es zu achten galt, sondern auch die Schwingungen des Umfeldes – beim Fleisch sogar die Gefühle der Tiere selbst. Das war für mich neu, und ich hätte niemals vermutet, dass Schwingungen von Menschen auf Nahrungsmittel übertragen werden können, die ebenfalls

Auswirkungen auf mein Wohlbefinden haben. Schon schossen mir wieder Fragen durch den Kopf.

„Es wird aber ganz schön schwierig werden, Produkte zu finden, die frei von all diesem Schwingungsmüll sind. Ich würde sogar sagen, das ist fast unmöglich", meinte ich überzeugt.

„Da könntest du vermutlich recht haben", bestätigte Fatima. „Bei euch, vor allem, wenn ihr in Großstädten lebt, ist der Verbraucher auf das Angebot angewiesen, das es im Supermarkt zu kaufen gibt. Darum möchte ich dir erklären, wie wir es hier auf Atlemuris handhaben, denn das wäre vielleicht ein Modell, das auch bei euch Einzug halten könnte.

Wir beziehen unsere Nahrungsmittel fast alle aus der direkten Umgebung. Unsere regionalen Erzeugnisse haben den großen Vorteil, dass wir die Menschen kennen, die diese Produkte erzeugen. Sie machen ihre Arbeit gerne und wir unterstützen sie dabei, wo es uns möglich ist. Denn wir wissen, dass gute Nahrungsmittel einen sehr hohen Stellenwert haben, um uns gut zu fühlen.

Die Tiere haben bei uns ein gutes Leben. Sie werden artgerecht gehalten. Das bedeutet jedoch nicht, dass sie nach Bestimmungen, die Menschen über artgerechte Haltung erstellt haben, aufgezogen werden. Sondern, dass sie so leben dürfen wie in freier Wildbahn. Sie haben zudem ein vielfach längeres Leben als eure Masttiere, die ja oft ein kurzes, qual- und leidvolles Dasein fristen. Wenn unsere Tiere eines Tages geschlachtet werden, um uns als Energielieferanten in Form von Nahrung zu dienen, dann haben sie ein glückliches Leben geführt. Wir töten sie auf dem schnellsten und würdigsten Weg. Doch zuvor bedanken wir uns bei ihnen dafür, dass sie sich nun für uns opfern, damit wir weiterleben können."

Jetzt musste ich Fatima unbedingt unterbrechen, denn ich hatte einen dringenden Einwand. „Das hört sich ja alles sehr gut an, und ich finde es auch wundervoll wie ihr das macht. Doch das wird bei uns nicht funktionieren. Ihr seid vergleichsweise nur wenige Menschen, die ihre Tiere so halten können, wie du es eben beschrieben hast. Doch da draußen leben so viele Menschen, die alle Hunger haben. Wie soll dieser riesige Fleischbedarf auf eure Weise produziert werden? Das geht doch nicht!"

Fatima sah eine Weile nachdenklich in die Ferne und meinte dann: „Du hast recht, das geht wirklich nicht, und weißt du auch, was der wahre Grund dafür ist, dass ihr dieses Modell nicht in euer Leben integrieren könnt? Deine

Argumente sind die üblichen, die nur einen Grund haben: ja nichts an seinen Gewohnheiten ändern zu müssen."

Völlig verwirrt sah ich Fatima an, weil ich nicht mit dieser Antwort gerechnet hatte. „Wie muss ich das verstehen? Es ist doch eine Tatsache, dass für die vielen Menschen, die alle Fleisch kaufen wollen, durch eure Produktionsweise einfach nicht genug für jeden vorhanden sein kann."

„Da gebe ich dir ja auch recht, doch solltet ihr euch nicht darüber Gedanken machen, wie ihr euren hohen Fleischkonsum zum Leidwesen der Tiere und dann auch noch zu möglichst billigen Preisen deckt. Vielmehr solltet ihr euch über eure Gewohnheiten klar werden. Ihr habt es euch angewöhnt, dass eine gute, nahrhafte Mahlzeit immer Fleisch enthalten muss. So kommen Unmengen an Wurst und Fleisch zusammen, die ihr jeden Tag verzehrt. Vielleicht ist dir schon aufgefallen, dass du bis jetzt von mir noch gar kein Fleisch zu essen bekommen hast."

„Ja, das stimmt", gab ich Fatima recht. „Das habe ich schon bemerkt, jedoch habe ich mir nichts dabei gedacht, weil es immer vorzüglich schmeckt und ich auch jedes Mal satt geworden bin. Sag, isst du gar kein Fleisch? Möchtest du mir damit vermitteln, dass wir alle zu Vegetariern werden sollten?"

Fatima schüttelte den Kopf und meinte: „Aber nein, das will ich damit nicht zum Ausdruck bringen. Auch ich esse natürlich Fleisch, doch in viel geringeren Mengen als ihr es tut. Bei uns auf der Insel verzehrt jeder nur ein- bis zweimal in der Woche tierische Nahrung. Das sind dann unsere Schlemmertage, an denen wir das Essen auch richtig genießen und es uns dabei gutgehen lassen. Vier- bis fünfmal die Woche gibt es bei uns vegetarische Küche, die, wie du selbst festgestellt hast, sehr lecker schmecken kann."

„Das hört sich gut an, auch wenn ich mir momentan noch gar nicht vorstellen kann, es dir gleichzutun", meinte ich zweifelnd. „Doch was macht ihr am siebten Tag? Bis jetzt hast du nur von sechs Tagen berichtet."

„Du hast gut aufgepasst", nickte Fatima anerkennend. „Am siebten Tag, also einmal pro Woche, fasten wir. Das heißt, dass wir dann nur ein wenig Obst essen und dazu viel trinken. Du musst wissen, dass dies für unseren Körper wichtig ist, um all das, was er nicht ideal verwerten kann, wieder loszuwerden. Wenn wir das nicht tun, wirkt sich dieser Ballast in uns als regelrechte Belastung aus, und das bedeutet natürlich, dass wir uns nicht gut fühlen. Viele dieser unliebsamen Abfallprodukte bleiben im Darm hängen. Durch den Fastentag mit viel Wasser spülen wir ihn und auch unsere Körperzellen durch und befreien uns von diesen negativen Informationen. Danach fühlen wir uns wieder gut.

Dabei ist es aber wichtig, das Wasser mit positiver Schwingung zu programmieren, bevor wir es trinken. Denn diese Informationen helfen, dabei die negativen zu neutralisieren, denen auch wir uns nicht immer entziehen können. Das kann über Steine im Wasser oder Symbole geschehen. Aber auch kleine Gebete sind dafür geeignet, die jedoch nur funktionieren, wenn man sie auch fühlen kann. Das wiederum klappt nur, wenn man daran glaubt. Zweifel sind dabei hinderlich. Deswegen kann man nur ehrlichen Herzens glauben, wenn man versteht, was genau geschieht. Und das lernst du ja gerade."

Fatima machte eine kurze Pause, damit ich diese Information verdauen konnte. „Wenn sich jeder bei euch auf diese Art und Weise ernähren würde", fuhr sie fort, „dann bräuchtet ihr gar nicht mehr so viel Fleisch zu produzieren und auch die Tiere könnten ein schönes Leben führen. Sie haben es verdient, als ein Lebewesen behandelt zu werden und nicht als ein Verbrauchsgegenstand, der auf grausame Art und Weise hergestellt wird."

Fatima redete mir mit ihren Erklärungen schwer ins Gewissen, und ich überlegte mir bereits, ob ich meine Essgewohnheiten in Zukunft ändern sollte. Doch da meldete sich auch schon mein Verstandesmännchen und meinte: „Wenn bei uns die Erzeuger die Tiere auf ethisch einwandfreie Weise aufwachsen ließen, dann wäre der Fleischpreis aber sehr hoch. Ich weiß nicht, ob ich mir das dann noch leisten könnte."

„Du könntest es dir mit Sicherheit nicht mehr leisten, jeden Tag Schnitzel, Braten, Wurst, Burger, Chickennuggets und was es sonst noch alles an Fleischvariationen gibt, zu essen. Dein Geld würde vielleicht nur noch dafür reichen, ein- bis zweimal in der Woche ein gutes Stück Fleisch von einem glücklichen Rind oder Huhn zu verspeisen, doch damit würdest du dir und den Tieren etwas Gutes tun, wie ich dir eben erklärt habe. Außerdem würde sich auch der Bauer viel besser fühlen, der die Tiere großzieht, weil er für seine Arbeit gerecht entlohnt würde. Nun schließt sich dieser Kreislauf, von dem alle profitieren."

„Wenn ihr so gesund lebt, ist mir auch klar, weshalb ich bis jetzt noch keine übergewichtigen Menschen in Malikunda gesehen habe. Das hat doch bestimmt mit eurer Ernährungsweise zu tun, oder?"

„Interessant, dass dir das schon aufgefallen ist. In der Tat ist eine extreme Gewichtszunahme mit dieser Lebensweise nicht möglich. Dazu musst du wissen, dass Übergewicht immer mit einem Mangel einhergeht." „Was?", platzte ich spontan heraus, „wieso mit einem Mangel? Diese Menschen essen doch viel zu viel, die haben doch keinen Mangel, sie leben vielmehr im Überfluss!"

„Darin liegt der Irrtum, denn obwohl sie viel zu viel essen, erleidet ihr Körper einen Mangel. Das kannst du aber nur verstehen, wenn du weißt, dass es sich dabei um einen Mangel an lebensnotwendigen Stoffen handelt, die der Körper zum Leben und damit zum Gesundsein und zum Glücklichfühlen dringend benötigt. Das sind unter anderem alle Vitalstoffe wie Mineralien, Vitamine, Spurenelemente, Enzyme, Aminosäuren und so weiter. Diese wichtigen Stoffe, die der Körper nicht selbst erzeugen kann, bekommt er bei ungesunder Ernährung so gut wie gar nicht. Da er jedoch auf sie angewiesen ist, entsteht für ihn das Gefühl des Mangels. Diese Information interpretiert der Verstand wiederum so, dass der Körper eine größere Nahrungsmenge benötigt, um an die wichtigen Vitalstoffe zu gelangen, damit er nicht stirbt. Die Folge ist, dass man übermäßig viel isst und dabei immer dicker wird. Die Vitalstoffe werden jedoch durch dieses Verhalten trotzdem nicht in ausreichender Menge vorhanden sein. Diese Menschen tragen die Information ihrer ungesunden, krankmachenden Nahrung in sich und ziehen durch das Gefühl des Mangels immer mehr davon an. Übertragen auf dich bedeutet das: Solange du noch negative Schwingungen oder Informationen in dir trägst, welche du durch deine Ernährung aufgenommen hast, wirst du auch diese Schwingungen anziehen und weiterhin deinen alten Gewohnheiten nachgehen. Du wirst folglich das essen, was du schon immer gegessen hast. Du ziehst immer das an, was du aussendest, auch wenn du denkst, dass du dies nicht tust. Wie du siehst, ist dies ein Kreislauf, aus dem man nur ausbrechen kann, wenn man die Hintergründe kennt. Und dann das Entsprechende tut, um diesen Vorgang zu beenden. Das setzt jedoch einen hohen Lernindex voraus, wie dir ja nun hinlänglich bekannt ist."

Ich war sichtlich beeindruckt von Fatimas einleuchtenden Erklärungen. Was alles davon abhing, um sich gut zu fühlen, stellte sich in der Tat so vielschichtig dar, dass ich schon darauf gespannt war, was sie mir noch alles anraten würde.

21

NÜTZLICHE TIPPS

„Noch nie war es schwerer, sich wirklich
glücklich zu fühlen
und tiefe Freude zu empfinden als heute.“

Wir hatten gerade das Geschirr zum Abwasch in die Küche getragen, als Fatima meinte: „Wie du siehst, wäre es sinnvoll, deine Essgewohnheiten zu überdenken, doch gibt es noch einiges mehr, das du jeden Tag aus Gewohnheit machst, ohne jemals darüber nachgedacht zu haben, ob es dich in deinem Gemütszustand beeinflussen könnte.“

Sofort stellte ich mir die Frage, was das wohl sein konnte, aber mir fiel auf die Schnelle nichts ein. „Ich habe keine Ahnung, was du damit meinst“, sagte ich ratlos.

„Dass du keine Vorstellung davon hast, was ich meinen könnte, zeigt, wie sehr du es schon als Selbstverständlichkeit in deinen Alltag eingebaut hast. Diese Gewohnheiten sind jedoch tückisch. Im Klartext heißt das: Noch nie war es schwerer, sich wirklich glücklich zu fühlen und tiefe Freude zu empfinden, als heute. Wir leben in einer Zeit, in der es zwar alles gibt, was unser Leben angenehm macht. Wir haben sämtlichen Luxus, von dem alle Generationen vor uns nicht einmal träumen konnten, doch genau darin liegt die Gefahr. Wir sind tagtäglich Unmengen von Informationen ausgesetzt, die uns allesamt beeinflussen und zwar in der Form, dass wir uns gar nicht glücklich fühlen können. Unsere moderne Welt liefert Produkte, die eine Energie oder Schwingung ausstrahlen, welche permanent die Frequenz der Freude und des Sich-gut-Fühlens stört.“

Ich hatte immer noch keine Ahnung, worauf Fatima hinauswollte. „Was kann es noch geben, das mich so sehr beeinträchtigt wie das Essen?“, fragte ich ratlos. „Lass mich dir eine Gegenfrage stellen. Welches ist dein größtes Organ? Denn damit hat es zu tun."

Nachdenklich rieb ich mit der rechten Hand mein Kinn. „In Biologie war ich nie besonders gut, darum bin ich mir nicht sicher. Ist es vielleicht die Lunge?"

„Du hast gut kombiniert, von all den Organen, die du kennst, ist die Lunge das augenscheinlich größte. Und über sie nimmst du auch viele Stoffe in deinen Körper auf, die für ihn schädlich sein können, wenn du atmest. Ich muss dich jedoch enttäuschen, es gibt ein noch größeres Organ."

Jetzt musste ich passen. „Nun mach es nicht so spannend. Welches Organ soll das sein?" „Es handelt sich um die Haut." Ungläubig rief ich: „Was, die Haut soll ein Organ sein, das gibt es doch nicht!"

„So ist es aber, und sie steht in direktem Zusammenhang mit der Lunge, denn auch sie atmet. Wenn du einen Menschen in eine riesige Plastiktüte einpacken würdest, sodass er nur noch mit dem Mund und der Nase atmen könnte, würde er trotzdem ersticken. Es würde zwar eine Weile dauern, aber er würde sterben. Darum ist die Haut dein größtes Organ. Somit gelangt alles, was Kontakt zu ihr hat, in deinen Körper. Das sind zum einen sämtliche Stoffe, die sich in der Luft und im Wasser befinden. Dagegen kannst du dich fast nicht wehren. Aber es sind auch die Dinge, die du ganz selbstverständlich mit ihr in Kontakt bringst. Dazu gehören sämtliche Kosmetikartikel. Also alles, womit du dich wäschst, eincremst und besprühst, damit du gut riechst. All diese Produkte enthalten chemische Stoffe, die mit den Zusatzstoffen in der Nahrung zu vergleichen sind. Darum gilt als Faustregel: Alles was du nicht schlucken solltest, das schmiere auch nicht auf die Haut."

„Aber ich habe noch nie einen Ausschlag bekommen aufgrund meiner Kosmetikartikel. Insofern können sie nicht schädlich sein. Außerdem gibt es doch Bestimmungen, was in solchen Artikeln enthalten sein darf und was nicht."

Fatima sah mich an, als hätte ich etwas völlig Absurdes gesagt. „Ihr glaubt viel zu sehr an das, was eure Behörden euch als Richtlinien vorgeben. Sie erarbeiten diese rein aus biologischer Sicht. Dabei werden Versuche mit anderen Lebewesen gemacht, um herauszufinden, wie die entsprechenden Stoffe biochemisch auf den Organismus reagieren. Wenn hier keine Auffälligkeiten zu verzeichnen sind, gilt der Stoff als ungefährlich oder es wird die Mengenangabe ermittelt, ab der der Stoff als schädlich zu bewerten ist."

„Ja, das ist doch auch richtig. Ich bin froh, dass es solche Behörden gibt, die so etwas austesten, um Grenzwerte zu ermitteln, die uns davor schützen, krank zu werden."

„Ich merke schon, du verlässt dich noch ganz auf das System und denkst, dass es dich vor etwas bewahren will. Doch glaube mir, wenn du wieder nach Hause fährst, wirst du anders darüber denken. Ich möchte dir nun ein weiteres Puzzleteil geben, mit dem du deine eigene Wahrheit finden kannst." Nun rauchte mir der Kopf, denn ich wusste nicht mehr, auf wen ich künftig hören sollte. „Auf was möchtest du eigentlich hinaus?", fragte ich provokant. Fatima sammelte sich und fuhr fort.

„Das, was die Behörden, von denen du sprachst, festlegen, bezieht sich auf die Chemie. Was ich jedoch meine, hat mit Physik zu tun. Denn die Schwingung, die in den chemischen Bestandteilen vorherrscht, besteht immer, egal ob die Grenzwerte unter- oder überschritten werden. Das heißt im Klartext: Die Informationen, die in den chemischen Substanzen stecken, beeinflussen dich unbewusst, ohne dass du es siehst. Die chemische Reaktion, die sich durch einen Ausschlag ausdrückt, zeigt dir ebenfalls, dass du Informationen in dir trägst, die dir Unwohlsein bereiten.

Ein Hautausschlag ist zum Beispiel immer ein Zeichen, dass in deinem Inneren eine große Disharmonie entstanden ist. Der Grund dafür ist meist sehr vielschichtig. Er kann auf körperlicher, aber auch auf psychisch-seelischer Ebene zu finden sein. Der Volksmund kennt dafür sogar eine Redewendung: ‚Ich könnte aus der Haut fahren.‘ Deswegen rührt die Disharmonie bestimmt nicht allein von den Kosmetikartikeln her, sondern bildet sich aus der Summe ihrer Einzelteile. Die Kosmetika tragen jedoch nicht unerheblich dazu bei, diese Disharmonie in Form von Unwohlsein zu spüren. Und manchmal sorgen sie auch dafür, dass das Fass zum Überlaufen kommt, und führen dann unter Umständen zu Hautausschlägen. Sie sind das deutlichste Zeichen dafür, dass ein extremes Schwingungschaos in dir vorherrscht. In diesem Zusammenhang möchte ich auch die Kleidung, den Schmuck und einfach alles, was du auf der Haut trägst, erwähnen. All diese Dinge beinhalten chemische Stoffe, die Informationen besitzen, ohne die es dir sicher besser gehen würde. Es sind immer viele Dinge zusammen, die verursachen, dass du dich nicht wohlfühlst. Dazu gehören neben der Nahrung eben auch Kosmetika und Kleidung."

Ich war beeindruckt und begann zu verstehen. „Wow, so langsam kann ich einordnen, was mich alles vom Glücklichsein abhält. Wenn ich dich richtig verstehe, dann sind alle Arten von Schwingungen potenzielle Vernichter von guten Gefühlen, oder?"

„Nein, so kann man das nicht sagen. Nicht alle Schwingungen, sondern nur die, die wesentlich tiefer schwingen als die Schwingung der Freude und der Liebe. Denn diese tiefen Frequenzen bringen deine Grundschwingung durcheinander, wodurch Disharmonie entsteht. Denke einfach nur an das Orchester. Du bist der Dirigent und gibst den Takt an. Das heißt, du entscheidest mit, wodurch du dich bestrahlen lässt.

Und damit sind wir bei der dritten Möglichkeit, die dich ganz unmittelbar betrifft, nämlich alle Formen von Strahlen. Dazu gehören in erster Linie Handy- und Funkstrahlen, wie WLAN und Bluetooth, ebenso die Strahlung von Bildschirmen, aber auch von Mikrowellengeräten. Hinzu kommen Erdstrahlungen, Strahlen von Wasseradern und ganz allgemein die Strahlung, die von Strom ausgesendet wird. All diese elektromagnetischen Frequenzen stehen für deinen Körper stark im Gegensatz zu seiner natürlichen Schwingung. Deswegen führen auch sie zu einer Verstimmung deines Orchesters. Doch du bist der Dirigent – vergiss das nie!"

„Aber ich kann mich doch diesen Stahlen überhaupt nicht entziehen. Sie umgeben mich überall", meinte ich bestürzt.

„Das ist vollkommen richtig. Deswegen sagte ich vorhin ja auch, dass es noch keine Generation so schwer hatte, sich gut zu fühlen und tiefe Freude zu empfinden, wie die heutige. Denn genau die vier Dinge, also Nahrung, Kosmetikartikel, Kleidung und elektromagnetische Schwingung sind entscheidende Ursachen dafür."

Irgendwie wurde ich das Gefühl nicht mehr los, dass dies ein aussichtsloses Unterfangen war. In unserer modernen Zeit sprach so ziemlich alles dagegen, sich wirklich gut zu fühlen. „Was rätst du mir also?"

„Schau, wo immer du kannst, welche Produkte du konsumierst beziehungsweise mit welchen du in Kontakt kommst. Tausche sie gegen solche, die eine positivere Frequenz aussenden. Übe dich darin zu erfühlen, was dir schadet und was nicht. Benutze dazu deine Intuition. Der erste Gedanke kann dir dabei sehr hilfreich sein. Dies ist anfangs sicher nicht ganz einfach, vor allem, wenn du sehr viele disharmonische Informationen in dir trägst. Doch je höher deine Frequenz ansteigt, was du an deinem Dich-gut-Fühlen erkennen kannst, umso leichter wird es dir gelingen, das Förderliche vom Hinderlichen zu unterscheiden. Ich werde dir nun einige Dinge aufzählen, die dir eine große Hilfe dabei sein können:

1. Wie du weißt, ist Wasser nicht nur aus biologischer Sicht sehr wichtig, weswegen du viel trinken solltest. Es spielt zudem auch auf der Schwingungsebene eine sehr große Rolle. Da Wasser die Eigenschaft hat, jede Information zu speichern, solltest du es bewusst mit hohen positiven Schwingungen programmieren. Das kannst du zum Beispiel mit geeigneten Steinen, Symbolen oder bereits informiertem Wasser.

2. Eine Entschlackung und Entgiftung des Darmes, der Nieren und der Leber trägt dazu bei, die unliebsamen Stoffe schnell loszuwerden. Hier gibt es Programme, die du in einem Zeitraum von einigen Wochen durchführen kannst. Dadurch fühlst du dich hinterher merklich wohler, und dein Körper kann die Stoffe von guten Lebensmitteln wieder besser aufnehmen, weil die entsprechenden Organe ihre Arbeit wieder zu hundert Prozent verrichten können. Wenn du eine solche Kur gemacht hast, ist es wichtig, es gar nicht mehr dazu kommen zu lassen, Stoffe mit diesen Informationen in dir abzulagern. Deswegen ist ein Fastentag pro Woche, wie wir ihn begehen, ratsam. Dadurch entgiftest du deinen Körper automatisch.

Das erinnerte mich ein wenig an den Rat von Mary und Samuel, mit Zeolith meinen Körper zu entgiften. „Ist dieses Gesteinsmehl denn nicht ausreichend, um das zu bewirken, was du mir soeben angeraten hast? Kann ich durch diese Maßnahme nicht auf das Fasten verzichten?" Ich hoffte insgeheim, dass mir Fatima zustimmte, denn das wäre ja viel einfacher.
„Ich muss dich leider enttäuschen, das ist es nicht. Damit wirst du nur begrenzt erfolgreich sein."
„Ich habe es aber schon ausprobiert und gemerkt, wie es mir damit besser ging. Ich war wieder viel wacher und fühlte mich auch kräftiger. Bereits nach ein paar Tagen trat dieses Gefühl ein." „Das ist richtig und wie du selbst erlebt hast, ist dies auch die Bestätigung dafür, dass ich mit meiner Empfehlung richtig liege. Doch eine vollkommene Entgiftung wirst du ausschließlich mit dieser Maßnahme nicht erreichen können."

„Wieso haben mir dann Mary und Samuel nicht gleich zu dem geraten, was du mir empfiehlst?" Fatima wurde für einen Augenblick nachdenklich.

„Hättest du es denn umgesetzt? Wärest du zum damaligen Zeitpunkt bereit dazu gewesen, eine Darm-, Nieren- oder Leberentgiftung durchzuführen? Dazu musst du wissen, dass dies deine üblichen Gewohnheiten für einige Zeit einschränkt. Und hättest du dich damals dazu bereit erklärt, einmal in der Woche zu fasten?"

Ich musste kurz darüber nachdenken, bevor ich eine ehrliche Antwort geben konnte. „Vermutlich nicht, weil ich damals noch ganz andere Probleme hatte."

Fatima nickte mit dem Kopf und meinte: „Genau das habe ich auch vermutet. Deswegen war die Maßnahme mit dem Gesteinsmehl zu diesem Zeitpunkt genau richtig. Doch heute bist du in deiner Entwicklung ein gutes Stück weiter und wirst meinen Rat eher annehmen als damals, da sich für dich jetzt der Sinn dafür erschließt. Habe ich recht?"

„Ja, genau so ist es. Es braucht eben alles seine Zeit, um es zu verstehen."

„Da sagst du etwas wirklich Wahres. Deswegen darf man auch niemanden verurteilen, wenn er gewisse Dinge nicht tut, von denen du weißt, dass sie gar nicht gut für ihn sind. Denn noch vor einiger Zeit hast du dich genauso verhalten.

Doch kommen wir nun zu den nächsten Punkten, die dich dem Gut-Fühlen ein Stück näherbringen können:

3. Wie du von Mary und Samuel schon erfahren hast, sind Bewegung und Sauerstoffaufnahme sehr wichtig. Deswegen möchte ich dich nochmals daran erinnern, dass du regelmäßig einen Spaziergang oder eine sportliche Betätigung in der Natur unternehmen solltest. Der Sauerstoff und die Blutzirkulation bei der Bewegung wirken sich immer positiv auf dein Gefühl aus. Wenn alle Regionen deines Körpers mit Energie versorgt werden, kannst du dich wieder ganz spüren, was durchaus ein Glückserlebnis sein kann.

4. Treffe dich, sooft es dir möglich ist, mit gleichgesinnten Menschen. Damit meine ich Menschen, die eine gute Frequenz ausstrahlen und von denen du erfahren kannst, wie sie es anstellen, sich gut zu fühlen. Das unterstützt die Aufforderung des ersten Schrittes: Auf wen hörst du?

5. Lache, so viel du kannst. Lachen ist die beste Medizin, um sich gut zu fühlen. Deswegen solltest du das ganze Leben nicht als todernst betrachten, sondern vielmehr als ein Spiel. Ein Spiel ist nur interessant, wenn man Spaß daran hat, es zu spielen. Wenn du aus einem tiefen Gefühl heraus lachen kannst, dann sendest du diese Frequenz aus und bekommst logischerweise auch solche Schwingungen zurück. Deswegen sieh dir lustige Filme oder Fernsehsendungen an, lies unterhaltsame, fröhlich geschriebene Bücher oder unternimm Theaterbesuche. Triff dich mit Menschen, mit denen du fröhlich sein kannst. Lass dabei dein inneres Kind wieder aufleben. Du wirst sehen, das vollbringt wahre Wunder.

6. Wenn du merkst, dass du dich schlecht fühlst, dann lege deine Lieblingsmusik auf. Das lenkt dich von deinen Problemen ab. In Wahrheit sind das keine Schwierigkeiten, sondern lediglich Themen, die du bis jetzt noch nicht in Lösung gebracht hast. Damit du dich nicht unnötig belastest und dadurch dein Dich-gut-Fühlen auf Talfahrt schickst, singe und tanze zur Musik. So vertagst du die Lösung auf einen anderen Zeitpunkt. Er kann möglicherweise der geeignetere sein, um an dir zu arbeiten, weil du dann in deiner Entwicklung einen Schritt weitergekommen bist.

7. Um an deiner Entwicklung zu arbeiten, lies Bücher über diese Themen und das durchaus wiederholt. Wenn du ein Buch ein zweites Mal liest, so ist dein Bewusstsein für das Thema ein neues und du wirst dadurch neue Dinge verstehen, die du beim ersten Mal übersehen hast. Sehr gut sind dafür auch Hörbücher geeignet. Damit hast du die Möglichkeit, dieses Wissen während der Autofahrt oder bei einfachen Tätigkeiten ganz nebenbei in dein Unterbewusstsein zu bringen.

8. Ein sehr wichtiger Punkt, um sich in ein positives Gefühl einzustimmen, ist die Dankbarkeit. In einem kleinen Ritual kannst du dich morgens für den neuen Tag bedanken. Denn jeder Tag ist wie ein neues Leben. Weil du nachts in der Tiefschlafphase mit deinem Energiekörper aus deinem biologischen Körper austrittst und für eine kurze Zeit nach Hause kehrst, um wieder Energie zu tanken, ist jeder Tag wie eine Neugeburt. Sei dankbar dafür, dass du täglich neu geboren wirst. Und wenn du am Abend nach einem erlebnisreichen Tag wieder im Bett liegst, so erinnere

dich an all die Erfahrungen, die du tagsüber machen durftest, und bedanke dich dafür. Wenn du dir dessen bewusst bist, wirst du dich automatisch gut fühlen. Die gefühlte Wertschätzung für etwas ist ein machtvolles Mittel, um an seiner positiven Ausstrahlung zu arbeiten. Und wie du weißt, bekommt man das wieder zurück, was man aussendet."

Ich war begeistert, von Fatima so viele Möglichkeiten bekommen zu haben, die mein positives Fühlen entscheidend beeinflussen können.
„Das ist ja unglaublich, was man alles tun kann, um sich gut zu fühlen. Immer ist etwas dabei, das sich zum geeigneten Zeitpunkt anwenden lässt."
Fatima lächelte über meine überschwängliche Freude und meinte:
„Es wäre gut wenn du einige Dinge davon in deinen täglichen Ablauf integrieren könntest. Am Anfang wirst du es bewusst tun müssen, das heißt, du musst dich daran erinnern, um es nicht zu vergessen. Doch ab einem gewissen Zeitpunkt wird es wie selbstverständlich zu deinem Leben gehören. Dann bist du am vierten Schritt deiner Entwicklung angelangt, der Stufe des unbewussten Wissens. Auf dieser Stufe weiß dein Unterbewusstsein, dass du zu dem wirst, was du die meiste Zeit fühlst."

22

DER WANDEL

„Das Herzgefühl zu trainieren, ist die Aufgabe,
die die meisten Menschen verlernt haben."

Wir waren mittlerweile mit dem Abwasch fertig und wollten wieder nach draußen gehen, als mir im Flur ein Bild hinter einem Glasrahmen auffiel. Es bestand aus lauter kleinen Fotos, die zu einer Collage zusammengefügt waren. Darauf erkannte ich unter anderem Fatima mit ihrer Familie. Auch einige Inselbewohner, die mit ihr zusammen ausgelassen feierten, fielen mir auf. Sie waren alle eingebettet in wundervolle Naturbilder, auf denen immer die Sonne lachte. Auf einem Foto waren sogar Mary und Samuel zusammen mit Fatima, zu Hause an ihrem bezaubernden Teich, zu sehen.

„Das sind schöne Bilder, die du hier gesammelt hast. Sie strahlen alle eine wundervolle Harmonie aus. Man erkennt darauf, dass du das Leben wirklich genießt."

Fatima stand mittlerweile neben mir und betrachtete das Bild mit einem Lächeln. „Ja das ist richtig, doch das war nicht immer so. Es gab auch in meinem Leben eine Zeit, in der ich sehr unglücklich war. Doch diese Bilder erinnern mich daran, dass es sich lohnt zu leben, und sie zeigen mir immer, wenn ich einmal traurig bin, was zu sein ich mir vorgenommen habe: voller Freude, Glück und Liebe. Deswegen möchte ich dir noch gerne einen weiteren nützlichen Tipp mit auf deinen Weg geben, um das bis jetzt Gelernte täglich zu praktizieren:

9. Erstelle dir eine Collage mit all den Bildern, die dich daran erinnern, was und wie du gerne immer sein möchtest, und was du in deinem Leben er-

reichen willst. Doch denke dabei niemals, ‚wie‘ du das erreichen kannst, sondern stets, ‚warum‘ du es erreichen willst. Fühle dich dabei wie ein kleines Kind, wenn es etwas unbedingt haben möchte. Stimme dich auf eine Emotion der freudigen Sehnsucht ein. Das fühlt sich in etwa so an, als ob in dir alles vibriert und du kaum mehr erwarten kannst, bis es da ist. Schau dir dabei die Bilder an, auf denen du fröhlich und vergnügt bist. Das ist der Zustand, den von nun an sooft wie möglich zu erleben, du dir vorgenommen hast. Diese Collage hängst du dorthin, wo du sie jeden Tag sehen kannst. Damit erinnert sie dich jedes Mal, wenn du sie anschaust, an die Absicht und die damit verbundenen Möglichkeiten, die dir zur Verfügung stehen, um dich gut zu fühlen. Somit schaffst du neue neuronale Verbindungen und hungerst deine alten Gewohnheiten Stück für Stück aus.“

Das klang gut. Wenn ich jeden Tag daran erinnert würde, was ich mir vorgenommen hatte, konnte es wirklich gelingen, ein neues Leben zu führen.
„Ich habe da schon einige Ideen, wie mein Bild aussehen könnte. Sag, sind auch Worte wie Freude, Liebe, Glück und Fülle auf der Collage möglich?“
Fatima sah mich erstaunt an: „Ja natürlich. Alles, was eine Erinnerung in dir auslöst, deine Arbeit zu tun, ist dafür geeignet. Es wäre auch durchaus möglich, dir diese Worte mit einem wasserlöslichen Stift an deinen Badspiegel zu schreiben. So wirst du jeden Morgen und Abend daran erinnert. Deiner Fantasie sind dabei keine Grenzen gesetzt.“

Wir hatten es uns draußen wieder gemütlich gemacht, und ich fühlte die Freude und Dankbarkeit in mir, hier so wundervolle Menschen zu kennen, die allesamt eine große Bereicherung für mein Leben waren. Diese Geborgenheit und der Blick auf die bezaubernde Landschaft ließen in mir die Sehnsucht wachsen, dass ich zu Hause alle Zelte abbrechen wollte um ebenfalls hier auf Atlemuris zu leben. Ich träumte gerade vor mich hin, als Fatima mich wieder auf den Boden der Tatsachen holte.
„Stell dir das Ganze nicht so leicht vor. Es klingt für dich nun alles recht einfach, vor allem, weil du hier Menschen siehst, die scheinbar immer in Freude leben. Doch eine neue Gewohnheit will immer wieder aufs Neue gepflegt werden, denn auch sie ist nicht ständig zu spüren, obwohl du sie täglich lebst. Und diese Tatsache kann ebenfalls unzufrieden machen.“

„Was meinst du damit", fragte ich bestürzt. „Ich dachte, wenn ich einmal die Stufe des unbewussten Wissens erreicht habe, dann geht alles automatisch! Jetzt sagst du mir, dass dies doch nicht so ist, oder habe ich dich falsch verstanden?"

„Natürlich laufen die Dinge automatisch in dir ab, wenn du erst einmal neue Gewohnheiten installiert hast und deine Datenautobahnen dafür groß genug sind. Aber du wirst die Gefühle nicht mehr so spüren wie am Anfang, als deine neuen neuronalen Verbindungen gewachsen sind."

„Warum ist das so?", fragte ich verständnislos.

„Nun, lass es mich dir anhand eines Beispiels erklären: Unsere Erde rast mit über hunderttausend Stundenkilometern durch das Weltall. Dabei dreht sie sich am Äquator mit sechzehnhundertfünfzig Stundenkilometern um ihre eigene Achse. Das ist schneller als der Schall. Dir wird jedoch davon nicht schwindelig und du wirst auch nicht vom Fahrtwind davongetragen. Warum merkst du davon nichts?"

„Das ist eine gute Frage, und ich bin gerade sehr erstaunt darüber, dass mir das nicht auffällt. Denn eigentlich müsste man diese ungeheure Geschwindigkeit spüren. Aber ich habe keine Erklärung dafür, weswegen man das nicht wahrnimmt."

Fatima lehnte sich in ihrem Gartensessel zurück und zeichnete mit den Händen eine Kugel in die Luft. „Unsere Erde ist von einem breiten Gürtel umgeben, der sich Atmosphäre nennt. Ihr ist es zu verdanken, dass wir all das nicht wahrnehmen. Sie schützt uns sozusagen vor den Winden der gewaltigen Geschwindigkeit. Das ist vergleichbar mit der Fahrsituation im Auto. Wenn du im Fahrzeug sitzt, so merkst du vom Fahrtwind nichts. Erst wenn du das Fenster öffnest, nimmst du die Geschwindigkeit wegen der starken Luftströmung wahr. Da die Atmosphäre jedoch geschlossen um unsere Erde liegt und sich mit der Rotation unseres Heimatplaneten mitdreht, bekommst du nichts von den unvorstellbaren Kräften mit."

„Das wusste ich nicht, aber es ist absolut logisch", bemerkte ich begeistert. Ich fragte mich jedoch, was das mit dem Spüren von neuen freudvollen Gewohnheiten zu tun haben sollte.

„Was möchtest du mir damit sagen?", fragte ich, weil ich ahnte, dass eine Absicht hinter diesem Beispiel steckte.

„Nun, das war nur der erste Teil der Erklärung, weswegen wir Geschwindigkeit nicht wahrnehmen. Der zweite Teil besteht in der Tatsache, dass wir

Geschwindigkeit überhaupt nicht wahrnehmen. Denn bleibt dein Autofenster während der Autobahnfahrt geschlossen und verläuft die Fahrbahn kerzengerade und ohne Bodenwellen, so wirst du nicht sagen können, dass sich das Fahrzeug bewegt, sofern du auch die Augen geschlossen hältst. Dann ist es dir schlichtweg nicht möglich zu beurteilen, ob und wie schnell du fährst. Erst wenn das Fahrzeug beschleunigt, abbremst oder in eine Kurve fährt, wirst du eine Bewegung registrieren. Diese Wahrnehmung erfolgt immer über die Sinne. Da du die Augen geschlossen hast, kann dieses Sinnesorgan keine Aufgabe übernehmen, weil es die an dir vorbeirasende Landschaft nicht realisiert. Deswegen übernimmt in diesem Fall ein anderes Sinnesorgan diese Aufgabe. Welches könnte das wohl sein?"

Für einen kurzen Augenblick musste ich überlegen und zählte leise alle sechs Sinne auf. Hören, Sehen, Riechen, Schmecken, Tasten … Der letzte Sinn fiel mir jedoch nicht gleich ein, weil er mir weniger geläufig war. Altasar hatte ihn bei unserem letzten Zusammentreffen jedoch aufgeführt. Plötzlich erinnerte ich mich wieder. „Es ist der Gleichgewichtsinn", antwortete ich voller Stolz, fragte mich aber im selben Augenblick, was sie mir damit erklären wollte. „Vollkommen richtig. Beschleunigung wird immer mit dem Gleichgewichtssinn wahrgenommen. Würde also morgen unsere Erde ihre Rotation abrupt verlangsamen oder beschleunigen, so würdest du diese Bewegung wahrnehmen.

Und nun komme ich zum eigentlichen Grund, weswegen ich dieses Beispiel gewählt habe. Deine Sinnesorgane sind die Schnittstelle für alles, was im Außen, aber auch in deinem Inneren geschieht. Das bedeutet, dass sie eine Bewertung jeder Situation an deinen Verstand abgeben. Leg doch bitte mal deine Hand auf den Tisch."

Ich folgte Fatimas Aufforderung und fragte mich, was das nun wieder sollte. „Ich lege nun vorsichtig meine Hand auf die deine und du sagst mir, was du spürst." „Nun, ich fühle deine Berührung. Das Gewicht und die Wärme deiner Hand sowie den Druck deiner Finger auf meiner Haut."

Fatima sah mir in die Augen und ich erwartete, dass sie etwas dazu sagen würde, doch sie schwieg.

Es war bestimmt eine Minute vergangen, als sie endlich das Wort ergriff. „Gut, was spürst du jetzt?", fragte sie mich erneut und hielt ihre Hand ganz still auf meiner. Ich konzentrierte mich auf meine Wahrnehmung, doch sie war irgendwie gestört.

„Es ist komisch, aber ich fühle nichts. Es ist, als ob deine Hand gar nicht mehr auf meiner liegen würde. Wenn ich es nicht mit eigenen Augen sehen könnte, dann …" Ich war sichtlich verwirrt und fragte mich, wie das geschehen konnte. Dann bewegte Fatima vorsichtig ihre Hand und fragte mich erneut: „Wie ist es jetzt?"

Sichtlich erleichtert antwortete ich: „Jetzt kann ich dich wieder spüren. Wie kann das sein? Eben hatte ich noch das Gefühl, als wäre alles taub. Nun ist alles wieder in Ordnung." „Das liegt an der Beschleunigung. Erst als Bewegung in meine Hand kam, konntest du mit deinem Tastsinn wieder etwas wahrnehmen. So verhält es sich auch mit den Gefühlen der Freude. Am Anfang nimmst du sie sehr stark wahr, weil durch die Veränderung deiner Gewohnheiten Bewegung in dein Leben kommt. Du gibst richtig Gas und beschleunigst deine Lernprozesse. Doch wenn du einen gewissen Level erreicht hast, dann wird sich nicht mehr so viel auf einmal ereignen, und irgendwann kommt die Bewegung zu einem Stillstand. Dann werden auch die Freude und das Glück in deinem Leben zum Alltag. Das entspricht dem Punkt, als du meine Hand nicht mehr gespürt hast. Du fühlst die Freude nicht mehr so wie noch am Anfang und du beginnst unzufrieden zu werden, obwohl du keinen Grund dazu hast."

Mit dieser Erklärung machte mir Fatima gerade etwas Angst. „Das hört sich aber nicht gut an. Ich meine, da gibt man sich so viel Mühe um seinem Leben eine neue Richtung zu geben, und dann hat man am Ende doch nichts davon. Da kann ich ja genauso gut alles beim Alten belassen."

„Na, wer wird denn gleich die Flinte ins Korn werfen, wenn die ersten Probleme auftauchen?", meinte Fatima. „Es gibt für alles eine Lösung und ich werde sie dir geben."

„Nun, da bin ich aber gespannt, wie die aussieht", meinte ich ungläubig.

„Mit deinen Sinnesorganen beurteilst du, was um dich herum geschieht. Dadurch entstehen Gefühle, die in dir Gewohnheiten und Glaubenssätze entstehen lassen. Da wir hier in der Polarität leben, gibt es von allem zwei Seiten. Deswegen hast du immer die Wahl zwischen freudvollen oder angstvollen Gefühlen. Solange du deine Sinne benötigst, um zu fühlen, wirst du immer vor der Wahl stehen, Freude oder Angst in dein Leben zu ziehen, denn wie du weißt, hat jeder seine eigene Wahrheit. Das bedeutet, dass ein und dieselbe Situation für den einen beängstigend und für den anderen wundervoll sein kann."

Das erinnerte mich augenblicklich an die Situation bei Altasar, als das Gewitter aufzog und jeder von uns das Schauspiel anders interpretierte.

„Ja, das stimmt, doch was kann ich denn nun tun, um nur noch Freude zu spüren?", fragte ich ungeduldig.

„Solange du alles um dich herum ausschließlich mit deinen sechs Sinnen wahrnimmst, werden diese schnell überreizt sein, weswegen du immer wieder die Polarität zu Hilfe nehmen wirst, um eine Veränderung wahrnehmen zu können. Das heißt im Klartext: Es muss dir immer wieder schlecht gehen, damit du weißt, wie gut es dir eigentlich geht."

„Und wenn ich nicht dauerhaft meine sechs Sinne zur Einschätzung einer Lebenssituation benutze, was habe ich dann für Möglichkeiten? Also, mir fällt da nichts mehr ein."

„Das geht den allermeisten Menschen so. Sie haben vergessen, dass sie noch einen weiteren Sinn besitzen. Dabei haben sie ihm sogar einen Namen gegeben. Es handelt sich um den ,siebten Sinn'. Er ist zuständig für das direkte Fühlen, ohne die sechs anderen Sinne zu benutzen. Er ist der Überbegriff für das Bauchgefühl oder auch das Herzgefühl. Mit ihm hast du den direkten Draht zu deinem wahren Selbst, zu deiner Seele. Auf deinen siebten Sinn kannst du dich immer verlassen. Er beschützt dich, er führt dich und er leitet dich auf deinem Weg. Wenn du ihn voll und ganz wahrnehmen kannst, dann ist die Polarität für dich nicht mehr wirksam, denn du musst nicht mehr gegensätzliche Erfahrungen machen, um zu wissen, was du möchtest. Den siebten Sinn voll und ganz zu nutzen bedeutet, den freien Willen, den du bekommen hast, um in der Polarität deine Erfahrungen zu machen, im vollen Vertrauen an deine Seele zurückzugeben, und dich von nun an bewusst von ihr leiten zu lassen. Dadurch können Wunder geschehen, die du dir heute noch gar nicht vorstellen kannst."

„Das hört sich gut an", meinte ich sehnsüchtig, weil ich spürte, dass dies der wahre Weg zur vollkommenen Freude in meinem Leben war.

„Ich habe keine Erklärung dafür, warum das die Lösung aller Probleme sein könnte, doch ich fühle, dass ich mich darauf einlassen möchte."

Fatima freute sich sichtlich und meinte: „Es ist der siebte Sinn oder das Herzgefühl, wie man auch sagt, mit dem du soeben eine Beurteilung vorgenommen hast. Das Herzgefühl zu trainieren ist deswegen die Aufgabe, die die meisten Menschen verlernt haben. Durch das Wahrnehmen mit den sechs Sinnen wird alles auf Verstandesebene analysiert. Dein Verstandesmännchen ist der Chef dieser Schaltzentrale und will auf keinen Fall arbeitslos werden. Doch der wahre Chef in dir ist deine Seele. Sie will sich über ihren Seelenanteil, also dich, erfahren, so wie es das Spiel des Lebens vorsieht. Doch irgendwann wird auch für deine Seele dieses Spiel langweilig, weil sich die Erfahrungen wiederholen. Sie kann jedoch nicht zum Telefon greifen, um dir zu sagen, dass du endlich einen Schritt vorwärtsgehen sollst. Denn es ist ermüdend für sie, jeden Tag dasselbe zu erleben: Du gehst morgens zur Arbeit, schlägst dich immer mit denselben Themen herum, bis du abends todmüde nach Hause kommst und dich vor den Fernseher setzt, um abzuschalten. Dann gehst du schlafen und am nächsten Tag beginnt dasselbe Spiel von vorne. In diesem Leben gibt es für die Seele nichts mehr groß zu erfahren, außer ab und zu am Wochenende oder im Urlaub. Bei dieser Lebensführung stagniert die Seelenevolution. Wenn du, also der Seelenanteil deiner Seele, den Seelenruf nicht wahrnimmst, dann wirst du mit deinem Leben zwangsläufig immer unzufriedener werden, was bedeutet, dass die freudvollen Lebenssituationen kaum noch vorhanden sind. Das ist das Zeichen, dich von nun an auf deine Seele einzulassen." „Aber warum fühle ich mich oft schlecht, obwohl ich dem Ruf meiner Seele gerne folgen möchte? Bestraft sie mich dafür, dass ich es nicht schon längst getan habe?"

„Aber nein, die Seele respektiert immer deine Entscheidungen. Dass du dich zunächst nicht so gut fühlst, wenn du dir bewusst wirst, dass du deinem Leben eine neue Richtung geben möchtest, liegt einfach nur daran, dass aus deiner Vergangenheit die Energien und Informationen in dir noch so stark wirken, dass sie erst einmal die neuen, höher schwingenden Energien, mit denen du dich von nun an informierst, überlagern müssen. Solange du nur mit deinen sechs Sinnen fühlst, wird dies auch noch eine ganze Zeit so bleiben. Erst wenn du gelernt hast, mit dem Herzen zu fühlen, wird die Veränderung rasch eintreten."

„Wenn ich dich also richtig verstanden habe, kann es sein, dass ich das wahre Gefühl der Freude und Liebe niemals erleben werde, solange ich den Zugang zu meinem Herzen nicht finden kann." Als ich mich diese Beurteilung sagen hörte, überkam mich in wenig Traurigkeit.

„Damit dieser Prozess nicht zu lange dauert und du nicht daran zerbrichst, ist seit einiger Zeit Hilfe zu dir unterwegs. Wie diese aussieht, möchte ich dir nun erklären. Denn das wird dir wieder Mut machen, um auf deinem Seelenweg weiterhin unbeirrt voranzugehen."

23

UNTERSTÜTZUNG
VON AUSSEN

*„Dadurch, dass jetzt der Unterschied zwischen deiner Grundschwingung
und der deiner Umgebung immer größer wird, fallen dir überhaupt erst all
die Dinge auf, die du vorher gar nicht bemerkt hast."*

Fatima hatte mich sehr neugierig gemacht. Um was für eine Art Hilfe es
sich wohl handelte, die es mir erleichtern sollte, auf meinem Seelenweg
voranzuschreiten?

„Wie muss ich mir diese Hilfe vorstellen? Gibt es vielleicht bald eine App,
mit der ich mich scannen kann und die mir anschließend verrät, welche
Schwingungen ich meiden sollte? Oder kommt gar ein Engel vom Himmel
geschwebt und führt mich durch die Unwegsamkeiten meines Lebens? Ich
finde diese Vorstellungen beide sehr schön, jedoch halte ich sie für unrealistisch", kommentierte ich meine Erklärung.

Fatima konnte sich das Lachen nicht verkneifen und meinte:

„Es ist eine schöne, wenn auch naive Vorstellung, dass ein Handy dir für
deine spirituelle Weiterentwicklung eine Hilfe sein könnte. Ebenso ist das
Bild vom helfenden Engel wundervoll. Doch beide Varianten treffen natürlich nicht zu. Wobei der Engel noch am ehesten in die richtige Richtung
geht." Fatima sammelte sich einen Augenblick und begann mit ihrer Erläuterung. „Du weißt ja, dass die Quelle, aus der wir alle stammen, niemals in
dein persönliches Leben eingreift, weil sie deinen freien Willen absolut zu
respektieren hat. Denn die Spielregel sagt, dass dir nur Hilfe gewährt werden kann, wenn du sie zulässt. Das bedeutet: Die Schwingung in dir muss
der Schwingung, die dir helfen möchte, sehr ähnlich sein, damit du über-

haupt mit ihr in Resonanz gehen kannst. Und wie du weißt, entstehen die stärksten und damit auch maßgeblichsten Schwingungen immer aus deinen Gefühlen. Die vielen nützlichen Tipps sind dir dabei von großem Nutzen, deine Gefühle dauerhaft positiv zu halten. Und hier setzt nun die Unterstützung an. Sie ist schon seit vielen Jahren unterwegs. Die Quelle oder Gott hat gemerkt, dass es den meisten Menschen so ergeht wie dir. Deswegen gibt es kaum eine Weiterentwicklung, die die Menschen auf ihren wahren Weg führt, sondern vielmehr in Sackgassen und Irrwege. Darum hat sie etwas Sinnvolles beschlossen. Sie kann zwar dem einzelnen Mensch nicht gegen seinen freien Willen helfen, aber sie kann dafür sorgen, dass die Rahmenbedingungen für alle Menschen positiver werden. Dadurch wird es für jeden leichter, seiner wahren Bestimmung zu folgen."

Fatimas Kurzgeschichte half mir auf die Sprünge. Plötzlich begann ich zu verstehen, worauf sie hinauswollte.

„Du meinst bestimmt die Ereignisse, um den 21. Dezember 2012. Damals hat sich die elektromagnetische Schwingung auf unserer Erde bedingt durch veränderte Sonnenaktivitäten stark erhöht, was zu einem Bewusstseinswandel bei den Menschen führen sollte."

Fatima sah mich erstaunt an. „Du weißt bereits darüber Bescheid, das ist erstaunlich. Die meisten Menschen haben davon überhaupt keine Kenntnis."

„Mir haben ein paar Freunde davon berichtet und sie meinten, dass diese Tatsache dazu führen würde, dass sich viele Menschen wieder daran erinnern, wer sie wirklich sind. Nur kann man wohl nicht behaupten, dass das seit diesem Datum, an dem die Schwingungserhöhung abgeschlossen war, auch wirklich eingetreten ist. Im Gegenteil, wenn ich mir die Unruhen und Kriege in der Welt anschaue, hat die Negativität der Menschen eher zugenommen. Und auch bei mir selbst erkenne ich ja, dass es mir immer noch sehr schwerfällt, meine neuen Erkenntnisse zu leben. Ja, manchmal bin ich sogar eher am Verzweifeln. Wo also soll da bitte schon eine Hilfe von außen erkennbar sein?"

Ich schüttelte verständnislos den Kopf und war auf eine Erklärung Fatimas gespannt. Ich konnte mir beim besten Willen nicht vorstellen, dass sie dafür eine Begründung vorzuweisen hatte.

„Ich kann dich sehr gut verstehen, weil auch ich zeitweise dachte, dass dieses Datum doch nur ein Mythos sei. Zunächst vermutete ich, dass sich jetzt alles nur noch zum Besseren wenden konnte. Jedoch zeigen in der Tat die

Nachrichten aus aller Welt, dass es genau andersherum zu sein scheint, dass die Menschen immer grausamer und unbarmherziger werden."

„Ja, genau, wo ist nun also die Hilfe, von der du sprichst?"

„Nun, Fakt ist, dass dieses Datum nicht den Abschluss einer Schwingungserhöhung darstellte, sondern erst den Beginn eines immer stärker werdenden elektromagnetischen Feldes, das sich unmittelbar auf unsere Erde auswirkt. Die Sonnenaktivitäten stiegen in den folgenden Jahren immer weiter an. An manchen Tagen erhöhte sich die elektromagnetische Schwingung sogar um das Zigtausendfache des Vortages. Bis heute hält dieser Prozess an. Was natürlich Auswirkungen auf das gesamte Leben unseres Planeten hat."

„Woher weißt du das? Ich meine, in den Medien erfährt man davon nichts. Du hingegen berichtest mir davon in einer Selbstverständlichkeit, als wäre dies ein ganz normaler Vorgang."

„Als ganz normal möchte ich dieses Geschehen nicht unbedingt bezeichnen, doch es ist so spektakulär, dass es Menschen gibt, die sich täglich damit beschäftigen, indem sie diese Schwingungen messen und aufzeichnen, um Statistiken zu erstellen. Henry ist einer dieser wenigen Menschen, die das Geschehen wissenschaftlich untersuchen. Doch läuft das Ganze eher im Stillen ab, da das nicht allen Menschen gefällt."

Ich war erstaunt, schon wieder Henrys Namen zu hören. Irgendwie wirkte er auf mich sehr merkwürdig. Und nun offenbarte mir Fatima, dass er Wissenschaftler war. Das ergab für mich irgendwie keinen Sinn.

„Und wie erklärt ihr euch – Henry und du –, dass diese Schwingungen alles eher noch schlimmer machen als zuvor?"

Nun war ich gespannt, welche Erklärung mir Fatima darauf bieten würde.

„Diese Schwingungserhöhung hat, wie gesagt, Auswirkungen auf alle Menschen. Das bedeutet, dass niemand sich ihr entziehen kann. Da die Information, die diese Schwingung enthält, positiver ist als die alte Schwingung vor der Zeit der Erhöhung, steht sie zunächst in Disharmonie zu deiner Schwingung. Im Klartext bedeutet das: Vor dem Beginn der Schwingungserhöhung waren deine Schwingung und die deines Umfeldes sehr ähnlich. Doch nun ist die Frequenz um dich herum viel höher. Somit kann das Resonanzgesetz nicht wirken, solange du selbst nicht diese oder zumindest eine ähnliche Frequenz aussendest. Da diese Energie jedoch so stark ist, wirkt sie so lange auf dich ein, bis du mit ihr in Resonanz gehst. Das geschieht jeden Tag ein kleines bisschen, doch der Unterschied bleibt immer noch sehr groß, was zu einer gewissen Disharmonie führt. Der Prozess bis zur Frequenzanpassung, der bei jedem anders verläuft und unterschiedlich lange dauern kann, ist deswegen für viele Menschen sehr anstrengend. Die einen sind oft sehr müde, andere bekommen aus unerklärlichen Gründen Schmerzen, die genauso schnell wieder verschwinden wie sie gekommen sind. Wieder andere leiden plötzlich unter starken Depressionen. Vielleicht ist dir in deinem Umfeld schon aufgefallen, wie viele Menschen in letzter Zeit sehr krank sind, manchmal sogar unheilbar krank, obwohl sie noch relativ jung sind. Aber auch immer mehr Menschen nehmen sich freiwillig das Leben, weil sie mit der neuen Schwingung nicht zurechtkommen. Am auffälligsten sind jedoch die vielen Menschen mit Burn-out-Erkrankungen. Sie alle haben eine Gemeinsamkeit: Sie weigern sich, die neue Schwingung anzunehmen. Das tun sie jedoch nicht absichtlich, sondern unbewusst, weil sie keine Ahnung haben, was um sie herum geschieht. Sie weigern sich, durch ihr Verhalten mit der neuen Schwingung in Resonanz zu gehen.“

„Okay, das kann ich verstehen. Aber warum können wir Menschen uns nicht einfach automatisch auf diese Frequenz einschwingen, wenn sie uns doch von der Quelle als Hilfe geschickt wird? Das wäre doch das Einfachste. Warum ist das Ganze so kompliziert?“

Fatima schüttelte den Kopf, als würde sie meine Frage als verwerflich ansehen. „Mannomann! Dass die Menschen immer an irgendeinen Retter glauben müssen, der kommt, um das für sie zu tun, was nur sie selbst tun können! Den gab es noch nie und den wird es nie geben. Auch wenn dir diese Antwort nicht gefällt: Es wird niemand in dein Leben eingreifen. Dein freier Wille ist unantastbar. So ist es in den Spielregeln vereinbart, und so geben es auch die Gesetzmäßigkeiten vor. Deswegen ist die Hilfe, von der ich spreche, als Chance zu betrachten, durch die verbesserten Umstände von außen, also der neuen, positiven Schwingung, welche die Information der Liebe enthält, eine zusätzliche Möglichkeit zu erhalten, um die Eigenschwingung zu erhöhen. Je mehr du von den nützlichen Tipps anwendest, umso leichter wird es dir fallen, dich auf die neue Energie einzulassen. Wenn du jedoch nach wie vor an deinen alten Überzeugungen, Gewohnheiten und Glaubenssätzen festhältst, dann wird dein Leben in dieser neuen Zeit schwerer, was die verschiedensten Krankheiten der Menschen um dich herum zeigen. Noch nie waren die Arztpraxen und Krankenhäuser so voll mit Menschen, für die die Mediziner keinen Rat zu Heilung kennen.“

„Aber ich kann immer noch nicht ganz verstehen, warum es uns in dieser neuen Zeit, wie du sagst, so schwergemacht wird. Worin liegt der Grund?", fragte ich schon fast verzweifelt.

„Lass es mich dir an einer ganz einfachen Geschichte erklären, indem wir die Worte schlichtweg auswechseln. Für die neue, höhere oder positive Schwingung benutzen wir das Wort Licht und die alte, niedrige oder negativere Schwingung nennen wir Dunkelheit. Nachdem uns die alte Schwingung, also die Dunkelheit, viele Jahrtausende lang umgeben hat, wurde um das Datum des 21. Dezember 2012 ein kleines Licht entzündet, das fortan auf die Erde leuchtet. Berührt davon, dass du nun endlich sehen konntest, wer du in Wahrheit bist, freutest du dich und hattest Hoffnung, dass sich dein Leben nun endlich zum Guten wenden würde. Das funktionierte anfangs auch wunderbar. Du fühltest dich glücklich und das wolltest du von nun an immer sein. So wurde das Licht jeden Tag ein wenig heller, wodurch auch die Zwielichtigkeit deiner Umgebung mehr und mehr verschwand. Die Konturen wurden schärfer und du sahst, was tatsächlich um dich herum geschah. Dadurch wurden dir viele Dinge bewusst und du erlangtest neue Erkenntnisse. Diese wiederum brachten dich auf deinem weiteren Lebensweg ein großes Stück voran. Fast geblendet von dem, was sich rings um dich auftat, schautest du gebannt in das Licht. Dabei vargaßest du völlig, dich selbst genauer zu betrachten. So entging dir, dass dein Körper einen dunklen Schatten warf, der mit jedem Tag, an dem das Licht heller schien, dunkler und kräftiger wurde. Doch wo Licht ist, da ist eben auch Schatten. Und Schatten lassen sich nun einmal nicht vermeiden. Sie sind deine alten Muster, die du noch nicht ablegen kannst, die dunklen Flecken in deinem Herzen. Solange du sie noch in dir hast, wird nach wie vor Dunkelheit in dir sein. Erst, wenn du nur noch das Licht in dir trägst, das heute im Außen auf dich scheint, wirst du aus dir heraus leuchten und die Schatten werden verschwunden sein. Doch verzweifle nicht an diesem Prozess, denn das Licht siegt immer über die Dunkelheit, weil selbst die kleinste Kerze einen Raum erhellt und damit die Finsternis für immer verschwindet."

Diese Geschichte tat meinem Verständnis für das, was gerade mit mir geschah, sehr gut und ich brauchte eine Weile, um alles zu verstehen.

„Bedeutet das, dass durch die Zunahme an positiver Schwingung, die die Sonne uns sendet, meine hindernden Gewohnheiten und Glaubenssätze erst so richtig ans Licht kommen?"

„Ja, genau so ist es. Dadurch, dass jetzt der Unterschied zwischen deiner Grundschwingung und der deiner Umgebung immer größer wird, fallen dir überhaupt erst all die Dinge auf, die du vorher gar nicht bemerkt hast. Da sich bisher alles ziemlich im Gleichklang befand, kommt nun Bewegung in dein Leben. Das ist zu vergleichen mit dem Beispiel unserer Hände. Du hast meine Hand erst wieder gespürt, als ich Energie mobilisierte und sie bewegte."

Nun war für mich alles klar. Jetzt verstand ich auch, warum sich plötzlich so vieles so rasch in mir und in meinem Umfeld veränderte.

„War vorher für mich alles im Gleichklang, so lässt die Hilfe von außen eine Dissonanz entstehen, die aufgrund der unterschiedlichen Schwingungen zwischen mir und meinem Außen zustandekommt. Das ist der Grund für die Veränderung. Ohne diese Maßnahme der Quelle wäre es mir fast nicht möglich zu erkennen, was ich ändern sollte, um mit der Schwingung der Freude und Liebe in Einklang sein zu können. Die Lebensumstände, die mich unzufrieden machen, zeigen mir jedoch dank der Spiegelgesetze meine Themen auf. Habe ich sie gelöst, so steigt meine Frequenz an, wodurch ich neue Situationen in mein Leben ziehe, die mich mehr Freude, Glück und Liebe fühlen lassen."

Fatima lächelte mich anerkennend an.

„Richtig, doch leider wissen das nur die allerwenigsten Menschen, weswegen auch so viel Krankheit, Unruhen, Kriege und Leid auf der Erde entstehen. Diese Menschen spüren die Veränderung, die in ihnen vorgeht. Doch anstatt sich auf sie einzulassen und an sich zu arbeiten, um in die Liebe zu kommen, wählen sie die Angst – Angst davor, ihre alten Gewohnheiten zu verlieren. Sie halten sie krampfhaft fest, weil sie nicht wissen, dass die Liebe auf sie wartet, wenn sie denn bereit dazu wären, ihr altes Leben loszulassen. Krankheit zum Beispiel kann nur entstehen, wenn man nicht bereit ist, seinen persönlichen Lebensweg zu gehen. Aber das weißt du ja bereits von Mary und Samuel. Doch was du bisher noch nicht wusstest, ist die Tatsache, dass die neue Frequenz keinen Aufschub mehr duldet, weil sie physikalisch bestrebt ist, dich mitzuziehen, um dich mit ihr in Resonanz zu bringen. Dadurch will alles angeschaut und gelöst werden. Doch wer noch immer zum Arzt geht, um von ihm das zu verlangen, was jeder selbst erledigen sollte, nämlich sich gesund zu machen, der steigt in ein Hamsterrad ein, das er erst wieder verlassen kann, wenn er erkannt hat, dass in erster Linie die eigenen

Gewohnheiten und Glaubenssätze losgelassen werden dürfen. Eine Tablette wird nicht heilen können, sie verlängert vielmehr den Schmerz, auch wenn er vorübergehend verschwindet. Doch jeder hat den freien Willen bekommen, selbst zu entscheiden, welches Leben er führen möchte: ein Leben in Freud oder in Leid. Dabei ist die Angst vor Veränderung der größte Hinderungsgrund."

„Aber warum gibt es so viele Kriege auf der Welt? Das kann ich noch nicht ganz einordnen.", fragte ich verwirrt.

„Dazu muss man unterscheiden, aus welchem Beweggrund ein Krieg geführt wird. Doch sie haben alle etwas gemeinsam, nämlich, dass auch hier die verschiedensten Glaubenssätze die Menschen dazu bewegen, an ihren überholten Einstellungen zu Religion, Kultur oder Macht festzuhalten. Sie verstehen noch nicht, dass es keinen Gott gibt, der irgendwelche religiösen Regeln vorschreibt, sondern dass sie selbst es sind, die sich diese Regeln auferlegt haben. Auf kultureller Ebene fordern diejenigen, die in ihrer Entwicklung bereits vorangeschritten sind, eine Abkehr von den alten Sitten und Bräuchen, weil diese nicht mehr zeitgemäß sind. Doch die Angst derer, die in ihrer Zeit stehengeblieben sind, ist zu groß, um Neues zuzulassen. Sie befürchten, ihren Halt zu verlieren. Darum bekämpfen sie jegliche Veränderung. Die Hauptursache für Unruhen und Kriege jedoch ist die Angst vor Machtverlust. Diejenigen, die auf die Straße gehen, um für Veränderungen zu demonstrieren, haben erkannt, dass ein Ungleichgewicht entstanden ist, welches sie machtlos gemacht hat. Deswegen fordern sie ihre Eigenbestimmung zurück. Die Mächtigen hingegen haben Angst davor, ihren Einfluss zu verlieren, wenn sie den Menschen diesen Wunsch zugestehen. Auch hier erkennst du wieder das Hamsterrad. Du siehst, es gibt viele Gründe, weswegen die Menschen sich gegenseitig bekämpfen. Und alleine darüber könnten wir stundenlang reden."

„Aber, was kann man dagegen tun, um wieder Frieden herzustellen? Das ist doch ein entscheidendes Thema, denn schließlich geht uns das alle an. Wenn ich morgen in mein volles Bewusstsein kommen sollte, das mir Freude und Liebe schenkt, würde ein großer Krieg alles wieder zerstören. Davor habe ich Angst, und dieser Wahnsinn darf doch auch nicht geschehen, denn dann wäre ja das ganze Spiel umsonst gewesen."

„Du hast vollkommen recht damit, dass dieses Szenario einen herben Rückschlag für die Seelenevolution bedeuten würde. Und in der Geschichte der

Menschheit kam dieses Ereignis durchaus bereits mehrfach vor. Doch wollen wir nun nicht gleich wieder schwarzsehen. Die Wissenschaftler um Henry fanden nämlich heraus, dass alle Epochen der Menschheit immer eine Gemeinsamkeit besaßen, als ihre jeweilige Ära zu Ende ging. Egal, ob es sich um Atlantis, Lemurien, das Römische Reich oder das Deutsche Reich handelte, immer wurde der Untergang von einer Sonnenaktivität begleitet, die zu einem starken Anstieg der elektromagnetischen Schwingung auf der Erde führte. Was darauf folgte, war jedes Mal eine Weiterentwicklung der Menschheit. Auch jetzt ist es wieder so weit, dass eine solche Veränderung ansteht. Aufgrund unserer Erfahrungen in der Menschheitsgeschichte jedoch stehen die Zeichen sehr gut, dass wir es dieses Mal schaffen und nicht erst alles zerstören, bevor wir uns mit neuem Bewusstsein an den Wiederaufbau machen können. Darum: Denke immer daran, dass du zu dem wirst, was du fühlst. Angst ist demzufolge das falsche Empfinden. Denn jeder Einzelne trägt zu dem bei, was aus uns allen wird. Also fang du damit an, so wie wir es hier schon lange tun."

24

DER SCHMETTERLING

„Als ich aus meinem kranken und defekten Körper gestiegen war,
wurde alles friedlich.
Eine unendliche Ruhe umgab mich und es war alles gut."

Das Gespräch mit Fatima gab mir zu denken. Ich ging durch die engen Gassen von Malikunda und ließ mir die Worte über den Untergang der Epochen der Menschheit noch einmal durch den Kopf gehen. Sollten wir wirklich wieder an diesem Punkt angelangt sein, der eventuell großes Leid über die Menschen brachte und alles zerstörte, was wir lieb gewonnen hatten? Ich malte mir in den schauerlichsten Bildern aus, was das für mich bedeuten könnte. Als der Berg der Angst immer größer wurde und ich das Gefühl hatte, er würde mich erdrücken, fing ich an zu zweifeln. Gab es wirklich dieses Spiel des Lebens? Ich stellte plötzlich alles infrage, was mir seit der Einweihung durch Mary und Samuel als völlig normal und logisch erschien. Auf einmal war ich mir gar nicht mehr so sicher, ob es tatsächlich eine Quelle gab, die die Seelen erschuf, welche ihre Seelenanteile in einen menschlichen Körper inkarnieren ließen, um mit diesem Gefährt durch das Leben in der Polarität zu reisen. Welchen Sinn sollte es haben, dieses Leid immer und immer wieder zu erleben?

Meine Gedanken drehten sich im Kreis, als mir plötzlich eine Frau entgegenkam. Sie humpelte sehr und ging an einem Stock. Zu allem Übel schien sie auch noch blind zu sein. Mit ihrer freien Hand tastete sie sich an der Hauswand entlang. Als ich das sah, wurden meine Zweifel bestätigt, denn welche Sinnhaftigkeit konnte hinter einem solchen Leben schon stehen. Dieses Leid wünschte man doch niemandem. Aber diese Frau musste damit leben. Ein solches Elend konnte sich doch keine Seele aussuchen. Ich war schon fast an ihr vorbeigegangen, als sie stehen blieb und mich unerwartet ansprach. „Hallo du, kannst du mir kurz helfen?"

Ich erschrak und ging sofort auf sie zu.

„Ja, natürlich, was kann ich für dich tun?", sprach ich mit mitleiderfüllter Stimme.

„Oh, du bist wohl neu hier, deine Stimme kenne ich gar nicht."

„Ja ich bin nur für zwei Wochen zu Besuch bei Fatima."

„So, bei Fatima bist du, na dann scheinst du ja noch einiges lernen zu wollen."

Ich war erstaunt, dass diese Frau genau wusste, weswegen ich hier war, jedoch erinnerte ich mich sofort daran, dass auf der Insel nichts verborgen blieb.

„Ja, so ist es wohl. Doch wie kann ich dir behilflich sein?"

„Heute Morgen haben da vorne an der Kreuzung ein paar Pflastersteine gefehlt. Deswegen wäre ich beinahe gestürzt. Könntest du bitte schauen, ob die Straße mittlerweile repariert wurde, denn ich weiß nicht mehr genau, wo das war."

Ich blickte in die angezeigte Richtung und erblickte ein kleines Schlagloch.

„Nein, es ist immer noch da. Warte kurz, ich helfe dir." Ich nahm meinen Fotoapparat in die andere Hand, während ich auf die gegenüberliegende Straßenseite wechselte, um sie zu halten.

„Das ist nett von dir. Wo kommst du denn her und was suchst du hier auf Atlemuris?"

Während ich sie um das Schlagloch herumführte, stellten wir uns gegenseitig vor und ehe ich mich versah, saß ich bei ihr zu Hause auf ihrer kleinen Terrasse bei einer Tasse Tee.

„Im Augenblick kann ich es einfach nicht glauben, dass es wirklich eine Seele gibt, die in uns wohnt", sagte ich zu Charlotte – immer noch von meinen Gedanken beherrscht.

„Aber warum nicht? Das ist doch die logischste Erklärung für das Leben. Warum zweifelst du daran?"

Ich erzählte ihr von meinem Gespräch mit Fatima und meinen angstvollen Gedanken. Währenddessen schaute ich sie genau an und meinte:

„Nun, bitte, sei mir nicht böse, aber wenn ich sehe, welch ein Leben voller Entbehrungen du führen musst, dann gibt mir das schon zu denken. Das kannst du dir doch nicht ernsthaft ausgesucht haben!"

„Welche Entbehrung meinst du? Etwa die, dass ich nicht mehr richtig gehen kann, oder meine Blindheit?"

„Na, beides natürlich. Das muss doch schlimm für dich sein. So etwas kann man sich doch nicht wirklich aussuchen, oder?"

„Du bist ganz schön direkt", meinte Charlotte erstaunt.

„Dass meine Augen nichts sehen können, habe ich mir wohl schon ausgesucht, denn ich bin von Geburt an blind."

„Aber wieso solltest du dir das aussuchen? Das ist doch furchtbar, wenn man nicht sehen kann. Du weißt ja gar nicht, wie schön die Blumen blühen, wie das Meer glitzert oder wie deine Mitmenschen aussehen."

„Du denkst, dass dies ein Problem für mich sei, weil ich das eine Sinnesorgan, die Augen, nicht zur Verfügung habe, um die Dinge wahrzunehmen, die um mich herum geschehen. Ich sage dir, das ist für mich kein Problem, ganz im Gegenteil. Diese Wahrnehmung nicht zu besitzen, bewahrt mich davor, der vermeintlichen Gefahr ins Auge sehen zu müssen. Dadurch erspare ich mir die Angst vor vielen Dingen, die man oft gar nicht haben müsste. Doch nur, weil das Verstandesmännchen aus einer Situation, mit der es sich konfrontiert sieht, ein Szenario spinnt, entsteht möglicherweise ein Problem für viele sehende Menschen. Somit ist das Nicht-Vorhandensein dieses Sinnes keine Beeinträchtigung für mich. Meine übrigen Sinne übernehmen das, was ich sehen muss, bestens, nur eben mit anderen Augen."

Charlotte argumentierte ihr Schicksal mit so überzeugender Fröhlichkeit, dass ich ihr diese Erklärung vollkommen abnahm.

„Was meine Gehbehinderung anbelangt, so habe ich sie wohl in mein Leben gezogen."

„Wie muss ich das verstehen?"

„Es war ein Unfall, dem ich zu verdanken habe, dass meine linke Körperhälfte teilweise gelähmt ist. Damals habe ich den Unfallverursacher verurteilt, doch heute weiß ich, dass nichts im Leben ohne Grund geschieht. Alles basiert auf dem Gesetz von Ursache und Wirkung.

„Wie ist das denn passiert?", hakte ich nach, denn ich verstand nicht, was sie meinte.

„Ich war damals ein ungerechter Mensch und hatte ein Herz aus Stein. Durch meine Sehbehinderung isolierte ich mich bereits in der Pubertät von allen anderen Menschen. Ich hatte keine Freunde und fühlte mich einsam. Zu jenem Zeitpunkt sendete ich Gefühle des Selbstmitleides und der Verurteilung aus. Ich war der Meinung, dass ich niemals einen Freund bekommen würde, denn wer will schon einen Krüppel. Weil ich genau diese Gefühle in mir trug, geschah natürlich auch, was kommen musste. Kein Junge wollte etwas von mir wissen. Als ich dann Anfang zwanzig war und immer noch keinen Freund hatte, begann ich an meiner Weiblichkeit zu zweifeln. Ich konnte mein Spiegelbild ja nicht sehen und glaubte deswegen, hässlich zu sein. Von nun an wurde ich immer verbitterter und hatte das Gefühl, dass ein Teil von mir fehlte. Doch es war nicht das Augenlicht, an dem es mir mangelte, sondern das Gefühl in mir zu tragen als Frau nicht vollkommen zu sein. So lebte ich von nun an immer mehr meine männliche Seite aus. Ich wurde hart, unnachgiebig, verbissen, kämpferisch und rational denkend. Die weiblichen Aspekte, also die Weichheit, Einfühlsamkeit, das Herzgefühl – einfach gesagt, die intuitive und liebevolle Seite, ging mir gänzlich verloren."

Ich hörte Charlotte gespannt zu, wobei ich mir nicht vorstellen konnte, dass diese Frau solche Wesenszüge in sich getragen hatte. „Wie kam es dann zu diesem Unfall, der anscheinend dein Leben in allen Belangen verändert hat?"

Charlotte machte eine kurze Pause, weil es ihr sichtlich schwerfiel, darüber zu berichten.

„Dann kam, was kommen musste. Ich war Mitte zwanzig und damals am Höhepunkt meines Selbstmitleides angelangt. Es war an einem nebeligen Herbstabend, als ich von der Arbeit nach Hause ging. Ich überquerte den Fußgängerüberweg, als mein Herz stehen blieb und ich zusammenbrach. Ein herannahendes Auto konnte nicht mehr rechtzeitig anhalten und überrollte mein linkes Bein."

Bestürzt sah ich in Charlottes fahles Gesicht.

„Das ist ja schrecklich, was war geschehen?"

„Ich hatte beim Überqueren der Straße einen Herzinfarkt erlitten. Der Fahrer konnte nichts dafür, dass er mir mein Bein und meine Hüfte zertrümmerte, doch ich begab mich in die Verurteilungshaltung und machte ihn zunächst zum Täter. Erst später habe ich begriffen, dass ich es war, die dieses Ereignis herbeigeführt hatte. Durch meine Gefühle."

Diese Erklärung konnte ich nicht akzeptieren.

„Das kann doch nicht sein", sagte ich bestürzt, „dass du mit deinen Gefühlen diesen Unfall in dein Leben gezogen hast. Das gibt es doch nicht!"

„Und ob es das gibt. Ich habe permanent über Jahre hinweg mit meinen Gefühlen die Ablehnung meiner Weiblichkeit ausgestrahlt. Jeder Körper besteht aus zwei Seiten. Der männlichen und der weiblichen. Die linke Seite ist die weibliche. Dort befindet sich auch das Herz, wie du weißt. Ich lehnte diese Seite komplett ab, also brauchte ich sie auch nicht mehr. Durch das Resonanzgesetz wurde somit Ursache und Wirkung in Gang gesetzt. Es kam, was kommen musste. Ich zog den Herzinfarkt und den Autounfall in mein Leben. Auf seelischer Ebene war die linke Körperhälfte schon jahrelang unbeweglich und wie versteinert, nun war sie es auch körperlich."

Ich war geschockt und überwältigt zugleich. Auf der einen Seite tat mir Charlotte leid, andererseits bewunderte ich es, wie sie mit ihrem Schicksal umging.

„Wie hast du es geschafft, aus diesem Loch, in das du offenkundig gefallen warst, wieder herauszuklettern? Also, das stelle ich mir nicht einfach vor."

„Du hast vollkommen recht, das ist nicht einfach, und auch mir gelang es lange nicht. Dadurch wurde mein Herz so geschädigt, dass es völlig versagte. Über lange Zeit lag ich im Krankenhaus und hing an lebenserhaltenden Maschinen. Bis dann ein Spenderherz für mich gefunden wurde."

„Du trägst das Herz eines anderen Menschen in dir", sagte ich völlig überrascht. „Wie kommst du damit zurecht?"

„Das ist eine andere Geschichte, die ich dir gerne erzählen werde, doch zunächst möchte ich dir zu Ende berichten, weshalb ich mit dieser Lebenskrise heute gut umgehen kann. Bei der Herztransplantation kam es zu einem Zwischenfall, denn als die Ärzte mit der Operation schon fast fertig waren, verstarb ich."

Als ich das vernahm, stellten sich mir sämtliche Haare an meinem Körper auf und ich wusste zunächst gar nicht, was ich sagen sollte. Nachdem ich meine Sprache wiedergefunden hatte, fragte ich Charlotte:

„Wie soll ich das verstehen, du bist doch nicht wirklich gestorben, sonst säßest du jetzt nicht hier bei mir!" Charlotte nickte mit dem Kopf und sagte mit fester Stimme: „Doch, ich war für einige Zeit klinisch tot. Man kann auch sagen, ich hatte eine Nahtoderfahrung."

Ich war sprachlos. Zwar hatte ich schon davon gehört, dass Menschen so etwas erlebt hatten, doch ich konnte irgendwie nicht glauben, dass es so etwas gab. Und jetzt lernte ich tatsächlich jemand kennen, dem genau dies widerfahren war.

„Nun bin ich aber sehr neugierig, welche Erfahrungen du dabei gemacht hast."

„Zu dem Zeitpunkt, als bei mir der biologische Tod festgestellt wurde, verließ ich meinen physischen Körper."

„Wie muss ich mir das vorstellen?", fragte ich gespannt.

„Es ist vergleichbar mit einem Schmetterling, der gerade aus seinem Kokon schlüpft, um sich zu erneuern. Als ich aus meinem kranken und defekten Körper gestiegen war, wurde alles friedlich. Eine unendliche Ruhe umgab mich und es war alles gut. Ich hatte einen makellosen Körper. Mein Bein war völlig unbeschadet und mein Herz schlug ganz normal. Ich hatte keinerlei Schmerzen und war vollkommen in meiner Mitte. In diesem Zustand blickte ich aus einiger Entfernung herab auf meinen physischen Körper und sah Ärzte sowie Krankenschwestern hektisch um mich herum arbeiten. Sie versuchten, mein Leben zu retten und hatten Panik. Ich beobachtete in aller Gelassenheit die Situation, ohne dabei ein negatives Gefühl zu empfinden. Ich ließ es einfach geschehen. Nach einer Weile, als ich genug gesehen hatte, wendete ich mich einem Lichtpunkt hinter mir zu, der in der Ferne strahlte. Ein langer Tunnel lag vor ihm und es zog mich fast automatisch dort hinein. Als ich durch ihn hindurchschwebte, lief mein ganzes Leben rückwärts wie ein Film um mich herum ab. Ich sah alles, was ich getan hatte, und erkannte dabei augenblicklich, wie ich selbst erschaffen hatte, was mich nun das Leben gekostet hatte. Am Ende des Filmes erblickte ich, was ich mir für dieses Leben vorgenommen hatte und erkannte augenblicklich, dass ich von meinem Seelenweg abgekommen war. Doch ich war keine Sekunde traurig darüber oder machte mir Vorwürfe, sondern ich erkannte die Gesetzmäßigkeiten in aller Klarheit, die mich zu dem Menschen gemacht hatten, der ich damals war. Ich wurde zu dem, was ich fühlte. Als ich in das warme, weiche Licht eintauchte, begrüßten mich altbekannte Gesichter. Darunter waren meine Großeltern, mein kleiner Bruder, der mit fünf Jahren gestorben war. Und sogar mein verstorbener Blindenhund Sammy war dabei. Alle die, die ich in meinem Leben am meisten geliebt hatte und die schon vor mir gegangen waren, standen nun da und umarmten mich, einer nach dem anderen. Es war einfach wundervoll und ich hatte das Gefühl, wieder zu Hause zu sein."

„Wie lange warst du denn tot? Bei dem, was du alles erlebt hast, muss dies ja Stunden gedauert haben! Doch das ist biologisch gar nicht möglich. Und selbst wenn, dann müsstest du irreparable Hirnschäden erlitten haben."

„Die Ärzte sagten mir hinterher, dass ich etwa eine Minute tot war. Doch in der Ewigkeit gibt es keine Zeit. Hier geschieht alles augenblicklich. Du kannst dir das nicht vorstellen, weil du es noch nicht erlebt hast. Und weil ich dort glücklich, schmerzfrei und ohne Gebrechen war, wäre ich dort auch am liebsten für immer geblieben."

Charlotte zeigte einen sehnsüchtigen Gesichtsausdruck, der verriet, dass es da, wo sie damals gewesen war, wundervoll sein musste.

„Die moderne Medizin machte es jedoch möglich. Sie holte mich wieder zurück. Noch bevor ich mich von meinen Liebsten verabschieden konnte, wurde ich wieder in meinen Kokon gepresst und muss seither wieder mit meinem kranken Leib vorliebnehmen, der humpelt, blind ist und das Herz eines anderen Menschen in sich trägt. Dabei wäre ich liebend gerne zu Hause geblieben, denn dort war alles perfekt." Charlotte ließ den Kopf hängen und ich spürte, dass sie diese Erinnerung sehr mitnahm.

„Kann es denn nicht sein, dass du dir das alles nur eingebildet hast und es gar nicht real war? Ich meine, das würde es dir doch leichter machen, damit fertig zu werden." Charlotte hob den Kopf und schüttelte ihn vehement.

„Was glaubst du, wie viele Menschen genau das schon zu mir gesagt haben? Als die Ärzte mich wieder zurückgeholt hatten, kamen sie reihenweise zu mir ins Krankenzimmer, um mich zu interviewen. Als ich ihnen erzählte, was ich erlebt hatte, versuchten sie mit allerlei Argumenten zu widerlegen, was die Wahrheit war. Doch ich hatte am Ende immer den Beweis erbracht, worauf sie nichts mehr zu sagen wussten."

Jetzt machte es Charlotte aber richtig spannend und ich konnte es kaum mehr erwarten zu erfahren, wie sie die Ärzte von der Wahrhaftigkeit ihrer Nahtoderlebnisse überzeugen konnte.

„Als sie mit ihren Argumenten am Ende waren, fragte ich sie alle, wie sie sich erklären konnten, dass ich als blinde Frau seit meiner Nahtoderfahrung genau wusste, wie sie aussehen. Dabei beschrieb ich jeden Einzelnen haargenau. Welche Augen und Haarfarbe sie hatten. Wie ihre Frisur aussah. Ob sie eine Brille trugen oder eine Warze im Gesicht hatten. Ob sich Falten in ihr Gesicht gruben und wie ihre Hautfarbe war. Ein Assistenzarzt afrikanischer Abstammung geriet dabei völlig aus dem Häuschen. Sie alle mussten sich eingestehen, dass es etwas zwischen Himmel und Erde gab, von dem sie bis dahin noch keine Ahnung hatten. Eine blinde Frau hatte ihnen das wahre Sehen gelernt."

Auch ich war völlig außer mir. Eine von Geburt an blinde Frau wusste, wie die Menschen, die sie ärztlich versorgt hatten, aussahen. Sie hatte sie gesehen, jedoch nicht mit ihren Augen. Das war mit dem Verstand nicht mehr zu erklären. Damit lieferte mir Charlotte das entscheidende Argument: mich ein für alle Mal zu verabschieden von meinen Zweifeln, ob es tatsächlich das Spiel des Lebens, die Quelle und die Seele gab. Das machte mich überglücklich und ich begriff augenblicklich, wie wichtig es war, sich immer wieder die Frage zu stellen: Auf wen hörst du? Charlotte war dort, wo wir alle wieder hinmöchten. Sie hatte die Fakten dazu, es mit dem Herzen anstatt mit dem Verstand zu glauben, wodurch es zu unserer Wahrheit wird. Von nun an wusste ich für alle Zeiten, dass ich ein energetisches oder göttliches Wesen bin, das nur für eine gewisse Zeit einen materiellen Körper bewohnt, bevor es wie ein Schmetterling aus dem Kokon schlüpft, um wieder dorthin zurückzufliegen, wo es hergekommen war.

Viel Zeit war vergangen und ich wollte mich schon von Charlotte verabschieden, als sie meinte: „Und nun möchte ich dir noch erzählen, was ich mit meinem, neuen Herz erlebt habe."

Durch meinen Kopf schwirrten mittlerweile so viele Gedanken, dass ich fast vergessen hatte, dass diese Antwort noch ausstand. So lehnte ich mich wieder in meinen Stuhl zurück und machte es mir bequem.

„Als mein Körper mein neues Herz angenommen hatte, ging es mir allmählich wieder besser. Was ich auf der anderen Seite der Realität erlebt hatte, ließ in mir viele neue Erkenntnisse wachsen, sodass sich mein Leben täglich veränderte. Ich hatte nicht nur die Ärzte beschreiben können, sondern ich wusste nun auch, wie ich selbst aussah. Da ich mich ja noch nie gesehen hatte, war ich sehr positiv überrascht über mein Aussehen und begann mich selbst zu lieben. Doch immer, wenn ich mit mir selbst haderte, hatte ich ein Wort im Kopf, das ich bisher noch nicht gekannt hatte. Es heißt ‚Schnuffi'. Irgendwann ging mir dieses Wort überhaupt nicht mehr aus dem Kopf. Zuerst fand ich es einfach lustig, doch als ich nachts kaum mehr einschlafen konnte, weil ich immer nur ‚Schnuffi, Schnuffi, Schnuffi' hörte, wurde es mir zu viel. Gleichzeitig hatte ich das Verlangen zu erfahren, wer der

Mensch war, dessen Herz nun in mir schlug. So fing ich an zu recherchieren und bekam heraus, dass es sich um eine Frau handelte, die bei einem Autounfall ums Leben gekommen war. Ihr Mann, der nicht mit im Auto saß, lebte einige Hundert Kilometer von meiner Heimatstadt entfernt und ich nahm Kontakt zu ihm auf. Als ich ihm erzählte, dass ich das Herz seiner Frau in mir trage, überwältigten ihn seine Gefühle. Wir unterhielten uns sehr lange und ich schilderte ihm, was ich bei der Operation erlebt hatte. Das berührte ihn sehr. Als ich ihm schließlich von dem Wort berichtete, das mir bis dahin nicht geläufig war, brach er in Tränen aus. Zuerst konnte ich nicht verstehen, warum, doch dann wurde es mir klar. Er erklärte mir, dass ‚Schnuffi' das Codewort für ihn und seine Frau war, wieder Frieden zu schließen, wenn sie sich gestritten hatten. Zum Zeitpunkt des Unfalls hatte er mit seiner Frau telefoniert. Dabei hatten sie sich wegen einer Lappalie gezankt. Doch noch bevor einer von beiden das Codewort sagen konnte, war sie tot."

Mir liefen Tränen über die Wangen. Ich war so gerührt von Charlottes Geschichte, dass ich eine ganze Weile brauchte, um wieder einen Ton herauszubekommen.

„Wie ist es möglich, dass du genau dieses Wort plötzlich in deinen Gedanken wahrgenommen hast?"

„Was ich damals nicht wusste, ist für mich heute ganz logisch. Jede einzelne Zelle speichert alle Schwingungen und Informationen, die jemals auf sie gewirkt haben. Diese Zellinformationen gehen bei einer Organtransplantation mit in den Körper des Empfängers über. Dort schwingen sie weiter und gehören nun zum Leben des Menschen dazu. Da das Herz sehr viele Gefühle speichert, bin ich mir heute im Klaren darüber, dass ich einen Teil des Lebens dieser Frau mitlebe. Dass gerade das Herz die bewegendsten Lebensthemen speichert, zeigen Redewendungen wie: Es hat mir das Herz zerrissen. Oder: Es hat mein Herz berührt. Aber auch einfach nur Worte wie Herzgefühl oder Herzenswünsche sind ein eindeutiger Hinweis darauf, dass das Herz die Wahrnehmung der Gefühle verwaltet. Ganz im Gegensatz zu unserem Gehirn, das ausschließlich auf den Verstand ausgerichtet ist."

Aus dieser Perspektive hatte ich die Organspende noch gar nie betrachtet. Für mich war es immer klar, dass ich bei meinem Ableben jederzeit meine Organe einem anderen Menschen zur Verfügung stellen würde. Doch nun war ich mir nicht mehr so sicher, ob es richtig ist, dass ein Mensch mit meinen Lebensthemen konfrontiert wird, wenn ein Teil von mir in ihm weiterlebt. Auf der anderen Seite würde er ohne mein Organ vielleicht sterben …

Plötzlich gerieten meine Gedanken in ein Für und Wider, wodurch ich gar nicht mehr wusste, was denn nun das Richtige sei. Erst eine Männerstimme riss mich aus meinen Zweifeln heraus:

„Hallo, mein Schatz, ich bin zu Hause."

Als ich mein Umfeld wieder wahrnahm, küsste ein hochgewachsener Mann Charlotte auf die Wange und meinte erstaunt: „Oh, wir haben Besuch. Das ist schön. Ich bin Peter, der Mann von Charlotte. Und wer bist du?"

Als ich mich ihm vorgestellt hatte, setzte er sich zu uns und hielt liebevoll Charlottes Hand. Strahlend sah sie in meine Richtung und klärte mich auf.

„Peter ist mein ‚Schnuffi'. Nachdem ich einen Teil seiner verstorbenen Frau in mir trage, hat die Fügung dafür gesorgt, dass wir zusammenfanden. Seine Frau hätte es so gewollt und hat uns mit dem Codewort zusammengeführt. So kann ich nun das, was sie in ihrem Leben nicht mehr zu Ende bringen konnte, für sie erfüllen. Dadurch hat sich auch mein Leben zum Guten gewendet. Ich habe einen liebevollen Mann gefunden, mit dem ich seither mein Leben verbringen darf. Peter hat sich auf diese Weise mit seiner ersten Frau wieder versöhnen können, und zusammen führen wir hier auf Atlemuris ein wundervolles Leben, das ich mir vor meinem Unfall niemals hätte vorstellen können."

Ich war begeistert und freute mich für die beiden. Unter diesen Gesichtspunkten spürte ich, dass eine Organspende durchaus sinnvoll sein konnte, in allen Belangen. Doch was geschieht, wenn der Mensch, in dem ein fremdes Herz schlägt, nichts von all diesen Geheimnissen, die uns permanent umgeben und beeinflussen, weiß? Diese Überlegung führte mich zu der Erkenntnis, wie wichtig es doch für unsere Gesellschaft ist, endlich die Wahrheit zu erfahren. Die Wahrheit darüber, wie das Leben tatsächlich funktioniert.

25

ANGST ODER LIEBE

„Die Liebe ist das Vertrauen in die göttliche Führung.
Sie bringt dich dorthin,
wo das Wissen um alles zu Hause ist.
Angst kann dabei niemals eine Option sein,
denn sie zweifelt daran, dass es die Liebe gibt."

Ich war auf dem Weg zu Marco. Er hatte für den späten Nachmittag ein Treffen mit seinem Lehrer arrangiert. Gespannt darauf, was ich über die Form der Bildung auf Atlemuris erfahren würde, ging ich den Weg zum Hafen hinunter. Mittlerweile war ich ihn so oft gegangen, dass es mir vorkam als würde ich schon immer hier wohnen. Was am Anfang neu und faszinierend auf mich wirkte, nahm ich jetzt nur noch am Rande wahr. Die spielenden Kinder, die fröhlichen Menschen, die lieblichen Gassen, das alles war für mich jetzt, da ich mich bereits eine Woche hier aufhielt, ganz normal geworden. Das erschreckte mich, denn genau wie Fatima sagte, spüren wir viele Dinge nicht mehr, wenn sie zur Normalität werden. Erst wenn Bewegung, also Veränderung, in das Geschehen kommt, dann wird unsere Wahrnehmung wieder geschärft. Somit fing ich an, mich auf das Geschehen um mich herum zu konzentrieren, was mich augenblicklich in eine freudvollere Stimmung brachte. Was meine Sinne soeben noch nicht wahrnehmen konnten, weil ich in Gedanken ganz woanders war, versetzte mich nun in Schwingung. Ich musste grinsen. Wie einfach es doch sein konnte, Freude in sein Leben zu ziehen, wenn man nur ein wenig aufmerksam war und darauf achtete, was mit einem geschah.

„Du hast aber gute Laune heute", hörte ich eine bekannte Stimme sagen und erkannte Marco, der gerade aus einer Seitengasse kam. „Das ist ja super, dass ich dich schon hier treffe, so können wir gleich da vorne abbiegen und den direkten Weg zur Schule nehmen." Er zeigte auf die nächste Seitenstraße und winkte mir um ihm zu folgen. „Und, bist du schon gespannt, was dich gleich erwartet?", fragte er mich in seiner unnachahmlich unbeschwerten Art.

„Ja, sehr, denn mittlerweile kann ich mir gut vorstellen, dass die Schule eine wichtige Rolle in der Entwicklung eines Kindes spielt."

Ich erzählte ihm von Charlotte, und dass ich glaubte, dass sie sich ihren Leidensweg hätte ersparen können, wenn sie damals schon von all dem gewusst hätte, was auf Atlemuris wohl bereits in der Schule gelernt wird.

„Das können wir nur vermuten", meinte Marco, „vielleicht musste sie aber auch diesen Weg gehen, da sie Peter sonst nie kennengelernt hätte, um gemeinsam mit ihm nach Atlemuris auszuwandern."

„Da hast du natürlich auch wieder recht. Egal, was besser gewesen wäre. Es ist so wie es ist, und das ist immer richtig."

„Wow, du lernst ja immer schneller dazu. Es gibt nämlich kein Richtig oder Falsch. Denn es ist nur eine Entscheidung deines freien Willens, die dich einen weiteren Schritt in deinem Leben machen lässt. Man könnte die Worte ‚richtig' und ‚falsch' auch gleichsetzen mit ‚Schritt'. Denn der Schritt, den du in dem Augenblick gemacht hast, als du dich für etwas entscheiden musstest, stellt immer die Weichen für dein zukünftiges Leben. Die Erfahrung, die du daraus gewinnst, führt dich folglich an dein Ziel. Manchmal dauert es etwas länger und manchmal geht es eben schneller. Wir hier auf Atlemuris lernen von Kindesbeinen an, Vertrauen in unser Leben zu gewinnen. Dabei dient jeder Schritt, den wir tun, unserer positiven Entwicklung. Doch darüber wird dir Aaron gleich mehr erzählen. Er war mein Lehrer, von dem ich sehr viel gelernt habe. Doch konnte er auch einiges von mir lernen."

„Das klingt jetzt aber ganz schön hochnäsig", stichelte ich. Mittlerweile kannte ich seinen Humor.

„Das kannst du wohl nicht glauben, dass bei uns auch Lehrer von Schülern lernen können, richtig?"

„Ja, das stimmt. Wenn ich mich an meine Schulzeit zurückerinnere, dann wurde es nicht unbedingt gern gesehen, etwas infrage zu stellen, was einem der Lehrer beibringen wollte. Aber, ehrlich gesagt, habe ich selten hinterfragt, was mir gelehrt wurde. Ich nahm den Lernstoff meistens als Fakten hin, die es nun einmal galt auswendig zu lernen."

Marco schüttelte den Kopf und meinte aufgebracht: „Das ist ja schrecklich. Etwas auswendig lernen zu müssen, ohne den Sinn zu verstehen. Das ist ja unglaublich. Ich habe ja schon so einiges über euer Schulsystem gehört, aber das solltet ihr dringend ändern."

„Was sollte denn geändert werden?", hakte ich augenblicklich nach.

„Wenn du etwas auswendig lernst, dann bist du hinterher genauso ungebildet wie vorher. Die Zusammenhänge, wie alles funktioniert, erschließen sich dir dadurch keineswegs. Wozu also Zeit vergeuden, etwas in dein Gehirn zu pressen, das du hinterher sowieso wieder vergessen wirst!"

Ich verstand nur Bahnhof. Für mich war unser Bildungssystem die selbstverständlichste Methode, etwas für das Leben zu lernen. Und nun erzählte mir dieser junge, flapsige Mann, der gerade einmal halb so alt war wie ich, wie unsinnig die Art und Weise wäre, auf die wir fürs Leben vorbereitet wurden. Das machte mich noch neugieriger darauf, was Aaron mir nun gleich eröffnen würde.

„Bevor wir jetzt noch ins Diskutieren geraten, warten wir lieber, bis Aaron dabei sein kann. Er vermag dir das besser zu erklären. Meine Stärken liegen auf einem anderen Gebiet. Schau nur, wir sind schon da."

Vor uns lag ein großzügiges Gelände, das eher einem Abenteuerspielplatz glich als einer Schule. Auf dem Grundstück um das Schulgebäude herum standen mehrere Bauwerke aus Holz und Blech. Dazwischen ragten Türme mit Windrädern in die Höhe. Rechts befand sich ein kleiner Gemüsegarten, links standen Tische und Bänke, von einer Überdachung aus Zeltplanen überspannt.

„Das soll eure Schule sein? Das ist ja das reinste Chaos. So etwas würde es bei uns nicht geben. Da hat alles seine Ordnung. Zum Lernen geht man in die Schule und zum Spielen raus auf den Spielplatz."

„Diese Reaktion habe ich vermutet", bemerkte Marco, „doch ehe wir beiden jetzt wieder ins Diskutieren verfallen, stelle ich dir lieber Aaron vor. Da kommt er nämlich gerade."

Er deutete auf einen Mann, der soeben den Berg heraufschnaufte. Aaron wirkte reifer als Marco, wenngleich er kaum älter war als mein junger Begleiter. Aaron schien für Marco eher Freund als Lehrer zu sein.

„Sag mal, willst du mich auf den Arm nehmen? Das kann niemals dein Lehrer sein. Er ist doch höchstens zwei, drei Jahre älter als du."

Marco musste lachen: „Ich war mir fast sicher, dass du so reagieren würdest, wenn du Aaron begegnest. Es ist richtig. Er ist in der Tat nur zwei Jahre älter als ich und dennoch war er mein Lehrer. Doch bevor du jetzt gleich wieder alles infrage stellst, warte lieber ab, was er dir zu berichten hat."

Wir saßen an einem der Tische unter den Zeltplanen. Aaron erläuterte mir das Besondere an dieser Schule und weshalb der Altersunterschied zwischen Schülern und Lehrern hier so gering war:

„Das Schulsystem, das Altasar damals einführte, als er auf diese Insel kam, gibt es bis heute nirgends sonst auf der Welt. Er selbst kam zwar von einer Eliteschule, die ihm Einblick in viele Gesetzmäßigkeiten ermöglichte, jedoch herrschte dort, genau wie auch heute noch auf allen Schulen der Welt, ein hoher Leistungsdruck. Alles wird bewertet. Die vorgegebenen Lernziele gilt es strikt einzuhalten, wodurch eine Atmosphäre herrscht, die eher an Drill und Abrichtung erinnert als an ein sinnvolles, angenehmes Lernklima. Die schwachen und scheinbar weniger Intelligenten werden gnadenlos ausgesiebt. Die Schüler werden auf den Ernst des Lebens vorbereitet, der da heißt: Nur die Starken kommen durch. Das schafft zwangsläufig eine Ellenbogenmentalität und impliziert Angst – Angst zu versagen."

Ich ließ Aarons Worte kurz auf mich wirken und musste ihm schließlich recht geben. Der Leistungsdruck in unseren Schulen ist sehr hoch und die Angst davor, etwas nicht zu verstehen und dadurch schlechte Noten zu schreiben, gehörte auch zu meinem Schulalltag. Bis heute belasteten mich Versagensängste in so manchen Lebenssituationen.

„Und was macht ihr so grundlegend anders als alle anderen? So viele Möglichkeiten gibt es da doch gar nicht, oder?"

„Wie du siehst, weicht alleine das Aussehen unserer Schule von allen anderen ab. Und so ist es auch mit dem Unterricht. Bei euch herrschen, wie bereits erwähnt, Abrichtmethoden. Wer gut ist, erhält eine Belohnung, wer schlecht ist, wird bestraft. Die Beurteilung erfolgt nach Noten. Diese Dressurmethoden aus dem letzten Jahrhundert sind Überbleibsel aus der Zeit der Militärschulen. Als dann die Industrialisierung Einzug hielt, verglich man den Menschen mit der Funktionsweise einer Maschine. Dabei vergaß man, dass das menschliche Wesen ein Individuum ist und jeder seine ganz persönlichen Stärken und Schwächen besitzt. Durch dieses Vorgehen bleiben bis zum heutigen Tag die individuellen Eigenschaften des Einzelnen unberücksichtigt und damit wird der menschliche freie Wille gebrochen. Wissensvermittlung ist jedoch lediglich ein Rohstoff zur Entfaltung der eigenen Potenziale."

„Und wie sieht das bei euch konkret aus?"

„Nun, in jedem Kind steckt ein Genie. Wenn du dir nur einmal vorstellst, dass Kinder ganz selbstständig laufen lernen, kannst du vielleicht erahnen, was ich meine. Doch woher nehmen sie dieses Wissen? Kinder können in wenigen Monaten eine Fremdsprache erlernen, wozu ein Erwachsener oft Jahre benötigt. Wie funktioniert das? Ein Kind kann seine Lieblingslieder, Hörbücher oder Filme auswendig nachsprechen. Warum?" Aaron hatte recht. Kinder waren wirklich kleine Wunder. Doch woher nahmen sie ihr Wissen?

„Kann es sein, dass diese Genialität etwas mit der Seelenverbindung in den ersten Lebensjahren zu tun hat? Altasar hat mir davon erzählt. Deswegen könnte ich mir gut vorstellen, dass hier der Zusammenhang zu finden ist." Aaron und Marco sahen mich begeistert an.

„Ja, genau das ist der Schlüssel, um das Genie im Kind zu entfalten", meinte Aaron erfreut. „In den ersten sechs Jahren im Leben eines Kindes ist die Verbindung zur Seele und damit zur Quelle allen Seins komplett erhalten. Dort im Universum, oder dem Meer aller Möglichkeiten, wie es die Quantenphysik nennt, ist jegliches Wissen gespeichert. Alles, was ist und was es für uns zu erfahren gibt, entnehmen wir aus diesem unendlich großen Wissenspool. Alle kreativen Künste wie die Musik, die Malerei, das Schreiben, die Philosophie und, und, und … kommen aus diesem für uns nicht sichtbaren Bereich. Wir brauchen ihn nur bewusst anzuzapfen und schon fließen die Informationen. Ebenso kommen von dort auch alle Erfindungen, die je auf dieser Erde gemacht wurden. Der Erfinder ist immer in der Lage, das Wissen aus dem Universum zu entnehmen. Und fragst du solch kreative Menschen, wie sie das machen, so erhältst du stets zur Antwort, dass das niemals unter Druck geschieht. Sie öffnen sich für diesen Schatz und lassen ihn in sich fließen. Erfolgreiche Manager treffen ihre Entscheidungen zu achtzig Prozent intuitiv, aus dem Bauch heraus. Wusstest du das?"

Das erinnerte mich nun abermals an Altasars Beschreibungen der Fähigkeiten unserer Elite. Viele hatten gelernt sich mit der Seele zu verbinden, weswegen sie auch so erfolgreich waren.

„Und wie nutzt ihr dann diese Information, die euch Altasar gegeben hat?"

„Wie du sicher auch schon weißt, wird ab einem gewissen Alter der freie Wille jedes Menschen aktiv – nämlich dann, wenn er sich im Spiegel erkennt. Damit du mich nicht falsch verstehst: Der freie Wille ist von Anfang an da, doch wird er mit zunehmendem Alter stärker. So richtig setzt er jedoch um das sechste Lebensjahr ein. Doch der freie Wille ist nicht frei. Keines eurer Kinder kann etwas wirklich freiwillig tun. Von Geburt an unterliegt es vielen Einflüssen von außen. Da haben wir zum Beispiel die Kultur, die Religion, die sozialen Verhältnisse, die Glaubenssätze der Eltern, Verwandten und Bekannten, den Kindergarten und die Schule. Sie alle verhindern, dass das Kind seine wahren Potenziale entfalten kann. Die Anbindung an das unendliche Wissen wird somit über kurz oder lang abgetrennt und das Kind kann sich nicht kreativ entfalten. Dabei könnte die Schule ein hervorragendes Mittel sein, jeden Einzelnen in seinen Stärken zu unterstützen. Doch wie ich dir gerade erklärt habe, geschieht das in eurem Schulsystem leider nicht. Hier ist vielmehr Anpassung und Unterwerfung an ein längst überholtes System angesagt."

Aaron machte eine kurze Pause, damit ich das Gehörte erst einmal verdauen konnte. Immer wieder führten diese Erklärungen, weshalb wir so sind wie wir sind, zum selben Nenner. Es sind unsere Überzeugungen und Glaubenssätze, die uns prägen. Die Informationen, die dadurch in uns schwingen, machen uns zu dem, was wir sind. Allmählich kam ich nicht mehr umhin, dies als das wichtigste Thema zu meiner persönlichen Veränderung zu akzeptieren und auch anzugehen.

„Wie löst ihr dann diesen Konflikt?"

„Bei uns gibt es keinen Lehrer, der nur das, was er einmal gelernt hat und das seiner Meinung nach richtig ist, an seine Schüler weitergibt. Auch die Methode, wie er selbst sich das Erlernte angeeignet hat, findet bei uns keine Anwendung. Denn das sind alles nur Meinungen. Die Fakten aber findet bei uns jeder individuell für sich heraus. Deswegen hat hier jedes Kind drei Lehrer. Der erste Lehrer sind die anderen Schüler. Der zweite Lehrer ist der Lehrer selbst, und der dritte Lehrer ist der Raum."

Jetzt verstand ich gar nichts mehr.

„Das musst du mir nun aber schon genauer erklären, denn das ist in der Tat etwas ganz anderes, als ich es bislang kenne."

„Natürlich zeige ich dir das gerne näher auf. Dazu beschreibe ich dir am besten den Ablauf, wenn ein neuer Schüler zu uns in die Schule kommt. Bereits am ersten Tag bekommt der Neuling einen Lehrbegleiter zur Seite gestellt. Dieser bleibt in der Regel sein Mentor, bis einer der beiden die Schule wieder verlässt, weil er sie abgeschlossen hat. Der Mentor ist in der Regel älter als sein Schüler und verfügt bereits über ein stattliches Wissen. Somit hat der Neuling immer einen Ansprechpartner, wenn er etwas nicht verstanden hat."

Marco, der bisher die Diskussion lediglich mitverfolgt hatte, schaltete sich nun ein und meinte: „Jetzt kannst du vielleicht auch verstehen, weswegen ich dir Aaron als meinen Lehrer vorgestellt habe. Er war mein Lehrbegleiter und Mentor während meiner Schulzeit. Darum sind wir auch fast gleich alt. Aaron blieb weiter an der Schule tätig, während ich inzwischen einer anderen Beschäftigung nachgehe, die mir mehr Spaß macht, weil sie meinen Gaben und Talenten entspricht."

„So ist es", fuhr Aaron fort, „der Lehrbegleiter bringt dem Schüler jedoch nichts so bei, wie das eure Lehrer tun, sondern er gibt ihm nur Hilfestellungen. Genau dasselbe tun jedoch auch alle anderen Schüler. Sie unterrichten sich gegenseitig. Das führt zu einem sehr lebendigen Unterricht. Dadurch, dass jeder Schüler das Wissen mit seinen eigenen Worten erklärt, finden alle einen Zugang zum Lehrstoff, um ihn zu verstehen. Da ja nun auch der Neuling, sobald er sich Wissen angeeignet hat, somit gleichzeitig Lehrer ist, vertieft er automatisch sein Wissen, indem er es anderen erklärt. Er lernt es also nicht auswendig, sondern beginnt, es immer besser zu verstehen, und in spielerisch verlaufenden Diskussionen lernt er Zusammenhänge zu begreifen, was ihm ganz neue Erfahrungen bringt. Das macht den Unterricht lebendig und spannend.

Kinder sind von Natur aus Forscher, das weißt du selbst. Doch wenn du ganz ehrlich bist, hast du das, was du dir bis heute aus deinen Kindertagen bewahrt hast, nicht in der Schule gelernt. Dort musstest du vielmehr stundenlang stillsitzen und manchmal hast du nichts verstanden, weil alles für dich keinen Sinn ergab. Es sind eher die Dinge, die du in deiner Freizeit selbst erforschen konntest, die sich dir eingeprägt haben. Sie sind dein wahres Wissen."

Ich musste Aaron recht geben. Beim Spielen auf der Straße und beim Experimentieren mit verbotenen Dingen hatte ich mehr gelernt als in der Schule. Jedoch war mir natürlich vieles erst möglich, als ich einige Grundkenntnisse in der Schule erworben hatte.

„Alles kann man aber nicht auf der Straße lernen, man braucht schon eine Schule."

„Natürlich muss erst einmal ein Grundwissen zur Verfügung gestellt werden. Und dazu sind die Lehrer an unserer Schule da. Ich selbst bin heute einer von ihnen, der den Neulingen das Grundwissen vermittelt und der mit den Lehrbegleitern den Wissensstand hinterfragt. Doch vergeben wir keine Noten, denn diese sind immer beurteilend, was gleichbedeutend ist mit gut oder schlecht. Es geht uns nicht darum zu bewerten, sondern mit dem Schüler zusammen zu ermitteln, wie sein derzeitiger Wissensstand ist. Und der drückt sich bei uns in Prozent aus, genau wie bei der Ermittlung des Lernindex. Es ist uns nicht wichtig, ob der Schüler den durchgeackerten Themenbereich in Mathe, Physik oder Chemie auswendig gelernt hat und auf Kommando wiedergeben kann. Vielmehr ist es für uns von Bedeutung, dass er die Zusammenhänge versteht. Denn alle Fächer stehen in Zusammenhang miteinander, und erst am Ende wird man sie ganz verstehen. Deswegen arbeiten wir auf ein Gesamtziel hin und das lautet: das Leben mit all seinen Geheimnissen zu begreifen. Das geschieht immer spielerisch, weil man im Spiel seine wahren Potenziale entfaltet. Du weißt, dass das ganze Leben ein Spiel ist, das Spiel des Lebens. Wenn du es verbissen und voller Ernsthaftigkeit spielst, wirst du keinen Spaß daran haben, wodurch dir die schönsten Dinge verborgen bleiben. Mit Verbissenheit läufst du an den vielen Erkenntnissen vorbei, die dir überall angeboten werden. So ist es auch mit dem Lernen. Im Spiel geht das am einfachsten, weswegen der Raum der dritte Lehrer ist."

„Ah, ich verstehe, deswegen gleicht euer Schulgelände eher einem Abenteuerspielplatz als einem nüchternen Schulhof."

„Ja, so ist es. Hier lernen die Schüler, das Wissen in den Alltag umzusetzen, denn was nutzt uns theoretisches Wissen, das wir nicht anwenden können."

Das war schon wieder so ein Seitenhieb, der mir meine persönliche Schwäche offenbarte. Leider war ich immer noch der Theoretiker.

„Der Garten auf der anderen Seite des Grundstücks wird von den Schülern betrieben. Doch sie studieren nicht nur die Biologie damit, sondern sie erfahren auch, wie Nahrung auf sie wirkt. Beim Zubereiten und Verspeisen spüren sie an ihrem eigenen Körper, welche Gerichte sie energetisch zu Höchstleistungen antreiben und welche sie eher müde machen. Die Zusammenhänge, dass alles mit allem verbunden ist, werden ihnen erst durch viele dieser Prozesse klar. Sie werden zu kleinen Entdeckern und Erfindern, was ihnen für ihr späteres Leben von großem Nutzen sein wird.

Im Schulgebäude sieht es ebenfalls sehr lebendig aus. Dort fertigt jedes Kind aus seinen gewonnenen Erfahrungen ein Schaubild an, welches das Wissen um ein bestimmtes Thema genauestens verdeutlicht. Wir Menschen lernen alle in Bildern, und so kann der Schüler jedem anderen sein Wissen ganz einfach vermitteln und wird dadurch automatisch zum Lehrer. Damit schließt sich der Kreis wieder. Das Lernen geschieht bei uns immer im Einklang mit der Liebe und basiert nicht auf Angst. Die Liebe ist das Vertrauen in die göttliche Führung. Sie bringt dich dorthin, wo das Wissen um alles zu Hause ist. Angst kann dabei niemals eine Option sein, denn sie zweifelt daran, dass es die Liebe gibt. Deswegen ist die Anwesenheit von Angst immer die Abwesenheit von Liebe. Jetzt kannst du vielleicht verstehen, warum euer Schulsystem niemals diesen Erfolg aufweisen kann wie ihn unsere Schüler nach einer viel kürzeren Schulzeit verzeichnen.“

Nun schaltete sich Marco wieder in das Gespräch ein. „Weißt du, diese Methode macht so sehr Spaß, dass schulisches Lernen für mich keine Strafe war, sondern ein Abenteuer. Ich konnte gar nicht genug davon bekommen. Ich glaube, dass dies auch der wahre Grund dafür ist, weshalb wir auf diesen Planeten inkarnieren: die Neugierde zu entwickeln, um zu verstehen, wie alles funktioniert, und dabei unendlich viele Erfahrungen zu machen. Ein Leben zu führen, das auf diesem Wissen aufbaut, ist das, was wir uns für diese neue Zeit vorgenommen haben.

Die ständig steigende Schwingung führt uns in ein anderes Leben. Was vor einigen Jahren noch völlig normal war, gilt es nun zu überdenken. Denn wenn die Menschen so weitermachen wie bisher, dann kann es sein, dass das Experiment ‚Mensch‘ nicht gelingt.“

„Was meinst du mit diesem Experiment?“, fragte ich neugierig.

„Der Mensch mit seinem freien Willen hat sich durch seine Gewohnheiten und Glaubenssätze so sehr in eine Sackgasse begeben, dass er jetzt einsehen darf, dass er so nicht weitermachen kann. Es ist nun an der Zeit in der Evolution einen Schritt weiterzugehen. Die Entwicklung der Menschheit ist das Experiment. Und die Frage, die mit diesem Versuch verbunden ist, lautet: Wird es die Spezies Mensch dieses Mal schaffen, sich von seinen Dogmen zu lösen, um ein freies Leben zu führen, das ungeahnte Wunder parat hält? Ein Sprichwort sagt: Einen alten Baum verpflanzt man nicht. Es will uns sagen, dass die Menschen, die den Gewohnheiten und Glaubenssätzen seit vielen Jahrzehnten unterworfen sind, es schwer haben, sich umzugewöhnen und Neues zuzulassen."

Bei dieser Beschreibung kamen mir sofort meine Eltern in den Sinn. Obwohl sie mir nach meinem Besuch bei Mary und Samuel gespannt zuhörten und auch einiges davon annehmen konnten, fällt es ihnen heute immer noch schwer zu verstehen, dass sich vieles im Leben anders verhält, als sie es gelernt hatten. Der Volksmund nennt dieses Verhalten wohl Alterssturheit. Doch felsenfest darauf zu beharren, dass man recht hat und sich stets die anderen irren, war für mich keine Option.

„Es ist jedoch nicht unmöglich, sein Leben zu ändern, wie du ja bereits durch viele Ratschläge lernen durftest", erklärte Marco weiter. „Auch wird die Hilfe von außen, also die steigende elektromagnetische Schwingung, das Ihre dazu beitragen, sodass sich die Menschen leichter verändern können. Am einfachsten aber werden es die Kinder haben, die so wie wir in einer Schule von Anfang an ihre Potenziale entfalten konnten. Sie sind die Zukunft und stellen die Weichen für eine neue Welt in einer neuen Zeit. Wir leben in einer der schwierigsten Zeiten, seit es die Menschheit gibt. Die äußeren Einflüsse, die auf uns wirken, sind so gewaltig, dass sie uns permanent von unserem wahren Sein abhalten wollen. Diese Schüler jedoch werden die Ersten sein, die nicht beeinflussbar sind, weil sie eine andere Programmierung in sich tragen. Sie werden nicht mit den Glaubenssätzen ihrer Familien, Lehrer, der Politik und der Medien gefüttert sein, sondern sie werden ihre eigenen Erfahrungen machen und somit zu freien Menschen heranwachsen. Wenn du sie fragst: ‚Auf wen hörst du?', dann werden sie dir genau wie ich sagen: ‚Wir hören zuerst auf unsere innere Stimme, unsere Intuition, auf den ersten Gedanken oder unser Bauchgefühl.' Das eröffnet ungeahnte Möglichkeiten, Dinge zu verstehen, die uns vorher nur deshalb nicht bekannt waren, weil wir sie nicht auf unserem Radarschirm hatten. So konnte beispielsweise auch ich Aaron Sachverhalte erklären, die er zuvor nicht wusste. Doch anstatt zu behaupten, dass etwas nicht sein kann, weil es in seiner Programmierung nicht gespeichert war, hat Aaron sich für neue Erkenntnisse geöffnet und ist mit ihnen gewachsen."

Aaron sah mich an und bestätigte Marcos Aussage mit einem Kopfnicken. „Marco hat völlig recht. Wenn auf diese Art und Weise Lernprozesse entstehen, dass jeder jedem etwas beibringen kann und dies aus tiefstem Herzen gerne tut, weil nur die Absicht des gemeinsamen Wachsens dahintersteht, dann erwachsen daraus neue Menschen. Sie sind keine Einzelkämpfer, die im Konkurrenzkampf zueinander stehen und später eine Ellenbogenmentalität an den Tag legen. Sie haben von Kindesbeinen an durch ihre Erfahrungen gelernt, dass es nur darauf ankommt, Gutes zu tun, denn dann wird auch ihnen Gutes getan. Dieses Zitat von Jesus ist dir sicher bekannt, und es hat mehr denn je seine Berechtigung. Mach dir darüber mal ein paar Gedanken!"

26

DER WESENSKERN

*„Er ist das, was tief in deinem Inneren verborgen liegt
und wonach du meistens handelst,
aber auch gleichzeitig ein Leben lang suchst."*

Die Aufforderung von Aaron, mir über das Gesagte Gedanken zu machen, nahm ich mir zu Herzen. Dazu wollte ich alleine sein und beschloss, eine Wanderung in die Berge zu unternehmen, die sich hinter Malikunda erhoben. Auf einem Gipfel hoch über dem Ort angekommen, setzte ich mich auf einen Stein und blickte hinab auf die Häuser, den Hafen und das Meer. Wie wunderbar alles mit allem zusammenhing, war mir bis jetzt gar nie so bewusst geworden. Ich genoss den Ausblick und dachte dabei an den gestrigen Abend. Wir saßen noch lange in der Schule zusammen, wobei Marco und Aaron mir erklärten, dass nach dem Erreichen des Lernzieles, also des Verstehens der gesamten Zusammenhänge, jeder Schüler ganz individuell entscheidet, wann er seine staatliche Prüfung, das Abitur, ablegen möchte. Ich war zunächst verwirrt, weil ich nicht verstand, dass dies in ihrem Schulsystem wichtig sein sollte. Doch sie erklärten mir, dass sie das nur deswegen taten, um in unserer Gesellschaft anerkannt zu sein. Auf der Insel wäre diese Auszeichnung nicht vonnöten. Jedoch bleiben nicht alle Menschen hier auf Atlemuris. Manche suchen sich Arbeit auf dem Festland oder irgendwo anders auf diesem Globus. Deswegen fahren die Schüler aufs Festland und legen an einem herkömmlichen staatlichen Gymnasium die Abiturprüfung ab. Die Lehrer dort können zwar jedes Mal kaum glauben, dass alle Schüler von Atlemuris mit einer Eins oder sogar noch besser abschneiden, aber anstatt zu fragen, was an dieser Schule anders läuft als an der ihren, nehmen sie dies einfach hin.

Nach der Schule geht jeder einen anderen Weg. Welche Arbeit die Schulabgänger aus Atlemuris ausüben, hängt ganz von ihren Neigungen ab. Deswegen üben sie auch keinen Beruf aus, sondern folgen ihrer Berufung. Sie gehen nicht irgendeiner Arbeit nach, sondern blühen von nun an in ihrem Hobby auf. Das heißt, sie tun nur das, was sie gerne tun, weswegen es für sie auch nicht als Arbeit empfunden wird. Entscheidend für die Wahl ihres Wirkens sind ihre besonderen Stärken, die jeder Mensch ganz individuell in die Wiege gelegt bekam.

Diese Art, den Lebensunterhalt zu finanzieren, fand ich bemerkenswert, weil ich von mir nicht behaupten konnte, dass meine Arbeit gleichzeitig mein Hobby ist. Die Bewohner von Atlemuris mussten absolut glückliche Menschen sein, weil sie keinen Zwang empfanden.

Verträumt starrte ich in den Himmel, als es plötzlich hinter mir im Gestrüpp raschelte. Ich drehte mich um und schaute nach, was mich so erschreckt hatte. Die Äste begannen zu wackeln und ein undefinierbares Keuchen war zu vernehmen. Was war das? Ich machte mich schon bereit, die Flucht zu ergreifen, weil ich ein großes Tier vermutete, das jeden Augenblick aus dem Dickicht hervorspringen konnte. Doch dann atmete ich erleichtert auf, als ich eine ältere Frau mit einem Korb unter dem Arm auftauchen sah. Ihre Wangen glühten und sie wischte sich gerade den Schweiß von ihrer Stirn, als sie mich bemerkte.

„Oh, habe ich dich erschreckt, das tut mir leid. Wenn ich gewusst hätte, dass hier oben jemand ist, dann hätte ich mich nicht von hinten angeschlichen."

Sie stellte ihren gefüllten Korb auf dem Boden ab und streckte mir ihre Hand entgegen. „Ich bin Esmeralda und wer bist du?"

Als ich mich ihr vorgestellt hatte, setzten wir uns zusammen auf den Stein und plauderten vergnügt, als würden wir uns schon ewig kennen.

„Was hast du da eigentlich in deinem Korb?", fragte ich neugierig.

„Das sind alles Wildkräuter. Viele von ihnen wachsen nur hier oben. Um sie zu bekommen, ist mir jedoch kein Weg zu beschwerlich."

„Was machst du mit ihnen, dass du sie unbedingt haben musst?"

„Eigentlich pflücke ich sie für den Eigengebrauch, doch die hier sind für die Schule. Letzte Woche sind wieder ein paar Neulinge gekommen, und heute Mittag zeige ich ihnen, was man damit alles machen kann."

„Ich dachte, sie bauen in ihrem Garten ihr Gemüse selbst an. Wäre es da nicht besser, sie würden diese Kräuter gleich mit anpflanzen, ich meine, dann müsstest du dich nicht so abquälen."

„Das ist gut gemeint von dir, doch nicht jedes Kraut lässt sich einfach so an einem anderen Standort kultivieren, ohne dabei an Wirkstoffen zu verlieren."

„Ach komm, das bisschen wird doch nichts ausmachen. Wenn es wächst, werden die Inhaltsstoffe schon ausreichen."

Esmeralda sah mich erstaunt an und meinte: „Ich merke schon, du hast nicht sehr viel Ahnung von Ernährung. Dabei bist du eigentlich sehr klug. Auch deine Lernfähigkeit ist stark ausgeprägt, fast schon perfektionistisch. Doch da deine allgegenwärtige Skepsis und der damit verbundene Trotz darauf nicht unerheblich Einfluss nehmen, stehst du dir gern selbst im Weg. Das wiederum wirkt sich auf deine Gesundheit aus. Du warst ziemlich krank. Doch mittlerweile geht es dir schon viel besser. "

Was war das denn eben? Völlig perplex über diese spontane Einschätzung Esmeraldas hörte ich mich fragen: „Woher weißt du all das über mich? Ich meine, du kennst mich doch gar nicht. Wir sitzen erst seit ein paar Minuten hier zusammen auf diesem Stein und du gibst eine so konkrete Analyse über mich ab."

„Habe ich das getan? Verzeih, das ist so eine dumme Angewohnheit von mir. Aber, weil du so außer dir bist, sag: Stimmt sie denn nicht?"

„Na, deswegen bin ich ja so aufgebracht, weil ich mich in deiner Beschreibung ganz gut wiedererkenne. Bist du etwa eine Hellseherin? Hast du besondere mediale Fähigkeiten?"

Esmeralda wirkte erst etwas verlegen und meinte dann schmunzelnd: „Nein, das steht dir alles ins Gesicht geschrieben."

Ich verstand nicht, was sie damit meinte, und fuhr mir mit beiden Händen mehrmals über Stirn, Augen und Nase, als wollte ich etwas wegwischen.

„Wie meinst du das, was habe ich in meinem Gesicht? Was steht da? Bin ich etwa schmutzig?"

„Jetzt beruhige dich wieder, da ist nichts, was nicht schon immer da gewesen wäre."

„Hä??", ich verstand jetzt überhaupt nichts mehr. „Was war da schon immer?"

„Na, deine Augen, deine Nase, dein Mund, deine Ohren, eben alles, was zu einem Gesicht gehört."

„Und das sagt dir, wie ich ticke?"

„Ja, so ist es. Jeder Mensch sieht anders aus. Die einen haben eine lange Nase und große Ohren, die anderen eine Stupsnase und kleine Ohren. Manche haben große Augen und einen vollen Mund, die anderen eher kleine Augen und schmale Lippen. Das macht es möglich, dass wir uns voneinander unterscheiden. So wird jeder von uns zu einem einzigartigen Individuum. Und weil wir alle so verschieden sind, haben wir auch ganz unterschiedliche Charaktere. Diese tragen ihren Ursprung in ihrem Wesenskern. Er ist das, was tief in deinem Inneren verborgen liegt, und wonach du meistens handelst und gleichzeitig auch dein Leben lang suchst. Es ist sozusagen, um es in der neumodischen Computersprache auszudrücken, dein Grundprogramm, nach dem alles bei dir abläuft."

„Aber wieso zeigt es sich dann in meinem Gesicht, wenn es doch in meinem Inneren verborgen ist?"

„Das ist eine gute Frage. Lass sie mich dir so beantworten: Alles ist Energie. Und jede Energie drückt sich in der Polarität auf der Erde in der Schwere der Schwingung immer in einer Form aus."

„Was meinst du mit der Schwere der Schwingung?"

„Ah, schon blitzt wieder deine Wissbegierde auf. Energien wie deine Gedanken sind so hoch schwingend oder leicht, dass du sie nicht sehen kannst. Ein anderes Beispiel wäre der Strom aus der Steckdose. Du siehst ihn nicht und doch ist er da. Im Gegenzug ist ein Stein oder ein Baum sehr schwer. Du kannst diese Gegenstände mit deinen Augen sehen und mit deinen Händen anfassen. In diesen Objekten hat sich die Energie durch ihre niedrigere Schwingung so sehr verdichtet, dass ein spürbares Gewicht entsteht. Dass der Baum wie ein Baum und der Stein wie ein Stein aussieht, liegt daran, dass jede Schwingung eine Information enthält, die die Energie zu dem macht, was wir sehen. Die einzelnen Atome, aus denen du bestehst, gehen sozusagen ,in Formation' und lassen dich dadurch so erscheinen, wie du aussiehst. Somit drückt sich Energie immer in einer Form aus. Hast du das anhand der kleinen Wortspielerei so weit verstanden?"

Ich war erstaunt über das, was die ältere Dame mir soeben erklärt hatte. Scheinbar wusste jeder auf der Insel Bescheid darüber, wie sich das Leben aufbaute.

„Ja, das leuchtet mir ein. Aber wie erklärst du dir, dass jeder Mensch ein anderes Aussehen hat?"

„Ganz einfach, das liegt an der Information, die in deiner Schwingung steckt. Du bestehst aus reiner Energie. Der Energie aus der Quelle allen Seins. Die Energie des Universums, aus dem alles besteht. Man nennt sie auch deine Seele. Da deine Seele durch ihre vielen Seelenanteile auf der Erde im Spiel des Lebens unendlich viele Erfahrungen gemacht hat, sind ebenso viele Informationen in dieser Energie gespeichert. Ursprünglich war diese Energie einmal die reine Liebe, doch nun enthält sie durch die Erlebnisse in der Polarität alle Informationen, die die Liebe in sämtlichen Facetten ausmachen. Alles Leid, aber auch alle Freude sind in ihr gespeichert. Und da Energie, bedingt durch ihre Information, bestrebt ist, sich in Form auszudrücken, siehst du anders aus als ich. Weil jeder von uns Unterschiedliches erfahren hat, sind wir sozusagen von unseren zahlreichen Leben gezeichnet."

Das war eine gute Erklärung, die ich dank meines jetzigen Wissensstandes akzeptieren konnte. Meine Neugierde bezüglich der Frage ‚Auf wen hörst du?' ließ mich nachhaken: „Na? Kannst du noch weitere Dinge aus meinem Gesicht herauslesen?"

Esmeralda freute sich sichtlich, dass ich mehr darüber erfahren wollte.

„Oh ja, nicht nur aus deinem Gesicht. Doch fangen wir erst einmal damit an. Deine hohe Stirn mit ihren Falten verrät mir deine Klugheit. Da du drei große Hauptfalten besitzt, ist dein Interesse an Neuem sehr ausgeprägt, was du mir mit deiner Frage bestätigst. Dabei zeigen mir deine großen Ohren, dass du die Antworten sehr genau nimmst und dabei äußerst perfektionistisch vorgehst. Du gibst in deinem Inneren erst Ruhe, wenn sich für dich alles logisch anhört. Deine Skepsis dem neuen Wissen gegenüber erkenne ich an deinen tiefliegenden Augen. Sie stehen für das Ausüben von Kritik. Der Trotz, der dabei durchaus entstehen kann, lässt dich deswegen oft an deinem bisherigen, alten Wissen festhalten. Das liegt an deinem vorstehenden Kinn. Und dein breiter Kiefer sorgt dafür, dass du dich im wahrsten Sinne an einem Thema festbeißen kannst. Dadurch fügst du dir jedoch immer wieder selbst Verletzungen zu, weil du dir damit im Wege stehst. Diese Verletzungen kommen nicht selten von außen, wenn du einen unliebsamen und weniger verständnisvollen Diskussionspartner vor dir hast. Doch die psychischen und seelischen Wunden, die dabei entstehen, kommen erst später zum Tragen. Du hast dir nämlich einen Schutzhelm zugelegt, der dich davor bewahrt, unmittelbar verletzt zu werden. Dieser Helm sind deine kräftigen Haare. Über deine innersten Bedürfnisse sprichst du jedoch nicht sehr gerne. Deswegen verschließt du dich auch, wenn es um persönliche Dinge geht, und lässt die Öffentlichkeit kaum daran teilhaben. Das erkenne ich an deinen schmalen Lippen. Weil alle Aspekte in Kombination betrachtet werden müssen, schließe ich daraus, dass dich deine Eigenschaften schon sehr krank werden ließen. Die Bestätigung dafür geben mir deine Zähne. Du hast zwar kein schlechtes Gebiss und von Geburt an kommen fast alle Kinder mit gesunden Zähnen zur Welt, jedoch wirken sich so manche Lebenssituationen mit der Zeit auf unser Gebiss aus. Bei dir verraten mir deine Schneidezähne, dass du mit deinen Eltern Schwierigkeiten hattest, die dich sehr belasteten. Genauer gesagt war es dein Vater, für den du dich sehr verbogen hast."

Ich war völlig aus dem Häuschen, als Esmeralda das erwähnte. „Wie geht das? Ich meine, du hast absolut recht. Mein Vater und ich, wir kamen lange Zeit nicht miteinander zurecht. Woher wusstest du, dass er es war, mit dem ich meine Probleme hatte?"

„Das war eine Kombination aus deinen Händen und deinen Zähnen, denn ich sagte ja bereits, dass dein ganzer Körper Auskunft über deinen Charakter und die damit verbundenen Lebensthemen gibt. Dein erkennbar abstehender kleiner Finger der rechten Hand verrät mir, dass du von deinem Vater im Mutterleib abgelehnt wurdest. Es ist möglich, dass er zu diesem Zeitpunkt noch nicht bereit war, die Verantwortung für eine Familie zu übernehmen, und dich deswegen als eine Belastung empfunden hat. Daraus ergibt sich meistens in den ersten Lebensjahren eine gewisse Disharmonie zwischen Vater und Kind, die sich jedoch normalerweise im Laufe des Lebens verliert. Bei dir scheint es jedoch tiefere Spuren hinterlassen zu haben, denn dein rechter Schneidezahn wurde krank, sodass er über die Jahre eine Zahnkrone bekam. Hätte dich das Thema mit deinem Vater nicht so sehr belastet, wäre dir dies erspart geblieben. Und es ist offensichtlich nach wie vor nicht ganz erlöst, wie mir deine Körperhaltung verrät. Dein ausgeprägter Buckel lässt erkennen, dass du es immer noch mit dir herumträgst. Das wiederum deutet auf Rückenprobleme hin, und so weiter und so weiter. Wie du siehst, kannst du nichts verbergen. Wenn man genau hinschaut, wird man es immer erkennen."

Ich war schwer beeindruckt von Esmeraldas Analyse. Und auch an ihrer Erklärung wurde die Zugehörigkeit von rechter und linker Körperhälfte bezogen auf Vater und Mutter oder männlich und weiblich wieder einmal erkennbar.

„Das siehst du alles. Dazu braucht es aber schon einiges an Erfahrung, um einen Menschen so genau analysieren zu können."

„Da hast du wohl recht. Noch genauer wird es, wenn man das Geburtsdatum hinzunimmt. Dann nämlich wird der Wesenskern erst richtig deutlich und die Zeichen im Außen werden bestätigt."

Das erinnerte mich an die Erklärung von Mary und Samuel über das Numeroskop und die Möglichkeit, dadurch zu erfahren, wer man wirklich war, wenn man sich im Leben verlaufen hatte. Soeben bekam ich eine weitere Bestätigung dafür an die Hand, dass es die Seele und das Spiel des Lebens tatsächlich gab.

„Was rätst du mir also, damit ich meine Themen erlöse, die ich mir ja ganz offensichtlich für dieses Leben ausgesucht habe?"

„Zunächst sei einmal gesagt, dass dein Wesenskern der Untergrund ist, auf dem du dein Haus des Wissens aufbaust. Diese Grundprogrammierung wird all dein Handeln in deinem Leben für lange Zeit sehr stark beeinflussen. So ist es nicht verwunderlich, dass die einen ein größeres Wissensgebäude erbauen können als andere. Deswegen sei du nicht verurteilend, wenn manche deinen Schritten nicht folgen können. Sie haben sich ihr Leben so ausgesucht, wie sie es führen. Dadurch bekommt zwangsläufig jeder eine andere Wahrheit über das Leben. Und das ist auch gut so, denn erst das macht das Spiel doch interessant, oder? Was es bedeutet, wenn alle im Gleichschritt marschieren, hat die Geschichte ja schon mehrfach durch Verfolgung und Glaubenskriege gezeigt. Darum ist heute Toleranz gegenüber jedem Individuum gefragt. Mit dem Hintergrundwissen, das du nun hast, sollte dies kein Problem mehr für dich sein.

Doch nun zu dir persönlich: Bringe deine Herzenswünsche mit deinem Wesenskern in Einklang. Sie zeigen dir, inwieweit dich dein Leben mit all seinen Erfahrungen von deiner wahren Bestimmung entfernt hat. Freude und Glück findest du immer dort, wo dein wahres Wesen gelebt wird.

Die Informationen, die in deiner Seele – zur Erinnerung: Das ist dein wahres Wesen! – gespeichert sind, wollen von dir durch dein Erdendasein zunächst gelebt werden, bevor du sie mit deinen Gefühlen neutralisieren kannst. Gelingt dir dies, so wird dein Wissensgebäude in den Himmel ragen können. Du wirst vollkommen gesund werden und deine Lebenserwartung steigt in für dich heute noch unvorstellbare Dimensionen. Schau mich an. Ich fühle mich wie vierzig."

Diese Aussage nahm man Esmeralda durchaus ab. Sie strahlte eine Lebenskraft aus, die man bei älteren Menschen nicht so oft findet.

„Das stimmt, du wirkst auf mich nicht wie eine Dame Mitte sechzig. So alt würde ich dich zumindest schätzen." Als Esmeralda das hörte, musste sie laut lachen und meinte: „Vielen Dank für das Kompliment. Es ehrt mich sehr und gibt mir auch ein wenig recht, dass es stimmt, was ich eben sagte. Denn ich bin nicht Mitte sechzig, sondern dreiundneunzig!"

Nun verschlug es mir die Sprache, denn das war für meinen Verstand zu viel. Ich kannte niemanden mit dreiundneunzig, der noch so fit war. Meine Mutter war Mitte siebzig, aber sie sah im Vergleich zu Esmeralda viel älter aus. „Du kannst mir aber nun nicht erzählen, dass dies einzig und alleine daran liegt, dass du deinen Wesenskern und deine Herzenswünsche in Übereinstimmung zueinander gebracht hast. Das wäre doch etwas zu einfach."

„Die wirkungsvollsten Dinge im Leben haben oft die simpelsten Erklärungen. Der Mensch jedoch neigt mit seinem Verstand dazu, alles kompliziert zu machen. Ich gebe dir recht, dass diese Maßnahme nicht ausreicht um sich spirituell weiterzuentwickeln. Denn hier in der Polarität gehört dein Körper zur Seele einfach dazu. Du kannst dein Haus des Wissens nicht in den Himmel bauen und dadurch Erleuchtung finden, ohne deinen Körper mitzunehmen. Was glaubst du, warum ich noch so frisch aussehe? Nicht, weil ich den ganzen Tag meditiere oder mich permanent mit meinem Wesenskern und allen damit verbundenen Aufgaben beschäftige. Solange du in diesem Prozess steckst, hast du zwar die erste Stufe des bewussten Wissens erreicht. Das macht es dir jedoch schwer wirklich zu leben, denn du musst dich permanent darauf konzentrieren, das Richtige zu tun. Erst wenn du das Stadium des unbewussten Wissens erklommen hast, wird alles einfach geschehen."

Schon wieder bekam ich eine Bestätigung über die Wahrhaftigkeit von Altasars Erläuterungen der fünf Schritte. Plötzlich wurde mir auch klar, was es bedeutete, ob ich mein Haus auf Stein oder auf Sand baute, wie Fatima mir ganz zu Anfang erklärt hatte: Mein Wesenskern ist die Basis. Besteht er aus Fels, werde ich mir schwertun, Wissen zuzulassen, da mein Charakter hart wie Stein ist. Er hält mich davon ab, Neues aufzunehmen, solange ich „felsenfest" davon überzeugt bin, dass der andere im Unrecht ist. Doch das bescheinigt mir einen sehr niedrigen Lernindex. Deswegen ist auch kein persönliches Wachstum möglich. Steht hingegen mein Haus auf Sand, kann ich zwar schnell ein Fundament errichten. Wegen der geringen Standfestigkeit des Sandes fehlt es mir jedoch an der Konsequenz, das Wissen umzusetzen. Ich häufe Wissen an, ohne es jedoch anzuwenden. Es sickert durch mich hindurch wie das Wasser durch den Sand. Das beschert mir ebenfalls einen niedrigen Lernindex.

„Es scheint aber ganz schön schwierig zu sein, einen guten Untergrund für sein Haus des Wissens zu bekommen. Denn wenn ich dich richtig verstanden habe, sind jedem seine Charaktereigenschaften in die Wiege gelegt. Also kann ich mir meinen Untergrund ja gar nicht aussuchen, oder sehe ich das falsch?"

„Nun, dein Wesenskern und dein Charakter sind nicht ein und dasselbe. Der Kern deines Wesens ist einfach nur die Summe an Informationen deiner Erfahrungen aus vergangenen Leben, die in deiner Seelenenergie gespeichert ist. Du sendest sie aus, weil du entsprechend schwingst. Sie ist sozusagen schlicht anwesend. Oder anders ausgedrückt: Sie ist, wie sie ist. Deswegen bist du so, wie du bist. Dein Verstandesmännchen beginnt durch deine sechs Sinne jedoch ab deiner Zeugung eigenständig zu beurteilen. Es trifft Entscheidungen aufgrund deiner Erlebnisse, die du durch deine Schwingungen anziehst beziehungsweise mit denen du in Resonanz gehst. Das vermittelt dir, was gut und schlecht ist, aber auch, was du als richtig und falsch empfindest. Und diese Einschätzung führt dann zu deinen Überzeugungen und Glaubenssätzen, wie du ja bereits weißt. So formt dein gesamtes Umfeld deinen Charakter.

Dieser kann sich je nach Beeinflussung von deinem Wesenskern sehr unterscheiden. Deswegen ist es so wichtig, die fünf Schritte in dein Leben zu integrieren, damit du erkennst, dass dein Wesenskern nur dazu da ist, um deine individuellen Erfahrungen im Leben zu machen und nicht, um einen ganz anderen Menschen aus dir zu formen, für den du dich in deinem Innern permanent verbiegen musst. Auf diese Weise entsteht dein ganz individuelles Spiel. Kein anderer auf dieser Welt spielt es genauso wie du. Und deswegen sieht auch keiner genauso aus wie du."

„Und wieso siehst du noch so jung aus?"

„Wie ich bereits sagte, gehört dein Körper zu deiner Entwicklung untrennbar dazu. Du hast ihn dir ausgesucht, um mit ihm durch das Leben zu reisen. Deswegen braucht er viel Pflege und gute Nahrung. Das Beste, was du ihm geben kannst, sind Kräuter wie diese, die ich hier im Korb gesammelt habe."

27

LEBENSSPENDER
NUMMER EINS

*„Essen ist die Antriebsenergie für deinen Körper,
damit deine Seele die Möglichkeit bekommt,
sich vollkommen zum Ausdruck zu bringen."*

Esmeraldas Alter faszinierte mich noch immer. Sie wirkte so frisch und ausgeglichen. Es war beeindruckend zu erleben, dass man mit dreiundneunzig noch solch eine Vitalität ausstrahlen kannte. Darum war ich sehr gespannt darauf, ihr Geheimnis zu erfahren.

„Weißt du", meinte sie fröhlich, „neben einer guten Einstellung zum Leben, die mit dem Anerkennen und der aktiven Teilnahme am Spiel des Lebens und dessen Spielregeln am einfachsten möglich ist, braucht dein Körper die beste Nahrung, damit er seine Aufgaben zu hundert Prozent erfüllen kann. Denn du musst wissen, dass Körper und Seele zusammengehören und deswegen aufeinander angewiesen sind. Das bedeutet: Wenn es dem einen Part schlecht geht, wird das immer auch der andere Teil spüren. Deswegen kann nicht nur ein Teil wachsen. Wenn du dein Bewusstsein dafür schulst, die Dinge um dich herum anders wahrzunehmen, dann wird dir irgendwann auch klar werden, dass du dich mit der falschen Ernährung immer wieder in einen Zustand bringst, der dich in deiner Entwicklung rückwärtsgehen lässt."

„Wie muss ich das verstehen? Also, wann ernährt man sich denn falsch? Ich zum Beispiel trinke viel Wasser, esse abwechslungsreiche, bunte Lebensmittel, damit ich möglichst viele Inhaltsstoffe aufnehmen kann. Zudem befolge ich nun auch Fatimas Rat, weniger Fleisch zu essen, dafür aber mehr Obst und Gemüse zu mir zu nehmen, und einmal in der Woche zu fasten. Reicht das denn nicht aus?"

„Wofür soll es denn ausreichen?", fragte Esmeralda neugierig.

„Na, um sich glücklich zu fühlen und Freude zu empfinden."

„Das ist zumindest ein guter Anfang, denn wie ich bereits sagte, wirst du mit der Veränderung deines Bewusstseins auch den Drang verspüren, dich immer weiterzuentwickeln. Das liegt an der Beschleunigung der Schwingung, die von nun an in dir wirkt. Die Schwingung will dich nach oben ans Licht tragen, doch wenn du sie immer wieder mit der falschen Nahrung nach unten ziehst, ist ein Vorwärtskommen nur sehr langsam möglich."

Das leuchtete mir ein, doch verstand ich nicht, welche Alternative sie mir damit empfehlen wollte. „Und mit den Kräutern in deinem Korb ist es möglich die Schwingung aufrechtzuerhalten?"

„Ja, denn alle Arten von Wildkräutern besitzen sehr hochdosierte Inhaltsstoffe, auf die dein Körper angewiesen ist. Sie wachsen dort, wo sie genau die Bedingungen bekommen, die sie brauchen, um zu gedeihen. Der Standort und auch der Boden, auf dem sie wachsen, passen genau zu ihrem Wesen. Darum können sie sich perfekt entfalten."

„Willst du mir damit sagen, dass auch Pflanzen einen Wesenskern besitzen?"

„Aber natürlich. Auch sie sind Energie, die eine Information enthält, die sie so aussehen lässt, wie sie aussehen. Dadurch unterscheiden sie sich voneinander – genau wie wir Menschen. Eine Eiche zum Beispiel sieht ganz anders aus als eine Fichte. Die beiden Baumarten haben unterschiedliche Eigenschaften. So wächst die Eiche in die Breite, ist kräftig und hat Blätter. Die Fichte hingegen ist von schlankem Wuchs, trägt ein Nadelkleid und kann bei einem kräftigen Sturm schon mal umknicken. Deswegen wächst sie lieber in dichten Wäldern, um im Schutz der sie umgebenden Bäume zu gedeihen, während die kräftig gebaute Eiche viel Platz braucht und gerne allein auf einer Wiese steht. Wie du siehst, haben beide ganz unterschiedliche Wesen. So verhält es sich mit allem, was du in der Natur vorfindest, weil alles nur Energie ist mit einer entsprechenden Information, um dadurch ‚in Formation' zu gehen.

Kräuter suchen sich ebenfalls ihren Platz aus und zwar den, der ihrem Wesen am besten entspricht. Wenn wir sie kultivieren, berauben wir sie ihrer idealen Grundlage. Der Anbau im Schulgarten, wie du vorhin vorgeschlagen hast, würde folglich dazu führen, dass sie auf ihren optimalen Standort verzichten müssten und damit auf alles, was sie benötigen, um ihre Eigenschaften bestmöglich zu entfalten. Es würde ihnen an den richtigen Nährstoffen ebenso mangeln wie an der idealen Wassermenge und der perfekten Sonnenlichtbestrahlung."

Was Esmeralda eben in Bezug auf Pflanzen erklärte, verglich ich augenblicklich mit mir selbst. Lebte ich meinem Wesen entsprechend, nach meinen Bedürfnissen, die in meinem Inneren – also meinem Wesenskern – angelegt waren? Verbog ich mich nicht allzu oft, um vielem gerecht zu werden, was mich vom Glücklichsein abhielt? Lebte ich meine wahren Qualitäten, die in mir steckten, oder war ich nur eine Marionette im großen Spiel? Diese und viele weitere Fragen drehten sich in meinen Gedanken plötzlich im Kreis, doch noch bevor ich sie beantworten konnte, fuhr Esmeralda fort:

„Die Natur ist das beste Vorbild, das wir haben. Wir brauchen nur genau hinzuschauen, wie sie funktioniert, und schon finden wir Antworten auf alle erdenklichen Fragen. Unsere angeblichen Probleme sind Produkte unseres Verstandes und den daraus entstehenden Lebensformen. Eine Pflanze oder besser die gesamte Natur verfügt jedoch über keinen Verstand, der sie daran hindern könnte, so zu sein, wie sie von ihrem Wesen her ist. Sie folgt einfach ihrer ‚Natur' und tut das, was sie am besten kann. Denn dafür ist sie da. Sie wächst und vergeht. Also sammle ich meine Kräuter dort, wo sie all das bekommen, was sie für ihre optimale Entwicklung benötigen. Nur so können sie mir wiederum bieten, was ich von ihnen haben möchte. Wir leben in einer Symbiose mit der Natur. Wenn wir verstanden haben, dass sie nicht unser Feind oder Sklave ist, dann wird sie uns nähren. Wenn wir sie uns zum Untertan machen, macht sie uns krank, weil sie selbst krank wird."

„Wie muss ich das verstehen?"

„Ganz einfach: Wenn du den Pflanzen ihren Lebensraum nimmst, und sie in großem Agrarstil anbaust, dann musst du sie künstlich mit den Dingen versorgen, die ihnen von nun an naturgemäß fehlen. Das geschieht heute hauptsächlich mit Kunstdünger, um möglichst hohe Erträge zu erlangen. Doch diese Düngemittel machen die Pflanzen krank und laugen die Böden aus. Es entsteht ein Kreislauf, an dessen Ende der Verbraucher steht, der ebenfalls krank wird. Die Symbiose ist nicht mehr gegeben und die Schwingungen, die du von nun an zu dir nimmst, schwächen dich mehr als sie dir Kraft zum Leben geben."

Mir war klar, worauf Esmeralda hinauswollte, und doch hatte ich meine Einwände. „Wie stellst du dir das vor? Wie sollen die vielen Menschen mit Wildwuchs versorgt werden? Das geht doch gar nicht. Und selbst wenn, das wäre schlichtweg nicht bezahlbar."

Esmeralda blickte mich an, als hätte sie dieses Argument schon oft gehört. Nach einer Weile, in der sie sich zu überlegen schien, was sie auf meine Aussagen antworten wollte, meinte sie: „Du hast mich gefragt, weshalb ich noch so jung aussehe, stimmt´s? Neben meiner Einstellung zum Leben, über die ich dir soeben einiges offenbarte, gehört für mich ebenfalls eine der Natur abgeschaute Ernährungsform dazu. Die Natur lebt ausschließlich im Hier und Jetzt. Das bedeutet, dass sie sich keine Vorräte anlegt, aber auch keinen Mangel kennt, da sie ein geschlossener Kreislauf ist. Alle Pflanzen wachsen und gedeihen. Andere Lebewesen ernähren sich davon, ohne dass sie Raubbau betreiben. Was sie nicht verwerten können, scheiden sie aus, was die Pflanzenwelt wiederum als Dankeschön in Form von Dünger zurückerhält. Und was nicht gegessen wurde, kehrt ebenfalls zurück in den Kreislauf. Es fällt zu Boden und wird von den Mikroorganismen zu wichtigen Nährstoffen für die Pflanzenwelt umgebaut. Jedes Lebewesen auf diesem Planeten entnimmt der Natur nur so viel, wie es gerade zum Leben benötigt.

Bei uns Menschen ist das anders. Wir befürchten, dass nicht genug für jeden da sein könnte, und legen deswegen Vorräte an. Das tun wir jedoch nicht nur in unseren Kellern, Speisekammern und Kühlschränken, sondern auch in unserem Körper selbst. Wir essen Unmengen von Dingen, die wir gar nicht benötigen und die uns krank machen. Dadurch legt der Körper Reserven an, die sogenannten unliebsamen Fettzellen, die eigentlich keiner will. Siehst du an mir Fett?"

Ich schaute Esmeralda von oben bis unten genau an, konnte jedoch nichts Auffälliges erkennen.

„Nein, soweit ich sehen kann, bist du schlank. Aber das hängt doch bestimmt auch damit zusammen, dass du dich viel bewegst. Wenn du jeden Tag deine Wildkräuter sammelst, verbrauchst du eine ganze Menge Energie."

„Ah, da gibst du mir ein wichtiges Stichwort, um das Ganze auf den Punkt zu bringen. Denn wenn wir alle aus Energie bestehen, wie wir ja bereits festgestellt haben, dann geht es im Leben darum, unseren Energiehaushalt auf einem Optimum zu halten. Das heißt, dass wir nicht mehr Energie verbrauchen dürfen, als wir unserem Körper zuführen, denn sonst ist unser Akku bald leer."

„Ja, aber genau deswegen ist es doch gut, Reserven anzulegen, denn sie sorgen dafür, dass der Akku eben nicht leer wird."

„Siehst du, genau darin liegt der Irrtum verborgen. Denn viel zu essen bedeutet nicht gleichzeitig automatisch deine Batterie zu füllen."

„Warum nicht? Ich meine, das wäre doch logisch. Je mehr der Körper zum Verbrennen hat, umso mehr Energie entsteht dabei. Warum siehst du das anders?"

„Weil du erst einmal wissen musst, welche Stoffe deinen Akku laden. Nicht alles, was du isst, kann dein Körper sinnvoll verwerten. Deswegen ist das Bild des Akkus nicht nur so dahingesagt, sondern wirklich wörtlich zu nehmen. Eine Batterie besteht aus einem Plus- und einem Minuspol. Beide Pole müssen ungefähr gleich viele Ionen besitzen, wenn ungehindert Strom fließen soll. Am Minuspol sammeln sich die Minus-Ionen, am Pluspol Plus-Ionen. Dabei sind die Minus-Ionen für die elektrische Ladung vorgesehen. Erst sie machen es möglich, dass Strom fließen kann. Ist die Batterie leer, sind auch die Minus-Ionen nicht mehr vorhanden. Um den Akku wieder zu befüllen, musst du ihm wieder diese Minus-Ionen zuführen.

Genau derselbe Vorgang findet auch in deinem Körper statt. Für deine gesamten körperlichen und geistigen Aktivitäten ist Strom nötig – zwar in viel niedrigerer Voltzahl als bei elektrischen Geräten, aber das Prinzip ist dasselbe. Im Klartext bedeutet das: Du musst deinem Körper in erster Linie Nahrung mit vielen Minus-Ionen zur Verfügung stellen, damit der Akku immer vollgeladen ist. Diesen wichtigen Bestandteil entnimmst du in höchster Dosis den Wildwuchskräutern, da sie unbeeinflusst vom Menschen ihr Wesen entfalten können."

Ich konnte Esmeralda gut folgen, hatte jedoch das Gefühl, dass damit meine Fragen bezüglich ihres jugendlichen Aussehens und der Möglichkeit, alle Menschen mit Wildkräutern zu versorgen, immer noch nicht beantwortet waren. „Was willst du mir damit genau vermitteln? Ich weiß immer noch nicht, worauf du hinausmöchtest."

Esmeralda sah mich irritiert an, weil ich sie unterbrochen hatte, und meinte dann verlegen: „Oh, bin ich mal wieder vom eigentlichen Thema abgekommen? Das tut mir leid. Wenn ich erst einmal in meinem Element bin, dann vergesse ich mich gerne. Es kommt da wohl immer noch die Lehrerin in mir durch. Weißt du, früher war ich mit Leib und Seele für meine Schüler da und heute vermittle ich mein Wissen nach wie vor sehr gerne an die jungen Menschen. Deswegen habe ich ja auch diese Kräuter extra gesammelt, weil ich morgen in der Schule eingeladen bin, um mein Wissen an die Neulinge weiterzugeben. Aber ich merke gerade, ich schweife schon wieder vom Thema ab. Also, wo waren wir stehengeblieben?

Ach ja bei der elektrischen Ladung und den Wildkräutern. Je voller dein Akku ist, umso mehr Energie steht dir zur Verfügung, mit der du deinen Körper betreiben kannst – was übrigens auch deinen pH-Wert im Gleichgewicht hält. Wenn du aber einen Energieverbraucher in dir trägst, der dir die ganze Energie gleich wieder raubt, dann hast du ein Problem, weil dein Akku schnell wieder leer ist und du gleichzeitig übersäuerst. Das kannst du dir wie bei einer Autobatterie vorstellen, die schnell leer wird, weil du vergessen hast, das Licht auszuschalten, als du den Wagen verlassen hast. Hier war ein Verbraucher am Werk, der nur Energie entnommen hat. Das Erzeugen von Strom blieb aus, weil der Motor nicht lief und die Lichtmaschine keine Energie nachlieferte.

So ähnlich geschieht es bei deinen momentanen Essgewohnheiten. Du lieferst deinem Körper durch viel Nahrung jede Menge Treibstoff, doch der ist von so schlechter Qualität, dass die Energie, die daraus entsteht, zur Verwaltung, Deponie und Entsorgung der mitgelieferten Abfallprodukte gleich wieder verbraucht wird. Dein Körpersystem ist so eingerichtet, dass es entweder alles, was schadet, sofort wieder ausscheidet oder es geschützt zwischenlagert, damit es keinen weiteren Schaden anrichten kann. Dazu legt er Sondermülldeponien an. Dieser Vorgang kostet ihn jedoch so viel Energie, dass kaum mehr etwas für die eigentlichen Prozesse übrig bleibt, die da wären: Gesunderhaltung, Zellerneuerung, Denkprozesse, Bewusstsein, Vitalität, Freude und Glückseligkeit … Genau wie das eingeschaltete Licht am Auto ist deine Nahrung ein Energieräuber, der dich nicht mit Energie versorgt, sondern dir die Energie entzieht. Deswegen musst du ständig etwas essen, weil dein Akku permanent leer ist."

Das war mir neu und ich bekam ein schlechtes Gewissen, weil mir bewusst wurde, was ich mir mit meiner Ernährungsweise antat. Doch wie sollte ich in Zukunft damit umgehen? Esmeralda war für dieses Problem wohl die richtige Ratgeberin. Wie an ihrer beeindruckenden Vitalität erkennbar, war sie bereits dort, wo ich gerne hinwollte.

„Was tust du konkret, um diesen Prozess zu umgehen? Von den Kräutern alleine kannst du ja nicht satt werden."

„Doch, das kann ich sehr wohl. Es gibt jede Menge Pflanzen auf unserer Erde, die genau das enthalten, was unser Körper benötigt. Dazu gehören auch Wildkräuter. Damit habe ich mit zwanzig Prozent dessen, was du mengenmäßig für gewöhnlich isst, mehr Energie zur Verfügung. Das macht mich vitaler und hält mich jung."

Ich glaubte, nicht richtig gehört zu haben. „Was? Nur zwanzig Prozent von dem, was ich esse? Das würde ich niemals aushalten. Selbst wenn ich damit permanent meinen Akku geladen hätte, so würde sich doch mein Magen schnell melden und mir signalisieren, dass ich essen muss. Wie machst du das?"

„Weißt du, auf deinem Weg zu einem höheren Bewusstsein wirst du irgendwann feststellen, dass du eigentlich gar kein Essen brauchst, sondern durch deine Gewohnheiten und Glaubenssätze nur süchtig danach bist. Du wirst zu dem, was du die meiste Zeit fühlst. Und da du momentan noch eine Leere in deinem Magen wahrnimmst, wenn du ihn nicht permanent befüllst, wirst du auch immer das Gefühl haben, nicht satt zu sein. Doch wenn du erst einmal diese Hürde überwunden hast, dann wirst du merken, dass es dir mit hochwertiger Nahrung in kleineren Dosen viel besser geht. ‚Weniger ist oft mehr', besagt ein Sprichwort. Essen ist nicht zur Befriedigung deiner anerzogenen Gewohnheiten da, sondern es ist die Antriebsenergie für deinen Körper, damit deine Seele die Möglichkeit bekommt, sich vollkommen zum Ausdruck zu bringen. Was das bedeutet, habe ich dir bereits erklärt, als ich dir den Wesenskern beschrieb.

Ich erwarte nicht, dass du dies zum jetzigen Zeitpunkt vollkommen verstehst, doch bin ich mir sicher, dass du mit jedem Tag, an dem du in deinem Bewusstsein ein wenig höher steigst, offener dafür werden wirst."

Darauf wusste ich nichts mehr zu sagen. Vielmehr verstand ich nun einiges viel besser, was ich zuvor noch infrage gestellt hatte. Mir wurde augenblicklich klar, dass, genau wie beim Fleischkonsum, die Frage der Beschaffung und des Preises aufgrund der besseren Qualität der Nahrung keine Rolle mehr spielte. Weniger war eben tatsächlich mehr, und dadurch wäre die Versorgung der Weltbevölkerung mit guter Nahrung durchaus realisierbar. Auch wenn ich nach wie vor nicht glauben konnte, dass eine Versorgung unserer heutigen Gesellschaft mit reinem Wildwuchs möglich war, so sah ich dennoch für mich Möglichkeiten, über andere Wege an gute Nahrung zu gelangen. Blieb also nur noch die Frage, wie ich meinen inneren Schweinehund überwinden konnte, um meine Gelüste nach köstlichen Gerichten wie Braten mit Nudeln oder Schnitzel mit Pommes, aber auch nach leckeren Süßspeisen abzustellen. „Welchen Rat gibst du mir also, damit ich meine alten Gewohnheiten leichter über Bord werfen kann?"

„Es wird dir nicht von heute auf Morgen gelingen, so zu leben wie ich. Und das musst du ja auch nicht. Für mich ist diese Form meine eigene Wahrheit. Die Fakten sind zwar unumstößlich, doch darf jeder selbst entscheiden, wie er mit diesem Wissen umgeht. Wenn du dich weiterentwickeln möchtest, so rate ich dir, den Verzehr von rohen grünen Blättern prozentual zu steigern. Damit meine ich aber nicht Kopfsalat aus dem Treibhaus, sondern alle Arten von Blättern, die man genießen kann und die im Freiland unter biologischen Verhältnissen wachsen. Blattgrün enthält nämlich Chlorophyll. Dies ist ein Stoff, mit dem du das von der Pflanze aufgenommene Sonnenlicht in deinen Körper aufnimmst. Sonne ist ein überaus wichtiger Faktor, der bei Pflanzen zum Wachstum beiträgt. Ohne Sonne gedeiht keine Pflanze. Und ähnlich ist es auch bei uns Menschen. Wir würden jämmerlich eingehen, wenn es immer dunkel wäre. Die gespeicherte Sonnenenergie im Blattgrün bringt quasi deine Zellen zum Leuchten. Deswegen ist es so wichtig, wenn möglich keine Treibhausprodukte zu essen, denn ihnen fehlen Energieteilchen, die man auch Photonen nennt. Durch sie entstehen in deinem Körper Stoffe, die ihn viel besser arbeiten lassen. Einer davon ist das Hormon Vitamin D3. Es sorgt dafür, dass alle Prozesse im Körper optimal ablaufen können. Genau wie das Blatt ist die Haut in der Lage, bei Sonneneinstrahlung dieses Hormon zu bilden. Da heute die meisten Menschen jedoch kaum mehr in die Natur gehen oder sich vor den lebensspendenden Sonnenstrahlen durch Kleidung oder Sonnencremes schützen, hat der Körper kaum eine Chance, gesund zu werden. Besonders im Winter ist am auffälligsten, dass viele Menschen an Depressionen leiden und häufiger anfällig sind für Erkältungen als im Sommer. Doch die allermeisten Menschen leiden permanent an chronischem Vitamin-D3-Mangel, weil sie einen ungesunden Lebenswandel haben und sich unzureichend ernähren. Man hat festgestellt, dass bei fünfundneunzig Prozent aller Verstorbenen auf dem Totenschein ein Vitamin-D3-Mangel attestiert wurde.

Die Sonnenstrahlen sind für mich darum ebenfalls ein Lebensmittel. Ich nenne sie deswegen Lichtnahrung. Sie füllt zwar nicht den Magen, aber sie weckt unglaubliche Kräfte in dir. Deswegen rate ich dir, wann immer die Sonne scheint, für mindestens eine halbe Stunde ungeschützt nach draußen zu gehen. Die Zeitdauer ist jedoch abhängig vom Hauttyp. Du hast sicher schon bemerkt, dass es dir im Urlaub recht schnell wieder gutgeht und deine Energie spürbar steigt. Das hat auch mit der Sonne zu tun. Sie ist für so viele Dinge wichtig. Leider haben die meisten Menschen total vergessen, sie in ihr Leben zu integrieren. Doch jetzt macht sie sich durch ihre erhöhte elektromagnetische Schwingung Gott sei Dank wieder bemerkbar, denn das Universum möchte, dass wir alle in unserer Entwicklung wachsen. Dieser Prozess wird auch dir bei der Umstellung deiner Lebens- und Essgewohnheiten behilflich sein. Wie du sehen kannst, sind eine Menge Dinge durch die moderne Zivilisation in deinem Leben verloren gegangen. Da ich schon so lange auf diesem Planet lebe, weiß ich sehr gut, dass dies nicht immer so war.

Mit der industriellen Revolution um 1815 begannen die Menschen in einem schleichenden Prozess zu vergessen, dass sie über einen Instinkt verfügen können, der ihnen sagt, was gut für sie ist und was ihnen schadet. Damals wussten sie zwar noch nicht, dass Minus-Ionen wichtig sind, um eine Übersäuerung im Körper zu verhindern, und sie hatten auch keine Ahnung davon, dass ihr Körper wie eine Batterie funktioniert. Es war ihnen nicht bewusst, dass die Sonne neben dem Wasser der Lebensspender Nummer eins für sie ist, doch sie taten automatisch das Richtige, weil sie nicht in Versuchung geraten konnten, etwas Schädliches zu essen, denn das gab es damals noch nicht. Es war der Mangel, bedingt durch Hungersnöte, der die Menschen krank werden ließ.

Heute lebt ihr in einer schwierigen Zeit. All die Versuchungen, denen ihr jeden Tag erliegen könnt, halten euch in eurer Entwicklung weit unten. Ihr lebt im Überfluss und erleidet trotzdem Mangel. Ist das nicht paradox? Doch wenn ihr wieder lernt, mit der Natur zu leben, dann werdet ihr den Weg aus eurem selbstgebauten Hamsterrad finden. In der Natur existiert das Vorbild für ein gesundes Leben im Überfluss.

Doch vergiss nicht, dankbar dafür zu sein, dass dich Mutter Erde immer ernährt. Darum segne deine Speisen, so wie es schon deine Vorfahren getan haben. Damit veränderst du die Schwingung der Nahrung, auf dass sie das

Licht wieder in deinen Körper zurückbringt. Je heller dein Leuchten von innen heraus ist, umso schneller erlangst du die Erleuchtung, nach der du suchst, um dauerhaft Freude und Glück zu finden."

28

BENJAMIN UND JOSHUA

*„Es hilft, deine gewohnte Denkweise
um hundertachtzig Grad zu drehen,
wodurch eine neue Perspektive entsteht,
die du zuvor durch dein eingefahrenes Denken
nicht sehen konntest.“*

Esmeralda begleitete mich noch ein Stück des Weges hinunter nach Malikunda. Dabei lief sie flink wie ein Wiesel neben mir her und pflückte weiter ihre Kräuter. Sie erklärte mir, worauf ich beim Sammeln achten musste, aber auch wie ich herausbekommen konnte, welche Kräuter momentan gut für mich wären und welche ich derzeit lieber meiden sollte.

„Nimm das zwischen die Zähne und zerkaue es ganz fein.“

Ich tat, wie Esmeralda mir riet, und verzog sofort das Gesicht. „Igitt! Das schmeckt ja fürchterlich. Das soll gut für mich sein?“

„Sagen wir so. Deiner Reaktion nach zu urteilen brauchst du dieses Kraut derzeit nicht. Es heißt Spitzwegerich. Man nimmt es hauptsächlich bei Husten. Da du jedoch nicht daran erkrankt bist, verlangt dein Körper auch nicht danach. Hättest du momentan eine Bronchitis, so würde dir der Saft des Blattes höchstwahrscheinlich angenehmer schmecken.

So einfach findet man heraus, was gut für einen ist und was nicht. Du musst nur lernen, wie die Pflanzen aussehen, wo du sie findest und welche du meiden solltest. Den Rest sagt dir dein Gefühl.

Das Gänseblümchen hier ist zum Beispiel ein wahres Lebenselixier. Es enthält so viele Inhaltsstoffe, dass du es jederzeit essen kannst. Weil es auf einer frisch gemähten Wiese das Erste ist, das wieder wächst und blüht, nennt man es auch das Stehaufmännchen unter den Wildkräutern. Diese Eigenschaft kannst auch du nutzen, denn es verleiht dir Kraft und Vitalität. Hier, probiere."

Esmeralda bückte sich mit Leichtigkeit und pflückte mir das zarte Blümchen am Wegesrand. Als ich es zerkaute, schmeckte es im Gegensatz zum Spitzwegerich sehr angenehm. Es war für mich lediglich ungewohnt, ein Gänseblümchen zu verspeisen, weil ich es noch nie auf meinem Speiseplan hatte. Jedoch konnte ich mir sehr gut vorstellen, es künftig mit in den Salat zu geben.

„Du siehst, es ist gar nicht so, schwer sich aus der Natur zu ernähren. Sie ist der größte und günstigste Supermarkt, den es gibt. Sie hat das umfangreichste Angebot an Bioprodukten und ist frei von Gedankenmüll. Denn es befinden sich keine negativen Schwingungen der Erzeuger und Verkäufer in den Produkten. Es lohnt sich also, dieses Sortiment auszukosten."

Ich war früh aufgewacht und es erstaunte mich, wie wenig Schlaf ich benötigte, seit ich hier auf Atlemuris war. Ich fühlte mich richtig gut, was ich unter anderem auch auf die gesunde Ernährung zurückführte. Sogleich holte ich mein Tagebuch aus der Nachttischschublade und schrieb mir alles auf, was ich von Esmeralda gelernt hatte. Als ich in den Seiten blätterte, stellte ich fest, dass ich bereits eine ganze Menge an nützlichen Informationen besaß. Das machte mich sehr glücklich, denn dieses Büchlein war von nun an mein kleiner Schatz.

Nachdem ich es wieder zurück in die Schublade gelegt hatte, stand ich voller Freude auf und ging leise hinunter in die Küche. Es war noch sehr früh am Morgen und es kam mir in den Sinn, Fatima heute mit einem Frühstück zu überraschen. Ich öffnete vorsichtig die quietschende Küchentüre, um sie nicht zu wecken. Da draußen der Tag gerade erst heraufzudämmern begann, schaltete ich das Licht an und erschrak. Fatima saß im Halbdunkel am Küchentisch und musste wohl ebenso erschrocken sein. Als sie mich erblickte, drückte sie schützend einen kleinen Bilderrahmen an ihre Brust. In ihren Augen erkannte ich eine Angst, als ob sie jeden Moment befürchtete, ich könne ihr das Bild wegnehmen.

„Oh, entschuldige, ich wollte dich nicht erschrecken. Soll ich das Licht wieder löschen? Ich bin schon wieder weg", sagte ich verlegen.

Fatima schien sich wieder zu entspannen und meinte: „Nein, das brauchst du nicht. Es ist schon gut, ich habe nicht mit dir gerechnet, denn ich bin ja sonst die meiste Zeit alleine. Komm, setz dich zu mir." Immer noch verlegen schob ich den Stuhl an der gegenüberliegenden Seite des Tisches nach hinten und nahm verunsichert Platz.

„Was ist denn los mit dir, so kenne ich dich ja gar nicht?", fragte ich sie vorsichtig. „Du wirkst so traurig. Ist etwas Schlimmes passiert?"

Fatima legte das Bild zurück auf den Tisch und begann plötzlich zu weinen. „Weißt du, eigentlich bin ich ja eine starke Frau, aber heute muss ich mir meine Schwäche eingestehen."

„Von welcher Schwäche sprichst du, dass sie dich so mitnimmt?"

„Es könnte alles anders sein, doch sollte es wohl so kommen, und ich weiß auch, dass ich daraus etwas lernen darf. Doch an diesem Tag bricht eine Welt für mich zusammen."

„Wieso ausgerechnet heute, was ist an diesem Tag so anders als an den anderen Tagen des Jahres?"

Fatima schob das Bild zu mir herüber und wischte sich die Tränen von der Wange. Gefasst berichtete sie mir, was geschehen war. „Das sind Benjamin, mein Mann, und unser Sohn, Joshua. Hier war noch alles in Ordnung. Wir waren eine glückliche Familie und führten ein wundervolles Leben. Doch nun sind die beiden tot und heute ist ihr Todestag."

Als Fatima dies ausgesprochen hatte, übermannten sie wieder ihre Gefühle. Ich war so schockiert über diese Nachricht, dass mir selbst Tränen in den Augen standen. „Oh nein. Das tut mir sehr leid. Möchtest du darüber reden und mir erzählen, was geschehen ist?"

„Weißt du, eigentlich kann ich sehr gut mit dieser Tatsache umgehen. Doch an einem Tag wie diesem setzt die Erinnerung wieder ein und in mir läuft dieser Film ab. Es ist nicht so schlimm für mich wie es für dich aussieht, aber die Schwingung ist an diesem Tag eben noch sehr präsent für mich. Es ist nun schon ein paar Jahre her und mit jedem Jahr wird es auch besser, doch es braucht eben seine Zeit, bis sich alles neutralisiert hat."

„Geht das überhaupt? Ich meine, ich weiß ja nicht, wie dieses Unglück geschehen ist, aber wirst du diesen Tag jemals vergessen können?"

„Es geht nicht darum, zu vergessen. Es geht vielmehr um die Gefühle, die bei der Erinnerung entstehen. Der Verstand wird sich immer daran erinnern, doch solange die Gefühle von Trauer und Leid in mir schwingen, machen sie mich zu der, die ich in diesem Moment bin. Aber, wie gesagt, es ist schon viel besser. Du hättest mich mal vor zwei Jahren sehen sollen. Da wäre es mir nicht möglich gewesen, an diesem Tag mit dir zu reden. Aber die Zeit und das Wissen darum, wie man seine Gefühle umwandeln kann, helfen mir dabei, alles zu verarbeiten. Außerdem lerne ich daraus für das Leben."

Ich war von Fatimas Einstellung fasziniert. Ich wüsste nicht, ob ich in ihrer Situation genau so handeln könnte. Wenn mir die liebsten Menschen aus meinem Leben gerissen würden, wäre das für mich höchstwahrscheinlich ein Leben lang furchtbar. Das war wohl das Schlimmste, was einem passieren konnte, und ich hatte keine Erklärung dafür, weshalb sich eine Seele dieses Schicksal vorgenommen haben sollte. „Was genau ist denn geschehen, dass du gleich deine beiden liebsten Menschen verloren hast?"

Fatima sah mich traurig an und meinte: „Bitte hab Verständnis dafür, dass ich gerade nicht darüber reden möchte, aber ich würde dich gerne zu Markus schicken. Er kann dir alles genau erklären."

Markus war ein groß gewachsener schlanker Mann Mitte zwanzig. Er hatte eine unübersehbar positive Ausstrahlung, als er mir beschrieb, wo wir uns gerade befanden.

„Das hier ist unser Zentrum für Bewusstsein und Lebenskraft. Bei euch würde so etwas Krankenhaus heißen. Und ich bin auch kein Arzt, sondern ein Gesundungshelfer. Zu uns kommen die Menschen in erster Linie, um sich darüber zu informieren, was sie tun können, um gesund und vital zu bleiben. Dafür werden wir dankend bezahlt. Wenn trotz dieser Hilfestellungen jemand krank wird, so ist es unsere Aufgabe, dem Patienten dabei zu helfen wieder zu gesunden. Diese Leistung ist für ihn dann jedoch kostenlos. Wir sehen es als eine humanitäre Hilfe an, in Not geratenen Menschen mit unserem Wissen und Können zu unterstützen, damit sie schnellstmöglich ihre ursprüngliche Kraft und Stärke wiedererlangen können."

Das war mir neu, dass man bezahlte, um gesund zu bleiben, während man die Hilfe bei Krankheit umsonst erhielt. Es war zwar ungewöhnlich, jedoch durchaus sinnvoll, denn durch diese Herangehensweise würden mit Sicherheit viel weniger Menschen erkranken. Du bist aber noch ganz schön jung um ein Arzt, Entschuldigung, ich meine ein Gesundungshelfer zu sein."

„So, findest du das? Nun, nach dem Schulbesuch hier auf der Insel und dem Ablegen der staatlichen Prüfung mit sechzehn Jahren war für mich schnell klar, was ich am liebsten tun wollte, denn schon immer hat mich die Funktionsweise der Natur und des menschlichen Körpers fasziniert. So besuchte ich namhafte Ärzte, Heilpraktiker, Heiler und Alternativmediziner auf der ganzen Welt, die sich erfolgreich einer anderen Sichtweise über Krankheit verschrieben hatten. Ihre Erkenntnisse und das Wissen, das wir hier gemeinsam gewonnen haben, führte zu unserer Denk- und Behandlungsweise, die bei euch in der Ärzteschaft bislang noch kaum Beachtung findet. Unsere Methoden werden zwar von der Schulmedizin ständig kritisiert, doch widerlegt hat sie noch keiner. Wir hingegen können ihre Vorgehensweise mit unseren Beobachtungen und wissenschaftlichen Untersuchungen ausnahmslos als im Ansatz unkorrekt beweisen."

„Was ist so anders an dieser Sichtweise, die euch offenkundig so sicher macht, dass ihr es euch sogar erlauben könnt, die Behandlung Kranker kostenlos anzubieten? Ihr müsst erfolgreich sein, denn sonst könntet ihr euch das nicht leisten. Bei uns wäre jedes Krankenhaus schon lange pleite, weil es viel zu viele kranke Menschen gibt. Das können auch die Vorsorgeuntersuchungen nicht verhindern, die doch die Menschen gesund erhalten sollen."

Markus nickte wissend. „Eure Vorsorgemaßnahmen sind nicht zu vergleichen mit den unsrigen. Ihr überprüft, ob ein Mensch bereits erkrankt ist, um rechtzeitig reagieren zu können, damit die gesundheitliche Störung keinen lebensbedrohlichen Verlauf nimmt. Diese Maßnahme ist bei euch kostenlos, weil sie von der Krankenkasse übernommen wird. Und das ist ja auch das Mindeste, was eine ‚Kranken'-Kasse für ihre Kunden tun muss.

Zu uns kommen die Menschen regelmäßig, um gemeinsam mit uns zu erörtern, was individuell notwendig ist, um die Gesundheit zu erhalten. Wenn jemand dennoch krank wird, dann haben wir etwas übersehen, sodass wir ihn kostenlos behandeln.

Manchmal kann der Patient aber auch gar nichts dafür, dass sein Körper gerade rebelliert. Wie im Falle von Benjamin. Fatima hat mir das Einverständnis gegeben, dich darüber aufzuklären, was zu seinem Tod geführt hat. Bei uns gibt es zwar auch eine Schweigepflicht, aber die meisten Menschen wünschen sogar, dass andere von ihrem Schicksal erfahren, damit sie daraus lernen können. Denn das Verständnis dafür, warum im Körper etwas geschieht, das so bisher noch nie vorgefallen ist, bewirkt in den allermeisten Fällen zusammen mit ein paar Hilfestellungen aus der Naturapotheke eine rasche Genesung. Dabei dürfen die psychisch-seelischen Ursachen nicht außer Acht gelassen werden. Doch, wie mir Fatima erklärte, weißt du darüber ja bestens Bescheid. Darum werde ich dir gerne erklären, worin der Unterschied zu euren Behandlungsweisen liegt.

Beginnen möchte ich mit der geschichtlichen Entwicklung von Krankheitsbehandlung: Die ersten Menschen lebten noch als Naturvölker. Wenn jemand erkrankte, so glaubten sie, dass er vom Teufel oder einem bösen Geist besessen sei. Oder dass Gott seine gerechte Strafe über den Erkrankten verhängte. Dieser Aberglaube entstand durch die Differenzierung von Gut und Böse. Später, als man begann, den menschlichen Körper zu erforschen, stellte man fest, dass alle Krankheit aus einem Mangel oder einem Überschuss entsteht. Daraus entwickelten sich die Säfte-Lehre und die Kräuterkunde. Und als man schließlich dank moderner Technik das Mikroskop erfand, entdeckte man allerlei Kleinstlebewesen wie Viren und Bakterien, die man schnell unterschied in Freund und Feind. Die einen brauchte man zum Leben, die anderen griffen das Leben an. Alle drei Epochen verbindet bis zum heutigen Tag eine Gemeinsamkeit: der Glaube an ein Fehler- und Angriffsdenken und damit die Annahme, dass irgendetwas unserem Körper schadet, sodass er krank wird. Entweder ist es die Strafe Gottes dafür, dass der Mensch nicht gottgefällig lebte, oder ein Zuwenig oder Zuviel von etwas, das unserem Körper schadet. Oder aber die Kriegsführung von Mikroorganismen macht uns dermaßen zu schaffen. In der Natur jedoch gibt es niemals eine solche Differenzierung. Sie kennt keine Bösartigkeit. Sie besteht lediglich aus einem Kreislauf von Entstehen und Vergehen. Wir Menschen sind Bestandteil der Natur. Wir nehmen uns nur heraus, dass wir etwas Besonderes sind, weil wir durch unser Gehirn und unsere vermeintliche Intelligenz über einen freien Willen verfügen, der es uns ermöglicht, uns der Natur zu widersetzen und sie uns untertan zu machen.

Dabei verfügt sie, so wie das gesamte Universum, durchaus über Gesetze, die wir nicht außer Kraft setzen können. Eines davon ist dir sicher wohlbekannt. Es ist das Resonanzgesetz. Und genau wie dieses ein übergeordnetes Gesetz ist, das unsere Gefühle und die damit verbundenen Erfahrungen im Leben regelt, gibt es eine weitere Naturgesetzmäßigkeit, der man sich nicht widersetzen kann, weil sie zum Spiel des Lebens dazu gehört. So kennt die Natur Krankheiten, wie sie bei uns Menschen vorherrschen, nicht. Die Natur funktioniert nach dem Gesetz des Entstehens und Vergehens, was bedeutet, dass wir alle, nachdem wir geboren wurden, auch irgendwann sterben müssen. Dieser Kreislauf ermöglicht ein fortwährendes Gleichgewicht."

Das erinnerte mich an die Erklärungen von Esmeralda, und machte mich hellhörig. „Und du meinst, nur ein Gleichgewicht hält gesund?"

„Ja, denn erst wenn etwas aus dem Gleichgewicht gerät, entsteht Krankheit."

„Aber genau das geschieht doch auch in der Natur. Ich denke da nur an heftige Regenfälle, die dann zu Überschwemmungen führen, was viele Menschen ihr Hab und Gut kostet und manchmal sogar das Leben."

„Hier ist aber die Ursache nicht in der Natur zu suchen, sondern da hatte der vermeintlich schlaue Mensch seine Hände im Spiel. Solche Katastrophen kommen nämlich erst durch die von Menschenhand ausgeführte Begradigung von Flüssen zustande. Die ursprünglich vorhandenen natürlichen Überschwemmungsgebiete hätten solches verhindern können, hätte der Mensch nicht eingegriffen.

Auch im Tierleben ist das Gesetz von Entstehen und Vergehen allgegenwärtig. Lass mich dir dies am Beispiel von Katze und Maus erklären. Die Katze, die gerade eine Maus gefangen hat und sie nun verspeist, nimmt aktiv am Gesetz des Entstehens und des Vergehens teil. Das muss sie auch, weil es sich dabei um ein übergeordnetes Gesetz handelt. Würden nämlich keine Mäuse auf ihrem Speiseplan stehen, weil sie keine Lust dazu hat, sich auf die Lauer zu legen, so käme alles aus dem Gleichgewicht. Die Katze würde höchstwahrscheinlich verhungern. Wenn alle Katzen faul wären, würden sie bald aussterben. Die Mäuse hingegen hätten keinen natürlichen Feind und könnten sich bis ins Unermessliche vermehren, was zu einer Mäuseplage führen würde. Damit wäre das natürliche Gleichgewicht nicht mehr gegeben.

Das Gesetz der Vergänglichkeit, wie man ebenfalls zu Entstehen und Vergehen sagt, wirkt aber auch, wenn die Maus von der Katze nicht gefressen worden wäre, weil sie vor ihr fliehen konnte."

„Wie das denn? Dann hätte doch die Katze auch nichts zu fressen und müsste hungern, während die Maus sich weiter vermehren könnte", meinte ich völlig unverständig.

„Das ist natürlich richtig, doch dieses Mal möchte ich dir die Vergänglichkeit aus einer anderen Perspektive zeigen. Mir geht es nun darum, was biologisch gesehen in der Maus geschieht. In dem Moment, wo sie bemerkt, dass ihr Leben in Gefahr ist, begibt sie sich in den Fluchtmodus. Sie läuft vor der tödlichen Gefahr davon. Dazu mobilisiert sie all ihre Kräfte und rennt, so schnell sie kann. Um das zu bewerkstelligen, wird erst einmal jede Menge Adrenalin ausgeschüttet, das den entsprechenden Organen höchste Alarmbereitschaft signalisiert. Eines dieser Organe ist die Lunge. Sie muss nun volle Arbeit leisten, da die Maus ja davonrennen möchte. Jetzt entsteht Stress im Mäusekörper. Die Lungenbläschen, die für die Sauerstoffaufnahme zuständig sind, müssen Höchstleistung erbringen, damit die Maus ein Schlupfloch erreicht, das sie vor der Katze schützt. Gelingt ihr das, so hat sie noch einmal Glück gehabt. Sie wird sich nach einer Weile von diesem Schock erholt haben und dann wieder ihrem Mäusealltag nachgehen."

„Ja, gut. Das ist ein ganz normaler Vorgang, doch wo liegt hier das Prinzip des Entstehens und Vergehens?"

„Das ist nun nicht ganz so offensichtlich wie beim ersten Beispiel. Denn jetzt zeigt sich uns die Herstellung eines Gleichgewichtes im Inneren der Maus. Durch den Konflikt der Todesangst wurde automatisch der Fluchtmodus aktiviert, der ihr alles abverlangte und sie in Stress versetzte. Nach der Beendigung des Konflikts durch das Erreichen des Mauselochs ging sie automatisch in den Ruhemodus über, der bei ihr bewirkt, das sich das innere Gleichgewicht wiederherstellt."

„Ah, jetzt verstehe ich, was du mir damit sagen möchtest. Man könne auch sagen, eine Entspannungsphase gleicht eine Anspannungsphase auf natürlichem Wege wieder aus, richtig?"

„Ja, genau. Ich sehe, du hast es verstanden. Und nun, da du das weißt, möchte ich dir erzählen, was mit Benjamin und Joshua geschehen ist.

Benjamin ging mit seinem damals zwölfjährigen Sohn ans Festland. Sie wollten zu Joshuas bevorstehendem Geburtstag ein Fahrrad anschaffen, das es nur in einem speziellen Geschäft zu kaufen gab. Fatima war dagegen gewesen, denn sie meinte, dass es ein Fahrrad, das es hier auf der Insel zu kaufen gab, auch getan hätte. Doch Benjamin liebte seinen Sohn so sehr, dass er nur das Beste für ihn wollte. Als sie voller Freude über den Marktplatz gingen, rannte Joshua übermütig auf dem Platz hin und her, während Benjamin es genoss, sein einziges Kind glücklich zu sehen. Plötzlich fuhr ein Wagen mit quietschenden Reifen um die Ecke. Eine Türe ging auf und ein bewaffneter und maskierter Mann feuerte aus dem fahrenden Fahrzeug eine Salve seines Maschinengewehres auf ein Ladenschaufenster. Joshua konnte nicht rechtzeitig reagieren und geriet in den Kugelhagel. Er war auf der Stelle tot."

Ich war schockiert und spürte eine Gänsehaut am ganzen Körper. Doch noch bevor ich etwas sagen konnte, fuhr Markus fort.

„Benjamin, der alles mit angesehen hatte, erlitt einen Schock und machte sich Vorwürfe, weil er nicht auf Fatima gehört hatte. Das Geschehene belastete ihn so sehr, dass er in den folgenden Monaten krank wurde."

„Das kann ich mir gut vorstellen, bei dieser Tragödie. Woran erkrankte er?"

„Er litt an etwas, das ihr Hodenkrebs nennen würdet."

„Warum ausgerechnet Hodenkrebs? Wenn du gesagt hättest, er bekam Depressionen, könnte ich das eher verstehen. Und weshalb nennen nur wir diese Krankheit so und ihr nicht?"

Markus überlegte kurz, was er darauf antworten sollte. „Mir war klar, dass es nicht einfach sein würde, dir dies zu erklären. Deswegen habe ich dir zuerst die Geschichte mit der Katze und der Maus erzählt. Dadurch dürfte es dir leichter fallen, mir nun zu folgen. Immer wenn ein Mensch einen Konflikt erfährt, der hoch dramatisch ist und völlig unerwartet eintritt, entsteht ein Schockerlebnis. Dann reagiert der Körper mit dem Fluchtmodus, so wie die Maus, als die Katze sie fressen wollte. Wenn der Fluchtmodus jedoch sehr lange andauert, dann gerät der Körper in einen Erschöpfungszustand, um ein Gleichgewicht zu erzwingen, das bis dato ausgeblieben ist. Würde die Maus also kein Loch finden, würde die Katze sie irgendwann erwischen, weil die Maus nicht mehr genügend Kraft hätte davonzulaufen. So regelt das normalerweise die Natur.

Doch bei uns Menschen sieht das anders aus. Wir verfügen über eine höhere Intelligenz und haben deswegen mehr Möglichkeiten, den Fluchtmodus auszuleben. Dieses Verhalten nennen wir ein Biologisches Sonderprogramm. Bei Benjamin war durch den unwiederbringlichen Tod von Joshua ein Verlustkonflikt entstanden. Durch seinen Verstand und die im Laufe des Lebens gebildeten Glaubenssätze setzte er dieses Programm in Gang. Die Trauer, seinen geliebten Sohn verloren zu haben, die Ohnmacht, ihn nicht davor bewahrt haben zu können, die Schuld, ihn in diese Situation gebracht zu haben, der Vorwurf, nicht auf Fatima gehört zu haben, vor allem aber der Verlust seines einzigen Kindes führten dazu, dass er sich im Hamsterrad seiner Gedanken verfing. Die Natur aber möchte das entstandene Ungleichgewicht sofort wieder ausgleichen. Genau wie die Maus auf ihrer Flucht automatisch eine erhöhte Lungenaktivität erfährt, um der akuten Bedrohung zu entkommen, möchte das entsprechende Organ, das für die Zeugung von

Nachkommen zuständig ist, jetzt aktiv werden, um den Verlust von Joshua schnellstmöglich wieder auszugleichen. In der Natur wäre das kein Problem. Die Maus würde sofort Nachkommen zeugen und das Gleichgewicht wäre wieder hergestellt. Doch bei uns Menschen ist es nicht so ohne Weiteres möglich, einen geliebten Menschen durch einen anderen zu ersetzen, da uns Verstand, Ethik, Moral und die Glaubenssätze daran hindern, einfach wieder zur Tagesordnung überzugehen. Benjamin belastete sich von nun an Tag und Nacht mit diesem Konflikt. Seine von Trauer, Schuld, Ohnmacht und Vorwürfen geprägten Gefühle sendeten eine Schwingung mit der Information aus, die den Hodenzellen vermittelten, es sei nicht gewünscht, ein Gleichgewicht herzustellen. Folglich stellten sie ihre Arbeit ein. Mehr noch, als seien sie beleidigt, bildeten sie sich zurück. Da diese aktive Konfliktphase bei Benjamin viele Monate andauerte, entstanden im Zellgewebe kleine Löcher. Nun fand aufgrund seiner selbstzerstörerischen Gedanken und Gefühle ein real zerstörender Mechanismus auf Zellebene statt, was durchaus auch mit Schmerzen verbunden sein kann. Doch als Benjamin mit unserer Hilfe diesen Prozess durchschritten hatte und er Frieden mit sich und der Situation schließen konnte, sendete er automatisch einen Auftrag an sein defektes Organ, die Arbeit wieder aufzunehmen. Das tat es sofort, denn jetzt konnte es endlich das von der Natur eingerichtete Gleichgewicht wiederherstellen. Zunächst jedoch musste es die defekten Gewebeteile wieder reparieren. Indem es eine vermehrte Zellteilung einleitete, wuchsen die entstandenen Löcher schnell wieder zu. Da nun aber gleichzeitig auch der Prozess der natürlichen Gleichgewichtsherstellung in Gang gesetzt wurde, produzierte der Körper eine viel größere Anzahl an Zellen, als nötig gewesen wäre, um den Schaden zu beheben. Der Sinn, weswegen die Natur so verfährt, liegt ganz einfach darin, dass sie damit – in diesem Fall das Fortpflanzungsorgan – für kurze Zeit leistungsfähiger macht, um den Defekt möglichst schnell wieder zu reparieren. So kann im Anschluss der entstandene Verlust ausgeglichen werden. Wäre Benjamin in diesem Stadium in eines eurer Krankenhäuser gegangen, hätte ein Arzt ihm die Diagnose Krebs erteilt. So gut wie jeder, der dieses Ergebnis mitgeteilt bekommt, wird aufgrund seiner Todesangst Gefühle entwickeln, die am Ende des Leidensweges genau dazu führen, was er von nun an die meiste Zeit fühlt. Doch das müsste nicht geschehen, würde mit dem Wort Krebs nicht ein zerstörerischer, böser Angreifer assoziiert, der alles vernichtet, sobald er seiner habhaft geworden ist."

„Krebs" auf die Weise erklärt zu bekommen, machte diese Krankheit für mich auf einmal nachvollziehbar und ich verlor die Angst vor diesem vermeintlichen Monster.

So bestätigte ich Markus in seinen Ausführungen: „Das erinnert sehr an den uralten Glauben der Naturvölker, die eine Differenzierung zwischen Gut und Böse machten. Doch wenn ich dich richtig verstanden habe, dann ist diese Zellwucherung ein ganz natürlicher Vorgang, der zum einen einen Reparaturmechanismus darstellt und gleichzeitig durch die übersteigerte Zellvermehrung das natürliche Gleichgewicht schnellstmöglich wieder herstellen möchte. – Ja, das macht durchaus Sinn", vollzog ich nach und nickte dabei zustimmend.

„Das ist auch so, denn die Natur kennt keine Bösartigkeit. Nur wir Menschen beurteilen ein Geschehen auf diese Weise mit unserem Verstand. Da die Natur keinen freien Willen besitzt, kann sie auch hier in der Polarität keine Differenzierungen treffen. Das ist nur uns Menschen möglich. Dadurch erschaffen wir unser Leid auf eine Weise, wie es die Natur niemals tun würde, denn sie lebt nach dem Gesetz des Entstehens und Vergehens."

„Dann müsste die ganze Aufregung über Zellwucherungen gar nicht sein, weil dies nur einen Heilungsprozess aufgrund einer Ursache darstellt. Sehe ich das richtig?"

„Aber natürlich. Eure Denkweise und die scharfen Geschütze, die ihr mit chemischen Keulen gegen den angeblichen Feind auffahrt, sind absolut überflüssig, da sich der Organismus von ganz alleine ins Gleichgewicht bringt, wenn man ihn dabei positiv unterstützt. Das ist das Einzige, was man in einem solchen Fall zu tun braucht. Und dazu sind wir Gesundungshelfer da."

Irgendetwas fühlte sich für mich bei allem, was ich gerade über die Krankheit „Krebs" erfahren hatte, nicht stimmig an. Ich überlegte eine ganze Weile, bis mir schließlich bewusst wurde, was mich umtrieb.

„Das klingt wirklich alles sehr logisch und doch kann ich nicht ganz glauben, dass dies die Wahrheit ist."

Markus sah mich überrascht an. „Warum zweifelst du noch daran, dass die Gesetzmäßigkeit der Vergänglichkeit ein Gleichgewicht herstellen kann?"

„Nun, ich frage mich, warum ihr mit eurer Denkweise Benjamin nicht helfen konntet. Denn er ist ja letzten Endes doch gestorben. Also scheint eure Theorie nicht zu stimmen."

Markus musste schmunzeln, was mich etwas irritierte. Machte er sich etwa gerade lustig über mich?

„Ich merke schon, ihr seid unglaublich verhärtet in euren Denkstrukturen. Kein Wunder, dass bei euch statistisch gesehen neunzig Prozent aller Menschen, bei denen die Diagnose ‚Krebs‘ gestellt wurde, nach fünf Jahren unter schrecklichen Bedingungen an den Gefühlen der Angst und den Folgen der Chemotherapie sterben. Auch bei uns sterben hin und wieder Menschen, bei denen eine Zellwucherung festgestellt wird. Doch die Ursache ist nicht die Wucherung, die ja in Wahrheit einen Heilungsmechanismus des Körpers darstellt, sondern die Tatsache, dass sie ihren Schock nie richtig verarbeitet haben. Wenn immer wieder ein Heilungsprozess von Neuem in Gang gesetzt wird, weil der Mensch seinen Konflikt nach einer Heilungsphase von Neuem beginnt, dann gerät irgendwann das angestrebte natürliche Gleichgewicht aus seiner Mitte. Es entsteht ein Ungleichgewicht durch zu viele Zellen. Das kann nur entstehen, weil nach jedem Prozess der Heilung zunächst mehr Zellen gebildet werden, als zur Reparatur notwendig sind. Im Normalfall passt sich das Zellgleichgewicht nach einiger Zeit wieder an. Wenn aber viele Male ein Heilungsprozess in Gang gesetzt wird, entsteht dadurch automatisch eine Zellwucherung. Doch es ist nicht die Natur, die dies von sich aus so eingerichtet hat. Dies wird vom Verstandesmännchen verursacht, das einfach keine Ruhe gibt. Das permanent ablaufende Kontrastprogramm von hartnäckig zerstörerischem Gedankengut einerseits und Erholungsphasen andererseits, die eine scheinbare Erlösung suggerieren, bewirkt diese Reaktion. Zellwachstum und Zellabbau wechseln sich in immer kürzeren Abständen ab, was sich für den betroffenen Menschen irgendwann zu einer Gefahr auswächst. Nicht auf jeden Menschen trifft dies gleichermaßen zu. Die einen können einen hochdramatischen und unerwarteten Konflikt besser verarbeiten als andere. Das jeweilige Verhalten ist immer abhängig vom Wesenskern und dem daraus erfolgten Charakter des Einzelnen. Darum ist die Wesensbestimmung für uns ein wichtiger Bestandteil unserer Arbeit. Sie ist mit entscheidend, wie wir einen Patienten am besten bei seiner Gesundung unterstützen können.“

„Aber bei Benjamin scheint auch dies nicht geholfen zu haben, sonst wäre er ja noch am Leben.“

„Da muss ich dich leider enttäuschen. Benjamin war nach einem guten halben Jahr wieder vollkommen gesund. Er hatte seine negativen Gedanken und Gefühle von Trauer, Schuld, Ohnmacht und Selbstvorwürfen ins Positive verwandeln können, wodurch sich die gesteigerte Zellvermehrung wieder einpendelte und das Gleichgewicht sich wieder herstellte. Doch da er seine Eltern bereits durch einen Verkehrsunfall verloren hatte, blieb ihm ein entscheidendes Gefühl erhalten. Seinerzeit hatte er den entstandenen Verlustkonflikt durch das tragische Unglück seiner Eltern dank der Liebe zu Fatima ausgleichen können. Deswegen konnte jener Heilungsprozess auch schnell wieder in sein Gleichgewicht kommen. Und als Joshua zur Welt kam, war der natürliche Ausgleich für ihn gegeben. Doch nun war auch Joshua nicht mehr da. So blieb Benjamin bei allem, was er tat, um sein Gleichgewicht aufrechtzuerhalten, das Gefühl der Sehnsucht. Er vermisste seine Eltern und seinen geliebten Sohn so sehr, dass er für immer bei ihnen sein wollte. Am dritten Todestag von Joshua entschloss er sich daher, den von ihm gegangenen Seelen zu folgen und nahm sich das Leben."

Ich war schockiert als ich das hörte. Niemals hätte ich gedacht, dass dies der Grund für Benjamins Tod war. „Ich weiß gar nicht, was ich dazu sagen soll. Wie konnte er das tun!"

„Wenn eine Seelenverbindung dermaßen stark ist, dass durch die Sehnsucht nach dem geliebten Menschen der Seelenanteil des Verstorbenen nicht zurück zu seiner Seele kann, ist dies vielleicht die einzige Option."

„Wie muss ich das verstehen?"

„Benjamins Sehnsucht nach Joshua war so groß, dass er ihn mit der Energie seines Verlustgefühls nicht loslassen konnte. Dadurch war es dem Seelenanteil von Joshua nicht möglich, zu seiner Seele nach Hause zurückzukehren. Benjamin zog ihn quasi wie ein Magnet an sich, wodurch Joshua keine Erlösung finden konnte."

„Willst du den Selbstmord damit etwa legitimieren?"

Markus geriet kurz ins Stocken. „Ich möchte die Frage gerne mit einer Gegenfrage beantworten. Möchtest du vielleicht das freiwillige Beenden des Spieles durch den Spieler selbst verbieten? Wenn ja, wer gäbe dir das Recht dazu?"

Verlegen suchte ich nach einer Antwort. „Aber, das ist doch keine Lösung. Jeder weiß, dass diese Entscheidung bedeutet, das Fegefeuer zu durchschreiten, was höllische Qualen mit sich bringt. Allein die Angst davor würde mich abhalten, dies zu tun."

Als Markus das hörte, musste er laut lachen. „Ist das dein Problem? Fürchtest du tatsächlich diese Konsequenz? Lebt ihr da draußen eigentlich noch im Mittelalter, dass man euch mit diesem Aberglauben Angst machen kann? Diese Denkweise setzt voraus, dass es einen strafenden Gott gibt, der entscheidet, ob du gut oder böse bist. Kein Wunder, dass ihr immer noch nach derselben Einstellung Krankheiten behandelt. Es gibt in der Natur kein Gut und kein Böse. Es gibt nur Sein. Die Differenzierung des Seins in zwei Möglichkeiten, wie richtig oder falsch, oder gut und böse, ist Teil des Spieles in der Polarität, um zu erkennen, wie ein Ausgleich herzustellen ist.

Wenn Benjamin diesen Schritt wählte, so hat er damit für diese Situation und sein Leben das für ihn notwendige Gleichgewicht hergestellt. Für die Hinterbliebenen ist dies meist kaum zu verstehen und wird deswegen auch gern verurteilt. Was das Fegefeuer angeht, von dem du sprachst, so weiß man heute von Menschen, die eine Nahtoderfahrung machen durften, dass damit das Vorbeiziehen des eigenen Lebens gemeint ist. Während man durch den Kanal reist, der einem den Weg nach Hause zeigt, durchlebt jeder sein gesamtes irdisches Wirken noch einmal und erkennt dabei so manche Dinge, die vielleicht nicht schön waren und die schmerzhafte Erinnerungen auslösen. Du siehst also, es gibt keinen Grund sich davor zu fürchten. Doch der Umdenkprozess, der dafür notwendig ist, kann manchmal recht lange dauern, wie an eurem Gesundheitssystem sehr gut erkennbar ist. Erst wenn ihr die Sinnhaftigkeit eines biologischen Sonderprogramms, ausgelöst durch die Qualitäten des menschlichen Gehirns, insbesondere des freien Willens, verstanden habt, braucht ihr keinem Aberglauben oder falschen Annahmen anzuhängen. Sie stützen sich auf Wahrscheinlichkeiten, in der Hoffnung, dass sie zur Heilung führen.

Vielmehr sind es die Vorgänge der Natur und des Universums, welche die Zusammenhänge zwischen Ursache und Wirkung vermitteln und die zu einer erfolgreichen Lösung führen. Dabei hilft es, deine gewohnte Denkweise um hundertachtzig Grad zu drehen, wodurch eine neue Perspektive entsteht, die du zuvor durch dein eingefahrenes Denken nicht sehen konntest. Das lernen wir hier übrigens bereits in der Schule.“

29

DIE KRAFT DER VERGEBUNG

„Wir entspringen alle der Quelle der Liebe und sind eins.
Auch wenn uns das Leben unterscheidet
und durch solche Handlungen voneinander scheinbar trennt. "

Ich war immer noch sehr berührt von Fatimas Schicksal. Auf dem Rückweg zu ihrem Haus lief in mir ein Film ab, der das Szenario, das sich damals vermutlich am Tatort abspielte, eindrucksvoll wiedergab. Ich fühlte mich förmlich in Benjamin hinein. Es muss schlimm sein, dabeizustehen und machtlos zuzusehen wie dem eigenen Kind Gewalt angetan wird. Das Liebste, das man auf Erden besitzt, in den eigenen Armen sterben zu sehen und nichts tun zu können, ist das Erschütterndste, das einem widerfahren kann. Ich sah Fatima vor meinem geistigen Auge, wie sie die Nachricht vom Tod ihres einzigen Kindes entgegennahm. In meinen Gedanken tauchte Benjamin auf, der Fatima in den Armen hielt. Beide weinten um den Verlust ihres geliebten Sohnes. Dann begann der Film wieder von vorne. Das Herannahen des Tatfahrzeuges, die Schüsse … Ich bekam eine Wut auf den Attentäter. Warum gab es Menschen, die zu solchen Taten in der Lage waren? Ja, es war Zufall, dass Joshua genau zu diesem Zeitpunkt in die Schusslinie lief, und doch hätte es niemals geschehen dürfen. Es gab keinen sinnvollen Grund, der mich dieses Leid verstehen ließ. Zweifel überkamen mich wieder und wieder, die mir gegen alles, was ich bis dahin gelernt und auch verstanden hatte, sagten, dass es doch kein Spiel sein konnte, an dem wir teilnahmen. Das ließ sich doch kein Schöpfer einfallen. In mir kochte langsam eine Wut hoch, die sich zu einem Vulkan entwickelte. Plötzlich wollte ich den Täter für seine Tat bestraft sehen. Ich stellte mir vor, wie er seine gerechte Strafe bekam – und ich damit meinen Frieden. Mein Film war abrupt beendet, als ich vor Fatimas Gartentüre stand und sie mich freundlich begrüßte. „Du warst lange weg. Markus hat dir bestimmt sehr ausführlich die biologischen Gesetzmäßigkeiten erklärt. Das sieht ihm ähnlich. Wenn er erst einmal anfängt, dann ist er nicht mehr zu bremsen. Es ist halt seine Leidenschaft, aber das hat er dir sicher auch erzählt, stimmt's?"

Erstaunt sah ich Fatima an, denn ich hatte erwartet, dass sie über den Verlust ihres Mannes und ihres Sohnes an diesem Tag eher zurückgezogen sein würde. Doch sie versprühte wie immer Fröhlichkeit. Von ihrer Traurigkeit heute Morgen war nichts mehr zu spüren.

„Ja, Markus hat sich echt viel Zeit für mich genommen und mir alles genauestens erklärt. Das war sehr interessant und hat mir ein neues Verständnis über die gefürchtete Krankheit Krebs gegeben. Doch sag, wie kommt es, dass du so gut gelaunt bist?"

„Du meinst, weil ich heute Morgen ein paar wehmütige Gedanken an Benjamin und Joshua hatte, würde ich mir den ganzen Tag damit vermiesen?"

„Ja, ich dachte in der Tat, du würdest dich heute in dein Schneckenhaus verkriechen und leiden."

„Weißt du, niemand kann ändern, was passiert ist, aber ich kann ändern, wie ich damit umgehe."

Ich war erstaunt über diese Aussage. „Geht das überhaupt? Ich meine, es muss doch entsetzlich sein. Fühlst du denn wirklich keine Trauer mehr?"

„Doch, natürlich bin ich manchmal traurig, so wie heute Morgen zum Beispiel. Aber dann schaue ich mir die Tat an wie ein Foto, und sage zu mir: So war das damals. Es war sehr schlimm. Heute jedoch lebe ich mit dem Geschehenen und zwar gar nicht schlecht."

„Da bist du ja wirklich zu beneiden. Also ich könnte das nicht. Oder hat man den Täter geschnappt und er hat seine gerechten Strafe erhalten? Das wäre doch wenigstens eine Genugtuung, mit der es sich besser leben ließe."

„Ja, die Täter konnten alle ermittelt werden. Es waren zwei verfeindete Banden, die sich bekriegten. Sie konnten alle hinter Schloss und Riegel gebracht werden. Als Benjamin und ich diese Nachricht erfuhren, dachten wir genau wie du, dass wir nun unseren Frieden finden würden, doch das geschah nicht. Im Gegenteil. Jetzt bekamen wir noch mehr Gewissensbisse. Dazu muss man sagen, dass in diesem Land noch die Todesstrafe auf Mord steht. Nun, da sie dem Todesschützen seine gerechte Strafe zukommen lassen wollten, hegten wir plötzlich starke Zweifel an dieser Art von Vergeltung. Wir wollten nicht Gleiches mit Gleichem wiedergutgemacht sehen, denn das ist nicht möglich. Wir erkannten, dass es niemandem zusteht, einen anderen des Lebens zu berauben. Nicht dem Täter, aber auch nicht uns. Mit dieser Reaktion würden wir genauso wenig unseren inneren Frieden finden. Darum entschlossen wir uns für die aufrichtige Vergebung. Dazu muss jedoch die von Herzen gefühlte Bereitschaft vorhanden sein, alles Geschehene verstehen zu wollen. Mithilfe von Markus und seinen Gesundungshelfern war uns diese Möglichkeit gegeben. Wir erkannten, dass beides, Vergebung und Vergeltung, Reaktionen sind, das eigene Leben zu sichern. Der Glaube daran, dass man durch Vergeltung wieder gesund wird und somit sein Leben schützt, ist die Reaktion des Verstandes. Er möchte damit ein Gleichgewicht herstellen. Doch Rache provoziert immer weitere Rache und die Gewalt hört niemals auf. Die Vergebung entscheidet sich aus dem Herzen heraus für ein aufrichtiges Verzeihen, da dies der wahre Schutz des eigenen Lebens bedeutet.

Als Benjamin dies verstanden hatte, ging seine Zellwucherung zurück. Wäre er nicht den Weg der Vergebung gegangen, hätte es ihn vielleicht das Leben gekostet. Darum ist die Vergebung die stärkste Medizin, die es gibt."

„Und du, wie war es bei dir? Konntest du Benjamin verzeihen, dass er nicht auf dich gehört hat und das Fahrrad auf dem Festland kaufen wollte? Das machtest du ihm doch sicher zum Vorwurf."

„Ja, natürlich waren dies meine ersten verurteilenden Gedanken, doch es war für mich in Anbetracht dessen, was wir dann taten, die kleinste Aufgabe, ihm zu verzeihen. Wir trafen die Entscheidung, uns für den Verurteilten einzusetzen und die Todesstrafe in eine Gefängnisstrafe umwandeln zu lassen. Die Behörden konnten zunächst gar nicht glauben, dass die Hinterbliebenen des Opfers eine solche Forderung stellten, da für die meisten die Verurteilung zum Tode eine ausgleichende Genugtuung war. Doch mit etwas Mühe und Altasars Hilfe lenkten sie ein und ließen ihn am Leben. Ich besuche Bob heute noch regelmäßig im Gefängnis. Aus ihm ist ein anderer Mensch geworden. Der Bandenkrieg wurde beigelegt und zwei der ehemaligen Mitglieder wohnen inzwischen sogar auf unserer Insel."

„Das klingt ja fast unglaublich. Ich weiß nicht, ob ich das gekonnt hätte."

„Wir brauchten auch unsere Zeit, bis dieser Entschluss bei uns endgültig war. Der entscheidende Auslöser jedoch war die Erkenntnis, dass Joshua nicht gewollt hätte, dass wir in seinem Namen töten. Denn wir sind alle Kinder Gottes. Wir entspringen alle der Quelle der Liebe und sind eins. Auch wenn uns das Leben unterscheidet und durch solche Handlungen voneinander scheinbar trennt."

Bist du dann der Meinung, dass diese Tragödie auf Seelenebene geplant war? Glaubst du, dass ihr – du und Benjamin – damit eine Handlung aus einem vergangenen Leben wieder neutralisieren solltet? Siehst du es auch so wie Mary und Samuel, dass der Täter in einem anderen Leben zum Opfer wird, was man Karma nennt? Kann es also sein, dass ihr oder Joshua in einem vorigen Leben etwas getan habt, das mit diesem Schicksal einen Ausgleich sucht? Für mich wäre dies zumindest die einzig sinnvolle Erklärung, wenngleich ich es nicht für gut und richtig fände."

Fatima war sich für einen kurzen Moment nicht sicher, was sie darauf antworten sollte. „Nein, das sehe ich nicht grundsätzlich so!"

„Warum haben die beiden mir dann erklärt, dass zum vollständigen Erfahren einer Tat immer die gegensätzliche Tat gehört? Wir befinden uns doch in der Polarität, welche uns die Möglichkeit gibt, dadurch das eine vom anderen zu unterscheiden."

„Das stimmt ja auch alles und in den Spielregeln zum Spiel des Lebens war dies vermutlich auch so vorgesehen. Doch der freie Wille des Einzelnen ist so mächtig, dass dabei durchaus auch Schicksale entstehen, die nicht unmittelbar mit dem Karma eines Einzelnen zu tun haben. Auch wenn das Resonanzgesetz besagt, dass man das anzieht, was man aussendet, so ist man immer auch in der Schwingung des Gesamten eingebettet. Nicht selten steht dann die Energie des Kollektivs über der des Einzelnen."

„Wie muss ich das verstehen? Ihr lehrt mich hier, dass ich darauf achten soll, was ich fühle, weil ich dadurch meine Zukunft gestalte. Jetzt aber sprichst du davon, dass ich in einem großen Gesamten mitwirke, das ebenfalls mein Leben beeinflusst. Das wird mir langsam zu viel."

„Das kann ich gut verstehen, denn auch bei mir hat es eine ganze Weile gedauert, bis ich begriffen habe, dass es so etwas wie eine kollektive Schwingung gibt, die uns maßgeblich beeinflusst."

Fatima registrierte wohl meine Fragezeichen im Gesicht und meinte: „In einem Krieg zum Beispiel gibt es viele Opfer, aber nicht genauso viele Täter. Wenn ein Flugzeugpilot eine Bombe auf eine Stadt abwirft, sterben Tausende Menschen durch einen einzigen Täter. Oder: Bei einer Massenkarambolage auf der Autobahn fahren dreißig Fahrzeuge ineinander, wodurch fünfzig

Menschen sterben. Bei einem Flugzeugabsturz sterben hundertfünfzig Passagiere, aber es gab keinen Täter, weil vielleicht ein Unwetter am Unglück schuld war."

Als Fatima das letzte Beispiel aufführte, musste ich augenblicklich an mein Gespräch mit Henry zu Beginn meiner Reise denken, und ich hörte seine Worte: „Wir werden zwar alle ‚von oben‘ geführt, jedoch greift die Seele in den freien Willen eines jeden Menschen niemals ein. Deswegen sind ja auch die Flugzeuge, die abstürzen, nicht leer, weil plötzlich alle Passagiere auf irgendeine Art und Weise verhindert sind."

„Du meinst also, unsere Seele behält immer den Überblick über das, was im Augenblick geschieht und was in der Zukunft geschehen wird. Doch die Zeichen in Form von Schwingungen, die sie uns fortwährend sendet, erkennen wir nicht, weil andere Informationen sie überlagern, sodass wir sie nicht wahrnehmen können?"

„Ja, so könnte man sagen. Viele Nachrichten unserer Seele, des Universums oder des Meeres aller Möglichkeiten, wie manche auch sagen, erscheinen nicht auf unserem Radarschirm. Und solange wir nicht verstehen und akzeptieren, dass es mehr gibt als das, was uns unser Verstand mitteilt, gehen wir alle unbewusst mit dem in Resonanz, was um uns herum an Informationen ausgesendet wird. Im Krieg möchte zwar keiner sterben, doch die kollektive Schwingung des Hasses einem anderen Volk, einer anderen Rasse oder Anhängern eines anderen Glaubens gegenüber überlagert die Information der Seele, sodass diese Menschen nicht erkennen können, dass sie alle nur ein Spiel spielen, welches niemals so ernst genommen werden darf, um sich gegenseitig das Leben zu nehmen. Bei einem Autounfall sind die Zeichen der Seele kurz vor dem Unglück ebenfalls vorhanden, doch hat vielleicht das Autoradio, das gerade wieder einmal manipulierende Informationen sendete, den Fahrer so beschäftigt und beeinflusst, dass die Zeichen seiner Seele nicht auf seinem Radarschirm erschienen. Und in einem Unglücksflugzeug sitzen nur die Menschen, die mit den Informationen, die ihnen ihr Umfeld anbietet, so beschäftigt sind, dass sie keine Zeit haben, ihrer Seelennachricht zu lauschen. Benjamin erhielt die Nachricht seiner Seele über mich. Doch er nahm sie nicht wahr, weswegen er ans Festland fuhr. Sein freier Wille durchkreuzte den Seelenplan und hinderte ihn das zu tun, was vorgesehen war, nämlich seinem geliebten Sohn mit einem normalen Fahrrad eine Freude zu machen. Deswegen sind niemals alle Ereignisse auf Seelenebene geplant, doch immer führen sie dazu, dass wir etwas daraus lernen dürfen. In unserem Fall war es, die Kraft der Vergebung zu erfahren. Deswegen hat mir das tragische Unglück zwar meine Vergangenheit genommen, nicht aber meine Zukunft."

Ich bewunderte Fatima für ihre positive Einstellung und begann langsam zu begreifen, dass Vergebung zu den schwierigsten Prozessen gehörte, die es im Leben zu meistern galt. „Und wie hast du den Freitod von Benjamin verarbeitet? Es war doch eine egoistische Tat von ihm, dich mit all den Problemen hier alleine zurückzulassen. So wurden dir ja gleich zwei geliebte Menschen genommen."

„Nun, genauso dachte ich zuerst auch. Ich verurteilte ihn für seine Handlung, weil ich nun mich als Opfer sah. Ich beschimpfte ihn innerlich noch am Grab dafür, dass er mich alleine zurückließ. Doch allmählich reifte in mir die Erkenntnis, dass nicht er der Egoist war, sondern ich."

Ich glaubte nicht richtig gehört zu haben. Weswegen sollte Fatima egoistisch gehandelt haben? Sie hatte doch gar nichts getan. „Nun bin ich aber gespannt, welche Begründung du dafür hast, denn das verstehe ich überhaupt nicht."

„Als ich begriffen hatte, dass Benjamin dem Ruf der nach Hause gekehrten Seelen seiner Eltern und seines Sohnes gefolgt war, weil die Sehnsucht nach ihrer Nähe allzu groß war, konnte ich ihm nicht mehr übelnehmen, das Spiel hier beendet zu haben. Ich verstand, dass ich egoistisch dachte, weil ich ihn um meinetwillen lieber bei mir gehabt hätte, damit ich nicht leiden muss. Doch wäre er hier geblieben, hätte er weitergelitten. Er wollte sich für mich jedoch nicht länger verbiegen und wählte den Weg der Selbstliebe, indem er das tat, was ihn glücklich machte. Es war für ihn die einzige Option. Hier bei mir wäre er unglücklich geworden."

Fatima kullerten ein paar Tränen über die Wangen, die mir das Gefühl gaben, als hätte sie das Ganze noch immer nicht verarbeitet.

„Auch wenn es für dich so aussieht als würde mich das Geschehene nach wie vor belasten, die Tränen sind für mich ein Ausdruck der Freude, denn ich weiß, dass Benjamin jetzt gerade bei mir ist und mich liebevoll umarmt. Seine Liebe zu mir wird niemals vergehen und auch ich liebe ihn auf ewig."

Nun wurden auch meine Augen feucht, denn es war so rührend, wie Fatima mit ihrem Schicksal zurechtkam, dass ich sie noch mehr in mein Herz schloss, als ich es ohnehin längst getan hatte.

Nach einigen Minuten des Schweigens meinte sie: „Dir möchte ich für deine Beziehung Folgendes mit auf den Weg geben: Solange du auch nur einem einzigen Menschen nicht vergeben kannst, bist du nicht frei."

Ich fühlte mich beschämt. Gegen Fatimas Schicksal waren die Erlebnisse mit meinem Engel vergleichsweise unbedeutend. Wie sie damit umging, war beneidenswert. Gerne wäre auch ich so stark gewesen, um meinem Engel zu verzeihen, doch die Verletzung saß immer noch sehr tief. Augenblicklich schoben sich wieder die Bilder unseres letzten Streits vor mein geistiges Auge, und ich wünschte mir, es wäre nie geschehen.
„Das, was mir mit meinem Engel widerfahren ist, lässt sich doch nicht mit deinem Leben vergleichen. Es ist für mich absolut verständlich, dass Benjamin dich verlassen hat. Aber bei mir ist das ja etwas ganz anderes."
„So, findest du? Also ich bin der Meinung, dass man unsere Geschichten sehr wohl einander gegenüberstellen kann, um einen gemeinsamen Nenner zu finden. Darum möchte ich dir wieder die Frage ins Gedächtnis rufen: Auf wen hörst du? Ich bin in meinem Leben dort angekommen, wo du noch hinmöchtest. Und wenn du es zulässt, weil dein Lernindex sehr hoch ist, dann lass uns gemeinsam herausfinden, was du aus meiner Geschichte lernen kannst."
Fatima hatte in ihrer unnachahmlichen Art wieder einmal einen Volltreffer gelandet und ich merkte, wie schwer es war, sich gegen sein Verstandesmännchen durchzusetzen und das Wissen anderer anzunehmen. „Okay, ich bin bereit, und neugierig darauf, wie du mir erklären möchtest, warum mich mein Engel verlassen hat. Schließlich hat er mich betrogen!"
Fatima musste lachen, als sie mein trotziges Gesicht betrachtete. „Ist es nicht wunderbar, dass wir Menschen irgendwie alle gleich ticken? Auch ich verurteilte Benjamin anfangs, weil ich glaubte, er hätte mich getäuscht. Ich war der festen Meinung, dass er mich nie geliebt hat, da er in der Lage war, mir so etwas anzutun. Solange ich Hass und Wut für ihn empfand, kreisten meine Gedanken und Gefühle immer um das Geschehene. Das lähmte mein gesamtes Leben und der Schmerz ging nicht weg. Doch als ich begriffen hatte, dass ich etwas im Außen suchte, das ich nur in meinem Inneren finden konnte, war ich wieder frei zu leben, auch wenn die Erinnerung und der Schmerz vielleicht für immer bleiben."

„Willst du mir damit sagen, dass ich es hätte hinnehmen sollen, dass sich mein Engel lieber mit anderen Menschen trifft als mit mir? Wäre es richtiger gewesen, lieber bei etwas zuzuschauen, das ich nicht akzeptieren kann?"

„Nein, du musst überhaupt nichts tun, was du nicht für richtig hältst. Du kannst sagen, dass du es nicht in Ordnung findest, aber gleichzeitig solltest du dich auch fragen, warum es für dich nicht in Ordnung ist. "

„Na, die Frage ist doch schnell beantwortet: weil mein Engel mich betrügt."

„Hast du dafür Beweise oder ist das nur eine Vermutung?"

„Na, hör mal, ich kann doch eins und eins zusammenzählen."

„Also, du weißt es nicht, du vermutest es nur. Man kann einen anderen jedoch nur für etwas verurteilen, das man selbst schon einmal getan hat. Denn nur dann ist dein Verstandesmännchen in der Lage diesen Zusammenhang zu erfinden."

„Was heißt hier erfinden, und überhaupt: Ich habe noch niemals in einer Partnerschaft meine große Liebe betrogen. Sie ist immer auf ähnliche Art und Weise zerflossen."

Fatima war wenig erstaunt über meine Aussage und meinte deswegen in aller Ruhe: „Darum frage dich: Wo betrügst du dich selbst, dass du so große Angst davor hast, betrogen zu werden? Wieso hast du Angst etwas zu verlieren, das dir gar nicht gehört? Im Spiel der Polarität wollen immer beide Seiten gelebt und gefühlt werden. Doch wenn du sie selbst nicht lebst, so werden sie dir im Außen gespiegelt. Das geschieht so lange, bis du sie annimmst und lebst. Deswegen gingen auch deine Beziehungen immer auf ähnliche Art und Weise zu Ende."

„Das verstehe ich nicht. Was hat das mit Betrügen zu tun?"

„Die Selbstliebe ist das Wichtigste, um ein authentisches Leben zu führen. Doch du belügst und betrügst dich permanent, indem du dir einredest, dass diese oder jene Beziehung das Gefühl der Selbstliebe in dir auslöst. Dabei suchst du die Liebe nur im Außen, weil du sie dir selbst nicht zugestehst. Dein Engel ist aber kein Ersatz für die Liebe, die du dir selbst nicht gibst. Und nur weil seine Aufmerksamkeit nicht mehr ganz bei dir liegt, hast du Angst, diesen Ersatz zu verlieren. Wenn jedoch ein Mensch spürt, dass du seine Liebe benötigst, damit es dir gut geht, dann setzt du ihn so unter Druck, dass er sich in deiner Gegenwart nicht mehr wohlfühlt. Darum verstehe: Die Liebe darf niemals festgehalten werden, denn sie ist absolut frei. Sie wohnt in jedem von uns, auch wenn wir sie nicht immer fühlen. Darum darfst du die Liebe eines anderen niemals in Besitz nehmen und einsperren, weil du sonst verlierst, was du nicht loslassen kannst. Wenn dir also die Liebe deines Lebens davonläuft, so ist dies nur ein Schutzmechanismus des anderen. Er weiß intuitiv, dass er dir nicht geben kann, wonach du verlangst. Doch er will seinen Raum der freien Entfaltung behalten und sich nicht für dich verbiegen, um irgendwann zu merken, dass er nicht mehr er selbst ist. Darum muss ich dir leider sagen, dass dein Engel in seiner persönlichen Entwicklung schon weiter ist als du."

So hatte ich meine Beziehungen noch nie gesehen und ich begriff auf einmal, dass ich mir selbst im Wege stand, um endlich eine glückliche Beziehung zu führen. „Wenn ich mich selbst lieben soll, wie stelle ich das an? Das kann ich nicht einfach auf Knopfdruck!"

„Das ist völlig richtig, denn mit der Aufforderung ‚liebe dich selbst' ist es auch nicht getan. Sich selbst zu lieben, geht nicht einfach so, auch wenn man weiß, dass man es tun soll. Denn dies ist eine Aufforderung an den Verstand. Doch er kann Liebe nicht beschreiben."

„Das sehe ich genauso", meinte ich euphorisch. „Ich hatte schon immer meine Probleme damit, eine Antwort auf die Frage, was Liebe ist, zu geben."

„Das geht auch nicht, denn dein Verstand ist auf eine rationale Antwort ausgerichtet. Liebe lässt sich aber nicht rational beantworten. Liebe kann man nur fühlen."

Fatima hatte recht. Das war es, was mir zur Beantwortung meiner Frage fehlte. Ich musste die Liebe in mir fühlen. „Was rätst du mir also, damit ich künftig mehr Glück in der Partnerschaft habe?"

„Nun, es sind all die Dinge, die du hier bei uns erfahren durftest. Alles baut aufeinander auf. Solange du deine Hausaufgaben nicht gemacht hast, wirst du dich auch nicht selbst lieben können. Deswegen folge deinem Herzen. Den Weg erkennst du, wenn du das, was du tust, mit Freude tust. So bist du ganz bei dir selbst und lebst deine Sehnsüchte und Herzenswünsche. Gelingt dir dies, so brauchst du keinen anderen Menschen mehr, um deine eigenen ‚Löcher' zu stopfen. Und du ziehst auch keine Menschen mehr an, deren ‚Löcher' du stopfen sollst. Es ist nicht die Aufforderung, dich selbst zu lieben, durch die dir das gelingt, sondern der Rat, dein Leben über alles zu lieben. Dadurch erkennst du das Spiel des Lebens und dich als Spielfigur an. Darum ist Liebe auch das Verstehen, wie alles funktioniert. Wenn du mit dem Verständnis über die Gesetzmäßigkeiten der Resonanz und der

Vergänglichkeit leben kannst, dann bist du auch in der Lage, dich selbst zu lieben. Darum vergebe dir aufrichtig und reinen Herzens alles, was du dir selbst und anderen angetan hast. Und verzeihe den Menschen, was sie dir angetan haben. Es ist alles nur geschehen, damit sich deine Seele weiterentwickeln konnte. Ohne diese Erfahrungen wäre das Leben viel zu langweilig gewesen. Immer nur Gutes zu erfahren, bedeutet, dass das Leben einfach so dahinplätschert. Was wäre wohl gewesen, wenn der Weg nie steil und die Liebe nie heiß, sondern immer nur lauwarm gewesen wäre? Du wärest heute nicht hier auf Atlemuris, wodurch dir so manche Erkenntnis noch verborgen geblieben wäre. Darum sei dankbar und freue dich, dass dich dein freier Wille und die Zeichen deiner Seele schon so weit gebracht haben. Mit der Kraft der Vergebung verfügst du über ein Instrument, mit dem du die Schwingungen deiner schmerzhaften Vergangenheit neutralisieren kannst. So kann mit der Information der aufrichtigen Vergebung wieder Freude in dein Leben kommen und damit auch die Liebe."

30

DAS GEHEIMNIS DES GELDES

„Wärest du also in der Lage dir selbst treu zu bleiben,
hättest du bereits mehr Geld zur Verfügung."

Ich saß am Strand meiner Lieblingsbucht und blickte auf das weite Meer. Heute war mein letzter Tag auf Atlemuris. Morgen würde ich wieder im Flugzeug sitzen und in meinen Alltag zurückkehren. Doch eigentlich wäre ich gerne noch viel länger hier geblieben. Ich hatte die Menschen hier sehr in mein Herz geschlossen. Ihre Lebenseinstellung war bewundernswert. Und wenn ich ganz ehrlich war, wollte ich auch so leben wie sie. Doch sah ich zu Hause keine Möglichkeit, so unbeschwert den Tag zu genießen. Die Hektik, der Stress und die Unzufriedenheit, die dort alle Menschen ausstrahlten, schreckten mich mittlerweile ab und die Abhängigkeit von einer Arbeitsstelle, mit der ich meinen Lebensunterhalt verdienen musste, machte mich traurig. Hier gingen alle Menschen einer Tätigkeit nach, die sie offensichtlich glücklich machte. Dabei hatten sie genug Geld und Freizeit, um ein angenehmes Leben zu führen. Ich hingegen arbeitete hart und in der mir verbleibenden Freizeit war ich so kaputt, dass ich mich ausruhen musste, um wieder fit zu werden für die Arbeit. Es war ein Teufelskreis. Wenn ich aus ihm aussteigen wollte, so riskierte ich arbeitslos zu werden, was mich an den sozialen Rand der Gesellschaft gedrängt hatte. Und bei allem, was ich von Altasar über die Machenschaften der Parasitenelite erfahren hatte, fragte ich mich, wie es mir gelingen konnte, aus dieser Mühle herauszukommen. Mein Wissen, das ich hier vertiefen durfte, schien mir dabei kaum eine Hilfe zu sein. So blieb mir nur die Hoffnung auf ein besseres Leben, das ich wehmütig ersehnte. Mit diesen Gedanken ließ ich mich zurück in den warmen Sand fallen und schloss die Augen. Ich stellte mir vor, ich würde im Lotto gewinnen, um endlich so leben zu können, wie ich es wollte … Das leise und gleichmäßige Rauschen der Wellen beruhigte mich wieder und die warmen Sonnenstrahlen hüllten mich geborgen ein, sodass ich bald einschlief.

Die Sonne stand schon tief. Ein kühles Lüftchen strich über meine Haut und weckte mich abrupt aus meinem Traum. Erschrocken schaute ich auf die Uhr und musste feststellen, dass es schon spät geworden war. Ich zog mich rasch an, denn ich wollte mich noch bei Altasar verabschieden. So eilte ich den Weg entlang zum großen Platz am Hafen, an dem ich das schmale steile Gässchen nach rechts abbiegen wollte, um eine Abkürzung zu nehmen. Als ich den Platz erreichte, war ich verwundert darüber, am Samstagabend so viele Menschen anzutreffen. Sie hatten sich alle in der Mitte des Platzes versammelt und saßen auf dem Boden. Dabei war es absolut still. Keiner sprach ein Wort. Bei näherer Betrachtung bemerkte ich, dass alle die Augen geschlossen hielten. Neugierig trat ich ein Stück näher an das Geschehen heran. Als ich die Menschenmenge fast erreicht hatte, stand einer unter ihnen auf und sprach mit sanfter Stimme:

„Ich danke euch, dass ihr wie jeden Samstag hier wart, um der Welt etwas Gutes zu tun. Kehren wir nun wieder zurück in unser Leben und seien wir weiterhin ein Vorbild für alle, die noch am Anfang ihres Weges stehen."

Nun kam wieder Bewegung in die Gruppe. Sie reckten sich und begannen miteinander zu reden. Die Ersten standen auf und die Versammlung schien sich wieder aufzulösen. Für einen Augenblick war ich ratlos. Gerne hätte ich erfahren, was sich da soeben abgespielt hatte, doch im Nu war wieder normaler Alltag eingekehrt in Malikunda. Die Menschen lachten und hatten Spaß miteinander. Die Kinder tobten auf dem Platz umher, während sich ihre Eltern in die Cafés und Bars begaben und ihnen beim Spielen zusahen. So setzte ich meinen Weg zu Altasars Haus fort.

Als ich, außer Atem, vor seiner Gartentüre stand, zog ich an der Schiffsglocke, worauf mir gestattet wurde einzutreten. Ich war erstaunt, lauter bekannte Gesichter anzutreffen. Sie hatten sich alle auf der Terrasse unter dem Feigenbaum versammelt und strahlten mich an, als sie mich erblickten. Da waren Fatima, Esmeralda, Henry, Markus, Aaron und ein weiterer Mann, den ich nicht kannte. Altasar begrüßte mich freudig und bat mich, Platz zu nehmen.

„Oh, vielen Dank, aber ich wollte mich nur schnell verabschieden, bevor ich meine Koffer packe."

Altasar sah mich erstaunt an. „Was, du möchtest uns schon wieder verlassen, das ist aber schade. Dann musst du ja erst recht noch kurz zu uns sitzen, schließlich werden wir dich so schnell nicht wiedersehen."

„Ja, das stimmt leider. Doch glaubt mir, ich würde gerne noch länger bleiben, aber mein Alltag ruft mich wieder zurück."

Bei dieser Begründung musste ich wohl sehr traurig gewirkt haben, weswegen Fatima meinte: „Du hörst dich aber nicht gerade glücklich an. Hat dir denn der Einblick in unser Leben nicht für deine Zukunft weitergeholfen?"

„Doch, schon", meinte ich bedrückt.

„Aber?", setzte Fatima nach.

„Aber ich habe das Gefühl, dass euer Vorbild einfach nicht für die ganze Welt realisierbar ist. Ihr hier könnt so leben, das habe ich ja gesehen. Doch dort, wo ich herkomme, herrschen andere Gesetze. Bei uns dreht sich alles um das verdammte Geld. Wenn du dein Leben immer darauf ausrichten musst, dass du genügend davon hast, um damit ein einigermaßen angenehmes Leben führen zu können, dann bleibt dir einfach keine Zeit mehr, um das zu tun, was wirklich Spaß macht. Doch wie ich von euch gelernt habe, ist genau dies das Wichtigste, um sich gut zu fühlen, damit man ein glücklicher Mensch wird. Die meiste Zeit meines Lebens verbringe ich nämlich mit Dingen, die ich nicht sehr gerne mache."

Nun ergriff Altasar wieder das Wort. „Ich glaube, es ist doch besser, wenn du dir noch ein wenig Zeit nimmst, damit ich dir einen entscheidenden Hinweis mit auf den Weg geben kann. Die meisten, die uns besuchen, realisieren aufgrund ihrer Euphorie erst, wenn sie wieder zu Hause sind, dass sie eine gravierende Macht daran hindert, ein neues Leben zu beginnen. Du hast es schon jetzt erkannt und das ist wunderbar. Somit fühlst du bereits die unterschiedlichen Schwingungen, die auf dich wirken, sehr deutlich. Es sind die förderlichen und die dich hindernden Energien. Früher hättest du sie nicht einmal wahrgenommen, doch nun kannst du sie sogar schon benennen. Das ist ein gutes Zeichen. Da du spürst, dass Geld dich daran hindert, in deiner Eigenschwingung anzusteigen, möchte ich dich nun gerne in das Geheimnis des Geldes einweihen."

Nun war ich auf einmal wieder voll bei der Sache und absolut gespannt darauf, was Altasar mir nun verraten würde. Da er den geheimen Bruderschaften sowie der Elite angehört hatte, war er für mich ein Mensch, auf den ich gerne hörte. So setzte ich mich nieder und lauschte aufmerksam seinen Worten.

„Weißt du, Geld ist eigentlich ziemlich wertlos, denn außer dem Preis des bedruckten Papiers besitzt es keinen Wert."

Enttäuscht über diese Aussage erhob ich Einspruch. „Das finde ich nicht, denn wenn ich kein Geld besitze, weiß ich erst, wie wertvoll es ist. Da du anscheinend genug davon hast, scheinst du dies jedoch vergessen zu haben."

Die anderen am Tisch begannen leicht zu schmunzeln, was ich als Bestätigung für meine Meinung interpretierte. Altasar war meine Direktheit offensichtlich unangenehm, denn er brauchte eine Weile, bis er darauf antwortete.

„Das, was du meinst, ist nicht der Wert, sondern die Energie, die in Geld steckt. Und wie du ja weißt, beinhaltet Energie immer eine Information. Diese entsteht durch Gefühle, die wir permanent aussenden. Im Falle der Scheine sind es die Gefühle des Mangels, der Angst, der Ungerechtigkeit und des Neides, um nur einige zu nennen. Mangel entsteht, weil man glaubt, nie genug davon haben zu können, und deswegen am besten Vorräte davon anlegt. Angst herrscht vor, wenn die eigenen Geldvorräte zur Neige gehen und man Panik bekommt, dass es bald nicht mehr ausreichen wird, um den Lebensunterhalt zu bestreiten. Daraus entwickelt sich Ungerechtigkeit, weil man es nicht richtig findet, dass andere mehr haben als man selbst, obwohl diese vielleicht weniger hart dafür arbeiten müssen. Und der Neid entsteht daraus wie von selbst, weil man dem anderen das Geld nicht gönnt. Diese Gefühle sind es, die dem Geld ihren Wert verleihen. Sie werden ständig damit in Verbindung gebracht, wodurch es zu einem der begehrtesten Gegenstände dieser Erde geworden ist. Dabei war dies, als man das Geld erfand, nicht so vorgesehen. Ursprünglich erschuf man es, um Tauschgeschäfte zu vereinfachen. Was man selbst nicht anbauen oder herstellen konnte, wurde durch Tausch erworben. Dabei entstand schon damals eine Wertigkeit durch Mangel. Was am wenigsten vorhanden war, wurde am teuersten gehandelt. Als dann so mancher keine Ware zum Tausch zur Verfügung hatte, wurden die ersten Schuldscheine ausgestellt. Sie waren die Vorläufer des Geldes. Clevere Kaufleute erkannten schnell, dass man mit Waren aus aller Welt die Begierde der Menschen weckte, Dinge zu erwerben, die sie noch nicht kannten. Weil die Menschen jedoch oft nichts Geeignetes zum

Tausch besaßen, erfand man das Geld, das über die Jahrhunderte den direkten Tauschhandel ersetzte. Unter den damit schnell zu Reichtum gelangten Kaufleuten gab es wiederum schlaue Menschen, die verstanden hatten, dass man Geld auch verleihen konnte um den Menschen zu ermöglichen, Waren einzukaufen. Daraus entstand der Berufsstand der Bankkaufleute. Da sie und Kaufleute allgemein oftmals eng zusammenarbeiteten oder gar ein und dieselben Personen waren, entwickelte sich daraus schnell eine gewisse Elite in der Gesellschaft, die das Sagen hatte. Und weil von nun an nicht mehr die Ware im Mittelpunkt des Handels stand, sondern das Geld, entwickelte sich der Wert des Geldes zu dem, was es auch heute noch ist: ein wertloses Stück Papier, das nur durch den Mangel seine Wertigkeit erhält."

„Ja, und was nützt mir jetzt der kleine Geschichtsunterricht über die Entstehung des Geldes? Deswegen kann ich den Mangel, den ich empfinde, wenn ich meinen Kontostand anschaue, nicht abschaffen", entgegnete ich entsetzt.

„Mit dieser Erklärung, wie es überhaupt zum Geld kam, wird dir später offensichtlich werden, weshalb nicht nur du, sondern fast alle Menschen dasselbe Problem mit Geld haben. Das wiederum ist der Grund dafür, dass sie auch in ihrer seelischen Entwicklung stehenbleiben."

Altasar machte ein kurze Pause und bot mir etwas zu trinken an. Dann fuhr er in aller Ruhe fort.

„Du hast von fast allen, die hier am Tisch sitzen, erfahren, was du tun kannst, um deine Entwicklung zu beschleunigen, doch das liebe Geld wird dich so lange daran hindern, bis du verstehst, welches System hinter diesem Zahlungsmittel steht, das die Welt regiert. Wenn du das Problem, das dahintersteckt, verstanden hast, so ist es deine Aufgabe, etwas zu ändern. Denn sonst wirst du selbst zu einem Teil des Problems und damit auch des Systems. Das Problem, das ich meine, ist die Einführung der Zinsen. Denn als die ersten Bankhäuser entstanden, die gerne Kredite vergaben, musste plötzlich der Kreditnehmer für das geliehene Geld Zinsen entrichten. Das bedeutete, dass er mehr zurückbezahlen musste, als er ursprünglich geliehen hatte. Für diejenigen, die rechtzeitig vom Tauschhandel auf Geldhandel umgestiegen waren, war das ein lukratives Geschäft und ist es bis heute. Die Elite, die sich daraus bildete, konnte sich so seit der Einführung des Geldes bis zum heutigen Tag neunzig Prozent der gesamten Geldmenge, die der Welt zur Verfügung steht, aneignen. Da es keinen Tauschhandel mehr gibt, sind wir heute nicht nur vom Geld allein abhängig, sondern auch von einigen wenigen, die im Besitz des Geldes sind."

„Aber das ist doch ungerecht. Und wieso konnte es überhaupt dazu kommen? Warum hat da niemand einen Riegel vorgeschoben?"

„Nun, ich habe dir ja schon im Zusammenhang mit meiner Geschichte erklärt, dass die Elite – allen voran die Parasitenelite – mittlerweile die Welt regiert. Sie ist die geheime Schattenregierung und ihr kannst du nicht einfach etwas verbieten."

„Aber wie konnte das denn nur geschehen?"

Altasar kratzte sich bedächtig am Kinn und überlegte kurz, wie er mir dies erklären sollte.

„Sicher kennst du das Gesellschaftsspiel ‚Monopoly'. Hier erhält jeder Spieler zu Beginn gleich viel Geld und am Ende hat der Gewinner das gesamte Vermögen, alles Bargeld und alle Straßen sowie Häuser. Die Verlierer gehen leer aus. In der Geschichte der Menschheit waren am Anfang, wie beim Monopoly-Spiel, alle gleich gestellt. Alle hatten gleich viel, da die Natur alles hervorbrachte, was zum Leben notwendig war. Später verfügte jeder über etwas, das er mit dem anderen tauschen konnte. So profitierten lange Zeit alle davon, weil man sich gegenseitig unterstützte. Bis dann das Geld eingeführt wurde. Von nun an veränderte sich alles. Damit das Spiel mit dem realen Geld nicht wie bei Monopoly irgendwann zu Ende ist, was für die Elite langweilig wäre und zudem zu einer Hungerkatastrophe, Epidemien, Seuchen, aber auch Aufständen und vielleicht sogar Bürgerkriegen führen würde, haben sie sich etwas einfallen lassen, das es ermöglicht, das Spiel extrem in die Länge zu ziehen. Gemeint sind die Kredite. Wer kein Geld mehr hat, der bekommt nun die Möglichkeit, das Spiel zu verlängern, indem er sich Geld leiht. Das wäre so weit ja noch nicht schlimm, wenn da nicht die Zinsen und dazu aus ihnen nochmals Zinsen, die sogenannten Zinseszinsen, wären. Stell dir nun wieder das Monopoly-Spiel vor. Du würdest dir, weil du kein Geld, keine Straßen und keine Häuser mehr besitzt, von dem reichsten Spielteilnehmer Geld leihen, um weiter mitspielen zu können. Wenn es dir nun nicht gelingt, wieder Vermögen anzuhäufen, sodass Geld in deine Kasse kommt, um deine Schulden zu begleichen, dann müsstest du vielleicht deine Uhr oder deinen Schmuck an denjenigen abtreten, der dir das Geld geliehen hat, um deinen Kredit samt Zinsen bezahlen zu können. Denn Geld hast du ja keines mehr. Nun geht das Ganze wieder von vorne los: Du leihst dir erneut Geld und wieder gelingt es dir nicht, das Geld zu vermehren …

Am Ende säßest du nur noch in deiner Unterwäsche da und wärest bettel-arm. Der andere Mitspieler jedoch hätte nicht nur dein komplettes Vermö-gen, das er eh schon besaß, als das Spiel in der ersten Runde zu Ende war, sondern auch noch dein gesamtes Hab und Gut. Wie du siehst, geschieht die Verarmung der Menschen ganz langsam, da jeder glaubt, seinen Man-gel durch Schulden ausgleichen zu können, um wieder am Spiel des Lebens teilzunehmen. In Wahrheit kann dies jedoch niemals gelingen, da die Zinsen aus dem geliehenen Geld zu einer Vermehrung des Vermögens der Banken beitragen und zu einer Verarmung der Bevölkerung, nach dem Prinzip des Monopoly-Spiels."

„Aber ich beteilige mich gar nicht an diesem Zinsspiel, da ich bis jetzt noch keine Kredite gebraucht habe. Wie kommt es dann, dass ich trotzdem das Gefühl habe, darin verstrickt zu sein?"

„Du bist immer daran beteiligt, denn heute sind in nahezu jedem Produkt, das man kaufen kann, vierzig Prozent Zinsen enthalten, die die Banken ver-dienen. Dabei haben diese das Finanzsystem so kompliziert gemacht, dass kaum mehr einer versteht, wie es aufgebaut ist. Genau das ist auch beab-sichtigt. Doch eines geht klar daraus hervor: Die Schulden der Armen sind die Gewinne der Reichen. Das geht heute so weit, dass die Mehrheit der Menschen arbeitet, damit einige wenige durch die Zinsen ein Vermögen in unvorstellbarem Wohlstand genießen."

Ich verstand, was Altasar mir damit sagen wollte, und auch wenn ich nicht erklären könnte, wie das System genau funktioniert, so fühlte ich die Un-gerechtigkeit, die sich dahinter verbarg. „Die gehören doch alle eingesperrt. Warum unternimmt man denn nichts dagegen? Diese Menschen sind skru-pellos. Also, wenn ich das Sagen hätte, säßen die alle schon lange hinter Schloss und Riegel. Und wenn das so weitergeht, dann gehört denen bald die ganze Welt und wir können nicht einmal etwas dagegen tun …" Ich stei-gerte mich immer mehr hinein und kam erst wieder zur Ruhe, als Altasar mich unterbrach.

„Stopp, stopp, stopp. Ich kann ja gut verstehen, dass du dich darüber sehr aufregst. Doch tust du dies erst jetzt, da ich dir die Augen geöffnet habe. Bis vor zehn Minuten hattest du noch keine Ahnung davon und deswegen machte es dir auch nichts aus, dass du von einigen wenigen ausgenutzt wirst. Doch wenn du dich nur darüber aufregst, veränderst du nichts. Du wirst nach Hause fahren und genau so weitermachen wie bisher. Du weißt zwar nun um das Problem, weswegen du im Geldspiel gefangen bist, doch ist es jetzt an der Zeit zu erfahren, was du tun kannst, um aus diesem Kreislauf auszutreten. Wenn du das nämlich nicht tust, wirst du Teil des Problems."

„Das hattest du vorhin bereits erwähnt, doch schon da habe ich nicht verstanden, was du damit meinst."

„Dann werden wir jetzt eins und eins zusammenzählen. Doch bevor wir das tun, möchte ich dir den Rat geben niemals die Menschen, die dieses System erfunden haben und betreiben, zu verurteilen, denn dadurch erreichst du gar nichts. Du verurteilst nur Menschen, die nichts anderes machen, was du auch gemacht hättest, wenn du so clever gewesen wärest wie sie. Es liegt in der Natur des Menschen, durch die Polarität im Spiel des Lebens eine von beiden Möglichkeiten einzunehmen. Die Bankkaufleute halten nun einmal die Position der Führung und des Reichtums besetzt und der Rest lebt eben mehr oder weniger in Armut und Abhängigkeit. Daher stellt sich vielmehr die Frage, wie es dazu kommen konnte und ob wir etwas dagegen tun können, um dieses Ungleichgewicht wieder in die Waage zu bringen."

„Was kann ich denn nun tun, um nicht Teil des Problems zu werden?", fragte ich, allmählich etwas ungeduldig. „Nun, wenn ich ganz ehrlich bin, hast du das Problem mitverursacht. Auch wenn du jetzt gleich wieder Einspruch erheben wirst, so lass mich dir erklären, warum dies so ist, denn dahinter liegt die Lösung, die es dir ermöglicht dich nicht mehr länger daran zu beteiligen. Nur so lässt sich das Problem auflösen." „Wovon sprichst du? Ich habe keine Ahnung, worauf du hinausmöchtest."

„Das wirst du gleich verstehen. Wir haben zum einen das Geld, das, wie du nun weißt, erst durch den Mangel und die damit verbundenen Gefühle einen Wert erhält. Und zum Zweiten sind da Menschen, die dir die Möglichkeit geben, den scheinbaren Mangel wieder auszugleichen. Das Erste, also das Mangelgefühl, das fast alle Menschen besitzen, ist eine Schwingung, die mit dem Angebot der Geldgeber in Resonanz geht. Da fast jeder die Information aussendet: ‚Ich habe zu wenig', muss es zwangsläufig eine Schwingung geben, die sich ihr annimmt, um sie zu bestätigen. Damit dir dies klarer wird, denke immer an den Satz: ‚Du wirst zu dem, was du die meiste Zeit fühlst.' Wenn du immer das Gefühl aussendest, dass du zu wenig Geld hast und dich deswegen unglücklich fühlst, dann ziehst du genau das in dein Leben, nämlich nie genug Geld zu haben und damit verbunden natürlich auch dein Unglücklichsein. Die Banken machen also im Grunde nichts anderes, als dir deinen Wunsch zu erfüllen, indem sie dich durch ihr System unglücklich machen. Darum hast du das Problem, genau wie alle anderen Menschen, die so denken, mit erschaffen."

„Ah, jetzt verstehe ich, was du meinst. Weil mir das bis jetzt noch nicht bewusst war, konnte es überhaupt zu diesem Problem kommen. So machte das Resonanzgesetz dieses System überhaupt erst möglich."

„Ja, genau. Und da du nun das Geheimnis des Geldes erkannt hast, kannst du nur aus diesem System aussteigen, wenn du selbst etwas änderst. Tust du es nicht, bleibst du weiter ein Teil des Problems, das du unweigerlich durch dieses System bekommst, weil du es miterschaffst."

„Was rätst du mir also diesbezüglich? Denn wenn ich ganz ehrlich bin, habe ich keine Ahnung, wie ich da wieder herauskommen soll."

„Weißt du, im Grunde setzt das Problem viel tiefer an, als du vermutest. Es beginnt nämlich bei deiner mangelnden Liebe zu dir selbst. Weil du dich mit all deinen Fehlern und Macken nicht annehmen kannst und Angst davor hast, dass sie nach außen dringen könnten, tust du alles, um ein Leben zu führen, das die Gesellschaft dir vorgibt, nur um anerkannt zu werden. Darum kaufst du dir mit dem Geld, das du nicht hast, Dinge, die du nicht brauchst, um Menschen zu imponieren, die du eigentlich nicht magst. Und das alles nur, um deine mangelnde Selbstliebe auszugleichen. Doch würdest du deinen Wesenskern, der dich zu etwas Besonderem macht, annehmen und sagen: ‚Das sind keine Macken und Fehler, sondern das bin ich, und ich bleibe so wie ich bin‘, dann könntest du auf viele Dinge verzichten, die dich nur scheinbar glücklich machen. In erster Linie vertuschen sie nur dein wahres Selbst. Wärest du also in der Lage, dir selbst treu zu bleiben, so hättest du bereits mehr Geld zur Verfügung."

„Das ist aber ganz schön schwer. Ich meine, nur noch der zu sein, der man wirklich ist, kommt in der Gesellschaft nicht besonders gut an."

„Da gebe ich dir vollkommen recht. Das ist ein Prozess, der nicht von heute auf morgen zu ändern ist, und weil die Parasitenelite das auch gar nicht möchte, da sie an dir dann nicht mehr so viel Geld verdient, suggeriert sie dir durch ihre Werbung, dass du dies alles brauchst. Solange du nichts über das System und seine Funktion weißt, bist du ein gefundenes Opfer für sie und sie manipulieren dich, weil sie genau wissen, wie sie mit den Gesetzmäßigkeiten umgehen müssen. Dadurch hindern sie dich an deiner persönlichen Entwicklung. Dein wahres Wesen kannst du so niemals leben und dadurch auch die Aufgaben, die du dir für dieses Leben vorgenommen hast, nicht erfüllen. Du lebst nicht deinen Seelenplan, was dich zunächst unzufrieden macht und später krank. Depressionen und Burnout sind nur einige Folgen dieses Handelns. Doch das ist der Elite egal. Mir war dies jedoch nicht gleichgültig, denn als ich die Folgen, die sich daraus für die Menschheit ergaben, begriffen hatte, wendete ich mich von diesem System ab. Was ich stattdessen tat, habe ich dir ja bereits zu Beginn unserer Gespräche erklärt. Ich verüble ihnen jedoch nicht ihre Handlungen, da sie ja nur die Schwingung der Gesellschaft spiegeln. Wenn die Menschen eines Tages begreifen, dass sie Schöpfer ihrer gesamten Realität sind, wird sich dieses Machtspiel verändern. Doch bis dies so weit ist, werden noch viele unschöne Dinge geschehen."

„Nun machst du mir aber Angst. Was wird denn deiner Meinung nach alles geschehen, dass du so pessimistisch bist?"

„Das hat nichts mit negativem Denken zu tun, und ich möchte dir auf keinen Fall mit dem, was ich dir nun berichte, Angst machen, doch es ist wichtig, dass du begreifst, was um dich herum geschieht und dich im Unterbewusstsein beeinflusst. Der Grund, weswegen gerade das ganze Spiel aus dem Ruder läuft, ist, dass beide Kräfte der Polarität an ihren alten Strukturen festhalten. Du bist noch nicht bereit, deine Angst und den Mangel, der mit Geld in Verbindung steht, loszulassen und die Mächtigen wollen ihre Macht noch nicht aufgeben. Sie wissen genau: Wenn die Menschen aufwachen und ihr Spiel durchschaut haben, dann werden sie ihre Macht verlieren. Um dies jedoch zu verhindern, haben sie eine Strategie entwickelt, wie sie die Gesellschaft manipulieren. Sie beinhaltet unter anderem, die Aufmerksamkeit der Bevölkerung von wichtigen Ereignissen auf unwichtige Dinge zu lenken, sodass sie beschäftigt ist und damit keine Zeit hat, über die wirklich wichtigen Dinge des Lebens nachzudenken. Dazu gehört auch, sich mit den Grundfragen des Lebens auseinanderzusetzen, die da wären: Wo komme ich her? Wo gehe ich hin? Wozu das alles? Stattdessen lenken sie eure Aufmerksamkeit auf den Kauf von neuen Handys und Computerspielen und stehlen euch die Zeit mit nutzlosen Fernsehsendungen, die euch in Unwissenheit dessen belassen, was um euch herum geschieht. Die Liste ihrer Mittel, die sie sich für euch ausdenken, ist lang. Dadurch erhalten sie eure Ignoranz gegenüber dem, was wirklich geschieht, aufrecht."

Aaron, der bis jetzt unsere Unterhaltung schweigend beobachtet hatte, schaltete sich nun in unsere Diskussion ein: „Indem sie den Menschen ein Bildungssystem anbieten, das sie nur mit Grundwissen ausstattet, nicht aber mit bedeutenden Zusammenhängen, verhindern sie die rechtzeitige Aufdeckung ihrer Manipulation. Aus unwissenden Kindern werden so naive Erwachsene. Dadurch entfachen sie in der Gesellschaft den Gedanken, dass sie für die wichtigen Geschehnisse nicht den Intellekt besitzen und deswegen besser ein paar wenigen Vertretern, die sie wählen dürfen, das Sagen überlassen. Die wiederum unterstehen der Parasitenelite und sind die Marionetten der Schattenregierung. Die im Hintergrund Arbeitenden kennen die Menschen besser als die Menschen sich selbst. Darum sind sie in der Lage, durch das gezielte Einsetzen der Gesetzmäßigkeiten eine Gedankenkontrolle mit all den Menschen durchzuführen, die sie noch nicht durchschaut haben."

Alle, die am Tisch saßen, nickten zustimmend, während Altasar Aarons Erläuterungen ergänzte. „So können sie Stück für Stück stufenweise Gesetze, die einstmals dem Wohle der Menschheit dienten, zurücksetzen und sie durch Zwänge, Steuern und Abgaben im Hamsterrad des Lebens halten. Dadurch setzen sie die Menschen ihren eigenen Emotionen der Hilflosigkeit aus und halten sie auf diese Weise in ihrem selbstgemauerten Gefängnis in Unfreiheit. Die Angst um den Mangel des wichtigsten Gegenstandes dieser Erde, das Geld, ist damit in die Köpfe der Menschen implantiert."

Altasar lehnte sich wieder in seinen, Stuhl zurück und ließ mir Zeit, das Ganze auf mich wirken zu lassen. Was er gerade schilderte, war so ungeheuerlich, dass ich es erst gar nicht glauben wollte. Ich konnte mir beim besten Willen nicht vorstellen, dass man uns alle dermaßen manipulierte. Doch bei allem, was ich bis jetzt über das Geheimnis des Lebens gelernt hatte, ließ das Vorgehen dieser machthungrigen Menschen keinen Zweifel zu.

Noch bevor ich etwas dazu sagen konnte, fuhr Altasar fort: „Doch das ist noch nicht alles. Damit du wirklich etwas dagegen tun kannst, muss ich dich noch auf weitere Geschehnisse aufmerksam machen. Das aber kann Eddy dir besser erklären als ich."

Er deutete auf den Mann in der Runde, den ich noch nicht kannte. Das war also dieser Eddy, der mir so suspekt erschien. Nun kannte ich auch sein Gesicht und war sehr gespannt, welche Rolle er spielte und weswegen er sich bisher verstecken musste.

31

ERKENNEN UND ERWACHEN

„Die Menschen wachen auf, und je mehr wir sind,
die am Tag des größten Chaos, bereitstehen um zu sagen,
wie es weitergehen soll, desto geringer ist ihre Chance,
mit ihren Machenschaften nochmals von vorne zu beginnen."

Eddy sah Altasar verwirrt an und als hätte es ihm die Sprache verschlagen, stammelte er unsicher die ersten Worte: „Nun, ah, also … ich bin Eddy, wir hatten noch nicht das Vergnügen. Ich muss Altasar mit allem, was er über das Geldsystem sagte, vollkommen recht geben. Die Elite hat ein System entwickelt, mit dem sie Geld aus dem Nichts erschaffen kann, und das möchte sie mit allen Mitteln erhalten. Gut, also ich bin nur zu Besuch hier, da ich eigentlich Chemiker bin. Ich arbeitete noch vor einiger Zeit in der Lebensmittelindustrie und hatte dort die Aufgabe, die Menge der Zusatzstoffe, die heute den meisten Produkten beigemischt werden, zu untersuchen. Ich sollte herausfinden, wie hoch die Dosis der einzelnen Stoffe sein darf, damit sie den Menschen nicht schadet. Das sah ich als eine sinnvolle Aufgabe, da es für mich wichtig ist, den Konsumenten vor Krankheit zu bewahren. Doch irgendwann fand ich heraus, dass meine Arbeit nicht dazu benutzt wurde, um den Verbraucher zu schützen, sondern um ihm langfristig zu schaden. Eine zweite geheime Abteilung in derselben Firma nutzte meine Ergebnisse und arbeitete daran, die Dosis so einzustellen, dass sie zwar unmittelbar keine Krankheiten auslöst, jedoch langfristig zu schweren Schäden führt. Zunächst verstand ich nicht, warum sie das taten und begann zu recherchieren. Dabei entdeckte ich, weswegen ihr Interesse an einem schleichenden Erkrankungsprozess der Menschen so hoch ist. Die Lebensmittelfirma, in der ich beschäftigt war, ist eine Tochtergesellschaft des weltweit größten Pharmakonzerns. Mit dieser Vorgehensweise sichern sie sich ihre Auftragslage. Das eine Produkt macht die Menschen langsam krank und mit dem anderen lässt sich das entstandene Leid wieder lindern. Da es jedoch selten zu einer vollkommenen Heilung führt, macht man die Menschen medikamentenabhängig. Es entstand ein Perpetuum mobile, mit dem ebenfalls Geld erschaffen wird. Niemals hätte ich gedacht, dass Menschen ihresgleichen so etwas antun könnten. Doch es kam noch schlimmer. Ich recherchierte weiter und fand heraus, dass an der Spitze dieses Imperiums eine kleine Gruppe der Elite sitzt, die alle Fäden in der Hand hält. Sie kontrollieren alles – von den Konzernen über die Medien, von den Politikern bis zu jedem einzelnen Bürger. Dagegen erscheint das, was Altasar eben erklärte, geradezu harmlos."

Ich bekam plötzlich eine ganz andere Meinung von diesem Eddy. Niemals hätte ich vermutet, dass er sich für das Wohl der Menschen interessierte, und es tat mir leid, dass ich ihn insgeheim beschuldigt hatte, die andere Seite zu vertreten.

„Wie muss ich das verstehen, was kann denn bei diesem Vorgehen noch Schlimmeres geschehen?"

„Das, was ich herausfand und zusammen mit Freunden auf seine Richtigkeit hin untersucht habe, ist so ungeheuerlich, dass du es mir vermutlich nicht glauben wirst. Der Parasitenelite geht ihre Macht noch nicht weit genug. Sie besitzen schon heute das meiste Geld und die meisten Güter. Doch das genügt ihnen bei Weitem nicht. Sie arbeiten an der völligen Kontrolle über die Menschheit. Denn mittlerweile sind sie nicht mehr nur geldgierig, sondern machthungrig. Das Liebste wäre ihnen, sie könnten Gott spielen. Darum haben sie Techniken entwickelt, die auf das natürliche Leben Einfluss nehmen können. So beeinflussen sie zum Beispiel das Wetter, aber auch die Gedanken jedes Einzelnen."

Das überstieg mein Vorstellungsvermögen in der Tat völlig. Es hörte sich für mich an, als handele es sich um eine Science-Fiction-Story. Darum war ich auf Eddys plausible Erklärung gespannt.

„Ist dir schon einmal aufgefallen, dass die Flugzeuge am Himmel fast täglich einen Kondensstreifen hinterlassen, der sich über Stunden nicht auflöst?"

„Ja, das sehe ich immer wieder. Aber ist das nicht völlig normal?"

„Nun, früher gab es hin und wieder dieses Phänomen, das sich damit erklären ließ, dass in entsprechenden Luftschichten eine hohe Luftfeuchtigkeit herrscht, die beim Ausstoß der Abgase zu einem Kondensstreifen führt. Je nachdem, wie hoch die Feuchtigkeit in dieser Luftschicht war, blieb der Streifen mehrere Minuten am Himmel zu sehen. Das war ein recht zuverlässiges Zeichen dafür, dass das Wetter umschlägt. Doch heute kann es vorkommen, dass zwei Flugzeuge in derselben Höhe am Himmel fliegen, wobei das eine keinen Kondensstreifen bildet, während das andere einen über Stunden verbleibenden Streifen hinter sich herzieht. Dabei schlägt das Wetter jedoch nicht um. Ist das nicht komisch?"

„Doch, das ist schon seltsam, aber was möchtest du mir damit sagen?"

„Meine Untersuchungen ergaben, dass für dauerhaft verbleibende Kondensstreifen die Flugzeuge ein Gemisch aus Aluminium, Barium und Strontium versprühen. Dieser feine Nebel verteilt sich am Himmel und filtert zunächst die Sonnenstrahlen. Die Verantwortlichen machen daraus auch gar kein Geheimnis, denn sie rechtfertigen diese Maßnahme mit der Vermeidung des Treibhauseffekts. Die ausgebrachten chemischen Partikel sollen nämlich die Sonnenstrahlen reflektieren und dadurch unser Klima schützen."

„Ja, aber das ist doch eine sinnvolle Handlung, denn wenn die Erderwärmung weiter ansteigt, dann ist unser aller Lebensgrundlage gefährdet."

„Siehst du, genau diese Reaktion erwarten sie auch von dir. Doch in Wahrheit ist es ein genialer Schachzug im Sinne ihrer Strategie zur gesellschaftlichen Manipulation. Sie lassen uns erst im Glauben, wir wären nicht intelligent genug, selbst eine Lösung zu finden, und übernehmen deswegen gerne für uns die Verantwortung, indem sie uns vorgaukeln, unser Leben schützen zu wollen. Die Wahrheit jedoch ist, dass sie uns damit manipulieren und zu Sklaven machen."

„Wie das denn?", fragte ich bestürzt.

„Zunächst werden die lebensnotwendigen Sonnenstrahlen gefiltert. Da sie genau wissen, wie wichtig diese sind, uns aber die neuesten wissenschaftlichen Erkenntnisse darüber vorenthalten, verhindern sie, dass der Lebensspender Nummer eins, das Vitamin D3, in unserem Körper entstehen kann. Ein Mangel davon macht uns schlapp, depressiv und krank. Nach einiger Zeit fallen die versprühten Partikel – allen voran Aluminium – zu Boden und lagern sich auf unserer Haut, in unseren Lungen, auf dem Boden und auf den Äckern ab. Das Herabrieseln lässt sich übrigens an schönen Tagen gegen das Sonnenlicht sehr gut erkennen, vor allem, wenn wie mancherorts viele dieser Streifen am Himmel zu sehen sind. Doch zurück zu den Aluminiumpartikeln. In den Medien hat sich bereits herumgesprochen, dass Aluminium in Deo-Rollern oder Sprays gesundheitsschädlich ist. Auch Aluminiumdosen, in denen Nahrung konserviert wird, können krank machen. Warum um alles in der Welt sprühen sie dann so etwas in die Atmosphäre?"

„Ich weiß es nicht, sag du es mir."

„Wenn ich dir nun erzähle, was ich noch herausgefunden habe, wird es dir klar werden. Es gibt an einigen Orten dieser Welt riesige Sendeanlagen, die Funkwellen aussenden. Diese elektromagnetischen Schwingungen sind Träger von Informationen, so wie wir es von Funkgeräten oder unseren Handys kennen. Sie senden permanent Informationen aus, die ja irgendwo ankommen müssen, genau wie ein Anruf über dein Handy bei deinen Eltern ankommt, wenn du ihre Nummer gewählt hast. Doch die Schwingungen, von denen ich hier rede, kommen bei allen Menschen gleichermaßen an, weil wir alle durch die Aluminiumpartikel in uns zu Empfängern gemacht werden."

Ich war erstaunt und verwirrt zugleich und fragte mich, welche Absicht dahinterstecken konnte. Doch noch bevor ich etwas dazu sagen konnte, schaltete sich Henry ins Gespräch mit ein.

„Du wirst dich nun bestimmt fragen, was die Verursacher damit erreichen wollen. Denn das ist für die meisten Menschen, wenn sie davon hören, nicht offensichtlich. Du hast ja bereits von Fatima erfahren, dass wir durch die Sonne und ihre Aktivitäten eine Hilfestellung von außen bekommen, die unsere Eigenschwingung erhöht. Dadurch erhalten wir die Möglichkeit, wieder unserem Wesen entsprechend zu leben. Insbesondere seit der Zeit der Industrialisierung ist uns jedoch diese Fähigkeit Stück für Stück genommen worden. Was aus diesen Maßnahmen der Parasitenelite entstehen könnte, zeigen nicht nur die zahlreichen Science-Fiction-Romane, sondern nun auch die realen, aktuellen Geschehnisse um uns herum. Meine wissenschaftlichen Untersuchungen ergaben, dass die ständig steigende elektromagnetische Schwingung durch die Sonne einen dringend notwendigen gesellschaftlichen Wandel unumgänglich macht. Doch das habe nicht nur ich herausgefunden, sondern auch die Parasitenelite. Da sie durch dieses Naturereignis ihre Existenz bedroht sieht, versucht sie nun, alles daranzusetzen, dass die Menschen nicht aufwachen und erkennen, dass sie schon eine lange Zeit Sklaven sind. Früher wurden die unfreien Menschen von der Elite ganz selbstverständlich als solche bezeichnet und gehalten. Das wurde später wegen Verbrechens gegen die Menschlichkeit verboten, woraufhin sich dieselben Menschen eine andere Strategie einfallen ließen. Heute sind wir alle Sklaven, jedoch ohne es zu wissen. Diese Tatsache möchten die Drahtzieher mit allen Mitteln aufrechterhalten, denn ein Sklave ist nur so lange ein nützlicher Sklave, solange er nicht weiß, wie ihm geschieht. Die niedrigen Schwingungen, die mittels ausgefeilter Techniken auf uns übertragen werden, sollen unser Bewusstsein daran hindern, mit der stärker werdenden elektromagnetischen Schwingung der Sonne anzusteigen. Wir sollen weiterschlafen, denn wachen wir auf, so liefe dieser Schwindel Gefahr, entlarvt zu werden."

Plötzlich klingelte die Schiffsglocke an der Gartentüre wie wild. Eine Männerstimme schrie aufgebracht: „Altasar, Altasar, sie sind da!"

Altasar zuckte kurz zusammen und wollte gerade aufstehen, als Marco den Gartenweg entlang auf uns zugerannt kam. „Altasar, gerade ist ein Polizeischiff in den Hafen gefahren. Vier Polizisten gingen von Bord und befragten die Passanten nach einem Mann auf einem Foto. Das Bild zeigt Eddy."

Eddy wurde plötzlich kreidebleich, als er seinen Namen hörte.

„Ich habe es gewusst, irgendwann kriegen sie mich. Auch bei euch kann ich nicht bleiben."

Altasar beruhigte ihn und meinte: „Keine Sorge, wir bringen dich in Sicherheit. Niemand außer uns weiß, dass du hier bist, und unser Gast hat auch nichts gesehen." Dabei schaute er mich mit einem strengen Blick an.

Ich verstand sofort und meinte: „Ich weiß von nichts und außerdem bin ich morgen wieder weg." Ich begriff zwar immer noch nicht die gesamte Tragweite dessen, was gerade geschah, doch wollte ich Eddy auf keinen Fall verraten. Das, was er herausgefunden hatte, war so ungeheuerlich, dass ich auf keinen Fall wollte, dass er eingesperrt würde, um ihn mundtot zu machen und damit die Machenschaften der Elite zu vertuschen.

„Marco, bring ihn in das Versteck in den Bergen, du weißt schon wo! Okay?"

„Alles klar, Altasar, du kannst dich auf mich verlassen."

Eddy verabschiedete sich knapp und schon waren die beiden verschwunden.

Als sich mein Puls langsam wieder normalisiert hatte und auch die anderen wieder zur Ruhe kamen, setzte Altasar das Gespräch fort.

„Das, was du hier gerade mitbekommen hast, macht dich zum Zeugen der manipulierenden Machenschaften seitens der Parasitenelite. Eddy hat

sich der Wahrheit verschrieben. Er möchte, dass jeder erfährt, was um uns herum alles geschieht und vor allem, was uns auf kollektiver Ebene daran hindert, in unser Bewusstsein zu gelangen. Deswegen stellt er Filme ins Internet, mit denen er alles schonungslos aufdeckt. Er steht deswegen schon lange auf der Liste der sogenannten Staatsfeinde. Anfangs betitelte man ihn als Verschwörungstheoretiker, doch mittlerweile sind solche Ablenkmanöver wirkungslos geworden. Die Elite fühlt sich massiv bedroht und wehrt sich mit allen Mitteln. Da das Internet inzwischen weltweit zu einer der wichtigsten Informationsquellen geworden ist, die über das wahre Weltgeschehen – unabhängig von den Einflüssen der Parasitenelite – berichten kann, nutzen immer mehr Menschen diese Möglichkeit, um sich ihre freie Meinung zu bilden. Es ist noch gar nicht lange her, da versuchten die Mächtigen das Internet mit fadenscheinigen Argumenten zu zensieren, doch es gelang ihnen dank der vielen Menschen, die bereits aufgewacht sind, nicht, den freien Informationsfluss zu verhindern. Eine Petition mit mehreren Millionen Unterschriften kippte das ungeheuerliche Vorhaben. Seitdem wird versucht, die Glaubwürdigkeit des Internets zu untergraben, indem absichtlich offensichtlich gefälschte und manipulierte Videos ins Netz gestellt werden, um den Bürger glauben zu machen, dass Informationen aus dem Internet generell falsch sind. Man will erreichen, dass sich die Menschen ausschließlich den Mainstream-Nachrichten zuwenden, denn damit kann die Bevölkerung weiterhin mit bewusst gesetzten Falschinformationen manipuliert werden.
Doch das alles funktioniert nicht mehr. Die hohe Schwingung, die uns zu Hilfe kommt, lässt deren Verschleierungstaktik nicht mehr zu. So muss die Parasitenelite zum letzten Mittel greifen und die angeblichen Staatsfeinde zum Schweigen bringen.
Genau das versucht die Elite auch im Kleinen, bei Eddy. Doch im Großen geschieht das täglich durch die zahlreichen Unruhen und Kriege überall auf der Welt. Dem steigenden Druck, dem die Elite mittlerweile ausgesetzt ist, entgegnet sie mit immer mehr Gewalt."
„Aber das ist doch furchtbar. Dagegen haben wir doch niemals eine Chance. Ich meine, der arme Eddy hat doch nie wieder ein ruhiges Leben. Sie werden ihn so lange jagen, bis sie ihn haben. Dadurch wird sein Einsatz zur Enthüllung der machtvollen Elitespielchen zu einem abschreckenden Beispiel und hindert viele daran, es ihm gleichzutun. Wie soll sich da jemals etwas ändern?"

Henry hörte mir aufmerksam zu, doch schien er mir nicht zuzustimmen. „Ich bedaure es sehr, dass mein Freud Eddy in dieser Situation steckt, doch ohne seine Courage würde sich tatsächlich nie etwas ändern können. Deswegen braucht es viele Eddys, die bereit sind aufzustehen und die Wahrheit zu verkünden. Und in der Tat geschieht das eben, denn wäre dem nicht so, so müssten die scheinbar Mächtigen nicht zu solchen Mitteln greifen. Dadurch, dass überall auf der Welt die Menschen aufwachen und über Vorträge, Bücher und das Internet die Wahrheit verbreiten, verlieren die einstigen Herrscher mit jedem Tag mehr Macht. Aus den einstmaligen Jägern werden nun die Gejagten. Jetzt müssen sie sich aus ihrer Deckung wagen, um sich zu verteidigen. Darum ist ihr Handeln nicht negativ zu sehen, sondern ein überaus positiver Zustand. Denn je mehr sie in ihre Verteidigungshaltung gehen, umso näher rückt ihr Ende. Es wird schon bald zu einem großen Chaos kommen, doch aus jedem Chaos entsteht wieder eine Ordnung. Bisher hat die Parasitenelite Chaoszustände immer organisiert ablaufen lassen. Sie hatte alles gut geplant, die Krisen und die Kriege, die sie inszenierten, dienten immer dazu, neue Ordnungen entstehen zu lassen, die alleine ihrem Wohl dienten. Doch nun gerät für sie alles aus dem Ruder. Die Menschen wachen auf und je mehr wir sind, die am Tag des größten Chaos bereitstehen, um zu sagen, wie es weitergehen soll, desto geringer ist ihre Chance, mit ihren Machenschaften nochmals von vorne zu beginnen."

Die anderen am Tisch nickten zustimmend. Fatima war die Erste, die sich nun zu Wort meldete.

„Denke aber immer daran, dass wir alle dazu beigetragen haben, dass es heute so ist, wie du es eben gehört hast. Denn genau wie die kleine Gesellschaft der Elite eine Position eingenommen hat, so hat es auch die große Gemeinschaft der Bürger jedes Landes getan. Durch das Gesetz von Ursache und Wirkung konnte diese Situation erst geschehen. Deswegen macht es keinen Sinn, die Menschen, die nur so gehandelt haben wie es die Gesetzmäßigkeit verlangte, zu verurteilen. Es ist viel wichtiger, wieder ein Gleichgewicht herzustellen, das allen Menschen dient, anstatt es nur umzukehren."

„Wie soll das deiner Meinung nach geschehen? Für mich gehören die alle eingesperrt. Dann wäre alles gut."

„Genau das würde aus vielerlei Gründen nicht funktionieren, denn du kannst nicht Gleiches mit Gleichem bekämpfen. Du würdest nicht wollen, dass Eddy eingesperrt wird, weil er tut, wozu er sich berufen fühlt. Folglich kannst du dasselbe auch diesen Menschen nicht antun. Sie spielen genau wie du im Theater des Lebens nur eine Rolle, für die sie sich bestimmt sehen.

„Ja, aber was gibt es denn sonst für einen Weg, das Ganze wieder ins Lot zu bringen?", fragte ich und konnte nicht fassen, dass es für dieses Problem keine Lösung geben soll.

„Das, was du und vermutlich die meisten Menschen tun würden, hat man in den letzten Jahrtausenden vielfach ohne Erfolg erprobt. Gewalt war eben noch nie eine Lösung. Darum ist es nun an der Zeit, ganz neue Wege zu gehen. Doch die liegen genau in entgegengesetzter Richtung."

32

SEI DU DIE VERÄNDERUNG

„Du möchtest, dass die Mächtigen den Anfang machen,
doch das wird niemals geschehen,
denn sie gehen nur mit dem in Resonanz,
was du aussendest."

Es war für mich unvorstellbar, dass es einen anderen Weg geben konnte, als der Elite ihre Macht zu entziehen und sie ihrer gerechten Strafe zu überführen. Sie hatte dieses System aufgebaut und damit so viel Leid über die Menschheit gebracht. Andererseits stimmte ich Fatima ihrem Argument zu, dass Gewalt immer zu neuer Gewalt führt, niemals jedoch zu einer sinnvollen Lösung.

„Was schlagt ihr also vor, um dem Treiben ein Ende zu bereiten?"

Altasar, der sich als Erster angesprochen fühlte, meinte: „Wenn es keinen bekannten Ausweg mehr gibt, dann ist es sinnvoll, neue Lösungen zu suchen. Doch unsere Gewohnheiten hindern uns für gewöhnlich daran, weil unser Verstand mitspielt. Er bietet uns nur an, was er bereits kennt.

Auf dem Radarschirm des Universums befinden sich jedoch ungeahnte Möglichkeiten, die du lediglich noch nicht sehen kannst. Darum war es mir so wichtig, dir die vier Schritte zu erklären. Sie führen dich zur Lösung. So frage dich nicht, ‚wie' das möglich sein soll, sondern ‚warum' du eine Veränderung möchtest. Das gibt dir die Motivation, nach einer noch unbekannten Lösung zu suchen. Dabei sind dir Menschen behilflich, die diesen Weg bereits gegangen sind, so wie wir hier zum Beispiel. Wenngleich du zunächst der Meinung bist, dass unsere Art des Zusammenlebens in deiner Welt niemals funktionieren wird, so denke immer daran, dass du noch nicht weißt, was du nicht weißt. Lasse es zu, neue Wege zu gehen, denn nur dann ist dein Lernindex sehr hoch. Ein niedriger Lernindex zeigt sich immer dann, wenn man genauso weitermacht wie bisher. Doch damit steckst du für ewig im Hamsterrad fest."

Ich musste Altasar recht geben. Es war keine Lösung, das Spiel des Lebens so weiterzuspielen wie bisher. Es musste endlich etwas geschehen. „Ich habe in den letzten zwei Wochen miterlebt, dass ihr glückliche Menschen seid. Wie stellt ihr das genau an? Ihr lebt ja nicht auf einem anderen Planeten, sondern seid genau wie wir all den Einflüssen ausgesetzt, die uns hindern, in unserer Entwicklung voranzukommen."

„Um etwas ändern zu können", erklärte Altasar, „ist es notwendig zu erkennen, was dazu führte, dass diese chaotischen, selbstzerstörerischen Zustände auf der Welt entstehen konnten. Als ich mich dem widmete, schlug ich einen unbequemen Weg ein und löste mich als Erstes von der geheimen Bruderschaft. Doch das, was unser Verstand als unbequem erachtet, ist in Wahrheit nur die Angst vor Neuem. Und genau diese Angst ist es, die bisher Veränderungen verhindert hat. Es gehört viel Mut dazu, alte Gewohnheiten loszulassen und wie ein Abenteurer neue Länder und Herausforderungen zu besuchen. Hätten wir nicht immer mutige Menschen in unserer Gesellschaft gehabt, die vorausgegangen waren, um Unmögliches möglich zu machen, so würden wir auch heute noch nicht über unseren Tellerrand schauen können und uns vermutlich nicht weiter als zehn Kilometer von unserem Haus entfernen. Also stieg ich aus der Elitegesellschaft aus, um etwas Neues auszuprobieren. Und dabei war mir Esmeralda eine sehr große Hilfe."

Ich war erstaunt darüber zu erfahren, dass Esmeralda hierbei eine wichtige Rolle gespielt hat. „Wie kam es dazu, dass ausgerechnet sie dir dabei helfen konnte, neue Wege zu finden?"

„Esmeralda kenne ich schon aus der Zeit, als ich noch ein kleines Kind war. Sie war damals mein Kindermädchen. Wenn sie mit uns zum Spielen nach draußen ging, zeigte sie mir, was die Natur alles zu bieten hatte. Das begeisterte mich so sehr, dass ich am liebsten Biologie und Naturwissenschaften studieren wollte. Doch ich musste in die Fußstapfen meines Vaters treten und die Eliteschule besuchen, um danach sein Imperium zu übernehmen. Als mein Vater gestorben war, konnte ich endlich meinen Herzenswunsch verwirklichen. Zwar war es nun für ein entsprechendes Studium zu spät, doch mit Esmeraldas Hilfe entdeckte ich, dass unser gesamtes Gesellschaftssystem gegen die Natur arbeitet. Weil wir Menschen mit unserem Verstand ausgestattet sind, machen wir alles kompliziert, obwohl es ganz einfach wäre. Wir glauben, jeden Tag das Rad neu erfinden zu müssen, doch die Natur stellt uns die Lösung stets zur Verfügung. Die wirklich schlauen Köpfe der Gesellschaft haben dies längst erkannt. Sie schauen sich zunächst die Vorgänge und Funktionsweisen in der Natur ab, ehe sie sich an die Entwicklung neuer technischer Geräte machen. In der Fachsprache nennt man das Bionik. Und ohne diese faszinierende Möglichkeit, der Natur über die Schulter zu schauen, um zu begreifen, wie alles funktioniert, gäbe es heute zum Beispiel keine Flugzeuge. Viele Erfindungen beruhen auf den Erkenntnissen der Bionik. Doch unsere Wirtschaft gehört definitiv nicht dazu. Das ist es, was ich dank Esmeralda herausfinden durfte."

Es war hochinteressant, was Altasar eben über die Bionik erklärte, denn erst vor Kurzem hatte ich in einer Zeitschrift davon gelesen, dass der Klettverschluss an unserer Kleidung der Pflanzenwelt abgeschaut wurde. Selbstklebende Folien wurden den Saugnäpfen des Reptils Gecko nachempfunden. Und Fruchtschalen dienten als Vorbild für die Stoßdämpfer unserer Autos.

„Was war für dich ausschlaggebend, dass du diese Entdeckung machtest?", fragte ich neugierig.

„Nun, wenn man die Natur genau studiert, dann findet man heraus, dass alles in Hülle und Fülle vorhanden ist. Für jedes Lebewesen ist auf wundersame Weise gesorgt. Dabei entsteht ein Kreislauf, bei dem jeder vom anderen profitiert. Und was nicht benötigt wird, kehrt wieder in den Kreislauf zurück."

Das kam mir bekannt vor. Hatte nicht Esmeralda dies schon mit ähnlichen Worten erklärt, als wir über gesunde Ernährung sprachen?

„Ja, und was hat das nun mit unserem Geld und dem Wirtschaftssystem zu tun? Das lässt sich doch nicht miteinander vergleichen."

„Nun, wie ich dir bereits erklärte, entwickelte sich das Geld und das daraus entstandene Zahlungssystem aus dem Tauschhandel heraus. Es ist also eine Erfindung der Menschen, die für dieses angebliche Meisterwerk ihren Verstand benutzten. Der Verstand ist dazu da, um im Spiel des Lebens unsere Erfahrungen machen zu können. Ohne Verstand gäbe es die Dualität nicht, denn nur er ist in der Lage, zu unterscheiden und zu trennen, wodurch ein Richtig oder Falsch, Freud oder Leid, Angst oder Liebe und natürlich auch die Fülle und der Mangel entsteht.

Das Herz hingegen verbindet alles miteinander und sucht die Gemeinsamkeiten und die Einheit. Das Herz strebt nach dem wahren Sein. Die Natur hat keinen Verstand, sie existiert einfach. Sie lebt im Sein. Sie macht sich keine Sorgen darüber, ob sie genug von allem hat. Und genau da liegt der große Unterschied zu unserem Geldsystem. Unser Verstand will genau definieren, wie viel von allem vorhanden ist. Dafür erfanden wir Menschen die Zahlen. Das ist so weit auch in Ordnung, solange es keine Schulden gibt. Denn erst mit ihnen entstanden die abstrakten Minus-Zahlen. Sie werden auch die roten Zahlen genannt. Ich bezeichne sie deswegen als abstrakt, weil sie, anders als die schwarzen Plus-Zahlen, in der Natur nicht vorkommen. Oder hast du schon einmal einen Baum gesehen, der minus hundert Äpfel an seinen Ästen trägt?"

„Nein, natürlich nicht. Ein Apfelbaum kann entweder Äpfel oder keine Äpfel tragen, das ist doch logisch." „Ganz genau. Doch dein Konto kann plus hundert Euro oder minus hundert Euro aufweisen."

„Ja, natürlich. Das ist doch auch logisch. Wenn ich kein Geld habe, muss ich mir etwas leihen, um meine Bedürfnisse zu befriedigen. Und wenn ich das Geld dann wieder beisammenhabe, bezahle ich es zurück."

„Ja, so funktioniert unser Geldsystem − aber halt! Du hast die Zinsen vergessen, die du noch zusätzlich bezahlen musst. Und diese beiden Dinge gibt es in der Natur nicht. Sie aber bringen das System aus dem Gleichgewicht."

„Welche beiden Dinge meinst du? Das habe ich nicht ganz verstanden."

„Na, zum einen kann die Natur nur das hergeben, was sie tatsächlich bereithält. Wenn also nur hundert Äpfel am Baum hängen, kannst du nicht hundertzwanzig Äpfel für deinen Apfelkuchen pflücken. Zudem fordert die Natur nie eine höhere Gegenleistung für das, was sie dir gibt, denn das würde immer ein Ungleichgewicht hervorrufen. Die Natur lebt niemals über ihre Verhältnisse und zieht auch keinen Profit aus ihren Mitspielern. Solches Verhalten würde sich gegen sie selbst richten und das ist unnatürlich. Wie sagte Jesus: ,Alles, was ihr euren Brüdern und Schwestern angetan habt, habt ihr mir angetan.' Er wollte uns damit sagen, dass wir alle untrennbar miteinander verbunden sind und jegliche Handlung immer alles beeinflusst. So ist der Reichtum der einen nur möglich, wenn andere dafür arm sind. Oder anders gesagt: Der Reichtum der einen sind die Schulden der Armen. Das ist das Gesetz von Ursache und Wirkung, woraus dieses Ungleichgewicht entstanden ist."

Markus, der bis jetzt die Diskussion schweigend mitverfolgt hatte, meldete sich nun zu Wort: „Dass alles untrennbar miteinander verbunden ist und den universellen Gesetzmäßigkeiten unterliegt, zeigt sich auch in unserem Körper. Erst wenn ein Ausgleich nicht möglich ist, den die Natur immer anstrebt, jedoch vom Verstand behindert wird, dann entstehen schwerwiegende Krankheiten. Nichts strebt unendliches Wachstum an, was zum Beispiel im Falle einer Krebserkrankung durch Zellwucherung aber geschieht. Doch eine solche Erkrankung vernichtet nur dann ein Menschenleben, wenn der Verstand sich weigert, das vorgesehene Gleichgewicht wiederherzustellen. Was im Kleinen in unserem Körper auf Zellebene geschieht, zeigt sich auch im Großen überall. So kann es eine Mäuseplage nur geben, wenn die natürlichen Feinde fehlen, um ein Gleichgewicht wiederherzustellen. Dieses Ungleichgewicht wurde aber von den Menschen verursacht, weil sie mit ihrem Verstand glauben, schlauer zu sein als die Natur und den natürlichen Feinden ihre Lebensgrundlage raubten. Sie bedachten nicht, dass jeder Eingriff in dieses System Folgen hat. Auf euer Wirtschaftssystem bezogen, fordert dieses Vorgehen ein ständig steigendes Wachstum, um damit das entstandene Ungleichgewicht wenigstens einigermaßen auszubalancieren. Doch bei Lichte betrachtet wird deutlich, dass es sich wie ein Krebsgeschwür von innen heraus selbst auffrisst. Diese Erkenntnis lässt sich auch auf euer Gesundheitssystem übertragen. Der Arzt behandelt nur die Symptome, anstatt nach der tatsächlichen Ursache zu forschen. Die Ursache eures krankenden Wirtschaftssystems liegt in der Nichtbeachtung der Naturgesetze. Und dieses kranke System wiederum macht euch krank. Ihr seid Sklaven und beugt euch, was niemals dazu führen wird, dass ihr euch eurem Wesen entsprechend weiterentwickeln könnt. Doch die Natur kennt keine Sklaverei im Dienste Einzelner, sondern nur Synergie zum Wohle aller. Synergie bedeutet, sich gegenseitig zu fördern, woraus ein gemeinsamer Nutzen resultiert."

„Und das schafft die Natur?", fragte ich ungläubig. „Das kann ich mir gar nicht vorstellen. Ich dachte immer, in der Natur überlebt nur der Stärkere und der Schwächere wird gefressen".

„Das ist wieder eine Argumentation deines Verstandes. Er sieht nur die Bedrohung und daraus folgert er einen Zustand der Ungerechtigkeit. Doch in Wahrheit handelt es sich hier um ein Gleichgewicht. Denn wenn ein Löwe eine Gazelle reißt, so hat er mit Sicherheit die schwächste der Herde erwischt, doch er frisst nur so viel von seiner Beute, bis er satt ist. Den Rest überlässt er den vielen anderen Tieren, die hungrig sind und sich fürstlich davon ernähren können. Er käme nie auf die Idee die ganze Gazellenherde zu reißen, um Vorräte anzulegen, wodurch er nie wieder Hunger haben müsste. Instinktiv weiß er, dass er sich damit irgendwann seiner eigenen Lebensgrundlage berauben würde. Deswegen leben alle Lebewesen auf dieser Erde in einem Gleichgewicht, das sich gegenseitig unterstützt und somit einem dreifachen Wohl dient. Die Biene zum Beispiel sorgt für ihr eigenes Wohl, indem sie von Blüte zu Blüte fliegt und sich mit Nektar versorgt. Gleichzeitig bringt sie den Überschuss zu ihrem Volk, um auch die zu versorgen, die andere Aufgaben im Bienenstaat übernommen haben. Dadurch sichert sie das Wohl ihrer Artgenossen. Und ganz nebenbei bestäubt sie die Blüten, die dadurch zu Früchten heranreifen können. Diese wiederum versorgen andere Tiere. Die Samen aus der Frucht lassen üppiges Wachstum entstehen, das dem Wohl des großen Ganzen dient. Die Natur bringt also immer ein dreifaches Wohl hervor. Ihr Kreislauf schließt das Wohl des Einzelnen, der Gemeinschaft und des großen Ganzen ein. Dadurch ist sie unsterblich.

Wenn wir Menschen jedoch mit unserem egoistischen Verhalten so weitermachen wie bisher, dann rotten wir uns selbst aus, da wir so gravierend in das Gleichgewicht der Natur eingreifen, dass wir uns und vielen anderen Lebewesen die Lebensgrundlage entziehen. Die Biene ist das vermutlich wichtigste Lebewesen auf der Erde, da sie zum dreifachen Wohl am maßgeblichsten beiträgt. Doch die Spritzmittel der Agrarindustrie bringen sie um und die vielen Funkwellen von Handys und den Funksystemen der Mächtigen machen die überlebenden Bienen orientierungslos, weil sie ihr natürliches Radarsystem durcheinanderbringen."

Markus' Erklärung machte mich sehr betroffen. Er hatte recht, wir Menschen greifen so massiv in das natürliche Gleichgewicht ein, dass wir in der Tat im Begriff sind, damit unsere eigene Lebensgrundlage zu vernichten. Und was wir der Natur im Großen antun, geschieht im Kleinen mit unserem Geldsystem. Manche horten das Geld bis ins Unermessliche und sehen zu, wie Millionen Menschen verhungern. Da könnten wir uns vom mächtigen Löwen auf freier Wildbahn einiges abschauen. Aber auch die kleine Biene kann uns Vorbild sein für ein besseres Verhalten untereinander. Das Prinzip „Auge um Auge, Zahn um Zahn" hat in unserer hochentwickelten Gesellschaft einfach keine Berechtigung mehr.

„Wie seid ihr nun dieses Problem angegangen? Ihr müsst ja alles anders machen als wir, denn wie Fatima schon sagte, liegt die Lösung genau in der entgegengesetzten Richtung. Was hast du, lieber Altasar, denn auf deinem Radarschirm entdeckt, das zuvor noch keiner gesehen hat?"

Altasars Augen leuchteten, als er erklärte, wie auf Atlemuris die Menschen nach dem Vorbild der Natur mit einem Wirtschaftssystem lebten, das allen gleichermaßen ein angenehmes Leben bescherte.

„Es ist nichts, was nicht auch jeder andere dort finden könnte. Doch ich habe begriffen, dass man ein Problem nicht mit denselben Denkstrukturen lösen kann, die zu seiner Entstehung beigetragen haben. Deswegen dachte ich einfach andersherum. Wir haben bis jetzt gegen die Natur gearbeitet, also wollte ich von nun an mit ihr arbeiten. Und dann war auf einmal alles ganz einfach.

Wenn heute ein Mensch zur Welt kommt, dann muss er ein Leben lang dafür bezahlen, dass er hier am Spiel des Lebens teilnehmen darf. Dies ist in eurem System zur Pflicht geworden. Mit euren Steuern, Abgaben und Zinsen habt ihr eine Kauf- und Bezahlwirtschaft kreiert, die nur wenigen dient. So überlegte ich mir, was denn das Gegenteil von Kaufen ist, und kam darauf, dass Schenken dem Kaufen in der Polarität gegenübersteht. Dann schaute ich, was die Natur machte. Auch sie schenkt alles her, was sie hervorbringt. Wie könnte sie auch anders, sie kennt ja kein Geld. Anstatt dass die Lebewesen, die sich ihres reichhaltigen Angebotes bedienen, dafür bezahlen, bedanken sie sich bei ihr, indem sie dafür sorgen, dass der Kreislauf aufrechterhalten bleibt. Das tut jedes Wesen, egal ob Tier, Pflanze oder Stein, auf seine individuelle Weise – ganz nach seinem Wesenskern. Also kreierte ich nach dem Vorbild der Natur ein Wirtschaftssystem, indem ich aus einer ursprünglichen Kauf- und Bezahlwirtschaft eine Schenk- und Dankwirtschaft machte."

„Wie muss ich mir das vorstellen? Schenkt ihr euch gegenseitig, was ihr herstellt, und macht eure Dienstleistungen alle umsonst? Habt ihr dann gar kein Geld mehr?" Ich konnte mir beim besten Willen nicht vorstellen, dass so etwas funktionieren konnte, doch war ich mittlerweile offen geworden für Neues, da ich ja noch nicht wusste, was ich noch nicht weiß. Und offenkundig schien es hier auf der Insel zu funktionieren.

„Nein, natürlich bezahlt hier jeder den anderen für seine Arbeit. Das Schenken und Danken bezieht sich auf das pure Leben selbst und nicht auf das, was jeder daraus macht. Dafür, dass ein Mensch das Licht der Welt erblickt und seine Seele einen Seelenanteil schickt, um in diesem Menschen am Spiel des Lebens teilzunehmen, bekommt dieses wundervolle Wesen von nun an jeden Monat als Wertschätzung tausend Dank geschenkt. Der Dank ist unsere Währung, so wie der Euro, der Dollar, der Yen oder der Rubel. Doch wir haben kein Papiergeld, sondern ausschließlich elektronisches Geld, das bei dir ja auch schon lange üblich ist. Mit dieser Handlung sagen wir dem Neugeborenen: ‚Tausend Dank, dass du bei uns bist.' Sobald das menschliche Wesen alt genug ist, um etwas zu tun, das seinen Neigungen und Fähigkeiten entspricht, hat es das Recht, sich mit seinen Leistungen in die Gemeinschaft einzubringen und darf im Monat fünfzig Stunden arbeiten. Das ist ein sehr wichtiger Punkt, denn jeder Mensch hat das Bedürfnis nach Arbeit. Er möchte damit seine Fähigkeiten entfalten und zum Ausdruck bringen. Aber er möchte auch seine Erfahrungen machen. Für jede Stunde erhält er einen Stundenlohn von zwanzig Dank, was bei fünfzig Stunden im Monat tausend Dank ausmacht. Das ist sein Beitrag dafür, dass er jeden Monat ein aktives Grundeinkommen erhält. Aktiv bedeutet, dass er für dieses Geld etwas tut, das dem dreifachen Wohl dient, womit er sich seinerseits wiederum bedankt. Darüber hinaus kann er jederzeit mehr arbeiten und erhält ebenfalls zwanzig Dank in der Stunde. Diese Vergütung übernimmt jedoch der Arbeitgeber, wohingegen die ersten tausend Dank unser Synergiehaushalt aufbringt. Doch das nehmen die wenigsten in Anspruch, da sie mit den tausend Dank ein angenehmes Leben führen können.

Wie Markus gerade richtig sagte, bringt die Natur immer ein dreifaches Wohl hervor. So dienen diese tausend Dank dem ersten Wohl, also dem Wohle des Einzelnen. Damit auch die Gemeinschaft, also alle Bürger zusammen, von ihrem Dasein und Wirken auf der Insel profitieren, stellt der Synergiehaushalt für jeden Menschen lebenslang monatlich weitere tausend Dank zur Verfügung. Das ist mit euren Steuern vergleichbar, die ihr aus eurem hart verdienten Lohn entrichten müsst und weswegen euch euer Geld oft nicht ausreicht. Bei uns fällt für jeden Bürger, egal was und wie viel er arbeitet und verdienen möchte, immer derselbe Betrag an, nämlich tausend Dank. All diese Beträge zusammen kommen in den Topf, der dem Wohle der Gemeinschaft dient. Daraus werden alle Kosten gedeckt, die entstehen, um unser Lebenskraftzentrum, die Gesundungshelfer, die Schulen und alle anderen öffentlichen gemeinschaftlichen Einrichtungen zu unterhalten.

Nachdem wir also durch das bloße Dasein jedes Menschen ein Leben lang das Wohl des Einzelnen sowie das Wohl aller mit jeweils tausend Dank pro Person belohnen, fehlt nur noch das Wohl des großen Ganzen.

Da wir Menschen von allen Lebewesen durch unsere Anwesenheit die Natur am meisten belasten, schaden wir ihr sehr, was die meisten Menschen bei euch nicht kümmert. Doch entziehen wir uns damit über kurz oder lang unsere Lebensgrundlage. Damit das, was wir der Natur bereits angetan haben, wieder rückgängig gemacht wird und wir in Zukunft nicht noch mehr Schaden anrichten, dienen weitere tausend Dank dem Wohle des großen Ganzen. Damit sagen wir: ‚Danke, dass wir auf dir, Mutter Erde, leben dürfen, dass du uns nährst und uns den schönsten Spielplatz zur Verfügung stellst, den es gibt.' Wir sind uns unserer Verantwortung bewusst, nicht nur an uns zu denken, sondern möchten auch in Zukunft unseren Kindern und Kindeskindern eine intakte Spielwiese hinterlassen. Deswegen kommen diese tausend Dank pro Person jeden Monat in einen Umwelttopf, durch den Altlasten behoben und neue Schäden verhindert werden. So fördern wir damit zum Beispiel umweltfreundliche Unternehmen, wodurch umweltschädigende Betriebe automatisch verschwunden sind."
Aaron unterbrach Altasar und ergänzte seine Beschreibung des atlemurischen Wirtschaftssystem. „Übrigens funktioniert unser Schulsystem auf genau dieselbe Weise. Auch hier finden wir das dreifache Wohl wieder. Das erste Wohl dient dem Einzelnen, da er für sich selbst erfahren möchte, wie das Leben funktioniert. Weil jeder Schüler gleichzeitig auch Lehrer ist, sorgt er dafür, dass die Klassengemeinschaft denselben Wissensstand erlangt wie er. Dadurch erfüllt er das zweite Wohl, das Wohl der Gemeinschaft, vortrefflich. Und weil aus diesem Lernsystem heraus erwachsene Menschen entstehen, die verstanden haben, dass nur ein friedliches Zusammenleben ohne Konkurrenzdenken im Einklang mit der Natur den wahren Wesenskern und damit verbunden den Seelenplan unterstützt, ist auch dem dritten Wohl, das Wohl des großen Ganzen, durch das Verhalten eines jedes Einzelnen genüge getan. Durch das Verstehen, dass wir nicht ohne unsere Seele, auch nicht ohne unsere Mitmenschen und nicht ohne die Natur auf diesem Planeten dauerhaft existieren können, bewahren wir automatisch unser Spielfeld vor Zerstörung und können uns dabei dennoch unserem Wesen entsprechend entfalten. Das ist jedoch nur möglich, wenn man um die gesamten Zusam-

menhänge des Lebens weiß. Dies ist die Aufgabe einer zukunftsorientierten Schule. Wie du siehst, passt alles aufs Beste zusammen."

Ich war beeindruckt und skeptisch zugleich, wodurch mir einige Fragen auf der Zunge lagen. „Woher kommt denn das Geld, und wie könnt ihr euch sicher sein, dass am Ende nicht genau dasselbe geschieht wie bei uns, indem ein paar wenige alles haben, wie beim Monopoly-Spiel?"

Altasar sah mich erstaunt an. „Du denkst schon wieder fleißig mit. Nachdem es bei euch schon lange fast kein echtes Geld mehr gibt und das meiste Geld aus dem Nichts geschöpft wird, wie wir ja bereits erörtert haben, lassen auch wir fiktives Geld entstehen. Es dient ja lediglich einem ganz bestimmten Zweck und hierin unterscheidet sich unser System gravierend von dem euren. Das ‚erfundene' Geld erfüllt bei euch den Zweck, die Menschen durch den vorgegaukelten Mangel zu manipulieren und abhängig zu machen. Bei uns stellt es eine Wertschätzung dar, die man sich für sein pures Dasein, sein Wirken sowie seine erbrachte Leistung entgegenbringt. Darum hat bei uns das Geld keine Wertigkeit, sondern regelt lediglich das gemeinsame Miteinander im Spiel des Lebens. Was deine berechtigten Zweifel angeht, den Missbrauch unseres Systems betreffend, so habe ich – ebenfalls nach dem Vorbild von Mutter Natur – eine Funktion eingebaut, die grenzenloses Wachstum verhindert. Wie Markus dir zuvor erklärt hat, gibt es in der Natur kein unendliches Wachstum, weil etwas, das auswuchert, automatisch stirbt, wenn es nicht den Naturgesetzen folgt. So zerstört sich der Krebs selbst, indem er seinen Wirt umbringt, wenn er nicht im Einklang mit den Gesetzmäßigkeiten lebt. Das Gesetz, das ich meine, ist die Vergänglichkeit."

Ich erinnerte mich sogleich wieder an das, was Esmeralda mir bei unserer Begegnung in den Bergen erklärt hatte, doch konnte ich mir beim besten Willen nicht vorstellen, wie das Geldsystem mit einer Vergänglichkeit ausgestattet werden könnte. „Wie hast du das angestellt? Du müsstest ja wie bei einer Inflation das Geld entwerten."

„Die Inflation ist in der Tat eine Form der Vergänglichkeit, jedoch erfolgt diese sehr unkontrolliert und sie bedeutet für die meisten Menschen eine unerwartete existenzielle Bedrohung. Das also kann nicht die Lösung sein. Um ein sinnvolles System zu kreieren, müssen wir wieder ganz genau bei der Natur nachschauen. Ihr Kreislauf ist in Zyklen aufgeteilt, wie zum Beispiel die Jahreszeiten. Der Frühling lässt alles erwachen und gedeihen. Der Sommer schenkt uns alles in Hülle und Fülle, der Herbst sorgt mit seinen Früchten dafür, dass die Samen für das kommende Jahr reifen. Und im Winter bereitet sich die Natur durch eine Ruhephase auf das kommende Wachstum vor. Dabei ist zu beobachten, dass es keine Vorratswirtschaft gibt, wodurch das, was nicht benötigt wurde, wieder in den Kreislauf zurückfließt.

Auf unser Geldsystem übertragen, arbeiten wir daher ebenfalls in Jahreszyklen. Alles Geld, das jeder Einzelne im Laufe eines Jahres erhalten hat, das er jedoch nicht zum Leben benötigte, unterliegt der Vergänglichkeit. Wenn also jemand von den zwölftausend Dank, die er in diesem Jahr erhielt, nur zehntausend für sein Leben benötigte, so sind die restlichen zweitausend Dank im nächsten Jahr nur noch die Hälfte wert. So wie die meisten Früchte, die die Natur hervorbringt, im nächsten Jahr nicht mehr genießbar wären und automatisch in den Naturkreislauf zurückwandern. Ähnlich verfahren wir mit dem nicht benötigten Geld. Die Hälfte des nicht verwendeten Geldes unterliegt der Vergänglichkeit und wandert wieder zurück. Im Folgejahr verliert es weitere fünfzig Prozent seines Wertes, sofern es nicht verbraucht wurde. Und so weiter, und so weiter. Dadurch ist der Anreiz verloren, Geld anzuhäufen, was zu einem Ungleichgewicht führen würde. Wie du siehst, bietet die Natur für alles eine Lösung."

„Ja, aber wie ist es, wenn jemand mehr Geld benötigt, weil er vielleicht ein Haus bauen oder einen Betrieb gründen möchte? Dazu braucht er doch Geld. Mit eurem System wird das jedoch keinem möglich sein, denn er kann ja nichts ansparen, um sich das zu leisten."

„Selbstverständlich kann man sich erfüllen, wozu man sich berufen fühlt. Wir denken nur anders als bisher. Bei euch muss jemand, der eine größere Investition tätigen möchte, zur Bank gehen und einen Kreditvertrag abschließen, wodurch dann das Geld entsteht, das es gar nicht gibt. Dazu kommen zusätzlich saftige Zinsen, die die Mächtigen in ihre Tasche stecken. Bei uns gibt es keine Bankhäuser mehr, denn jeder hat die Möglichkeit das Geld, das er im Laufe eines Jahres nicht benötigte, einem anderen zu verleihen, wodurch es dem Prozess der Vergänglichkeit entzogen ist. Wenn der Kreditnehmer das Geld wieder zurückgibt, braucht er dementsprechend auch keine Zinsen zu bezahlen. Weil das Geld des Kreditgebers in diesem Zeitraum nicht der Vergänglichkeit unterlag, was es halbiert hätte, profitierte er von seiner Kreditvergabe und bekommt es dankend wieder zurück. Das ist eine klassische Win-win-Situation. Denn jeder hat einen Nutzen daraus ziehen können. Dem einen stand für einen gewissen Zeitraum mehr Geld zur Verfügung, als er selbst einbringen konnte, der andere hat es vor der Vergänglichkeit bewahrt. Ganz nach dem Vorbild der Natur trachtet keiner nach seinem eigenen Vorteil, alles ist in Synergie."

Ich war wirklich beeindruckt, auch wenn ich schon wieder meine Zweifel hegte ob der tatsächlichen Umsetzung. Konnte das wirklich funktionieren? Doch anscheinend tat es das hier auf Atlemuris.

„Ich weiß gar nicht, was ich sagen soll. Ihr seid echt zu bewundern, dass ihr es geschafft habt aus dem alten, verzwickten System auszutreten. Ich wünschte, auch bei uns könnte das Geld seine Macht verlieren. Doch wir beten es an wie einen Götzen."

Esmeralda, die die ganze Zeit mit einem Grinsen im Gesicht aufmerksam zugehört hatte, meldete sich nun auch zu Wort. Sie legte ihre Hand auf Altasars Arm, um ihm das Signal zu geben, dass sie etwas dazu sagen wollte.

„Es darf im Leben niemals ums Geld gehen. Geld ist nur ein Werkzeug für ein unkompliziertes Zusammenleben. Solange es für euch jedoch das wichtigste Gut darstellt, werdet ihr niemals das leben können, was ihr wirklich seid. Der wahre Wesenskern bleibt jedem Einzelnen so lange verborgen, bis er die Angst um den Mangel abgelegt hat. Wie es sein kann, wenn dies geschieht, siehst du auf Atlemuris. Die Menschen sind füreinander da, denn jeder hat genügend zum Leben, sodass er seine Zeit nur mit den Aufgaben verbringt, die er gerne tut."

„Aber wie soll das funktionieren? Wenn nun alle das Gleiche tun wollen, wie kann dann ein sinnvolles Zusammenspiel entstehen? Wenn sich jeder nur die schönen Dinge des Lebens aussucht, wer erfüllt dann die weniger schönen Aufgaben?"

Esmeralda begann plötzlich laut zu lachen und verzog dabei ihr Gesicht, dass ihre abgenutzten Zähne zum Vorschein kamen. Das steckte alle anderen an, und auch ich konnte mir ein Schmunzeln nicht verbergen. Als sie sich wieder beruhigt hatte, meinte sie: „Wer entscheidet denn, welches die schönen und welches die unliebsamen Arbeiten sind? Jeder Mensch ist aufgrund seines Wesenskerns anders, weswegen auch die Sehnsüchte und Herzenswünsche ganz individuell sind. Was der eine als absolute Erfüllung empfindet, ist für den anderen die größte Strafe. Darum wird deine Befürchtung nicht eintreten, vorausgesetzt, die Gesellschaft legt nicht fest, was gut und was schlecht ist."

„So ist es", übernahm nun Altasar wieder das Wort, „und damit gibt Esmeralda mir das Stichwort, wie auch ihr es schaffen könnt, euer System und dadurch euer Leben zu ändern. Der Wandel, der euch allen bevorsteht, ist nicht mehr aufzuhalten. Alle Zeichen sprechen dafür, dass es eine Veränderung auf der ganzen Welt geben wird. Die stetig steigende Schwingungserhöhung sorgt dafür, dass immer mehr Menschen aufwachen. Sie wollen einen Umbruch, doch sie können nicht definieren, in welche Richtung es gehen soll. Weil ihr Verstand auf diese Fragen keine Antwort kennt, fühlen sie sich ohnmächtig. Würden sie nicht fragen, ‚wie' das gehen soll, sondern ihr Herz sprechen lassen und fragen: ‚Warum ist mir die Veränderung so wichtig?', dann würden sie den Ausweg aus ihrem Hamsterrad finden. Die Mächtigen wissen durchaus, dass sich ihre Aufgabe, den Gegenpol zum Rest der Menschheit aufrechtzuerhalten, dem Ende entgegenneigt. Doch genau wie ihr, fragen auch sie ihren Verstand, ‚wie' sie es anstellen können, ihre scheinbar angenehmere Position zu verteidigen. Doch die Frage danach, ‚warum' es auch für sie an der Zeit ist, ihre selbstkreierte Macht wieder abzugeben, würde sie daran erinnern, dass alles dem Gesetz der Vergänglichkeit unterliegt. Denn je höher man in der Karriereleiter gestiegen ist, umso tiefer fällt man. Diese Angst lässt sie Dinge tun, die euch zu Sklaven machen, weil sie damit scheinbar alles unter Kontrolle behalten. Und ihr spielt fleißig mit und erschafft genau die Welt, die ihr fühlt.

Die Welt, so wie ihr sie seht, ist ein Spiegelbild eures Selbst. Jeder findet im Außen genau das, was er in sich fühlt, denn ihr alle habt das mit euren Gefühlen erschaffen. Du wirst zu dem, was du am meisten fühlst."

Bestürzt schaute ich Altasar an. „Aber das kann doch nicht sein, die Welt ist manchmal so ungerecht. Die Mächtigen nutzen uns aus und ich fühle mich im System machtlos gefangen. Das habe ich doch nicht selbst so erschaffen. Das möchte ich doch gar nicht. Es ärgert mich sogar, dass es so ist. Wie also, bitte schön, kann das ein Spiegel meiner Selbst sein!"

„Ich sehe schon, du hast das Resonanzgesetz noch nicht verstanden. Du hast immer zwei Möglichkeiten, auf das, was im Außen geschieht, zu reagieren. Entweder nimmst du lediglich zur Kenntnis, was gerade geschieht, ohne dass es dich belastet und ein negatives Gefühl in dir auslöst. Oder du regst dich darüber auf, findest es ungerecht und fühlst dich machtlos und ausgenützt, wie du eben sagtest. Dadurch gehst du beide Male mit dem Geschehen in Resonanz. Und jedes Mal spiegelt es dein inneres Empfinden, deine Gefühle wider.

Im ersten Fall bist du in deinem inneren Gleichgewicht. Du hast erkannt, dass nur du etwas ändern kannst und deswegen keinem anderen die Schuld zu geben brauchst. Du sprichst dir allein die Macht zu, dein Leben zu gestalten, du lässt dich von niemandem ausnützen und bist in deiner Selbstliebe. Deswegen ist für dich auch niemals etwas ungerecht, denn du weißt, dass du an der Entstehung beteiligt warst. Im zweiten Fall solltest du dich fragen: Warum mache ich mich so klein und machtlos, wo ich doch der Schöpfer meines Lebens bin? Warum lasse ich es zu, dass mich mein Verstand so sehr ausnützt, dass ich manchmal fast nicht mehr in der Lage bin, mein Leben selbst in die Hand zu nehmen? Und warum bin ich meinem Seelenplan gegenüber oft so ungerecht und höre nicht auf meine innere Stimme, die mir zeigt, was meine Sehnsüchte und Herzenswünsche sind.

Das alles zusammen ist es, was dich so unzufrieden macht, dass du alle anderen dafür verurteilst, nur weil du nicht in der Lage bist, selbst etwas zu verändern. Du möchtest, dass die Mächtigen den Anfang machen, doch das wird niemals geschehen, denn sie gehen nur mit dem in Resonanz, was du aussendest. Dabei ist es egal, wer den ersten Stein geworfen hat. Ob nun zuerst das falsche Geldspiel da war oder eure Gedanken und daraus resultierend eure Gefühle, ist gleichgültig. Die Ergebnisse sind eindeutig. Und ihr kommt aus diesem Spiel erst wieder heraus, wenn ihr selbst die Veränderung in euch zulasst."

„Ich verstehe, was du mir damit sagen möchtest, doch wenn nur ich mich ändere, was kann das schon ausrichten? In meinem Umfeld kenne ich zu wenige, die mir überhaupt zuhören würden. Wie also, bitte schön, sollte da jemals eine Veränderung geschehen können? Dazu braucht es doch viele, viele Menschen."

33

DIE KRAFT DES LICHTS

„Zeige den Menschen durch deine Worte und dein Handeln,
wie das Leben wirklich funktioniert,
sodass die Liebe wieder den Weg unter die Menschheit findet."

Würden wir jemals gegen diese Übermacht eine reelle Chance haben? Das machte mir Angst und ich wollte, ich hätte all dies nie erfahren, denn nun belasteten mich noch mehr Dinge als zuvor. Dachte ich bisher, nur meine eigene Baustelle in den Griff bekommen zu müssen, so zeigte sich mir nun, dass ich meine innere Unordnung auch äußeren Kräften verdankte, die ich wohl selbst mitverursacht hatte. Das wurde mir alles zu viel und ich wusste gar nicht mehr, wo ich denn nun damit beginnen sollte, Ordnung und Struktur aufzubauen. Zu all dem sah ich keinen Sinn darin, an mir selbst etwas zu ändern, wenn doch Millionen von Menschen weitermachten wie bisher. Ich wollte nicht wie Eddy enden, der für mein Empfinden gegen Windmühlen kämpfte.

„Weißt du", meinte Fatima sanft, „es liegt in der Natur des Menschen, bei Widerständen den Kopf in den Sand zu stecken und lieber wegzusehen, als sich aktiv an einer Veränderung zu beteiligen. Unser Verstandesmännchen hat uns oft genug erfolgreich weisgemacht, dass das Ganze ein aussichtsloses Unterfangen ist. Deswegen konnte es ja in der Geschichte der Menschheit auch so weit kommen, dass wir heute an diesem drastischen Wendepunkt stehen.

Darum gilt es nun, die riesigen neuronalen Autobahnen in unserem Gehirn auszuhungern. Wenn wir jedoch wieder vor unserer Verantwortung davonlaufen, dann kann das Ganze tatsächlich in eine Katastrophe münden. Der 21.12.2012 wurde von vielen Menschen als das Datum angesehen, an dem der Weltuntergang stattfinden sollte. Wie wir inzwischen wissen, markierte dieses Datum nur das Ende eines Zyklus und gleichzeitig den Beginn eines neuen. Die seit diesem Datum immer stärker ansteigende Schwingung ist der Auslöser für die nun entstehende Veränderung. Sie rüttelt an allen Menschen und gibt ihnen die Chance, jetzt hinzuschauen, zu erkennen, was geschieht, um aufzuwachen und zu begreifen, dass jeder Einzelne aufgefordert ist an der Veränderung aktiv teilzunehmen. Wenn wir dies nicht schaffen, so kann der 21.12.2012 in der Tat die Befürchtung eines Weltunterganges wahr werden lassen. Du brauchst jedoch keine Angst zu haben, denn die Zeichen stehen gut, dass sich alles zum Positiven verändert. Wir haben dir nicht gezeigt, was um dich herum geschieht, um dich einzuschüchtern. Unsere Aufgabe bestand darin, dir verständlich zu machen, wie alles funktioniert und zusammenhängt. Doch das solltest du uns nun nicht einfach nur glauben, denn sonst kommt morgen jemand, der dir etwas anderes erzählt und dann glaubst du ihm. Glaube heißt ja bekanntlich nicht zu wissen. So gehen die Mächtigen vor, indem sie dich durch ihre Medien etwas glauben machen, ohne dir ein Wissen zu vermitteln, das dich auch verstehen lässt.

Erinnerst du dich noch daran, wie ich dir ganz zu Beginn sagte, dass die Wahrheit etwas ist, an das zu glauben, du dich entschieden hast, weil es für dich stimmig ist? Wenn du künftig aus deinem Herzen heraus handelst, kann dir keiner mehr etwas vormachen."

Altasar nickte zustimmend und ergänzte: „Für eine Veränderung braucht es gar nicht so viele Menschen, wie du denkst. Die Seelen, die sich der scheinbar negativen Seite verschrieben haben, sind nur wenige. Dagegen ist der Rest der Erdbevölkerung in der großen Überzahl. In ihnen allen wohnen Seelen, die hierhergekommen sind, um ein Leben zu führen, das ihnen ermöglicht, die Erfahrungen zu machen, die sie sich vorgenommen haben. Sie werden zwar bis jetzt noch von den zehn Prozent der Eliteseelen manipuliert, doch braucht es nur zehn Prozent erwachte Seelen, um ein Gleichgewicht herzustellen – und schon sind die Karten neu gemischt. Dann geht es ganz schnell. Man nennt dies exponentielles Wachstum. Ist das Gleichgewicht erst einmal zugunsten der positiven Veränderung überschritten, geschieht ein Phänomen, wie es Naturwissenschaftler an einem Affenstamm beobachtet haben:

Auf einer Insel lebte ein großer Affenstamm, der sich von Süßkartoffeln ernährte. Eines Tages fand eine Affenmutter heraus, dass die Kartoffeln besser schmecken, wenn man sie vor dem Verspeisen an den Fluss trug, um sie zu waschen. Danach knirschte die staubige Erde nicht mehr zwischen den Zähnen und die Frucht hatte ein besseres Aroma. Die Affenmutter nahm von nun an ihre Kinder mit an den Fluss, um ihnen ihre Entdeckung beizubringen. Der Affenvater war zunächst skeptisch, denn er kannte diese Vorgehensweise nicht. Doch bereits nach wenigen Tagen probierte er es ebenfalls aus und fand es durchaus akzeptabel. Daraufhin stellte auch er seine Gewohnheit um. Schon bald sprach sich die Neuigkeit auf der ganzen Insel herum, sodass die Wissenschaftler alle Affen am Fluss beim Waschen der Kartoffeln beobachten konnten. Das Erstaunliche dabei war die Beobachtung, dass kurz nach dem Umgewöhnen der Tiere ein Affenstamm auf der Nachbarinsel mehrere Kilometer entfernt ebenfalls seine Kartoffeln vor dem Verzehr wusch." „Wie ist das möglich", fragte ich völlig erstaunt. „Wie konnten sie das Verhalten über diese Distanz kommunizieren?"

„Das hat mit der Energie zu tun, die durch das neue Verhalten der Affen der ersten Insel freigesetzt wurde. Alle unsere Glaubenssätze senden eine Schwingung aus, die sofort in ein Feld, das uns alle umgibt, übermittelt werden. Es heißt morphogenetisches Feld. In ihm sind alle Informationen, die jemals ausgesendet wurden, gespeichert. Im Falle der Affen war es vermutlich das angenehmere Geschmackserlebnis beim Verzehr der Kartoffeln. Da nun eine große Anzahl dasselbe Gefühl aussendete, entstand in diesem Feld eine Schwingung, die so stark war, dass plötzlich die Affen der anderen Insel automatisch mit dieser Information in Resonanz gingen. Bei dieser Beobachtung spricht man auch von dem ‚hundertsten Affen'. Solange es nur wenige sind, die etwas Neues tun, ist die Schwingung um neue Gewohnheiten in einer Gesellschaft zu etablieren, zu gering, als dass alle anderen mit ihr in Resonanz gehen können. Nachdem jedoch der hundertste Affe dasselbe tat wie die anderen neunundneunzig, war die Energie im morphogenetischen Feld groß genug, um eine neue Programmierung zu installieren. So machten automatisch alle Affen dasselbe, weil sie einfach wussten, dass man das so macht. So gesehen, verhält sich das morphogenetische Feld bei der Entstehung von kollektiven Glaubenssätzen genauso wie das Gehirn bei der Erstellung von neuronalen Datenautobahnen. Wenn sie von vielen Menschen ausgesendet werden und in ihrer Intensität und Dauer stark genug sind, werden sie zu unumstößlichen Gewohnheiten, sodass etwas unbewusst einfach in das eigene Leben tritt."

„Und du meinst, wir werden, bildlich gesprochen, diese ‚hundert Affen' zusammenbekommen, um eine Veränderung zu bewirken?"

„Das hängt ganz davon ab, wann die Menschen endlich bereit sind aufzuwachen und wem sie dann ihre Energie geben. Entscheiden sie sich dafür, sich über das Weltgeschehen aufzuregen und dagegen anzukämpfen, dann senden sie viel Energie in das morphogenetische Feld, welches die manipulativen Machenschaften unterstützt. Sind sie sich jedoch bewusst, dass sie damit keine Veränderung, sondern eine Verstärkung der Situation herbeiführen, dann entscheiden sie sich für den entgegengesetzten Weg."

„Und der wäre?", fragte ich neugierig.

„Weil alles, worauf wir unsere Aufmerksamkeit richten, wachsen und gedeihen kann, liegt die Lösung darin, dieses Werkzeug sinnvoll zu nutzen. Deine alten Gewohnheiten hungerst du aus, indem du dich von nun an auf deine neuen Überzeugungen ausrichtest. Den alten schenkst du keine Aufmerksamkeit mehr, wodurch sie irgendwann automatisch verschwinden. Das heißt nicht, dass sie nicht mehr da sind, doch sie haben keine Macht mehr über dich."

„Ah, ich verstehe. Du meinst, wenn ich die Augen schließe und nicht mehr hinschaue, was um mich herum geschieht, dann werde ich auch nicht beeinflusst und kann keine negativen Gefühle aufbauen und aussenden."

„Nein, so habe ich das nicht gemeint. Wenn du das tust, dann bekommst du nur nicht mit, wie du weiterhin manipuliert wirst. Aber genau deswegen haben wir dir das alles erzählt. Denn nun, da du ihre Strategie kennst, die nämlich darauf abzielt, dass du ihnen deine Energie gibst, wodurch sie immer mächtiger werden, kannst du erst die richtige Gegenmaßnahme einleiten. Deswegen betrachte ruhig aus deinem neuen Blickwinkel die Situation. Doch rege dich nicht darüber auf, was sie alles tun, sondern sei erstaunt darüber, was ihnen wieder einfällt, nur um an deine Energien zu kommen."

„Ja, und wie gehe ich mit dem Wissen um? Die Kenntnis darüber, dass sie mit ihren Angriffen an meine Energie gelangen möchten, ändert doch nichts an dieser Tatsache, oder?"

„Nein, da hast du vollkommen recht. Es geht ihnen auch nicht alleine darum, dass sie dir deine Energie entziehen, um sich von ihr zu nähren. Sie möchten nicht, dass du deine Schwingung und damit deine Energie erhöhst, weil sie genau wissen, dass du dann erwachst und erkennst, wer du wirklich bist: ein göttliches Wesen, das so machtvoll ist, dass es alles erschaffen kann, was es nur möchte. Schließlich hast du mit allen anderen zusammen ja auch die Situation erschaffen, in der ihr euch noch befindet. Warum also soll es dann nicht ebenso möglich sein, genau das Gegenteil zu kreieren: statt eines Lebens in Abhängigkeit und Hilflosigkeit, ein Leben in Selbstständigkeit und voller Schöpferkraft zu führen. Und genau davor haben sie Angst. Sie befürchten, dass diese Eigenschaften von den Menschen erkannt und gelebt werden, denn dann wären sie quasi arbeitslos. Keine Aufgabe zu haben, ist für viele Arbeitslose eine schlimme Situation und auch die Mächtigen können ohne Aufgabe nicht sein. Sie sehen jedoch ihre Arbeit als das Einzige an, das sie glücklich macht. Das viele Geld, das sie dabei verdienen und niemals im Leben ausgeben können, ist ihnen dabei gar nicht so wichtig. Es ist die Besessenheit zu arbeiten und damit erfolgreich zu sein. Die Macht steht bei ihnen im Vordergrund. Sie haben verlernt, die Liebe zu spüren. Sie ist die Schwingung, aus der wir alle bestehen. Sie ist die Energie, aus der uns die Quelle erschaffen hat, indem sie sich teilte. Wir alle ernähren uns von ihr, wenn wir sie wiedergefunden haben. Doch wenn man sich verlaufen hat, dann müssen andere Dinge für einen Ausgleich sorgen. Macht sehen diese Menschen als eine geeignete Kompensation an. Doch in Wahrheit ist sie nur eine Erfindung des Bewusstseins, um sich nicht daran zu erinnern, wer man wirklich ist."

„Wie darf ich das verstehen? Was erfindet das Bewusstsein?"

„Um das zu verstehen, müssen wir wieder an den Anfang deines Lebens zurückgehen. Dort warst du während der ersten sechs Lebensjahre mit deiner Seele verbunden. Das heißt, du wusstest noch genau, wer du in Wahrheit bist. Doch mit der Entwicklung deines Verstandes vergaßest du dies jeden Tag ein Stückchen mehr. Das ist im Spiel zunächst auch so beabsichtigt, denn wenn du genau wüsstest, welche Macht du besitzt, dann könntest du die Polarität mit allen Facetten nicht erfahren. Doch irgendwann kommt der Punkt in deinem Leben, wo du so viele Erfahrungen gesammelt hast, dass du dich nach dem Sinn fragst, weshalb dir das alles widerfahren ist. Das ist die Zeit in der du dich auf einmal mit den Dingen, die du von Mary und Samuel, aber auch von uns erfahren hast, beschäftigen möchtest. Deine Seele ist nun bereit, wieder die Führung für dein Leben zu übernehmen. Wenn du diese Gelegenheit wahrnimmst, dann kann dein Leben angenehm, freudvoll und voller Liebe sein. Verpasst du jedoch diesen Zeitpunkt, weil dein Verstandesmännchen nicht arbeitslos werden möchte und dir permanent einredet, dass du dich auf seine Argumente einlassen sollst, dann geschieht bei dir dasselbe wie bei den Mächtigen: Du findest den Ausgang aus dem Hamsterrad nicht. Und genau das ist bei den meisten Menschen auf der Erde der Fall. Ob arm oder reich, wir alle sind aufgefordert, unser wahres Sein wiederzufinden und damit in der Polarität zu leben. Was nun geschieht, ermöglicht uns völlig neue Spielregeln. Du erkennst, dass Polarität und Dualität nicht dasselbe sind."

„Aber ist es das denn nicht? Ich dachte immer, es braucht von allem zwei Seiten, um etwas zu definieren? Worin soll also der Unterschied liegen?"

„Die Polarität ist Bestandteil unserer Spielbedingungen, damit wir auf der Erde durch viele unterschiedliche Ausdrucksformen Erfahrungen machen können. Du hast also immer die Wahl, nach links oder nach rechts-, aber auch nach oben oder nach unten zu gehen, um nur zwei Beispiele der Polarität zu nennen. Egal in welche Richtung du dich bewegst, es ist immer der richtige Schritt, um deiner individuellen Wahrheit ein Stück näherzukommen.

Polarität ist also immer das Vorhandensein von zwei wertneutralen Polen. So wie Nordpol und Südpol wichtig sind, um auf unserem Planeten leben zu können, so ist auch das Einatmen und das Ausatmen voneinander abhängig. Ebenso brauchen wir das Weibliche und das Männliche, aber auch den Sommer und den Winter sowie das Licht und die Dunkelheit. Diese Gegensätze sind aufeinander angewiesen, um ein natürliches Gleichgewicht herzustellen. Darum liegt der richtige Weg am Ende einer individuellen, persönlichen Erfahrung immer in der Mitte, so wie auch die sprichwörtliche Wahrheit immer in der Mitte zu finden ist.

Die Dualität scheint im ersten Moment genau dasselbe zu sein. Doch sie unterscheidet sich in einem gravierenden Punkt wesentlich von der Polarität. Während die Polarität völlig wertungsfrei immer vorhanden ist, entsteht die Dualität erst, wenn wir unseren Verstand mit seinem freien Willen einsetzen, um alles zu bewerten. So wird aus der Dunkelheit plötzlich etwas Gefährliches, Böses, das es zu bekämpfen gilt, und das Licht ist etwas, das wir erst erreichen können, wenn wir die Dunkelheit besiegt haben. Mit diesem Verhalten haben wir die letzten paar Tausend Jahre fleißig und in voller Ernsthaftigkeit das Spiel von Gut und Böse, von Macht und Machtlosigkeit sowie von Richtig und Falsch gespielt. Es hat uns immer in unserem Hamsterrad gehalten, nur weil wir diesen kleinen Unterschied zwischen Polarität und Dualität nicht differenziert haben. Doch Dualität spaltet die Polarität in zwei Teile, die alles aus dem Gleichgewicht bringen. Aus dieser Tatsache heraus ist sie auch die Selbstrechtfertigung für die Ungerechtigkeit und das Böse auf der Erde. Denn wenn wir Gut und Böse werten, dann spalten wir in Richtig und Falsch. Da jedoch jeder ein anderes Weltbild besitzt, ist folglich auch für jeden etwas anderes das Richtige, das er mit seinem Verstand zu verteidigen versucht.

Darum beruht alles, was dich manipuliert, um nicht du selbst sein zu können, auf der ungleichmäßigen Verteilung der sich gegenüberliegenden Pole. Diese Tatsache sorgt für das große Leid auf der Erde, nur weil die meisten Menschen eine einseitige Haltung einnehmen, die alles, wirklich alles, aus dem Gleichgewicht bringt.

Die Seelen haben aber nun die Nase voll davon. Sie wollen neue Erfahrungen machen und nicht mehr länger dasselbe alte Spiel spielen. Deswegen kommt nun die Hilfe von außen in Form der Schwingungserhöhung, die uns daran erinnert, was wir uns vorgenommen haben. Das gilt für die Elite genauso wie für die restliche Bevölkerung."

„Glaubst du daran, dass die Elitespezies, so wie du, aufwachen wird und ihr Handeln überdenkt, oder sogar das Geldsystem ändern wird? Also ich kann mir das nicht vorstellen."

„Das sehe ich genauso. Die Mächtigen sind in einer komfortableren Lage, sie leiden keine materielle Not. Deswegen haben sie den längeren Atem. Und sie haben auch verstanden, dass man die Menschen glauben lässt, ihnen gehe es gut. Man gibt ihnen gerade so viel, dass sie die Not nicht spüren. Das bezieht sich aber nur auf die materielle Ebene. Auf Seelenebene ist die Not bereits sehr groß. Viele Menschen leiden an Depressionen und Burnout, weil ihr Leben mit ihrem Seelenplan nicht mehr übereinstimmt. Die Seele setzt eindeutige Zeichen, und durch die Schwingungserhöhung geraten die Menschen nun in eine Zwickmühle. Zuerst werden sie traurig, melancholisch, lustlos, dann depressiv. Doch sie müssen ja funktionieren. So arbeiten sie sich kaputt, bis sie ausgebrannt sind. Jetzt ist der Zusammenbruch da. Und das ist die Chance für die Seele. Denn jetzt, wo der Verstand den Körper in die Knie gezwungen hat, hört er wieder auf seine Intuition. Aber das kann er nur, wenn ihm die Geheimnisse des Lebens bekannt sind. Darum ist es wichtig, dass jeder, der sich wie du wieder erinnert, sein Wissen auch an andere weitergibt. Damit rechnen die Mächtigen jedoch nicht.

Wenn sich das, was du nun weißt, wie ein Lauffeuer herumspricht, dann ist die Veränderung nicht mehr aufzuhalten. Der Mensch ist in der größten Not bereit, sich an jeden Strohhalm zu klammern, der ihm Hilfe verspricht. Die Medikamente, die dafür entwickelt wurden, sind es definitiv nicht, da sie die Menschen nur noch mehr abhängig machen. So entstehen gerade überall Keimzellen, die das Urwissen wieder verbreiten, bis der ‚hundertste Affe' aufsteht und sich nichts mehr vormachen lässt. Dann geht es ganz schnell. Doch bis es so weit ist, sind alle Menschen, die wissen und fühlen, dass eine Veränderung in der Evolution vorgesehen ist, aufgefordert, die noch unbewussten, aber bereits am Erwachenspunkt stehenden Menschen zu erinnern und in ihnen den Gottesfunken zu entzünden, auf dass er hell erstrahlen kann."

„Das wird aber nicht einfach werden, denn die Menschen, die ich kenne, sind meist sehr beratungsresistent. Sie zu bekehren, wird sehr schwer werden, da sie in ihren alten Denkstrukturen so verhaftet sind, dass sie ungern neue Denkweisen zulassen."

„Ja, das ist eben bei allen anderen kein bisschen anders, als bei dir auch", meinte Fatima leicht ironisch. „Erinnere dich immer daran, wie es bei dir war, als du zum ersten Mal mit der Wahrheit konfrontiert wurdest, und wie lange es dauerte, bis du sie akzeptieren und auch in dein Leben integrieren konntest. Manche Dinge gelingen dir heute noch nicht. Deswegen verurteile diese Menschen nicht, nur weil sie nicht schnell genug annehmen, wofür auch du lange gebraucht hast. Doch gib auch nicht auf, wenn sie nicht gleich anspringen. Sei wie der Tropfen, der durch seine Stetigkeit den Stein aushöhlt. Sie sind alle beeinflusst und manipuliert. Das morphogenetische Feld trägt Programmierungen in sich, mit denen sie in Resonanz gehen. Darum ist es eine der wichtigsten Aufgaben der bewussten Menschen, dieses Informationsfeld umzuprogrammieren, wie es die Affen taten."

„Und wie soll das gelingen? Gibt es da etwa einen Trick oder eine Art Virus, der die Umprogrammierung vornimmt, indem er in dieses Feld eingeschleust wird und es infiziert?"

„Das ist ein schöner Vergleich. Um dabei zu bleiben, ist das Virus das aktive und gezielte Nutzen deiner eigenen Macht. Dadurch, dass dir bewusst wird, dass alles nur eine Erfindung deines Verstandes ist, der durch deine Gefühle das morphogenetische Feld mit allen anderen Menschen zusammen programmiert hat, kannst du nun mittels deiner großartigen Schöpferkraft dieses Virus in das System bringen, das eine Umprogrammierung möglich macht, indem er andere Menschen dazu anstiftet, mitzumachen ."

„Und wie soll ich das anstellen?"

„Ziehe deine Aufmerksamkeit von allem ab, was dich daran hindert, du selbst zu sein. Ärgere dich nicht über das, was die Mächtigen mit dir vorhaben. Du darfst dich vielleicht wundern, wie sehr sie um ihre Macht kämpfen. Jedoch gib ihnen keine Energie mehr. Verändere stattdessen deinen persönlichen Lebensfilm, indem du ein neues Drehbuch schreibst. Darin stelle dir mit all deiner Kraft und deinen Gefühlen vor, wie es ist, wenn du deine volle Schöpferkraft annimmst und deine Herzenswünsche lebst. Male dir in den schönsten Bildern aus, wie wundervoll dein Leben ist, wenn du deine wahre Identität annimmst. Kreiere dein Paradies auf Erden. Lenke deine ganze Energie auf diesen Film, indem du ihn vor deinem geistigen Auge abspielst. Es gibt dabei nichts, was nicht möglich wäre. Alles ist möglich, nur dein Verstand hält es für unmöglich, weil er es noch nicht kennt. Mit dieser Übung holst du dir deine Energie aus deinen alten Glaubenssätzen zurück und lässt sie in deinen Körper fließen. Für lange Zeit war sie in den alten Strukturen gefangen, doch nun befreist du sie wieder und nimmst sie in deinen rechtmäßigen Besitz. Spüre, wie dein Körper, wie jede Zelle vibriert, wenn die Energie zu dir zurückfließt. Das ist das Zeichen, dass du auf dem richtigen Weg bist, dem Weg aus der Dunkelheit zurück ins Licht. Machst du diese Übung jedes Mal, wenn du das Gefühl hast, du könntest der Versuchung durch die Verlockung und Manipulation deines Verstandes und der Medien unterliegen, gibst du diesem System keine Chance mehr, an dir zu wachsen. Wenn das viele Menschen tun, dann bekommen die einzelnen Lichtfunken eine solche Kraft, dass sich die Dunkelheit, die uns noch umgibt, augenblicklich erhellt. Bereits die ersten zarten Lichtstrahlen genügen, dass die Finsternis verschwindet."

Alle am Tisch bejahten Fatimas Worte mit einem Kopfnicken. Und ich selbst musste zugeben, dass dies für mich eine denkbare Möglichkeit darstellte, meine gewohnten Muster endlich abzulegen und aus dem alten Spiel auszutreten. Ich wollte es nicht mehr länger mitspielen. Meine Seele hatte mich wohl sanft, aber bestimmt in die richtige Richtung geschubst, sodass ich nun genügend Werkzeuge an der Hand hatte, aus meinem Hamsterrad auszutreten. Ich freute mich schon sehr darauf, was die Zukunft mir bringen würde.

Ich wollte gerade beginnen meinen ersten Film in Gedanken zu drehen, als Altasar sich nochmals zu Wort meldete: „Um die Energie, die durch die Gefühle einer Zukunftsvision entstehen, zu verstärken, nutzen wir hier auf Atlemuris die Kraft der gemeinsamen Meditation. Bevor du kamst, hatten viele auf der Insel an unserer wöchentlichen Gemeinschaftsenergie teilgenommen. Deswegen fandest du uns alle hier versammelt und am Hafen hast du bestimmt auch viele Menschen sitzen sehen. Überall treffen wir uns samstagabends um dieselbe Zeit in Gruppen, um unsere Energien zu bündeln und damit zu verstärken. Schon Jesus tat das und gab die Empfehlung: Wo zwei oder drei in meinem Namen versammelt sind, da bin ich unter ihnen. Immer, wenn viele Menschen zur gleichen Zeit dasselbe fühlen, verstärkt sich diese Energie und wird im morphogenetischen Feld gespeichert, worauf andere mit ihr in Resonanz gehen können. Wenn dies auf der ganzen Welt geschieht, entsteht damit ein neues kollektives Weltbild. Das Bild, das ihr von der Welt habt, wird übrigens täglich auf diese Weise kreiert. Zu jeder vollen Stunde kommen Nachrichten, die euch sagen, wie die Welt draußen aussieht, und Millionen und Abermillionen von Menschen entwickeln Gefühle von Angst, Hass, Hilflosigkeit oder Mitleid, wenn sie die Botschaften hören oder sehen. Ihr bekommt dadurch ein Weltbild, ohne euch die Welt je angeschaut zu haben. Sie bringen euch die Bilder ins Wohnzimmer, damit ihr nicht nachschaut, ob das stimmt, was euch mitgeteilt wird. Somit braucht ihr keinen eigenen Film mehr zu kreieren.

Dadurch wird der Rat, den Jesus den Menschen gab, auch hier vortrefflich ausgeführt, denn die Aussage, dass er mitten unter uns ist, meint die Gesetzmäßigkeit der Resonanz. Je stärker das Gefühl ist, das ausgesendet wird, umso kräftiger ist die Resonanz, die uns zeigt, was wir ausgesendet haben.

Das ist vergleichbar mit einem Echo. Wenn ein in Not geratener Mensch in den Bergen nach Hilfe ruft, ist er kaum zu hören. Schreit jedoch eine ganze Gruppe mit aller Kraft, entsteht ein Echo, das weithin zu hören ist. Die Chance, dass es wahrgenommen wird, ist um ein Vielfaches größer und die Hilfe, die daraufhin geschickt werden kann, verändert die Situation der Hilfesuchenden entscheidend.

Was wir hier auf Atlemuris im Kleinen machen, um dem kollektiven Weltbild ein anderes Gesicht zu geben, ist unsere Hilfe an euch. Wir verändern gemeinsam durch unsere Gefühle in einer Meditation ein kleines Stückchen weit das morphogenetische Feld. Dabei stellen wir uns vor, wie schön das

Leben ist, wenn alle Menschen in Frieden miteinander leben. Wir malen uns aus, wie die Dualität sich langsam aufhebt und der Verstand seine trennenden Gedanken an das Herz und die Intuition abgibt, weil er erkannt hat, dass dadurch das Leben freudvoller und glücklicher wird. Es mag vielleicht für dich noch eine naive, traumtänzerische, unvorstellbare und nutzlose Handlung sein, doch denke immer daran, dass im Unterbewusstsein genau dasselbe jeden Tag durch eure Nachrichten geschieht. Doch leider nur genau entgegengesetzt. Ist dir schon einmal aufgefallen, dass es keine positiven Nachrichten gibt? Wenn ein Flugzeug abstürzt, dann werden immer die vielen Menschen erwähnt, die dabei umgekommen sind. Das ist sicher schlimm, doch man verliert kein einziges Wort darüber, dass an diesem Tag Tausende von Maschinen mit Hunderttausenden von Menschen sicher von A nach B gebracht wurden. Keiner ist dankbar dafür, dass dabei kein Unglück geschah. Das will niemand hören, weil darin kein Stoff enthalten ist, der unsere Sensationslust befriedigen würde. Ihr wollt lieber Nachrichten hören, die in euch Trauer und Betroffenheit hervorrufen und begreift nicht, dass ihr damit genau das jeden Tag eures Lebens erhaltet. Der Spiegel der Gesellschaft zeigt euch, was ihr fühlt. Ihr führt jeden Tag im Kleinen Krieg gegen eure Mitmenschen, indem ihr sie beschimpft und verurteilt, und wundert euch, dass die Elite gegen euch einen ungerechten Krieg führt.

Ihr esst Fleisch von Tieren, die ihr auf unwürdige Weise aufwachsen lasst und qualvoll umbringt, und regt euch darüber auf, dass die Lebensmittel- und die Pharmaindustrie euch mit ihren Produkten langsam und qualvoll dahinsiechen lassen.

Ihr schert euch nicht darum, wie ihr mit der Natur und unserer Mutter Erde umgeht. Ihr raubt sie erbarmungslos aus und tretet sie mit Füßen. Gleichzeitig habt ihr Angst vor ihr, weil sie durch Naturkatastrophen zurückschlägt und euch damit das Leben rauben kann. Ist das nicht paradox? Mach dir darüber mal Gedanken."

Altasais Worte berührten mich sehr, denn er hatte vollkommen recht. Wir halten unser verzerrtes Weltbild durch unser Handeln und die manipulierenden Medien permanent aufrecht, weil wir dadurch automatisch Gefühle aussenden, die uns zu dem machen, was wir fühlen. Die Idee, durch eine Meditation von vielen Menschen zur selben Zeit geballte Gefühle auszusenden, die wir gerne haben möchten, ist ein erster und entscheidender Schritt um einen Umkehrprozess einzuleiten. Zu gerne wäre ich heute Abend dabei gewesen. Aber auch ein Umdenkprozess im täglichen Umgang mit unseren Mitmenschen, den Tieren und unserer Erde ist dringend notwendig.

„Es hat mir so gut bei euch gefallen, dass ich am liebsten hier bleiben möchte. Eure Denkweise, die Lebensform, wie ihr euer Zusammenleben praktiziert, wie ihr miteinander umgeht und die Leichtigkeit, die ihr dabei empfindet, sind für mich so faszinierend, dass ich mir schwertue, wieder in meine Welt zurückzukehren. Was ich bei euch erleben durfte, hat mir so viel Kraft gegeben, dass ich gerade das Gefühl habe, zu schweben. Doch was mich zu Hause erwartet, zieht mich jetzt schon wieder herunter. Warum nur können wir nicht auch so leben wie ihr?"

Esmeralda legte ihr unnachahmliches Lächeln auf, wodurch ich mich gleich wieder ein bisschen glücklicher fühlte. Sie umfasste liebevoll meine Hände und gab mir einige aufmunternden Worte mit auf den Weg.

„Weißt du, die Zeit wird kommen, da die Mehrheit der Menschen begreift, was wirklich im Leben zählt. Sie werden schon bald in großen Gruppen aufstehen und nach einer Veränderung rufen. Das haben sie schon immer getan, wenn es ihnen schlecht ging. Ich bin nun schon so alt, dass ich es mehrfach mitbekommen habe. Doch jedes Mal stellte sich einer vorne hin und begeisterte sie mit einer Rede, die sie das hören ließ, was sie hören wollten, ohne dass sie dabei merkten, wie sie zum Wohle der Elite ausgenutzt wurden. Mit dem Wissen, das du nun hast, wird dies nicht mehr möglich sein. Darum trage du es, wie viele andere auf diesem Planeten, hinaus in die Öffentlichkeit. Zeige den Menschen durch deine Worte und dein Handeln, wie das Leben wirklich funktioniert, und bildet Gruppen, in denen zwei oder drei im Namen der Gesetzmäßigkeiten ein neues Leben vorleben, sodass die Liebe wieder den Weg unter die Menschheit findet. Das ist es, was uns Jesus mit auf den Weg gegeben hat, und wozu wir so lange brauchten, um es zu begreifen. Doch die vielen Keimzellen in der Gesellschaft werden bald eine Explosion auslösen, vor der keiner mehr in Deckung gehen kann. Auch nicht die Mächtigen. Denn wenn erst einmal der ‚hundertste Affe' erwacht ist, dann ist die Veränderung nicht mehr aufzuhalten. Vielleicht bist du genau dieser Affe, der das Schicksalsrad zum Stehen bringt und etwas auslöst, das die Welt verändert. Das Paradies ist nicht im Himmel, sondern auf Erden, doch wir haben es uns selbst zur Hölle gemacht. Durch unseren freien Willen, der so stark ist, dass er selbst das Resonanzgesetz außer Kraft setzen kann, haben wir aus der wertneutralen Polarität eine gespaltene Dualität geschaffen. Durch dieses Handeln formten wir aus der Harmonie des Gartens Eden eine Welt der Disharmonie, des Leides und der Angst, die alles aus dem Gleichgewicht gebracht hat. Und weil wir eine solch große Schöpferkraft besitzen, dass wir dies kreieren konnten, weiß ich, dass die Kraft in uns allen wohnt, es wieder in ein Paradies zurückzuverwandeln. Atlemuris ist dabei nur eine Möglichkeit, welche dir den Weg weisen möchte."

34

DER LETZTE
TAGEBUCHEINTRAG

*„Immer dann, wenn aus einem Erlebnis oder einer Erfahrung
eine Erkenntnis wird, ist das ein Zeichen dafür,
dass du deinen Seelenweg gehst."*

Das leise Rauschen der Flugzeugmotoren ließ mich zur Ruhe kommen.
Die letzten Stunden auf Atlemuris waren sehr bewegend gewesen.
Wir saßen noch die halbe Nacht lang zusammen und diskutierten über die
momentane gesellschaftliche Situation. Früher hätte ich laut rebelliert und
Schuldige für unsere politische und wirtschaftliche Misere gesucht. Doch
mir wurde in den Gesprächen bewusst, dass wir alle zusammen genau diese Situation verdienten, weil wir sie mit unseren Emotionen und dem sich
daraus ergebenden Handeln erschaffen hatten und jeden Tag neu erschufen.
Zuerst wehrte ich mich, als Altasar dies ganz provokativ zu mir sagte, denn
ich glaubte, dass ich nicht dazugehörte, da ich mich an keinen Handlungen beteiligte. Ich nahm an keinen Demonstrationen für oder gegen etwas
teil und ich wirkte auch bei keinen Stammtischparolen mit. Ich regte mich
nicht auf, wenn wieder irgendwelche Geschehnisse oder Beschlüsse in den
Medien verkündet wurden. Ich ging auch nicht mehr zu einer Wahl, bei
der das Regierungsoberhaupt gewählt wurde. Es ging sogar schon so weit,
dass ich nicht einmal mehr wählerisch war, was meinen Arbeitsplatz, meine
Wohnung und mein Aussehen anging. Ich fand mich damit ab, dass ich den
Platz auf der Verliererseite in der Polarität des Lebens eingenommen hatte.
Doch wer darauf verzichtete, zu wählen, der verzichtete in Wahrheit darauf,
das Leben zu wählen, das er ersehnte. Das hatte ich in diesen zwei Wochen

begriffen. All die lieben Menschen, die ich auf Atlemuris kennenlernen durfte, hatten mir dabei geholfen zu erkennen, was mich daran hinderte, meinen Seelenweg wiederzufinden. Schon lange sehnte ich mich danach. Dabei erinnerte ich mich an Fatimas Worte auf meine Frage, woher ich eigentlich weiß, wann ich meinem Seeleplan folge. Sie gab mir zur Antwort: Immer dann, wenn aus einem Erlebnis oder einer Erfahrung eine Erkenntnis wird, ist das ein Zeichen dafür, dass du deinen Seelenweg gehst. Am schnellsten kommst du auf ihm jedoch voran, wenn du auch nach dieser Erkenntnis handelst. Das Handeln war mein großer Knackpunkt. Doch dank der fünf Schritte konnte ich nun meine Gewohnheiten umstellen und ins Handeln kommen. Ganz bestimmt würde ich jedoch künftig mehr Menschen davon erzählen, was wir alle vor langer Zeit vergaßen. Ich hatte keine Hemmungen mehr, meine Freunde, Bekannten und Verwandten darüber aufzuklären, da mir nun bewusst war, dass ich damit nur den Funken in ihnen entzündete, wodurch sie wieder erkannten, wer sie wirklich waren. Ich begriff, dass jeder seine Zeit brauchte, um dem Verstand die Macht zu entziehen und stattdessen künftig die Führung der eigenen Intuition und der Seele zu übergeben. Mir wurde klar, dass jeder Erwachte auf seine Weise einen Teil dazu beitragen durfte, um so schnell wie möglich den ‚hundertsten Affen‘ zu erwecken. Bei allem, was wir bereits uns selbst, aber auch Mutter Erde und allen anderen Wesen durch unseren freien Willen angetan hatten, war dringender Handlungsbedarf gefordert. Wenn wir das Spiel noch länger auf diese Weise spielten, würden wir uns vermutlich unseres Spielfeldes entledigen und das Experiment Mensch wäre wieder einmal gescheitert. Immer war es der freie Wille und die vermeintliche Intelligenz gewesen, die uns daran hinderte über die Ziellinie zu gehen. Zwar gab es einige, die uns davor gewarnt hatten, doch wir glaubten ihnen nicht, sondern sahen uns von ihnen bedroht und nagelten sie lieber ans Kreuz, verbrannten sie auf Scheiterhaufen oder sperrten sie ein. Diese Zeiten waren Gott sei Dank vorbei. Die Angst davor, die Wahrheit auszusprechen und dafür verurteilt oder gar bestraft zu werden, gab es nun nicht mehr. Die Hilfe von außen war zu stark, als dass sich die Geschichte noch einmal wiederholen konnte. So wollte auch ich in Zukunft meinen Teil dazu beitragen, dass die Menschheit aufwacht, um ein neues Spiel zu spielen. Ein Spiel mit neuen Erfahrungen, die wir bisher noch nie erleben konnten und die uns ganz neue Erkenntnisse bescheren würden. Ich war schon mächtig gespannt darauf, was die Zukunft uns bringen würde.

Doch erst einmal durfte ich bewusst die Gegenwart leben, denn die Zukunft entstand aus unseren Gefühlen, die wir in diesem Moment aussendeten. „Du wirst zu dem, was du die meiste Zeit fühlst." Wenn jeder diese wahren Worte zum Leitsatz in seinem Leben machte, dann könnten wir es schaffen.

Die Worte, die Fatima mir bei meiner Abreise mit auf den Weg gegeben hatte, würden mir wohl immer im Kopf verbleiben: „Du gehst nun mit einem vollen Werkzeugkoffer nach Hause. Darin findest du alles, was du brauchst, um in deinem Leben künftig dauerhaft Glück, Freude, Harmonie, Freiheit und Liebe zu erfahren. Stell ihn daheim nicht in die Ecke, sondern benutze ihn jeden Tag. Denn du weißt ja nun, dass es nicht das Wissen allein ist, das die ersehnte Veränderung bewirkt, sondern dass der gewünschte Erfolg erst durch das permanente Handeln eintritt."

So schlug ich voller Zuversicht mein Tagebuch auf, um meine letzten Eintragungen zu machen. Immer wenn ich merkte, dass ich mich verlaufen hatte, wollte ich darin lesen, um mich wieder zu erinnern, was ich mir vorgenommen hatte und wie ich es erreichen konnte. Diese wichtigen Worte sollten mich von nun an ein Leben lang begleiten.

Als ich die letzten Zeilen geschrieben hatte, blätterte ich auf die erste Seite zurück und begann alles noch einmal aufmerksam zu lesen.

Wie ich meine Herzenswünsche manifestiere, um ein Leben in Freude, Liebe und Gesundheit zu führen.

Baue ein Fundament unter dein Gebäude des Wissens. Es sollte immer so tief sein, wie das Gebäude hoch ist, damit es künftig nicht mehr einstürzen kann.

Der erste Schritt dazu ist, auf die Menschen zu hören, die einmal dort waren, wo ich gerade stehe, und die heute dort sind, wo ich gerne hinmöchte. Denn nur sie kennen den Weg, die anderen sagen nur ihre Meinung, ohne den Weg je gegangen zu sein.

Möglichkeiten, an dieses Wissen zu gelangen, sind:
a. das persönliche Gespräch mit diesen Menschen
b. Bücher, Hörbücher, Vorträge über Biografien solcher Menschen

Der zweite Schritt ist, das in Schritt eins Erfahrene konsequent in mein Leben zu integrieren. Das Kontrollinstrument für meine zielgerechte Umsetzung ist der Lernindex. Über die ehrliche persönliche Einschätzung mittels Punktevergabe von 1 bis 10 (1 = niedrig, 10 = hoch) errechnet er sich durch folgende Formel:

Wissen x Umsetzen = Lernindex
10 x 10 = 100

Wobei ein Lernindex von 100 anzustreben ist.

Im dritten Schritt erhöhe ich meine Motivation, um das erlangte Wissen dauerhaft in mein Leben zu integrieren. Dazu ist die richtige prozentuale Verteilung der Fragen „Wie?" und „Warum?" entscheidend.

Fünf Prozent „Wie":
Das sind die nüchternen Fakten, denen nur geringe Bedeutung geschenkt wird. Denn nach ihnen verlangt hauptsächlich mein Verstandesmännchen. Es sind Fragen, die von Angst begleitet sind. Darum hindern sie mich meistens an der Umsetzung.

Typische Fragen sind:
Wie soll das nur gehen? Wie soll ich das nur jemals umsetzen können? Wie soll ich das Geld dafür aufbringen?

Fünfundneunzig Prozent „Warum":
In allen Fragen, die mit „Warum" beginnen, finde ich unter anderem mein verloren gegangenes inneres Kind mit seinen Träumen, Sehnsüchten und Herzenswünschen. Sie sind der Ruf meiner Seele, wieder auf meinen Weg zu finden. Ich habe sie durch das Tor des Vergessens (Erziehung und Erlebnisse maßgeblich der ersten sechs Lebensjahre) in den Hintergrund gedrängt. Die Beantwortung dieser Fragen zeigen mir den Weg.

Typische Fragen sind:
Warum mache ich das? Warum will ich das unbedingt? Warum werde ich das Gefühl nicht los? Warum drängt es mich, dies zu tun?

Die Antworten darauf sind die wahre Motivation, etwas zu tun, weswegen ich den oft unbequemen nächsten Schritt unbedingt gehen sollte.

Der vierte Schritt:
Um meine bisherigen Gewohnheiten und Glaubenssätze, die ich nicht mehr benötige, dauerhaft durch neue zu ersetzen, sind die ersten drei Schritte von großem Nutzen. Die entstandenen Datenautobahnen oder neuronalen Verbindungen, wie man auch dazu sagt, hungere ich aus, indem ich meine neuen Glaubenssätze sooft wie möglich konsequent lebe. (Beispiel Autofahren lernen) Folgende vier Stufen der Entwicklung sind dabei zu beobachten.

1. Stufe:
Unbewusste Unwissenheit.
Bedeutet: Ich weiß nicht, was ich noch nicht weiß.
Es sind keine neuronalen Verbindungen vorhanden.
2. Stufe:
Bewusste Unwissenheit.
Bedeutet: Ich weiß, was ich noch nicht weiß.
Es sind winzige neuronale Verbindungen entstanden.

3. Stufe:
Bewusstes Wissen.
Bedeutet: Ich weiß, was ich weiß.
Es sind dünne neuronale Verbindungen vorhanden.

4. Stufe:
Unbewusstes Wissen.
Bedeutet: Ich mache automatisch, was ich weiß.
Es sind dicke neuronale Verbindungen installiert.

Erst das Erreichen der vierten Stufe führt zu einer dauerhaften Datenautobahn und damit zu einer neuen Gewohnheit, die für immer in meinem Leben verbleibt und es damit garantiert verändert.

Der fünfte Schritt:
Befolge die ersten vier Schritte jeden Tag. Denn nur dann wird sich auch tatsächlich etwas verändern!

Erst das Erreichen der vierten Stufe führt zu einer dauerhaften
Datenautobahn und damit zu einer neuen Gewohnheit, die für immer
in meinem Leben verbleibt und es damit garantiert verändert.

Was mich daran hindert, die vier Schritte zu gehen:
Fünfundneunzig Prozent dessen, was um mich herum stattfindet, nehme ich mit
dem Unterbewusstsein, den sechs Sinnen (Sehen, Hören, Gleichgewicht, Fühlen,
Schmecken und Riechen) wahr, nur fünf Prozent bewusst.
Das ist zum einen ein Schutzmechanismus, damit ich von den vielen Eindrücken und Gefühlen nicht wahnsinnig werde, weil es zu einer Reizüberflutung kommen würde. Zum anderen ist dieser Mechanismus wie ein gewaltiges Virus, das meinen Lebensplan stört und manchmal auch sabotiert. Die Bedienungsanleitung meiner Eltern, Freunde, Schule, Kultur, Politik und der Medien wirken unbewusst auf mich ein und lassen in mir Überzeugungen und Glaubenssätze entstehen, wodurch ich mein eigenes Weltbild und damit meine eigene Wahrheit erschaffe.

Wie durch eine Filterbrille betrachte ich alles, was um mich herum geschieht
und kreiere so mein persönliches Hamsterrad:

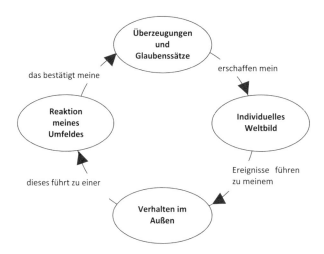

Das Resonanzgesetz:

Es ist das oberste Gesetz. Es steht kein Gesetz über ihm, das es außer Kraft setzen kann. Jedoch kann der freie Wille durch seine Entscheidungen sehr wohl zu einer Verzögerung führen. Darum gilt immer:

„Du wirst zu dem, was du die meiste Zeit fühlst."

Das bedeutet:

Was ich lange genug denke, das fühle ich irgendwann. Was ich fühle, das strahle ich aus. Was ich ausstrahle, das ziehe ich an. Und was ich anziehe, das zeigt mir über das Spiegelgesetz, was ich fühle. Das Spiegelgesetz ist das Ergebnis meines tatsächlichen Fühlens und ist abhängig von der Dauer des ausgesendeten Gefühls.

Dies erklärt sich folgendermaßen:

Alles ist Energie. Sie enthält immer eine Information. Das Gefühl ist die Information mit der obersten Priorität, weil sie der Energie den notwendigen Sinn, die Bedeutung oder eine Absicht verleiht. Erst dadurch kann das Resonanzgesetz wirken.

Positive Gedanken sind deswegen nur wirksam, wenn sie im Innersten auch positiv gefühlt werden!

Was mich alles in meinem positiven Fühlen beeinflussen kann:

Nahrung: „Du bist, was du isst."

In jeder Nahrung steckt die Schwingung der Gefühle von Menschen, die die Produkte herstellen oder mit ihnen umgehen. In allen tierischen Produkten stecken die Gefühle der Tiere selbst. Viele Nahrungsmittel sind stark mit Schadstoffen belastet. Das alles zusammen nehme ich in meinen Körper auf, was sich auf mein Fühlen auswirkt.

Haut:

Sie ist mein größtes Organ, über das ich ebenfalls zahlreiche Schadstoffe aufnehme, die mein Fühlen beeinflussen können (Kosmetika, Kleidung, Emissionen …).

Elektromagnetische Strahlung:
Alle Formen, wie Funkstrahlen, Handystrahlen, WLAN und Bluetooth, Bild-
schirmstrahlung, Mikrowellenstrahlung, Erdstrahlen, Strahlen von Wasseradern
und Strahlung, die vom Strom ausgesendet wird, wirken sich durch ihre negative
Schwingung auf meine Gefühle aus. Sie stehen im Gegensatz zur natürlichen
Schwingung meines Körpers.

Wie ich erkenne, was mir schadet:
Auf die Intuition oder den ersten Gedanken achten. Er hat immer recht.
Er zeigt mir, was gut für mich ist. Darauf kann ich mich verlassen!

Um die Intuition zu schulen sowie dauerhaft Freude zu empfinden, was positive
Schwingungen aussendet, sind die folgenden 10 Tipps hilfreich:

1. *Trinkwasser mit hohen positiven Schwingungen programmieren; zum Bei-*
   spiel mit Symbolen oder Steinen.
2. *Entschlackung und Entgiftung von Darm, Nieren und Leber. Danach ein-*
   mal in der Woche einen Fastentag einlegen, um Verunreinigung des Körpers
   vorzubeugen.
3. *Spazierengehen, Nordic Walking oder sonstige sportliche Betätigungen in*
   der Natur sorgen für einen hohen Sauerstoffanteil im Blut, wodurch die
   positive Lebensenergie im Körper verteilt wird und ich mich wieder ganz
   spüre.
4. *Mit gleichgesinnten Menschen treffen, um von ihnen zu lernen, was sie tun,*
   um sich gut zu fühlen.
5. *Herzlich lachen ist die beste Medizin, um sich gut zu fühlen. Dabei das in-*
   nere Kind wieder aufleben lassen.
6. *Wenn ich mich nicht gut fühle: Lieblingsmusik einlegen und danach tanzen*
   und mitsingen.
7. *Bücher, die mich in meiner Entwicklung weiter voranbringen, lesen. Jedoch*
   nicht nur einmal, sondern mehrmals.
8. *In einem Dankbarkeitsritual morgens und abends für den Tag und die Er-*
   fahrungen, die ich machen durfte, danken. Die gefühlte Wertschätzung ist
   ein machtvolles Mittel, um an meiner positiven Ausstrahlung zu arbeiten.
9. *Erstellung einer Collage mit Bildern, auf denen zu sehen ist, wie ich gerne*
   immer sein möchte und was ich erreichen will. Bilder so anbringen, dass ich

sie immer sehen kann. Auch Worte wie Freude, Glück, Freiheit, Fülle oder Liebe sind möglich.

10. *Den siebten Sinn erlernen. Er ist der direkte Draht zu meinem wahren Selbst, zu meiner Seele. Auf sie kann ich mich immer verlassen. Sie beschützt mich, sie führt mich und leitet mich auf meinem richtigen Weg. Wenn ich mich ganz auf sie verlasse, muss ich keine leidvollen Erfahrungen mehr machen, um zu erkennen, was ich wirklich will.*

Die Erhöhung der elektromagnetischen Schwingung durch die Sonne hilft mir dabei, meine Eigenschwingung zu erhöhen. Jedoch kommen dadurch auch meine verborgenen Lernaufgaben schneller ans Licht. Sie zu beachten, mir ihrer bewusst zu werden und in Lösung zu bringen, gilt es zu erkennen. Dies ist ein wichtiger Schritt auf meinem Seelenweg.

Energie drückt sich in der Form aus:
Energie ist Information. Deswegen gehen alle Atome „in Formation". Darum sieht jeder anders aus. So zeigen mir mein Körper und meine Geburtszahlen meinen Wesenskern. Doch um meinem Wesen entsprechend ein glückliches Leben zu führen, gilt es meine Herzenswünsche zu leben. Sie sind es, die wiedererkannt und definiert werden dürfen.

Essen ist nicht in erster Linie zur Befriedigung meiner anerzogenen Gewohnheiten da, sondern ist die Antriebskraft, die meiner Seele die Möglichkeit gibt, sich vollkommen zum Ausdruck zu bringen.

So sind Wildwuchskräuter hochkonzentrierte Nahrung, die meinem Körper als optimale Energielieferanten dienen. Zudem sind sie frei von negativem „Gedankenmüll" und schädlichen Stoffen. Die Natur ist der größte und günstigste Supermarkt und verfügt über das umfangreichste und gesündeste Angebot an Bioprodukten.

Die Sonnenstrahlen produzieren über die Haut in meinem Körper Vitamin D3. Dies ist ein weiterer nützlicher Energielieferant. Deswegen sollte ich sooft wie möglich nach draußen gehen und, abhängig vom Hauttyp unterschiedlich lang, die Sonnenstrahlen auf meine ungeschützte Haut scheinen lassen.

Die Vergebung ist die wirkungsvollste Medizin, die es gibt.
Darum vergebe ich aufrichtig und reinen Herzens alles, was ich mir selbst und anderen angetan habe. Ebenso verzeihe ich den Menschen, was sie mir angetan haben, damit sich meine Seele weiterentwickeln kann. Solange ich nur einem einzigen Menschen nicht vergeben kann, bin ich nicht frei. Mit der Kraft der Vergebung verfüge ich über ein Instrument, mit dem ich die Schwingungen meiner schmerzhaften Vergangenheit neutralisieren kann.

Die Selbstliebe ist das Wichtigste im Leben, um authentisch zu sein.
Indem ich mich verbiege und dadurch nicht meinem wahren Wesen entspreche, betrüge ich mich nur selbst. Mangelnde Selbstliebe durch die Liebe eines anderen Menschen zu mir auszugleichen, bleibt daher erfolglos. Doch die bloße Aufforderung „Liebe dich selbst" funktioniert nicht! Es ist eine Anweisung an meinen Verstand. Doch er kann Liebe nicht fühlen. Darum gilt:
Liebe dein Leben über alles. Das macht mich authentisch.

Die manipulative Kraft des Geldes:
Der Mangel, der hinter Geld steckt, macht es zur begehrtesten Sache der Welt.
Das Geldsystem selbst, die Strategie der Manipulation und der daraus entstandene Geldmangel behindern mich maßgeblich in meiner persönlichen Entwicklung sowie bei der Erfüllung meines Seelenplanes. Das macht mich unfrei.
Aus dem Geldspiel auszusteigen, bedeutet, mich mit all meinen Macken und Fehlern anzunehmen und meinen Wesenskern zu leben, anstatt den gesellschaftlichen Regeln und Anforderungen gerecht zu werden. So könnte ich auf viele Dinge verzichten, die ich nur besitze, um anderen damit zu imponieren und in der Gesellschaft anerkannt zu werden.

Erst wenn ich meine Einstellung zu mir selbst verändere, verändert sich auch mein Umfeld. Darum darf ich mich immer wieder fragen: „Warum mache ich mich so klein und machtlos, wo ich doch der Schöpfer meines Lebens bin?
Warum lasse ich es zu, dass mich mein Verstand so sehr ausnützt, dass ich manchmal nicht in der Lage bin, mein Leben selbst in die Hand zu nehmen?
Warum bin ich meiner Seele und ihrem Plan gegenüber so ungerecht und höre nicht auf meine innere Stimme, die mir mitteilt, welches meine Sehnsüchte und Herzenswünsche sind?"

Wenn ich künftig aus meinem Herzen heraus handle, kann mir keiner mehr etwas vormachen. Auch ich selbst nicht.

Alles, worauf ich meine Aufmerksamkeit richte, wächst und gedeiht, weil ich ihm meine Energie gebe. Darum ziehe ich von nun an von allem meine Aufmerksamkeit ab, das mich daran hindert, ich selbst zu sein. Ich schreibe ein neues Drehbuch für mein künftiges Leben. Darin stelle ich mir mit all meinen Gefühlen vor, wie ich meine Herzenswünsche lebe. Ich kreiere ein neues Weltbild – mein persönliches Paradies auf Erden – und fühle mich gut.

Positive Gefühle verstärken sich durch eine Gruppe von Menschen mit denselben Gefühlen um ein Vielfaches und bewirken auf kollektiver Ebene eine Veränderung der Gesellschaft, was das morphogenetische Feld umprogramiert. Das geschieht zwar langsam, aber nachhaltig.

Um den „hundertsten Affen" zu erwecken und ihn auf die Wahrheit vor dem Schleier und die Geheimnisse, die uns umgeben, aufmerksam zu machen, ist es wichtig, alles, was ich erfahren habe, so vielen Menschen wie nur möglich mitzuteilen, damit auch sie die Chance bekommen zu erwachen, zu erkennen und ihr Leben und damit unser aller Zukunft zu verändern.

Die Zukunft wird sich nur ändern, wenn wir uns verändern!

Zufrieden schloss ich mein Tagebuch. Ich stellte die Rückenlehne nach hinten und machte meine Augen zu. Dabei ließ ich noch einmal die letzten Stunden auf Atlemuris an mir vorbeiziehen. Ich sah, wie sie alle dastanden und mir von der Hafenmauer aus zuwinkten, als das Schiff zum Festland ablegte. Fatima, Marco, Aaron, Henry, Eddy, Markus, Esmeralda, Altasar und sogar Charlotte hatten es sich nicht nehmen lassen, mich zu verabschieden. Ich war zu Tränen gerührt. Noch vor wenigen Tagen waren sie mir völlig fremd gewesen, doch nun kam es mir vor, als würde ich sie schon immer kennen. Vermutlich tat ich das auch, aus irgendeinem anderen Leben.
Plötzlich fing die Maschine an zu wackeln. Alles begann zu vibrieren. Die Stewardess musste sich festhalten, als das Flugzeug von links nach rechts pendelte. Die Passagiere wurden unruhig und die Dame neben mir krallte sich an den Armlehnen fest. Sie erlitt Schweißausbrüche und ihre Lippen

bebten, als sie mit weinerlicher Stimme sagte: „Wir stürzen ab, wir werden alle sterben."

„Es besteht kein Grund zur Panik. Das sind nur ein paar Turbulenzen", beruhigte ich sie. „Darf ich Ihnen beim Anschnallen behilflich sein?"

„Nein, das kann ich schon alleine, aber das nützt uns eh´ nichts mehr. Wir werden alle sterben, und Sie wollen sich in aller Seelenruhe anschnallen. Sind Sie eigentlich des Lebens müde? Also, ich möchte noch nicht sterben. Wie können Sie nur so ruhig bleiben!"

Sie begann zu schluchzen und beruhigte sich erst wieder, als der Lautsprecher über uns ertönte und der Kapitän die Passagiere über die Turbulenzen im Luftraum informierte.

„Sehen Sie", meinte ich zufrieden, „es bestand zu keiner Zeit Grund zur Panik. Aber, sagen Sie, hatten Sie das mit der Flugangst schon öfter?"

„Nein, aber ich glaubte wirklich, ich müsste gleich sterben."

„Wäre das denn so schlimm?", fragte ich in aller Seelenruhe.

In den kommenden Stunden entwickelte sich zwischen uns ein Gespräch, das mich sehr überraschte. Es war viel leichter mit einem Menschen über das Spiel des Lebens zu reden als ich dachte. Die Offenheit, die mir dabei entgegengebracht wurde, war erstaunlich. Das schenkte mir die Zuversicht, dass es einfacher sein würde als vermutet, die Menschen dort draußen wieder an ihr wahres Sein zu erinnern.

Als wir nach der geglückten Landung gemeinsam am Gepäckband standen und auf unsere Koffer warteten, meinte die Frau: „Was du mir heute alles erzählt hast, war so interessant, dass ich froh bin, dich kennengelernt zu haben. Ich fühle mich gerade richtig gut. Ich spüre das Verlangen, mehr darüber zu erfahren. Nie hätte ich geglaubt, dass ich mich einmal dafür interessieren würde. Es scheint, als wärest du ein Engel, der mich zum wahren Leben erweckte – mein Engel."

TEIL ZWEI

„Unwissenheit ist die wirkliche Ursache von allem,
was die Welt das Böse nennt.
Wo die Unwissenheit entfernt wird,
da hört das Böse auf zu existieren.“

Martinus

AUFBRUCH INS UNBEKANNTE

Ich bin Ralf. Zu jenem Zeitpunkt, an dem ich begonnen hatte, dieses Buch zu schreiben, blickte ich bereits auf über fünfzehn Jahre zurück, in denen ich mich auf die Suche machte nach dem Sinn des Lebens. Dabei bin ich auf viele Menschen gestoßen, die mir von Dingen erzählten, die für mich neu und unglaublich waren. Mein Verstand sagte oftmals Nein zu all dem Neuen. Doch Jahre später konnte ich diesen Menschen recht geben, weil ich erkannte, dass sich das Leben leichter leben lässt, wenn man die Absicht, die hinter dem Plan des Lebens steht, erkennt.

In meinem ersten Buch habe ich diesen Plan ausführlich beschrieben, sodass jedem die Möglichkeit offensteht, hinter die Kulissen der Bühne zu blicken, auf der wir alle unser ganz persönliches Theaterstück aufführen. Zugegeben, es ist nicht immer leicht zu verstehen, was sich gerade um jeden von uns herum abspielt und worauf wir scheinbar keinen Einfluss haben. Doch anstatt zu resignieren oder sich der Wahrheit zu verschließen, kann ich aus meiner Erfahrung heraus sagen, dass es sich lohnt, seine Rolle anzunehmen und voller Freude und Aufmerksamkeit mitzuspielen. Denn früher oder später offenbart sich jedem der Sinn hinter allen Lebenssituationen. So zweifelhaft die Aussagen dieses Buches auch manchmal erscheinen mögen: Wer sich ihnen öffnen kann, wird herausfinden, warum wir alle unsere persönlichen Schicksale haben. Angst ist dabei eines der größten Gefühle, das uns daran hindert, neue Wege zu gehen. Lieber laufen wir vor der oft unangenehmen Wahrheit davon, anstatt ihr ins Auge zu sehen. Doch jeder Aufbruch in ein ncues Leben ist wie eine Reise in ein fernes Land. Man spricht die Sprache nicht und weiß nicht um die Sitten und Bräuche der Bewohner. Aber gerade darin steckt der Reiz – die Neugierde vor dem Unbekannten. Somit beginnt ein Aufbruch meistens mit dem Gedanken daran, etwas Neues entdecken zu wollen, was das eigene Leben nachhaltig verändert. Es folgt oft ein Gefühl der Sehnsucht, das den Wunsch nach Veränderung manifestiert. Doch das Entscheidende ist, den Wunsch in die Tat umzusetzen. Daran jedoch scheitern die meisten Menschen, weil sie die Angst vor dem Unbekannten hindert, den ersten Schritt zu gehen.

Dieses Buch zeigt auf fantasievolle Weise, wie es jedem gelingen kann, seinem Leben dauerhaft eine neue Richtung zu geben. Alles, was mich zu dieser Geschichte inspiriert hat, durften entweder ich selbst oder andere Menschen erleben. Während meiner persönlichen Reise kamen auf wundersame Weise Menschen, Bücher, Filme und Internetlinks in mein Leben, die meine Lebensweise teils bestätigten, teils aber auch drastisch veränderten. So kann diese Geschichte zu einem wichtigen Leitfaden auch für dein Leben werden. Wenngleich Henrys Aussage unglaublich zu sein scheint, so lohnt es sich doch, sich darauf einzulassen, um zu erfahren, was dahintersteckt.

ZUFALL ODER FÜGUNG

Jedem von uns ist es bereits passiert, dass er eine Aussage nicht akzeptieren konnte, weil er anderer Überzeugung war als sein Gegenüber. Und bestimmt hat auch jeder schon einmal seine Meinung bis zum Schluss verteidigt. Doch ich durfte erfahren, dass man sich mit solchen Reaktionen davor verschließt zu erfahren, was die Seele einem zu verstehen geben möchte. Allzu oft sind wir davon überzeugt, dass ausschließlich die eigene Meinung zählt und uns das Leben sowieso keine andere Wahl lässt, als uns unserem Schicksal zu ergeben. Dabei sind wir so verbissen in unserem Alltag verhaftet, dass wir die gut gemeinten Ratschläge anderer nicht wahrnehmen können. Doch sie sind uns zugeführt worden, um zu erkennen, dass es noch viele andere Möglichkeiten gibt, sein Leben zu leben.

Es ist kein Zufall, wenn man zu spät kommt, krank wird oder einen Autounfall hat. Es hat einen tieferen Sinn, denn alles im Leben unterliegt bestimmten Gesetzmäßigkeiten. Sie zu verstehen, ist eine der wichtigsten Aufgaben unseres Lebens, denn dann gibt es keine Zufälle mehr, sondern nur noch Fügungen. Alles fügt sich in dem Moment ineinander, wenn klar wird, dass nichts ohne Ursache existiert, wie Voltaire bereits vor fast dreihundert Jahren erkannte. Da die Aussage des französischen Schriftstellers vom Verstand nur bis zu einem gewissen Punkt akzeptiert wird, spielt die Erkenntnis der Existenz der Seele eine wichtige Rolle. Der Verstand versucht immer alles von rationalen Gesichtspunkten aus zu sehen, da er nur das für richtig hält, was er kennt. Neues zuzulassen, fällt uns mit zunehmendem Alter schwerer. Das habe ich im ersten Buch detailliert beschrieben. Doch es erreichen uns wieder und wieder Hinweise, die auch den stärksten Verstand schwach werden lassen.

So fand ich bei meinen Wikipedia-Recherchen zum Flugzeuganschlag in Lockerbie im Jahr 1988 Folgendes: Nach dem Bombenanschlag gab es verschiedene Berichte über Menschen, die auf Flug PA103 gebucht waren, diesen aber aus verschiedenen Gründen verpassten.

Die Bandmitglieder der Four Tops wollten über Weihnachten in die USA zurückreisen, aber da sie das Aufnahmestudio zu spät verließen, verpassten sie ihren Flug. Aufgebracht darüber, erreichte sie die Unglücksnachricht von der Flugzeugexplosion genau in dem Moment, da sie darüber stritten.

Ex-Sex-Pistol John Lydon und seine Frau Nora entkamen ebenfalls knapp dem Unglück: „Wir haben den Flug nur verpasst, weil Nora nicht rechtzeitig gepackt hatte. Als wir begriffen, was passiert war, schauten wir uns nur an und wären beinahe zusammengebrochen."

Eine jener weiteren Personen, von denen sicher ist oder vermutet wird, dass sie auf Flugnummer PA103 gebucht waren, ihre Reservierung jedoch zuvor storniert oder umgebucht hatten, sind Roelof „Pik" Botha, damaliger Außenminister von Südafrika. Er reiste zu einer UN-Feierlichkeit nach New York, um das Abkommen zur Unabhängigkeit Namibias zu unterzeichnen.

Jennifer Rush war laut eigener Aussage für diesen Flug gebucht. Aufgrund einer kurzfristigen Umbuchung flog sie dann mit Lufthansa nach New York zurück.

Wer im Internet recherchiert, wird weitere Hinweise darauf finden, dass immer wieder Menschen von ihrer inneren Stimme geleitet werden und einem Unglück durch „Zufall" entkommen. Jeder darf sich sein eigenes Bild dazu machen, doch für mich gibt es keinen Zweifel über die Existenz der Seele, wie dieses Mysterium, das uns alle umgibt, in unserem Kulturkreis genannt wird. Viele nehmen dieses Wort in den Mund, ohne die tatsächliche Bedeutung zu kennen. Wir sagen: Das tat mir in der Seele weh, es hat meine Seele berührt, oder: Ich habe mich von meiner Seele leiten lassen. Wenn man die Menschen fragt, wie sie sich die Seele vorstellen, haben die meisten keine Erklärung dafür. Auch in diesem zweiten Buch möchte ich weitere Geheimnisse dazu lüften. Antworten darauf gab es schon immer, zu allen Zeiten, in allen Kulturen. Doch es ist auffällig, dass in den letzten rund hundert Jahren vor allem die technisch hochentwickelte „erste" Welt immer mehr vergessen hat, wer wir in Wahrheit sind.

Zu Kapitel 3

ATLEMURIS

In der Geschichte der Menschheit ist immer wieder die Rede von den sagen- und mythenumwobenen Kontinenten Atlantis und Lemurien. Dort nahm nach neuesten Erkenntnissen die Geschichte der Menschheit ihren Anfang. Die ersten Menschen, die die Erde bewohnten und am Spiel des Lebens teilnahmen, waren die Urvölker, Sie waren vermutlich die allerersten beseelten menschlichen Wesen, die mit einem freien Willen ausgestattet waren. Ihr Zusammenleben in dieser Urform und ihre Entwicklungsgeschichte veranlassten mich dazu, der Insel, die Schauplatz der Geschichte dieses Buches ist, ihren Namen zu geben: eine Kombination aus ATLantIS und LEMURien – Atlemuris.

Wir können heute nur erahnen, wie sich das Leben vor Abertausenden von Jahren dort abgespielt haben könnte, doch lebten die Menschen damals – genau wie wir noch vor einigen Hundert Jahren – im Einklang mit der Natur und den Gesetzmäßigkeiten. Was die Urvölker daraus machten, bleibt Spekulation. Man hört jedoch vermehrt davon, dass schon damals die hohe technische Entwicklung zum Untergang ihrer Gesellschaft führte.
Heute stehen wir wieder vor demselben Problem und ich wünsche mir, dass es uns dieses Mal gelingt, aus den Fehlern unserer Vorfahren gelernt zu haben um rechtzeitig die Wende zu schaffen.
Atlemuris möchte dafür ein fantasievolles Vorbild sein. Dort leben Menschen in einer Symbiose zusammen. Sie haben verstanden, dass jeder Einzelne ein wundervolles Leben führen kann, wenn er sein Leben im Einklang mit der Natur führt. So träumerisch es zum jetzigen Zeitpunkt auch klingen mag: Es gibt diese Lebensformen bereits ansatzweise. Überall auf der Welt leben Menschen, die einen Teil dieses großen Ganzen leben oder Lebensformen ausgearbeitet haben, die zum Wohle aller führen.

288

Die Frage des Erzählers, ob es sich dabei um eine Sekte handele, ist beabsichtigt. Laut Wikipedia ist „Sekte" (von lateinisch secta: Partei, Lehre, Schulrichtung) die Bezeichnung für eine religiöse, philosophische oder politische Richtung und ihre Anhängerschaft. Sie bezieht sich auf Gruppierungen, die sich durch ihre Lehre oder ihren Ritus von vorherrschenden Überzeugungen unterscheiden und oft im Konflikt mit ihnen stehen.

Es gab schon immer Menschen, deren Überzeugungen, wie das Leben funktioniert, sich vom Rest der Gesellschaft unterschieden.
Die differenzierten Vorstellungen sind völlig legitim und sogar wichtig, denn würde es keine Menschen geben, die über ihren Tellerrand hinausblicken, dann würde es keine Entwicklung geben.
Schwierig wird es, wenn Sekten in Zusammenhang mit wirtschaftlichen Interessen gebracht werden, die dem Wohle eines Einzelnen dienen und zu rein manipulativen Zwecken missbraucht werden. Die Geschichte hat immer wieder dieses Verhalten hervorgebracht, weswegen der Begriff Sekte heute eher abschreckende und verurteilende Reaktionen hervorruft. In diesem Buch wird eine Lebensform vorgestellt, die sich von der bei uns heute noch gültigen in einigen Dingen grundlegend unterscheidet. Sie dient einzig dazu zu erkennen, wo sich die Themen verbergen, die uns daran hindern, ein Leben zu führen, das uns wieder Freude, Glück und Freiheit beschert.

Diese Geschichte möchte dazu einladen, einen Blick in die Zukunft zu wagen, der die Leserin oder den Leser immer wieder in die eigene Vergangenheit führt, um zu erkennen, dass das Leben ausschließlich im Jetzt stattfindet.

FATIMA

Sein bisheriges Leben zu ändern, bedeutet immer erst einmal unbequeme Arbeit. Die beginnt häufig mit ebenso unbequemen Fragen. Meist stellt man sich diese nicht selbst, sondern wird durch andere damit konfrontiert. Man fühlt sich dabei ertappt, wie man immer wieder versucht, seine „Baustellen" zu flicken, anstatt sie von Grund auf zu sanieren.

Auch ich habe viele Jahre lang nach diesem Prinzip gelebt, wodurch mein Lebensweg einer sanierungsbedürftigen Straße mit riesigen Schlaglöchern und unförmigen Flickwerken glich.

Doch was so unbequem zu sein scheint, ist in Wahrheit der Beginn eines lohnenden Prozesses, das eigene Leben auf den Prüfstand zu stellen. Irgendwann kommt jeder Mensch an den Punkt, wo er sich gewisse Fragen stellt: Bin ich glücklich mit meinem Leben? Habe ich die richtigen Freunde? Läuft mein Leben rund? Gehe ich der richtigen Arbeit nach? Habe ich das erreicht, was ich mir vorgenommen habe? Warum mache ich das alles überhaupt? Lebe ich ein ausgeglichenes Leben? Bin ich gesund? …

Es gibt viele Fragen, die man sich stellen kann, doch die Frage nach der Gesundheit liefert immer auch die Antwort auf alle anderen Fragen. Denn nur ein glücklicher, ausgeglichener und zufriedener Mensch ist vollkommen gesund. Das durfte der Erzähler in der ersten Geschichte über das Geheimnis des Lebens von Mary und Samuel ausführlich erfahren. Doch Wissen allein reicht nicht aus, wenn man nicht weiß, was einen oft unbewusst daran hindert, sein Wissen zu leben. Atlemuris bietet die Gelegenheit, Dinge zu erfahren, die vielen bis jetzt noch gar nicht bewusst waren.

Die Worte, die ein Mensch im täglichen Leben verwendet, zeigen sehr zuverlässig, in welchem Bewusstseinsstadium er sich befindet. Lebt er noch in der Zufallsphase, wo er der Meinung ist, dass er sein Leben nicht ändern kann, weil es das Schicksal nicht gut mit ihm meint? Oder hat er bereits verstanden, dass er mit all seinen Worten und Handlungen sein Leben unbewusst oder bewusst selbst kreiert? Auch für mich war diese Aussage viele Jahre absolut unverständlich. Solange alles im Leben rundläuft, kommt man mit dieser Einstellung gut zurecht, doch irgendwann gerät fast jeder an einen Punkt, an dem er mit Schicksalsschlägen konfrontiert wird. Spätestens dann ist es an der Zeit, darüber nachzudenken, was man im Leben verändern darf, um wieder in die Spur zu kommen. In der Tat gibt es Menschen, die heute sagen, bei mir läuft alles wie geschmiert, ich könnte mir kein schöneres Leben vorstellen. Doch war das auch bei jenen vermutlich nicht immer so. Konkret danach befragt, werden sie erzählen können, dass sie irgendwann in ihrem Leben in ein tiefes Loch gefallen sind. Erst, als sie verstanden hatten, was sie in diese Lage gebracht hatte, waren sie imstande die rettende Leiter zu erkennen, auf der sie wieder herausklettern konnten. Zuvor war dieser „Strohhalm" für sie jedoch unsichtbar.

Die Spiegelgesetze, die in der Geschichte immer wieder erwähnt werden, kommen einer Leitersprosse gleich, vielleicht sogar der entscheidenden.

RÜCKBLICK

Es liegt in der Natur des Menschen zu zweifeln. Der Verstand stellt ziemlich schnell infrage, ob das Neue wirklich auch richtig ist. Vor allem, wenn Rückschläge eintreten, sieht man eine Bestätigung darin, dass die neuen Empfehlungen nicht die wahre Lösung für die eigenen Probleme waren. Auch ich kenne das nur zu gut. Zuerst ist man Feuer und Flamme, etwas Neues zu erproben, doch bei den ersten Schwierigkeiten, die auftreten, wirft man die Flinte wieder ins Korn und hat einen Grund mehr gefunden, nicht weiter an sich arbeiten zu müssen. Bildlich gesehen, packt man alles fein säuberlich in eine Dose, um es aus seinem Blickfeld zu verbannen. Dabei belügt man sich jedoch nur selbst, da man in Wirklichkeit die Arbeit scheut, das Thema genauer zu betrachten. Sich mit der Vergangenheit zu belasten, macht dabei keinen Sinn, wohl aber die Vergangenheit zu betrachten um zu verstehen, was geschehen ist. Erst das Verstehen kann zu einer Veränderung führen. Solange die Dose im Schrank steht, gefüllt mit den Themen der Vergangenheit, wird die Energie, die sich darin verbirgt, immer über das eigene Leben herrschen.

Der Vergleich mit der Dose, in der man alle unliebsamen Themen des Lebens aufbewahrt, kam mir während des Schreibens, als ich mich an folgende wahre Geschichte erinnerte:

Im Urlaub sprach ich mit einer Frau über den Sinn des Lebens. Sie erzählte mir, dass sie früher viel offener gewesen sei und mehr Lebensfreude besaß als heute. Als ich sie konkret nach ihren unbefangenen Lebensjahren fragte, meinte sie, sich zurückerinnern zu können, bis zu ihrem siebzehnten Lebensjahr ein selbstbewusstes Mädchen gewesen zu sein, das kein Blatt vor den Mund nahm und sich gerne in der Öffentlichkeit zeigte. Doch heute, dreißig Jahre später, sei sie sehr introvertiert, selbstkritisch und oft traurig. Daraufhin interessierte ich mich dafür, was nach ihrem siebzehnten Lebensjahr geschehen war, das sie zu dem machte, wie sie sich heute wahrnimmt.

Da wurde sie für einen langen Augenblick still. Ich spürte, dass sie etwas in sich trug, das sie sehr belastete. Sie war jedoch nicht in der Lage, es auszusprechen. Nach weiteren Gesprächen öffnete sie sich mir und erzählte mir, was sich damals zugetragen hatte.

Zu jener Zeit wurde sie von ihrem Freund schwanger und für sie selbst gab es keinen Zweifel, dass sie das Kind behalten wollte, doch die Mutter ihres Freundes war anderer Meinung. Beide entschieden über ihren Kopf hinweg, das Kind abzutreiben. Da die Mutter ihres damaligen Freundes von Beruf Hebamme war und schon einige Male eine illegale Abtreibung vorgenommen hatte, erledigte sie die Arbeit zu Hause auf dem Küchentisch. Es ging alles so schnell, dass sie davon völlig überrumpelt wurde. Hinterher erst begriff sie, was geschehen war. Sie machte sich Vorwürfe, warum sie nicht Nein gesagt hatte, doch nun war es zu spät. So fiel sie in ein tiefes Loch der Depression und wollte sich das Leben nehmen. Sie trennte sich von ihrem damaligen Freund, heiratete Jahre später ihren heutigen Ehemann, bekam zwei gesunde Kinder und hätte eigentlich wieder ein normales Leben führen können.

Doch die Erinnerung an ihre ungewollte Tat ließ sie nicht los. Eines Tages lag ein Informationsbrief von Abtreibungsgegnern in ihrem Briefkasten. Darin befand sich ein kleiner Plastikfötus im dritten Monat, der zeigen sollte, dass man mit einer Abtreibung Leben tötet. Sofort kamen ihre Erinnerungen wieder hoch. Den Brief, den sie bekommen hatte, sah sie als Bestätigung dafür, dass sie eine unverzeihliche Tat begangen hatte. Sie nahm den Plastikfötus und legte ihn in eine kleine Dose, die für sie den Sarg und das Begräbnis symbolisierte, die ihrem Kind nie zuteilgeworden waren. Damit sie sich immer daran erinnern würde, dass sie noch ein drittes Kind hatte, stellte sie die Dose in die Wohnzimmervitrine. Von Zeit zu Zeit betrachtete sie den Inhalt und bat ihr ungeborenes Kind um Verzeihung.

Dieses Geheimnis, das sie seit ihrem siebzehnten Lebensjahr mit sich trug, hatte sie so sehr geprägt, dass sie es nun sogar in einer Dose aufbewahrte, um es dadurch noch tiefer in ihr Leben zu integrieren. Damit war die Vergangenheit eingesperrt. Doch anstatt damit das Thema, das sie belastete, zu lösen, beherrschte es sie von nun an noch stärker. Das Gefäß war zu einem Schalter ihrer Gefühle und Emotionen geworden, der in dem Moment betätigt wurde, wenn sie nur hinsah.

Zunächst war ich von ihrer Geschichte tief berührt. Dann fragte ich sie, ob sie denn bereit wäre, die Dose samt Inhalt liebevoll zu verabschieden. Zunächst meinte sie, dass sie damit ein zweites Mal ihr Kind verlieren würde und sie dies nicht über ihr Herz brächte. Dann fragte ich sie, ob sie gerne wieder so sein wollte wie vor diesem Ereignis. In den kommenden Urlaubstagen erzählte ich ihr vom Geheimnis des Lebens, das uns alle umgibt. Da ich gerade mein erstes Buch geschrieben hatte, las sie es aufmerksam und begann zu verstehen. Bei einer Seelenrückführung erfuhr sie dann, dass sie in einem vorigen Leben selbst Hebamme war und mehrere Abtreibungen vorgenommen hatte. Darum hatte sie sich für dieses Leben vorgenommen, selbst zu erfahren, welche psychisch- seelischen Schmerzen aus solchen Handlungen entstehen können. (Wer diesen Zusammenhang nicht ganz nachvollziehen kann, dem sei Kapitel 23 des ersten Bandes der Reihe „Ich bin …" empfohlen.)

Als sie verstand, dass ihr Schicksal nur eine Erfahrung war, um daraus zu lernen, konnte sie meinen Rat annehmen und ihre Erinnerung verabschieden. Sie ging an einen Bach, setzte die Dose auf die Wasseroberfläche und sah zu, wie das Döschen vom Fluss des Lebens davongetragen wurde. In Gedanken bedankte sie sich bei der kleinen Seele, die bereit gewesen war, die Rolle des Embryos zu übernehmen, damit sie daraus genau das lernen konnte: den Schmerz zu erfühlen, das Leid, das sie einstmals anderen zugefügt hatte, zu erkennen, für ihre vergangenen Taten im Stillen um Verzeihung zu bitten und ihrem Peiniger zu vergeben. Diese Entscheidung veränderte ihr Leben.

DAS FUNDAMENT

Jeder Mensch eignet sich Wissen auf eine andere Art und Weise an. Die einen lesen viel, die anderen hören Hörbücher oder besuchen Vorträge. Wieder andere schauen sich Filme an. Jeder tut es auf die Weise, durch die er den besten Zugang bekommt. Es gibt auch viele Menschen, die einmal etwas gelernt haben und meinen, dieses Wissen würde für ein ganzes Leben reichen. Dass wir alle so verschieden sind, liegt an unserem individuellen Charakter. Er sorgt dafür, dass jeder seine eigene Wahrheit über das Leben entwickelt. Je mehr wir jedoch bereit sind, Neues dazuzulernen, umso wichtiger ist es, dass wir unser Wissen auf ein gesundes Fundament stellen. Tun wir dies nicht, so wird die Informationsflut allzu gerne ungeordnet und chaotisch. Wir verzetteln uns in der riesigen Menge an Informationen, sodass unser Gedankengebäude schnell in sich zusammenbrechen kann. Uns überkommen Zweifel darüber, ob das Gelernte wirklich das Richtige ist, wodurch wir dazu neigen, lieber alles beim Alten zu belassen.

Darum ist es wichtig, nicht alles Wissen aufzusaugen, ohne es auf ein solides Fundament zu stellen. Viele Menschen konsumieren Information scheinbar wahllos, indem sie von einem Vortrag zum nächsten gehen. Oder jedes neu erschienene Buch zu Themen wie Gesundheit, Lebenshilfe und Spiritualität lesen, ohne jedoch in der Lage zu sein, das Wissen in ihren Alltag zu integrieren. Sie entwickeln sich somit zu totalen Theoretikern. Und dabei wollten sie doch gerne Praktiker werden, die ihr Leben durch Handeln in den Griff bekommen. Ich selbst kenne dieses Verhalten nur zu gut, weil auch ich eine Zeit lang alles verschlungen habe, was mein Wissen mehrte. Doch ich merkte schnell, dass sich deswegen mein Leben noch nicht veränderte. Ich wartete jeden Tag darauf, dass es endlich geschehen möge, doch würde ich vermutlich noch heute in dieser Schleife hängen, wenn ich nicht begriffen hätte, dass weniger oft mehr ist. Das Wenige zu leben, ist effektiver als viel zu wissen. Doch ist das leichter gesagt als getan, denn es gibt einige Dinge, die uns allzu leicht daran hindern, diesen Vorsatz in die Tat umzusetzen. Davon handeln die folgenden Kapitel.

DER ERSTE SCHRITT

Wie oft bilden wir unser Wissen aus den Meinungen anderer. Wir plappern Überzeugungen dieser Menschen nach und machen sie zu unserer Wahrheit. Oder wir hören in Radio und Fernsehen Berichte, die wir ungeprüft in unser Leben integrieren, wodurch wir uns ein kleines Fundament errichten, das jedoch zu schwach ist, um die ganze Informationsflut zu tragen, die täglich über uns hereinbricht. Weil der Mainstream nichts davon berichtet, glauben wir auch nicht daran, dass wir unsere Wünsche und Träume selbst verwirklichen können. Wir hören meistens auf Menschen, die ihr Wissen genau auf dieselbe Weise erlangen wie wir und wundern uns, wenn wir dasselbe Leben führen wie sie.

Darum ist die Frage „Auf wen hörst du?" eine sehr entscheidende. Seit ich mir zur Gewohnheit gemacht habe, sie mir immer dann zu stellen, wenn ich in mein Gebäude des Wissens neue Informationen eintreten lasse, ist das Chaos weniger geworden. Denn nicht alles, was uns mitgeteilt wird, passt zur eigenen Wahrheit. Die Informationen, die wichtig für uns sind, lassen sich nur erkennen, wenn man seine Intuition einschaltet. Das kann das Bauchgefühl sein oder der erste Gedanke, der auf eine Information folgt. Für viele Menschen ist dieses Vorgehen jedoch sehr ungewohnt. Sie haben verlernt, mit diesem Schutzprogramm umzugehen.

Aber jeder kann es wieder erlernen. Dazu ist allerdings notwendig, sich von den Meinungen anderer zu lösen. Denn sie kennen die Möglichkeit des selbstständigen Denkens und Handelns meist nicht, weswegen sie ihre Meinung als Fakten anpreisen. Solange man selbst noch nicht die Erfahrung machen durfte, dass es Dinge zwischen Himmel und Erde gibt, die unser Verstand nicht erklären kann, sind solche Meinungen für die eigene Entwicklung nur hinderlich. Auch ich glaubte nicht daran, dass wir eine Seele haben, die alles Wissen für uns bereithält. Bis ich Menschen kennenlernte, die mich eines Besseren belehrten. Darüber habe ich im ersten Band von „Ich bin …" ausführlich geschrieben. Die Fakten, die mir diese Menschen lieferten, konnte ich als solche akzeptieren, da ich sah, wie sie aus Schicksalen gestärkt hervorgingen und heute ein glückliches Leben führen. Wenn ich Bücher lese, dann am liebsten Biografien, durch die ersichtlich wird, welche Entwicklung solche Menschen durchlaufen haben. Damit zeigen sie mir den Weg dorthin, wo auch ich gerne hinmöchte. Deswegen empfehle ich immer, genau hinzuschauen, von wem welche Meinung kommt, die man als Fakten annehmen kann, um das eigene Haus des Wissens damit zu bereichern. Allzu oft sind es die Meinungen anderer, die daran beteiligt sind, dass das eigene Wissens-Gebäude wie ein Kartenhaus in sich zusammenstürzt.

DIE BRUDERSCHAFT

Wenn Menschen eine andere Meinung vertreten als die breite Masse, dann gelten sie schnell als verrückt, als Sektenanhänger oder man betitelt sie als Verschwörungstheoretiker. Dies ist insbesondere dann der Fall, wenn die Gesellschaft keine Beweise gegen deren Standpunkt ins Feld führen kann. Es ist mutig und unbequem, Aussagen öffentlich zu treffen, die den landläufigen Ansichten entgegentreten. Zudem ist es sehr wichtig, dass es Menschen gibt, die diese Courage aufbringen und dadurch zur Veränderung eingefahrener Glaubenssätze beitragen. Häufig bringt uns unser Verstand dazu, in diesen Menschen etwas Negatives zu sehen. Eigene Erfahrungen aus unserer Vergangenheit haben Muster in uns programmiert, die uns allzu gerne zur Verurteilung dieser Menschen verleiten. Dabei steht einfach Meinung gegen Meinung, weil uns konkrete Beweise fehlen, die das Angezweifelte widerlegen könnten. Stellt man sich jedoch die Frage „Auf wen hörst du?", so darf man erkennen, dass es meistens unsere alten Glaubenssätze sind, denen wir das größte Gehör schenken.

Die Romanfigur Altasar verkörpert eine solche Persönlichkeit, die aus dem alten, eingefahrenen System ausgestiegen ist, um neue Wege zu gehen. Die Story, die sich um ihn dreht, entstand in Anlehnung an ein Seminar des Multimillionärs Kevin Trudeau aus dem Jahr 2009. Darin vermittelte er Teile des sogenannten „geheimen Wissens der Elite". Eigenen Angaben zufolge ist es ihm ein Anliegen, der breiten Öffentlichkeit sein Wissen zur Verfügung zu stellen. Sein Buch „Dein Wunsch ist dir Befehl" wurde weltweit 30 Millionen Mal verkauft. Viele seiner darin beschriebenen Techniken bilden die Grundlage für diesen Roman.

Literaturtipps:

Trudeau, Kevin: Dein Wunsch ist dir Befehl
(nur in englischer Sprache erhältlich: Your Wish Is Your Command)

Internetquelle:

Trudeau, Kevin: Dein Wunsch ist dir Befehl, Seminaraufzeichnung (ins Deutsche übersetzt) als PDF-Download unter:
Dein Wunsch ist Dir Befehl_EP-Spiritcentrum-com.pdf

http://www.spiritcentrum.com/Selfconfidence-Formula-Napoleon-Hill-Law-of-Success-16-Lessons_files/Dein%20Wunsch%20ist%20Dir%20Be-fehl_EP-Spiritcentrum-com.pdf

DAS TOR DES VERGESSENS

Als ich zum ersten Mal etwas über das Tor des Vergessens hörte, hatte ich keine Vorstellung davon, wie sich verstandesmäßig erklären lässt, dass es eine solche Einrichtung gibt, die uns die Erinnerung an unsere wahre Herkunft nimmt. Das ließ mir dieses Bild unrealistisch erscheinen. Wie auch der Erzähler, so stellte ich mir tatsächlich ein Tor vor, das alle Erinnerung an die Quelle löscht. Erst durch Beobachtungen meiner eigenen Kinder und von Babys und Kleinkindern anderer Eltern wurde mir klar, dass dieses Tor nicht im Himmel, sondern auf Erden zu suchen sein muss. Unser Gehirn verfügt über eine Einrichtung, die vermutlich nur wir Menschen als einzige Wesen dieser Erde erhalten haben: unser hochgepriesener Verstand. Er entwickelt sich in den ersten sechs Lebensjahren, wodurch die Intuition in den Hintergrund gedrängt wird. Je unbewusster die Eltern sind, umso stärker wirkt das Tor des Vergessens auf ihre Kinder. Wenn Kinder in ihrem Umfeld Dinge wahrnehmen, die Erwachsene nicht sehen können, weil sie von der Existenz ihrer Seele und des Spieles keine Kenntnis mehr besitzen, wird das Tor des Vergessens sehr schnell aktiviert – insbesondere dann, wenn die Eltern kein Verständnis für die Fähigkeiten ihrer Kleinsten aufbringen. Typische elterliche Reaktionen sind, ihrem Kind seine Wahrnehmung auszureden oder es deswegen gar zu schimpfen: „Da ist nichts, stell dich nicht so an."; „So etwas gibt es nicht, merke dir das!" …

Die Autorin Lumira beschreibt in ihrem Buch mit dem Titel „Lass dich nicht behexen", was sie als Kind diesbezüglich erlebt hat und wie sie heute in solchen Situationen mit ihren eigenen Kindern umgeht.

Je stärker das Tor des Vergessens bei den Eltern selbst wirkte, umso schneller ist es auch bei ihren Kindern installiert. Die Bedienungsanleitung fürs Leben, welche die Eltern einstmals von ihren Eltern bekommen haben, wird meist in gleicher Weise auf die eigenen Kinder übertragen. Zudem sorgt unsere zivilisierte Welt in zunehmendem Maße dafür, dass Kleinkinder schnell von ihrer Seelenverbindung abgeschnitten werden. Fernseher und Computerspiele sind dabei nur zwei Faktoren, die sie in dieser Richtung manipulieren.

Bei Naturvölkern ist zu erkennen, dass sie den Verlockungen der Zivilisation nicht unterliegen. Sie leben im Einklang mit der Natur und damit auch im Bewusstsein dessen, wer sie wirklich sind. In ihrem Buch „Traumfänger" berichtet die Ärztin und Autorin Marlo Morgan über ihre Erfahrungen mit australischen Aborigines. Sie schloss sich ihnen für drei Monate an und lernte dabei wieder ihre Fähigkeiten kennen, wie sie in jedem von uns stecken. Der Stamm, der sie aufgenommen hatte, machte sie zum Führer des Tages und forderte sie auf, im australischen Outback Wasser zu suchen. Sie verzweifelte beinahe daran, da sie als Mensch aus der Zivilisation nie gelernt hatte, ihre wahren Fähigkeiten zu nutzen. Alles, was man ihr im Großstadtdschungel beigebracht hatte, basierte auf Verstandesebene. Erst als der Stamm sie wieder an ihre wahren Fähigkeiten erinnerte und die Intuition in ihr aktivierte, war sie in der Lage, das lebensnotwendige Wasser in der Wüste aufzuspüren.

Wir glauben immer, mit unserem Verstand könnten wir alles lösen. Doch in Wahrheit begrenzt er uns so sehr, dass uns die ganze Vielfalt unserer Fähigkeiten weitestgehend verborgen bleibt. Der Ursprung dieser Entwicklung ist in den ersten sechs Lebensjahren zu finden. Wir sind die einzigen Lebewesen, die hilflos zur Welt kommen und sehr lange Zeit benötigen, bis wir selbstständig durchs Leben gehen können. Zum Ausgleich dafür sind wir mit dem in der gesamten Natur wohl leistungsfähigsten Gehirn ausgestattet. Ist das Zufall oder steckt dahinter ein Plan?

Ich betrachte es als einen Teil des Planes im Spiel des Lebens. Denn würden wir besagtes Tor nicht passieren, wäre das Spiel bei Weitem nicht so interessant. Wüssten wir schon zu Beginn eines Gesellschaftsspieles bereits über den Verlauf des Spielgeschehens und das Ergebnis Bescheid, so wäre es lange nicht so spannend. Bliebe uns die Seelenverbindung von Geburt an erhalten, welches Leben würden wir dann führen? Das Tor hat also in jedem Fall seine Berechtigung. Es dient dazu, für eine lange Zeit zu vergessen, wer man wirklich ist und welche Fähigkeiten in einem stecken. Doch ab einem gewissen Zeitpunkt im Leben setzt bei den meisten Menschen das Verlangen ein, den Sinn des Lebens zu erforschen und zu verstehen. Spätestens dann ist es an der Zeit, seine anerzogenen und angewöhnten Glaubenssätze zu hinterfragen und sich neuen Wahrheiten zu öffnen.

Literaturtipps:
Lumira: Lass dich nicht behexen

Morgan, Marlo: Traumfänger

Zu Kapitel 10

DAS EXPERIMENT

Jeder Mensch wird irgendwann in seinem Leben den Schleier, der ihn durch sein fremdbestimmtes und selbst gebautes Tor des Vergessens umgibt, wieder heben.

Bei manchen geschieht das schon sehr früh oder – wie bei mir – in der Lebensmitte. Andere erkennen die Wahrheit erst an ihrem Lebensende, kurz vor ihrem Tod, spätestens aber, wenn sie gestorben sind und ihren physischen Körper verlassen. Es gibt jedoch Menschen, die einen Teil ihrer Fähigkeiten über die Geburt hinaus ein Leben lang behalten, weil sie das Tor des Vergessens nie ganz passierten. Zu ihnen gehören auch einige – nicht alle – aus der gesellschaftlichen Elite. Da sie von Kindesbeinen an die Gesetzmäßigkeiten erlernt haben, können sie sich des unermesslichen Wissens des Universums bedienen.

Zum besseren Verständnis: Erst die Dualität macht eine Unwissenheit möglich. Das bedeutet, dass die Abwesenheit von etwas die Anwesenheit des Gegensätzlichen aufzeigt. Wir wollen Wissen erfahren, was uns durch Nichtwissen erst möglich wird. In Wahrheit ist unser Wissen immer vorhanden, doch durch das Tor des Vergessens haben wir es verloren. Hätten uns unsere Eltern, Lehrer und all die anderen vermeintlich schlauen Menschen, die uns prägten, mit ihrer Meinung nicht weisgemacht, dass es Fakt ist, erst alles erlernen zu müssen, um nicht dumm zu bleiben, dann wären wir noch heute an das Wissen des Universums angeschlossen. Wir haben ihnen jedoch geglaubt und uns dadurch erst unwissend gemacht, um schließlich ihr Wissen zu erlernen. Doch handelt es sich dabei wirklich um allumfassendes Wissen oder nur um einen kleinen Ausschnitt davon? Was wir wissen, ist in Wirklichkeit nur ein Bruchteil dessen, was es tatsächlich zu wissen gibt. Im Grunde wissen wir gar nichts, glauben jedoch manchmal allwissend zu sein.

Der Autor Napoleon Hill veröffentlichte 1926 ein Buch mit dem Titel „The law of Success in 16 Lessons" (Das Gesetz des Erfolges in 16 Lektionen). Darin beschreibt er, was die damals reichsten Menschen der Erde unternahmen, um ihren Erfolg zu manifestieren und aufrechtzuerhalten. Daran hat sich bis heute nichts geändert. Um an dieses Wissen zu gelangen, wurde er von Andrew Carnegie, damals selbst einer der reichsten Menschen Amerikas, in die geheimen Bruderschaften eingeschleust und sollte für ihn herausfinden, wo die Gemeinsamkeiten dieser Menschen lagen. Die dabei ermittelten Übereinstimmungen, die alle gleichermaßen anwendeten, fasste er in seinen sechzehn Lektionen zusammen. Als die Bruderschaft erfuhr, dass ihre Geheimnisse an die Öffentlichkeit gelangt waren, wurde das Buch vom Markt genommen und zensiert, sodass es davon heute nur noch sehr wenige Originalausgaben gibt. Gut fünfundsiebzig Jahre später eroberte ein weiteres Buch den Markt: „The Secret" von Rhonda Byrne war das erste Buch, das sich öffentlich mit dem Resonanzgesetz oder Gesetz der Anziehung, wie man es auch nennt, auf mehr als 220 Seiten befasste. Es wurde über 20 Millionen Mal verkauft. Doch heute ist es still geworden um das Gesetz der Anziehung. Viele Leser erlebten nicht den Erfolg, der darin beschrieben wird. Der Grund dafür ist das Fehlen von wenigen, aber wichtigen Informationen. Geschah dies absichtlich?

In Kapitel 8 dieses Buches vergleiche ich dieses Fehlen grundlegender Informationen mit den entscheidenden Gewürzen in einem wohlschmeckenden Gericht. Als ich mein erstes Buch fertiggestellt hatte, wurde mir klar, dass es eine Fortsetzung geben musste, die diese elementaren Informationen aufdeckte. Wenn Menschen bewusst dieses Wissen für sich behielten, um daraus finanziellen Profit zu schlagen, entstand irgendwann unweigerlich ein Ungleichgewicht, das den Unwissenden so lange keine persönliche Entwicklung ermöglichte, bis sie von diesem Geheimnis erfuhren. Doch es ging nicht wirklich um das Geld, das man mit dem Resonanzgesetz anziehen kann, sondern um die Freude, das Glück, die Freiheit und die Liebe zum Leben. Viele Mitglieder der „Elitespezies" hatten dies jedoch vergessen, da sie von der Macht des Geldes so sehr besessen waren, dass sie skrupellos wurden.

Literaturtipps:
Hill, Napoleon: Das Gesetz des Erfolges in 16 Lektionen

Byrne, Rhonda: The Secret

DER ZWEITE SCHRITT

Ein überaus wichtiger Punkt in der Manifestation des persönlichen Erfolges eines Menschen ist sein Lernindex. Was immer auch jeder Einzelne unter seinem persönlichen Erfolg versteht, er ist nur zu erreichen, wenn man ihn bewusst in sein Leben zieht. Dazu gehört unter anderem auch zu wissen, was man möchte, anstatt nur zu wissen, was man nicht will. Das ist eindeutig erfolgreicher. Doch wie oft gehen wir mit unserem Wissen inkonsequent um. Wir bilden uns zwar weiter, doch integrieren wir das neue Wissen nicht in unseren Alltag. Die 72-Stunden-Regel, die ich schon im ersten Buch der Reihe „Ich bin …" beschrieben habe, gilt auch hier. Alles, was wir uns umzusetzen vorgenommen haben und nicht innerhalb von drei Tagen angegangen sind, werden wir in der Regel nicht tun. Die Elite weiß das sehr gut. Hat sich eine Idee erst in ihrem Kopf manifestiert, so wird sie auch so schnell wie möglich umgesetzt.

Bei der Vergabe der Punkte, vor allem für das Umsetzen des Wissens, ist es wichtig, ehrlich zu sich zu sein. Da sich dies jedoch meist als äußerst schwierig erweist, ist es besser einen Außenstehenden dafür zurate zu ziehen. Ein Dritter kann vermutlich eine neutralere Beurteilung abgeben, als man sie sich selbst attestieren würde. Möglicherweise mag man diese Einschätzung aber gar nicht so gerne hören und macht sich stattdessen lieber selbst etwas vor. Dieses Verhalten bringt einen allerdings leider nicht weiter.

Einhundert Prozent seines Wissens in die Tat umzusetzen, entspräche dem anzustrebenden Idealfall, doch viele Menschen schaffen es mit Müh und Not immerhin, auf fünfzig Prozent zu kommen. Bei wie vielen bleiben nach einem Jahr noch zwanzig Prozent übrig? Mal ganz ehrlich: Durch die Feedbacks meiner Leser weiß ich, dass die meisten Menschen, die den ersten Band lesen, den Buchinhalt sehr inspirierend finden. Sie beginnen sofort damit, dieses Wissen in ihr Leben zu integrieren. Dadurch fühlen sie sich auch sehr schnell wohler und können sicher so manche Erkenntnisse daraus gewinnen. Einige sind dermaßen begeistert von den Erfahrungen, die sie mit einer veränderten Lebenseinstellung und dem damit einhergehenden Lebenswandel machen, dass sie tatsächlich dauerhaft ihr Leben verändern können. Doch viele stellen das Buch, sobald sie es fertiggelesen haben, in das Bücherregal zurück zu den vielen anderen gelesenen Büchern, und das war's. Sie wissen nun zwar um die Inhalte und dass sie sie auch anwenden und damit arbeiten sollten, doch sie können es nicht, weil sie alle möglichen Ausreden haben, die sie daran hindern. Was da genau geschieht, dass sie so schnell wieder zu ihren alten Gewohnheiten zurückkehren, gilt es nun herauszufinden.

DAS HAMSTERRAD DES LEBENS

Einer der gravierendsten Ursachen für einen dauerhaft niedrigen Lernindex sind die Gewohnheiten und Glaubenssätze. Das Weltbild, das daraus entsteht, lässt uns tatsächlich glauben, dass es der Wahrheit entspricht. Deswegen können wir uns auch sehr kraftvoll mit anderen streiten, nur um unser Weltbild zu verteidigen. Dabei verstehen wir nicht, dass es ja nur in unserem Kopf besteht und unser Gegenüber genau aus demselben Grund sein eigenes Weltbild nicht überdenken möchte. So mancher Konflikt ließe sich ganz einfach lösen, wenn wir nicht in diesem vermaledeiten Hamsterrad stecken würden, das uns permanent damit beschäftigt, unsere Glaubenssätze aufrechtzuerhalten. Wir lassen es kaum zu, andere Weltbilder anzuschauen, weswegen unser Lernindex niemals hoch sein kann. Stattdessen hören wir am liebsten den Menschen zu, die uns unser Weltbild bestätigen. Dann fühlen wir uns zwar nicht besser, aber wir brauchen auch nichts zu ändern. Die Veränderung, die mit dem Austausch von Glaubenssätzen und Überzeugungen einhergeht, macht immer Arbeit und ist zunächst unbequem. Doch wie schon im ersten Buch einleitend zitiert, ist der Grundsatz des Erfolgstrainers Brian Tracy nach wie vor gültig: „Wenn du in deinem Leben etwas ändern möchtest, dann musst du etwas in deinem Leben ändern!". In unserem Leben wird nur etwas geschehen, wenn wir es tun. Kein anderer kann es für uns erledigen, außer wir selbst. Ich weiß, dass dies bei vielen Menschen auf Widerstand stößt, weil sie in ihrem Weltbild jede Menge Argumente finden, die darstellen, dass dies nicht funktionieren kann. Doch handelt es sich dabei in Wahrheit nur um Ausreden, die der Verstand parat hält, weil er sein selbstgebautes Hamsterrad wie ein Jahrmarktschausteller unbedingt weiterbetreiben möchte. Jeder, der ehrlich zu sich selbst ist, wird dies an seinem Verhalten früher oder später erkennen. Diejenigen, denen diese Erkenntnis nicht zufließt, haben leider noch einen zu niedrigen Lernindex. Dabei könnten sie sich jene, die bereits vorangegangen sind und den Ausstieg aus dem Hamsterrad gewagt haben, zu Vorbildern nehmen. Sie sind nämlich bereits da, wo viele andere noch hinmöchten. So gilt es, sich immer wieder die Frage zu stellen: „Auf wen hörst du?" Auf die Meinung deines Verstandesmännchens, das alles beim Alten belassen möchte, oder auf die Menschen, die hilfreiche Fakten liefern können, um das Hamsterrad zu verlassen.

Der Autor Siranus Sven von Staden gibt in seinem Buch „Bring endlich Licht ins Dunkel deiner Glaubenssätze" viele Tipps, wie es möglich ist, das viel zitierte Hamsterrad zu verlassen.

Literaturtipp:
Von Staden, Siranus Sven:
Bring endlich Licht ins Dunkel deiner Glaubenssätze

DER DRITTE SCHRITT

„Wie" oder „warum" – zwei simple Worte, die jedoch die Weichen unterschiedlich stellen. Kaum einem ist bewusst, welch entscheidende Folgen dies hat. Erfolgreiche Menschen fragen nicht danach, wie ihr Vorhaben gelingen kann, da sie genau wissen, dass der Verstand jede Menge Argumente hervorbringt zu beweisen, dass es nicht funktionieren wird. Das tun sie entweder unbewusst oder sie lernen es in Seminaren, aber auch an Eliteschulen, und werden so zu erfolgreichen Menschen trainiert.

Der gewöhnliche Bürger jedoch lernt von Kindesbeinen an, allerspätestens jedoch im Kindergarten und in der Schule, ausschließlich das „Wie" kennen. Wie erarbeite ich mir den Lernstoff am besten? Wie soll ich mir das Gelernte merken? Wie lange soll ich die Schule besuchen? Wie willst du mit deinen Noten einen Ausbildungsplatz bekommen, der dich später ernähren soll? …

Die Antworten der Schüler fallen meistens ernüchternd bis resignierend aus. Und nach der Ausbildung geht es genauso weiter: Wie willst du dir das alles leisten? Wie kommst du an das Geld, um dir ein Haus zu kaufen oder um dich selbstständig zu machen? Wie bekommst du einen lukrativen Job oder Aufträge, um all das bezahlen zu können? Wie willst du mit diesen Schulden jemals glücklich werden? …

Es scheint also ganz normal zu sein, im Leben immer zuerst nach dem „Wie" zu fragen. Das „Warum" wäre ein Gewürz im Gericht, das es schmackhafter machen würde. Doch das „Wie" macht es ungenießbar. Denn erst seinen Herzenswünschen und Sehnsüchten zu folgen, macht das Leben lebenswert. Begrenzende Glaubenssätze und Zwänge hingegen lassen das Leben allzu oft zu einem Kampf werden.

Ein auf diese Weise eingefahrenes Weltbild lässt dann womöglich ein „Warum" gar nicht mehr zu.

DAS INNERE KIND

Viele Menschen haben auf die Frage nach ihren Herzenswünschen und Sehnsüchten keine Vorstellung davon, was damit gemeint sein soll. Sie tun sich schwer, sie zu benennen. Eine gängige Antwort darauf ist der oft erträumte Lottogewinn, um dann genug Geld zu besitzen für die Erfüllung aller ersehnten Wünsche. Doch daraus spricht nur die Stimme des Verstandes, denn diese Wünsche sind allesamt materieller Natur und streben eine äußere Befriedigung an. Die wahren Wünsche aber entspringen dem Herzen, welches die innere Zufriedenheit sucht. Diese Sehnsüchte jedoch wurden durch das Leben mit seinen Glaubenssätzen in den Hintergrund gedrängt.

Die moderne Hirnforschung fand heraus, dass sich ein Kleinkind zwischen dem zweiten und dritten Lebensjahr zum ersten Mal mit seinem Spiegelbild identifiziert. Aus dem reinen Da-Sein erkennt sich der Mensch von nun an als ich-bewusstes Sein, als Individuum, das einen Namen trägt und sich von allen anderen Individuen unterscheidet. Das ist die Geburtsstunde des Verstandes oder des Egos. Mit allem, was von nun an geschieht, wird der Schleier des Vergessens immer dichter und undurchsichtiger. Das innere Kind geht verloren.

Wie im ersten Buch der Reihe „Ich bin …" geschildert, hatte der Erzähler bereits Kontakt zu seinem inneren Kind aufgenommen, als er in Kapitel 21 seine größte Angst entlarvte.
Ängste, die in der Kindheit entstehen, verdrängen das innere Kind schon sehr früh, wodurch ein Weltbild entsteht, das erst wieder geradegerückt werden kann, indem man diesen Ängsten ins Auge blickt. Hat man sie entlarvt, dürfen sie sich auflösen, wodurch ein unbeschwerter Weg offensteht. Das Werkzeug zur Aufdeckung ist das Eingeständnis, nicht mehr die Opferrolle aufrechterhalten zu müssen. Dies ist ein weiterer Schritt nach oben auf der Leiter, die aus dem Loch namens Selbstmitleid herausführt.

Die Theorie dahinter stammt aus den Achtzigerjahren des vergangenen Jahrhunderts. Der Bestseller „Aussöhnung mit dem inneren Kind" machte sie populär. Bis heute arbeiten Psychotherapeuten und Coaches erfolgreich mit diesem Konzept. Es besagt Folgendes: Das innere Kind ist Teil unserer Persönlichkeit. Sie wiederum hat abgespeichert, was wir in der Kindheit an guten Gefühlen und Erlebnissen erfahren haben. Es werden aber auch die negativen Dinge gemerkt: kindliche Ängste, Selbstzweifel, Neid. Genau diese Emotionen sind es, die uns sichtbare Probleme bereiten können. Sie zwicken uns wie eine alte Narbe, wie eine Wunde, die längst verheilt schien.

Wer also seine Sehnsüchte wiederfinden möchte, der sollte in seine frühe Kindheit zurückgehen. Dort haben wir sie alle noch gelebt. Wir waren unbeschwert und machten uns keine Gedanken über das Morgen. Wir lebten ausschließlich im Jetzt, so wie es unsere Seele für uns vorgesehen hatte. Diese Lebensweise ließ uns frei sein. Doch schon bald kamen all die „Wie?"-Fragen mit ihren Ängsten in unser Leben und schon war es vorbei mit der Freiheit. Wer also wieder frei sein möchte, der suche sein verlorenes Kind, indem er sich daran erinnert, was ihm damals so viel Freude bereitet hat. Das sind die Anhaltspunkte, an denen man sich orientieren kann, um wieder so zu leben wie einst – glücklich und voller Freude, mit Spannung und Neugierde. Dies sind die Zutaten des Lebens, die wie das Salz in der Suppe niemals fehlen sollten.

Literaturtipps:
Chopich, Erika J. / Paul, Maragret: „Aussöhnung mit dem inneren Kind"

Bradshaw, John: „Das Kind in uns"

Weik, Susanne: „Kraftquelle Inneres Kind"

CD-Tipp:
Reddemann, Luise: „Dem inneren Kind begegnen"

DER VIERTE SCHRITT

Je umfangreicher die Datenautobahnen oder neuronalen Verbindungen sind, über die unsere täglichen Abläufe aus unserem Gehirn in das Leben und wieder zurückgeschickt werden, umso engstirniger und eingefahrener sind wir. Wir befinden uns in einem Alltagstrott, den wir gar nicht mehr bewusst wahrnehmen. Deswegen ist es auch so schwer, neue Dinge im Leben zuzulassen. Nicht, dass man es nicht wollte, man kann es oft nicht, weil es die bestehenden Strukturen nicht zulassen. Alles Neue wird deswegen erst einmal abgelehnt, weil man glaubt oder sich einredet, bereits alles zu wissen. Ein gängiger Satz lautet oft: „Das Leben ist halt einfach so."

Da dies bei vielen Menschen ein ganz normaler Prozess ist, scheint es tatsächlich so, als könne man daran nichts ändern. Doch fragt man Menschen, die nicht das tun, was alle machen und dadurch erfolgreicher sind als der Rest der Gesellschaft, so erfährt man, worin sich ihr Handeln vom landläufigen unterscheidet. Diese Erkenntnis durfte der Buchautor Napoleon Hill erfahren, als er die reichsten Menschen der Welt beobachtete und befragte. Sie alle verschlossen sich nicht neuen Dingen und Informationen, sondern hörten stets aufmerksam zu. Das taten sie deswegen, weil sie gelernt hatten, wie ein Gehirn dazu kommt, sein Weltbild zu erschaffen. Sie begriffen alle ausnahmslos, dass dieses individuelle Weltbild nur aus den Datenautobahnen besteht, die man ständig benutzt, um sein Leben zu gestalten. Da sich diese Menschen jedoch weiterentwickeln wollten, mussten sie neue Datenautobahnen anlegen, um ihr Weltbild zu vergrößern. Weltoffene Menschen verschließen sich nicht vor unbekannten Dingen, sondern betrachten die Welt jeden Tag mit anderen Augen, wodurch so manchem diese Einstellung mehr Freude, Glück, Ruhm und Reichtum beschert.

An mir selbst konnte ich erkennen, dass sich mein Leben erst dann gravierend änderte, als ich meine alten neuronalen Verbindungen gegen neue auszutauschen begann. Und als ich verstand, was in meinem Kopf genau vor sich ging, fiel es mir viel leichter „da oben" aufzuräumen. Zu wissen, wie etwas funktioniert, ist immer sehr hilfreich. Deswegen ist es so wichtig, sich für neues Wissen zu öffnen, denn man weiß in der Tat nicht, was man noch nicht weiß. Wer von sich behauptet, alles zu wissen, hat aufgehört, sich weiterzuentwickeln. Er bleibt stehen und wundert sich irgendwann darüber, dass er im Hamsterrad gefangen ist.

Neueste Hirnforschungen haben ergeben, dass ein Mensch neuronale Verbindungen leichter aufbauen kann, wenn er sein Gehirn trainiert. Wer also viel liest, rechnet oder sonstige Denkaufgaben regelmäßig absolviert, ist den Menschen gegenüber, die passiv vor dem Fernseher oder Computer sitzen und sich nur berieseln lassen, klar im Vorteil. Gehirnjogging ermöglicht auch hier, genau wie sportliche Betätigung an sich, eine bessere Kondition. Im Übrigen lassen sich unter den erfolgreichen Menschen dieser Erde kaum welche finden, die ihr Gehirn nicht jeden Tag sportlich ertüchtigen.

DIE VIER STUFEN ZU NEUEN GEWOHNHEITEN

Alles, was wir in unser Weltbild integrieren, durchläuft immer diese vier Stufen. Erst auf der vierten Stufe wird es zu einer Gewohnheit, die unbewusst abläuft. Gerade, weil die Gewohnheit unbewusst agiert, ist es so schwierig, sie wieder loszuwerden. An Süchten aller Art lässt sich dies am besten erkennen. Hier laufen automatische Prozesse ab, denen man nur sehr schwer wieder Herr wird. Denken wir nur an die vielen Raucher, die genau wissen, dass sie es besser lassen sollten, doch sie sind einfach nicht dazu in der Lage, damit aufzuhören. Sie versuchen es zwar immer wieder, doch viele scheitern an der Abhängigkeit von dem Suchtmittel. Dasselbe geschieht bei Alkoholikern oder bei Workoholikern. Wenn man sie fragt, wie sie in ihr Suchtverhalten hineingeraten sind, erklären sie, dass dies ein schleichender Prozess war, den sie kaum wahrgenommen haben. Genau das gilt für alle Gewohnheiten: Dass man sie nicht wahrnimmt, liegt an unseren Gefühlen, die nicht über den Verstand führen, sondern direkt auf unsere „Festplatte" gespielt werden. Dies ist in der Tat ein Schutzmechanismus, um nicht von Reizen überflutet zu werden. Denn müsste unser Verstand alles analysieren, was er vorgelegt bekommt, so wäre er hoffnungslos überfordert. Aber genau darin liegt die Tücke des Systems. Denn, einem Computerspeicher gleich, werden unsere Gewohnheiten im Hintergrund aufgespielt, die wie ein Virus den eigentlichen Programmablauf stören und manchmal sogar zum Erliegen bringen können. Die Folge sind unter anderem unsinnige Angewohnheiten, Süchte, Krankheiten, aber vor allem das Gefühl, im Leben einfach nicht weiterzukommen. Der eigentliche Programmablauf für unseren „Computer" ist das, was wir uns für dieses Leben vorgenommen haben zu erfahren, doch werden wir durch unsere Gewohnheiten daran gehindert, es zu leben. Unsere sechs Sinne sind so lange maßgeblich daran beteiligt, wie sie unerkannt in unser System eindringen können. Darum ist es genau wie bei einem Computer wichtig, ein „Antivirusprogramm" zu installieren, das die Übeltäter auf der Festplatte ausfindig macht. Dieses Schutzprogramm ist das Wissen um die Abläufe. Wird einem klar, wie man an seine Gewohnheiten gelangt ist, nämlich in erster Linie über Gefühle, die im Unterbewusstsein ins System eingeschleust und abgespeichert wurden, so ist man in der Lage, dem Verstand seine Macht zu entziehen. Indem man ihm die Aufgabe abspricht, alle alten und unnützen Gewohnheiten zu verwalten und bei jeder Gelegenheit zu präsentieren, bekommen neue Gewohnheiten die Chance, sich auf der vierten Stufe zu etablieren. Wer also erkennt, dass das Weltbild eines Menschen nur ein Konstrukt aus seinen Erfahrungen und den daraus resultierenden Gefühlen ist, der kann jeden Tag eine eigene neue Welt erschaffen. Einzig der innere Schweinehund kann uns, wie so oft, daran hindern. Diesen Übeltäter kennen wir besser unter dem Namen „Verstand". Fünf Prozent seiner Leistung genügen, um uns bewusst zu werden, was in uns abläuft. Die restlichen fünfundneunzig Prozent sind manipulative Tätigkeiten, die er glaubt, tun zu müssen, um nicht arbeitslos zu werden.

Wem diese Erklärungen über die komplexen Abläufe von Gewohnheiten nicht ausreichen und wer mehr darüber erfahren möchte, dem seien die Bücher von Rüdiger Schache empfohlen. Er studierte unter anderem Psychologie und stellte im Alter von achtunddreißig Jahren aufgrund erschütternder Lebenserfahrungen sein Weltbild infrage. Auf der Suche nach Antworten bereiste er in vier Jahren die Welt. Seine Bücher „Das Geheimnis des Herzmagneten" und „Die sieben Schleier vor der Wahrheit", aber auch viele andere seiner Bücher sowie seine Seminare können eine nützliche Hilfe für die persönliche Entwicklung sein.

Literaturtipps:
Schache, Rüdiger: Das Geheimnis des Herzmagneten

Schache, Rüdiger: Die sieben Schleier vor der Wahrheit

Zu Kapitel 17

DER ERSTE TAGEBUCHEINTRAG

Alles Neue braucht Zeit, um sich im System zu etablieren. Am einfachsten geschieht dies durch permanente Wiederholung. Auf diese Weise entstanden schließlich auch alle bisherigen Glaubenssätze. Vielleicht bist du heute in der Mitte deines Lebens und wurdest in vierzig oder fünfzig Jahren von außen mit Informationen, Erfahrungen und Gefühlen programmiert, die nun fest in dir verankert sind. Da haben einmal gehörte neue Erkenntnisse kaum eine Chance zu überleben. Deswegen ist es wichtig, von nun an immer und immer wieder das neue Wissen zu wiederholen, so lange, bis es in Fleisch und Blut übergeht und damit auf der vierten Stufe Platz nehmen kann – der Stufe des unbewussten Wissens.

Aus diesen Gründen wurde in den vorangegangenen Kapiteln alles mehrmals wiederholt und jedes Mal mit anderen Worten beschrieben. Die Zusammenfassung in diesem Kapitel soll der Leserin/dem Leser helfen, die durch den Roman entstandenen Bilder im Kopf immer wieder hervorzurufen, damit die vier Schritte schon bald jeden Tag befolgt werden können. Man könnte sich zum Beispiel die Zusammenfassungen dieses Buches, aber auch die des ersten Bandes von Kapitel 9 und 17 auf das Handy oder den MP3-Player sprechen und sie sich immer wieder anhören. Gerade Tätigkeiten, die einem nicht höchste Konzentration abverlangen, wie der Wohnungsputz oder die Fahrt zur Arbeit, sind geeignet, das neue Wissen in sein Leben einzubauen: einfach das Abspielgerät einschalten und los geht's.
Ich selbst habe mit dieser Methode sehr gute Erfahrungen gemacht.

Auch Hörbücher sind eine Möglichkeit, seine Zeit sinnvoll zu nutzen und neue Datenautobahnen zu installieren. Alles braucht seine Zeit. Deswegen darf man nicht erwarten, dass das, was vierzig oder fünfzig Jahre gewachsen ist, von heute auf morgen ausgewechselt werden kann. Mit einem Mal Lesen dieses Buches oder anderer Informationen ist es darum nicht getan. Erst die ständige Wiederholung erschafft neue neuronale Verbindungen. Übrigens:

Das Lesen ist ein wichtiger Faktor beim Gehirnjogging. Menschen, die nicht lesen, sind eindeutig unflexibler, auch wenn es um neue Gewohnheiten geht. Erfolgreiche Menschen bilden sich immer auch durch tägliches Lesen (gemeint sind ausdrücklich nicht die Tageszeitung oder Boulevardmagazine).

DAS POSITIVE FÜHLEN

Ich weiß nicht, wie viele Bücher über positives Denken ich schon gelesen habe, wie viele Gebete ich gesprochen und wie viele positive Affirmationen ich bereits formuliert habe. Manchmal haben sie funktioniert und manchmal nicht. Zeitweise war ich Feuer und Flamme, wie toll es klappte, und mindestens genauso oft zweifelte ich daran, dass es so etwas wie ein Resonanzgesetz gibt, weil es eben nicht einzutreten schien. Heute weiß ich, dass es zuverlässiger arbeitet als alles andere auf der Welt. Denn die verborgenen Gefühle hinter den Gedanken und Worten erschaffen unsere Realität. Da wir nun wissen, dass diese Gefühle oft im Unterbewusstsein in unser System eingebettet sind und wir sie meist nicht wahrnehmen, sind Worte und Gedanken zweitrangig. Denn Gefühle bewegen uns weitaus mehr als pure Worte. Wie oft erleben wir, wie uns ein Buch oder ein Film zu Tränen rührt. Es sind nicht die Worte, die das auslösen, sondern die Gefühle, die aufgrund der Sprache in uns entstehen. So wie bei einem Lied, das mit viel Gefühl gesungen wird – die vielen Castingshows im Fernsehen veranschaulichen dies: Der Sänger, der das Gefühl, das er durch den vorgetragenen Song vermitteln möchte, beim Singen in sich trägt, berührt unser Herz. Wir gehen mit seinen Gefühlen in Resonanz, was ihn zum Gewinner der Show macht. An den zahlreichen Negativmeldungen, die die Medienwelt verbreitet, machen uns nicht die Worte wütend oder ohnmächtig, sondern die eigene Empfindung, die in uns schwingt, weil sie bereits in uns vorhanden ist und nur deswegen in Resonanz gehen kann. Oder wie sonst ist es zu erklären, dass der eine aufgrund einer Meldung resigniert oder Wut empfindet, während ein anderer sie gar nicht richtig wahrnimmt. Wären es die Worte, die diese Emotionen hervorrufen, dann müssten alle Menschen gleich reagieren. Seit ich verstanden habe, dass es stets die Gefühle sind, die uns zum Schöpfer unserer Realität machen, gelingt es mir immer besser, mein Leben selbst in die Hand zu nehmen und mich nicht von meinen Emotionen bestimmen und verführen zu lassen.

Was so einfach klingt, ist in Wahrheit ein ganzes Stück Arbeit, denn Gefühle können sehr hartnäckig sein. Solange man nicht weiß, dass sie es sind, die alles erschaffen, fühlt man sich dem Leben ausgeliefert. Doch versteht man die Zusammenhänge und Funktionsweise, so wird man in Zukunft genauer darauf achten, von welchen Gefühlen man sich beherrschen lässt. Die Spiegelgesetze, wie sie im ersten Buch in Kapitel 15 beschrieben wurden, sind dabei ein Instrument, das uns klar zeigt, welche Emotionen in uns verborgen sind.

Zum besseren Verständnis fasse ich sie hier nochmals zusammen:

1. Alles, was ich am anderen kritisiere, zeigt das, was ich an mir ändern sollte.

2. Alles, was der andere an mir kritisiert und dies in mir Ärger oder Wut auslöst, zeigt ebenfalls das, was ich an mir ändern sollte.

3. Alles, was der andere an mir kritisiert, jedoch keinen Ärger oder Wut in mir auslöst, ist nicht mein Thema, sondern zeigt, was der andere an sich ändern sollte.

4. Alles, was mir am anderen gefällt und mein Herz berührt, zeigt mir, wie ich sein möchte – und damit, wer oder was ich bin.

Die Unternehmerin und Autorin Lynn Grabhorn war in ihrem Leben sowohl bereits ganz unten als auch ganz oben. Sie ist eine Frau, der man ihre Ratschläge abnimmt, da sie schon dort war, wo manche von uns sich noch befinden, und die dort angekommen ist, wo viele von uns gerne hinmöchten. Ihr kann man auf die Frage „Auf wen hörst du?" durch ihre gelebten Fakten Gehör schenken. In ihrem Buch „Aufwachen, dein Leben wartet" beschreibt sie, wie sie ihr Leben von einer alkoholabhängigen Außenseiterin zu einer erfolgreichen Geschäftsfrau gemeistert hat. Eine der wichtigsten Aussagen ihres Buches ist, dass das bewusste Benutzen des Resonanzgesetzes nur Erfolg verzeichnet, wenn man positiv fühlt, anstatt positiv zu denken.

Unter anderem stellte sie folgenden Leitfaden für das Erlernen des positiven Fühlens auf:

1. Stelle zunächst fest, was du nicht willst.

2. Stelle dann fest, was du wirklich willst.

3. Fühle dich in den Wunsch, den du willst, hinein,
   indem du ihn mit „Warum?" hinterfragst.
   („Warum möchte ich das?")

4. Dieses Gefühl der Spannung, der Sehnsucht oder der Vorfreude, das du
   dabei empfindest, halte von nun an in Form eines in dir ablaufenden Filmes aufrecht, indem du dich immer daran erinnerst, „warum" du diesen
   Wunsch in dir trägst. Sobald du daran zweifelst, dass er nicht in Erfüllung gehen könnte, sendest du ein negatives Gefühl aus, das in Konkur-
   renz zu deinem positiven Wunsch steht. Entwickle deswegen ein uner-
   schütterliches Vertrauen in das Resonanzgesetz.

Es ist nicht einfach, immer positive Gefühle in sich zu tragen und auszusenden, weil wir meistens von negativen geprägt sind. Doch das „Warum", also
der Herzenswunsch, lässt uns spüren, wie sich solche Empfindungen anfühlen. Erst wenn wir das bewusst erfahren haben, steht uns der Weg für dauerhafte positive Gefühle offen.

Literaturtipp:
Grabhorn, Lynn: Aufwachen, dein Leben wartet

ALLES IST INFORMATION

Die Quantenphysik ist ein Fachgebiet, das für den Laien schwer zu verstehen ist. Und genau deswegen wird sie immer noch von den meisten Menschen nicht beachtet oder gar abgelehnt. Dabei basiert die gesamte Halbleitertechnik auf ihren Erkenntnissen. Jeder besitzt heute ein Radio, einen Fernseher, einen Computer und ein Handy. All diese Errungenschaften gibt es nur dank der Quantenphysik.

Was Anfang 1900 durch Max Planck, Albert Einstein, Nils Bohr, Werner Heisenberg und Max Schrödinger entdeckt wurde, passte zunächst nicht in das damalige Weltbild. Dieses besagte: Die sogenannte klassische Physik beruht auf den Newton´schen Gesetzen. Ihre Strukturen sind absolut klar, es gibt kein Eventuell oder Dazwischen, nicht einmal eine Möglichkeit wird eingeräumt. Ihnen zufolge ist Materie absolut konsequent berechenbar. Alles hat einen Anfang und ein Ende, nicht mehr und auch nicht weniger.
Derselbe Isaac Newton, der diese Gesetze entdeckt hatte, sagte aber auch: „Was wir wissen, ist nur ein Tropfen, was wir nicht wissen, ein Ozean." Das ist für den menschlichen Verstand nicht akzeptabel, denn er muss alles erklären können und damit begrenzen. Was er nicht kennt, existiert für ihn nicht. Erst wenn ihm augenscheinliche Beweise vorgelegt werden, gibt er sich geschlagen und ändert sein Weltbild.

So kann die Quantenphysik erklären, was zuvor nicht möglich war. Alles ist Energie, die eine Information enthält, wodurch sie sich materialisiert und damit in unseren Augen real wird. Weil dies täglich, stündlich, minütlich, sogar augenblicklich geschieht, ist es zu einer Gewohnheit für uns geworden, wodurch wir nicht erkennen, dass wir jeden Moment unsere eigene Realität erschaffen. Dabei ist unser Verstand maßgeblich daran beteiligt, denn er ist es doch, der unsere Glaubenssätze kreiert. Doch er ist nicht imstande zu erkennen, dass es sich dabei lediglich um eine Illusion handelt. Erst wenn jemand von außen kommt und erklärt, welche Mechanismen in uns ablaufen, dann sind wir in der Lage, die Manipulation dieses Männchens in unserem Kopf zu entlarven und ihm den Mund zu verbieten. Eine bedeutende Erkenntnis ist deswegen die Aussage: Ich weiß nicht, was ich noch nicht weiß. Wer sich ihr öffnen kann, dem stehen alle Türen offen.

Ein Teil der sogenannten Elite, aber mittlerweile auch viele andere Menschen zeichnen sich dadurch aus, dass sie sich dem Bereich der Quantenphysik öffnen. Sie kennen die Gesetzmäßigkeiten, leben mit ihnen und entdecken auf ihrem Radarschirm Dinge, die der Verstand nicht wissen kann. Alle Menschen, die sehr engstirnig und kleinkariert sind und deswegen nicht über den Tellerrand blicken wollen, wie wir es in der Umgangssprache beschreiben, werden deswegen länger brauchen als die anderen, um das wahre Glück und die Freude in ihr Leben zu ziehen.

Wir wissen nun, dass Gedanken und Gefühle nichts anderes als Energien sind, die immer Informationen enthalten, welche wiederum darüber entscheiden, wie sich unsere Zukunft gestaltet. Dazu gibt Kevin Trudeau in seinen Vorträgen und Büchern folgende Tipps:

1. Definiere deinen Traum.
2. Entwickle ein brennendes Verlangen danach, indem du permanent das Gefühl in dir spürst, als wäre er schon Realität.
3. Die Dauer und Intensität dieses Gefühls ist entscheidend, ob der Traum Realität wird.

Das ist die Kurzanleitung für den Leitsatz dieses Buches:
„Du wirst zu dem, was du die meiste Zeit fühlst."

Napoleon Hill gab den Rat:

Was immer der menschliche Verstand begreifen kann und ihn dazu bringt, es zu glauben, das kann er erreichen.

Wie lautet es in einer Werbung so schön: Nichts ist unmöglich.

Wir sehen also, die klassische Physik erschuf ein Weltbild der Begrenzungen. Die Quantenphysik zeigt uns jedoch, dass alles unendlich ist – und damit alles möglich. Fragt sich nur, warum dies noch nicht in den Schulen gelehrt wird. Die Internetseite „Matrixwissen.de" stellt diesbezüglich einen umfangreichen Pool an Informationen zur Verfügung.

Welche Entwicklung könnten die Menschen machen, wenn sie nicht mehr im Irrglauben darüber gelassen würden, dass sie ihrem Schicksal ausgeliefert wären.

Literaturtipps:
Maurer, Norbert: Der Evolutionscode

Starkmuth, Jörg: Die Entstehung der Realität
(Wie das Bewusstsein die Realität erschafft)

Warnke, Ulrich: Quantenphilosophie und Interwelt

Internetquellen:
Werner Heisenberg und die Frage nach der Wirklichkeit (YouTube-Film)
https://www.youtube.com/watch?v=MbV4wjkYtYc

www.matrixwissen.de

NEUE GEWOHNHEITEN

Die Ernährung ist heutzutage wohl zu einer der unbewusstesten Handlungen unseres Lebens geworden. Unser Magen meldet sich mit dem Gefühl des Hungers und wir befriedigen ihn mit Nahrung, ohne zu überlegen, was wir uns und unserer Umwelt dabei antun. Essen ist noch ein Überbleibsel der Evolution. Es dient dem biologischen Überleben. Ohne Essen würden wir sterben – das signalisiert uns zumindest das Gefühl eines leeren Magens. Darum stopfen wir alles in ihn hinein, um die Anweisungen unseres Verstandes zu befolgen. Dazu kommen heute noch der grenzenlose Überfluss und die daraus entstandene Sucht des besonderen Geschmackserlebnisses. Unsere Essgewohnheiten sind so denaturiert, dass wir oft gar nicht mehr wissen, wie gesunde Nahrung ohne Geschmacksverstärker schmeckt. Weil uns das Verständnis für eine gesunde Ernährung fehlt, spricht man heute auch von Lebensmitteln, wenn man im Supermarkt einkauft. Sie dienen nur als „Füllstoff" zum Zweck des Überlebens, während Nahrungsmittel dafür sorgen, uns mit dem Besten zu nähren, wodurch wir wachsen und gedeihen.

Im Körper eines Erwachsenen sterben in jeder Sekunde zirka fünfzig Millionen Zellen und ebenso müssen fünfzig Millionen Zellen wieder erneuert werden. Um dies zu bewerkstelligen, benötigt der Körper eine gesunde Nahrung. Bekommt er sie nicht, so können sich auch nicht alle abgestorbenen Zellen erneuern. Dadurch entsteht der Alterungsprozess. Deswegen ist den meisten Menschen Mangel anzusehen.

Es gibt zahlreiche Ernährungslehren, die hauptsächlich darauf abzielen, das Übergewicht zu reduzieren. Eine starke Gewichtszunahme lässt sich jedoch nur rückgängig machen, indem man die gewohnte Ernährungsweise ändert. Das wiederum funktioniert nur durch Aushungern der Datenautobahnen, über die die Essgewohnheiten entstanden sind. Gleichzeitig gilt es, über veränderte Essgewohnheiten neue neuronale Verbindungen aufzubauen. Dazu gehört ebenso das Verständnis für die energetische Ebene unserer Nahrung. Diese erschließt sich einem aber erst, wenn man den Zugang zur Quantenphysik gefunden hat und versteht, dass in jedem Bissen, den wir verspeisen, eine Information steckt, die uns verändert – zum Positiven wie zum Negativen. Die Autoren Thorsten Weiss und Jenny Bor fordern deswegen in ihrem Buch „Zellleuchten" einen respektvollen Umgang mit Nahrungsmitteln, Freude bei der Zubereitung sowie Aufmerksamkeit und Liebe beim Essen als wichtige Voraussetzungen, da uns diese Faktoren nicht weniger beeinflussen als die Nährstoffe selbst. So kann beispielsweise ein biologisch erzeugtes Gemüse durch „Gedankenmüll" ebenso belastend wirken wie Gemüse aus konventionellem Anbau, das mit Spritzmitteln behandelt wurde. Es geschieht zwar auf unterschiedlichen Ebenen (chemisch oder quantenphysikalisch), jedoch sind die Auswirkungen für den Konsumenten in beiden Fällen spürbar.

Die Auseinandersetzung mit dem Fleischkonsum war für mich bis vor einigen Jahren kein Thema. Fleisch gehörte bei mir zu einer vollwertigen Mahlzeit dazu.
Wir haben uns alle angewöhnt, viel zu viel Fleisch zu essen. Ein Produkt, das unser Körper in dieser Menge gar nicht benötigt. Dabei wäre diese Angewohnheit schnell abgelegt, wenn jeder die Tiere, die er verzehrt, selbst schlachten müsste. So manchem würde das den Appetit gründlich verderben.
Doch wir bekommen einen Teil des Tieres in der Kühltheke des Supermarktes, fürs Auge schön hergerichtet, und machen uns keine Gedanken darüber, was in der Produktionskette bis dahin alles geschehen ist.

Die Information über die Herstellung des Produktes Fleisch ließ ethische Zweifel in mir aufkommen, als ich den Dokumentarfilm „Erdlinge" sah. Er ließ mich erkennen, welches Leid wir diesen Wesen antun, nur um jeden Tag möglichst billig unsere Gewohnheiten zu befriedigen. Die schonungslosen Bilder, die für schwache Gemüter nicht zu empfehlen sind, ließen in meiner Frau und mir die Entscheidung reifen, künftig nur noch zwei Mal in der Woche Fleisch zu essen. Ganz darauf verzichten wollen wir noch nicht. Stattdessen kaufen wir nun nur noch bei den Metzgereien, die mit ihren Fleischerzeugern transparent umgehen, sodass wir uns davon überzeugen können, unter welchen Bedingungen die Tiere gehalten werden. Dafür zahlen wir gerne mehr Geld. Da wir auf dem Land wohnen, ist diese Umgewöhnung für uns kein größerer Aufwand, jedoch sehe ich in der Großstadt wohl ein organisatorisches Problem. Doch regelt ja bekanntlich die Nachfrage das Angebot. Und da weniger oft mehr ist, kann ich nur sagen, dass der Geschmack und die Beschaffenheit beispielsweise eines Huhns um Längen besser ist, wenn es mehr als doppelt so lange leben durfte wie ein käfiggehaltenes Maststier. Zudem durfte es ein würdevolles Leben im Freilauf genießen, statt die Qualen der Massentierhaltung zu ertragen.

Auf Schweinefleisch verzichten wir aus folgenden Gründen so gut wie ganz: Der Arzt Dr. med. Hans Heinrich Reckeweg (1905–1985) schrieb dazu in seinem Buch „Schweinefleisch und Gesundheit", dass Produkte aus Schweinefleisch für den Menschen sehr ungesund sind. Das hat viele Gründe. Es hat einen sehr hohen Fettgehalt. Selbst sogenanntes mageres Schweinefleisch enthält noch große Mengen Fett, da es intrazellulär angereichert wird.
Schweinefleisch hat einen hohen Cholesteringehalt. Es enthält eine Eiweißstruktur, die derjenigen des menschlichen Fleisches sehr ähnlich ist. (Im Übrigen weisen der gesamte innere Bau des Schweines und die Haut große Ähnlichkeiten zum menschlichen Körper auf, weswegen Schweine früher für Medizinstudenten als Objekte für anatomische Übungen verwendet wurden.) Somit wird das Fleisch bei der Verdauung vom Abwehrsystem nicht als Fremdkörper erkannt, wodurch es im Körper nicht ausreichend verstoffwechselt werden kann. Dadurch kommt es zu Fäulnisprozessen, wodurch Toxine entstehen, die den Körper sehr belasten. Es entstehen Ablagerungen in Sehnen, Knorpeln und Bändern, was zu typischen Erkrankungen wie Rheuma, Arthrose, Bandscheibenschäden usw. führen kann.
Ein mit Schweinefleisch belasteter menschlicher Körper ist aufgrund der ausgeschütteten Hormone beim Schlachtvorgang weniger stressbelastbar und neigt deswegen eher zu Magengeschwüren und Herzinfarkt. Die Gifte des Schweinefleisches stören Nervenfunktionen und damit alle anderen Funktionen des Organismus. Das Schwein ist in der Massentierhaltung ein krankes, verseuchtes Tier. Das ist bei den sogenannten Bioschweinen nicht wesentlich anders.

Als ich dies alles über Schweinefleisch erfahren hatte, verstand ich, warum es Kulturen gibt, die kein Schwein verzehren.

Literaturtipps:

Weiss, Thorsten/Bor, Jenny: Zellleuchten

Dahlke, Rüdiger: Peace Food

Reckeweg, Hans Heinrich, Dr. med.: Schweinefleisch und Gesundheit

Internetquelle:

Erdlinge (YouTube-Film)
www.youtube.com/watch?v=AiWk4dQrKwU

NÜTZLICHE TIPPS

Seitdem bekannt wurde, dass Aluminium für unseren Körper schädlich ist, weil es im Verdacht steht, verschiedenste Erkrankungen zu begünstigen, kam es zu einem Aufschrei unter den Verbrauchern. So wurde erstmals in der breiten Öffentlichkeit auch das Deodorant mit Aluminium in Verbindung gebracht. Unser größtes Organ, die Haut, nimmt diese Partikel auf und schleust sie in den Körper, wo sie ihren Schaden anrichten können. Die Reaktion der Verbraucher, künftig Deodorants ohne Aluminium zu verwenden, führte zu einem Umdenken der Industrie. Heute stehen mehr aluminiumfreie Deos im Regal als herkömmliche.

Was für das Deodorant gilt, trifft auch auf alle anderen Kosmetika zu. Egal ob Seife, Shampoo, Bodylotion oder Parfüm, die meisten dieser Pflegeprodukte enthalten Stoffe, die unseren Körper in eine niedrige Schwingung versetzen. Zwar spüren wir das nicht unmittelbar, doch die Anhäufung der täglichen Aufnahme führt zu einer spürbaren Veränderung des Wohlbefindens. Weil wir es jedoch nicht in Zusammenhang mit diesen Produkten bringen und weil wir uns schleichend immer unwohler fühlen, wird uns dies nicht bewusst. Meine Frau und ich verwenden, wann immer es geht, nur noch biologische Kosmetika und auch bei allen anderen Produkten, die wir mit unserem Körper in Kontakt bringen, sind wir mittlerweile sensibler geworden. Wenn der Körper erst einmal eine höhere Grundschwingung eingenommen hat, spürt man leichter, welche Dinge einem guttun und welche eher schaden. Das liegt daran, dass der Unterschied zwischen der körpereigenen Schwingung und der der verwendeten Produkte immer größer wird. Solange sich die Eigenschwingung mit der externen Schwingung in Einklang befindet, geht man unbewusst mit ihr in Resonanz und wundert sich lediglich, weshalb man sich gerade nicht wohl fühlt. Ich weiß, dass es nicht immer leicht ist, ein neues Verhalten in den Alltag zu integrieren. Es ist überdies auch nicht immer möglich, doch wenn man erst einmal über die Zusammenhänge Bescheid weiß, beginnt automatisch ein Umdenkprozess.

Eine Umorientierung im Verbraucherverhalten würde auch hier die Industrie zu Veränderungen veranlassen.

Der Fastentag war schon früher in vielen Religionen ein wichtiges Ritual und in manchen Kulturen wird er noch heute praktiziert. Dabei ist es in erster Linie wichtig, in dieser Zeit nichts Belastendes zu sich zu nehmen, um dem Körper die Möglichkeit zu geben, sich von innen heraus zu reinigen. Doch wer noch nie gefastet oder seinen Körper entgiftet hat, dem rate ich, wie im ersten Band der Reihe „Ich bin …" in Kapitel 6 beschrieben, eine Entgiftung mit Zeolith zu beginnen. Allerdings reicht dies aufgrund unserer Essgewohnheiten und der dadurch hohen Belastung meist nicht aus, weswegen eine spezielle Leber-, Nieren- und Darmentgiftung notwendig wird. Ich selbst habe sie nach Anleitung durchgeführt und spüre seitdem noch intensiver meine wahren Kräfte.

Das Dankbarkeitsritual, das ich in diesem Buch unter Punkt 8 beschrieben habe, praktiziere ich fast täglich. Ich kann nur jedem empfehlen, das Leben nicht als selbstverständlich zu betrachten. Dankbarkeit zu empfinden für das, was man jeden Tag erleben darf, ist eine Geste an die Seele. Man erkennt ihre Existenz an, indem man sich vom Verstand löst und die Verantwortung für sein gesamtes Handeln übernimmt. Das ist nicht einfach, wie wir ja nun wissen. Doch mit diesem Ritual gibt es keine Verurteilung oder Jammern mehr, sondern nur noch ein Verstehen, dass man alles selbst erschaffen hat und durch die Spiegelungen im Außen erkennt, wie man fühlt. Dankbarkeit sendet ein Gefühl der Freude und Glückseligkeit aus, Verurteilung hingegen Gefühle der Resignation, Zweifel und Angst bis hin zu Wut und Hass. Dabei wollen wir doch alle am liebsten nur glücklich sein.

Wie Paracelsus schon sagte: „Die Dosis macht das Gift", so ist erst eine große Menge an chemischen Bestandteilen und physikalischen Informationen, die täglich oft unbewusst auf uns einwirken, dafür verantwortlich, dass wir uns schlecht fühlen und krank werden. Bevor ich mich mit dieser Thematik intensiver auseinandergesetzt habe, hätte ich es nie für möglich gehalten, dass all die von Fatima aufgeführten Tipps vor allem in ihrer Kombination so sehr unseren Gemütszustand beeinflussen, wenn wir ihnen keine Beachtung schenken.

Die Elite weiß über die aufgeführten Zusammenhänge längst Bescheid, denn sie befolgt konsequent, was Fatima an nützlichen Tipps gegeben hat. Kevin Trudeau berichtete darüber ausführlich in seinem Buch und dem Seminar. Ich konnte es zudem bereits als Bestätigung in zahlreichen anderen Büchern nachlesen. Doch das praktische Umsetzen gab mir erst den Beweis, dass alles stimmt, was in vielen Büchern über Jahrtausende niedergeschrieben wurde.

Literaturtipps:
Enders, Giulia: Darm mit Charme

Moritz, Andreas: Die wundersame Leber- und Gallenblasenreinigung

DER WANDEL

Den freien Willen in den Hintergrund zu stellen und dafür der Seele wieder die Führung für das eigene Leben zu übergeben, war für mich eine der wirksamsten Entscheidungen für meine Entwicklung. Dadurch habe ich meinem oftmals besserwisserischen Verstand die Macht genommen zu entscheiden, was gut für mich ist. Seit ich weiß, dass wir alle einen Seelenplan mitbekommen haben (wie im ersten Band in Kapitel 23 ff. beschrieben), sehe ich die Notwendigkeit, diesen auch zu erfüllen. Es ist vergleichbar mit einer Hausaufgabenliste, die, in diesem Leben zu erledigen, wir uns vor unserer Geburt vorgenommen haben. Sie ergibt sich durch die Erfahrungen vergangener Leben. Quantenphysikalisch lässt sich das wie folgt erklären:

Jede Schwingung benötigt eine Gegenschwingung, um sie zu neutralisieren. Am Beispiel des Rauschunterdrückungskopfhörers lässt sich dies gut veranschaulichen. Setzt man ihn auf, wird es absolut still, weil er jedes Geräusch in seinem Umfeld durch den entsprechenden Gegenton neutralisiert. Mathematisch erklärt sich das mit folgender Rechnung: + 5 und - 5 = 0. Nach diesem Prinzip haben die Ärzte Alex Loyd und Ben Johnson eine Methode entwickelt, die sie den „Healingcode" nennen. Ihre Erfolge sind nach ihren Erfahrungen zu urteilen, überwältigend. Auch die Homöopathie funktioniert übrigens auf diese Weise.

Auf einzelne Lebenssituationen bezogen, wird somit eine Erfahrung erst durch die entsprechende Gegenerfahrung neutralisiert, wodurch die Hausaufgabe gemacht wurde, um zum vorhin gewählten Bild zurückzukehren. Im Seelenplan sind also all die Schwingungen oder Informationen gespeichert, welche in vergangenen Leben durch Erfahrungen entstanden sind und nicht durch gegensätzliche Erfahrungen zu einer Erkenntnis geführt haben, die sie neutralisiert hätten. Vereinfacht heißt das nichts anderes, als dass man in einem oder mehreren vorigen Leben, aus welchen Gründen auch immer, seine Hausaufgaben nicht vollständig gemacht und damit neutralisiert hat (siehe in diesem Buch in Kapitel 5, Beispiel: Der Plastikfötus und die Dose).

Gleichzeitig hat sich die Seele aber auch neue Aufgaben ausgesucht, die sich im Seelenplan wiederfinden. So entsteht ein Individuum, das sich von jedem anderen unterscheidet. Das erklärt auch, weswegen jeder Mensch seine eigene Wahrheit hat.

Diese Aufgaben, also die alten, noch nicht gemachten und die neu hinzugekommenen, besiegelt man, bildlich gesprochen, mit einem Vertrag seiner Seele gegenüber. Man verpflichtet sich, diesen sogenannten „Seelenvertrag" einzuhalten wie beispielsweise einen Arbeitsvertrag. Bei Nichteinhaltung ist die Reaktion vergleichbar mit der Abmahnung seitens des Arbeitgebers. Die Seele sorgt dafür, dass man wieder an seine Abmachung erinnert wird. Dies geschieht durch steigende Unzufriedenheit, Krankheit oder Schicksalsschläge. Und genauso wie ein Arbeitgeber sich erkenntlich zeigt, wenn er mit der Leistung des Arbeitnehmers zufrieden ist, erhält man von seiner Seele eine Belohnung für ein rasches Vorwärtskommen auf seinem Lebensweg. Sie drückt sich durch Freude, Glück und Gesundheit aus. Wem dieses Bild zu abstrakt ist, der findet die Erklärung ebenso in der Quantenphysik. Durch das Resonanzgesetz ziehen wir das an, was wir aussenden. Wer seinen Seelenplan lebt, der ist glücklich und zufrieden und zieht folglich auch genau das in sein Leben. Wer sich weigert, seinen Seelenplan zu leben, der wird unglücklich und unzufrieden, wodurch er noch mehr dieser Lebenssituationen in sein Leben zieht, die ihn genau das fühlen lassen.

Der Seelenplan beinhaltet somit unter anderem die Lebensaufgabe, die jeder in sich trägt. Im antiken Griechenland stand über dem Eingang des Tempels zu Delphi: Erkenne dich selbst. Wer in der Lage ist, seine Lebensaufgaben zu meistern und damit seinen Seelenplan zu erfüllen, der hat sich wahrlich selbst gefunden. Doch wer seine Lebensaufgabe, aus welchem Grund auch immer, nicht findet, der kann auch nicht Freude, Glück, Gesundheit und Zufriedenheit empfinden. Darum ist es wichtig, seinen Verstand auszuschalten und seiner inneren Stimme zu lauschen. Selbst wenn sie manchmal so gar nicht logisch klingt, sie führt jeden zu seinem Seelenplan und damit auf den richtigen Weg – sofern man sich auf sie einlässt. Wie das am leichtesten gelingen kann, beantwortet der Schriftsteller Antoine de Saint-Exupéry in seinem Buch „Der kleine Prinz". Darin gibt er den Rat: „Man sieht nur mit dem Herzen gut, das Wesentliche ist für die Augen unsichtbar."

Literaturtipps:
Loyd, Alex/Johnson, Ben: Der Healingcode

Aurelia, Sarinah/ Ayach, Leila Eleisa: Seelenverträge Bände 1–9

de Saint-Exupéry, Antoine: Der kleine Prinz

HILFE VON AUSSEN

Es ist für uns Menschen wirklich nicht einfach, ein neues Weltbild zuzulassen. Auch ich weiß das nur zu gut. Doch öffnen sich seit dem 21. Dezember 2012 immer mehr Menschen und fragen nach dem Sinn des Lebens. Sie spüren, dass eine Veränderung der alten Gewohnheiten ansteht. Ein eindeutiges Zeichen dafür sind die zahlreichen literarischen Neuerscheinungen zu diesen Themen auf dem Buchmarkt. Auch das Internet ist voll von Informationen. Zudem suchen immer mehr Menschen Hilfe bei Heilpraktikern, Therapeuten und Ärzten, die nach ganzheitlichen Heilmethoden behandeln. Gleichzeitig steigt die Zahl der schweren Erkrankungen immer mehr an. Es scheint so, als würde sich die Spreu vom Weizen trennen. Wer in seinem Bewusstsein voranschreitet, der wird immer gesünder, während diejenigen, die sich einer spirituellen Entwicklung verschließen, immer kranker werden. Nicht umsonst ist Burnout als sogenannte Zivilisationskrankheit auf dem Vormarsch. Mehr als dreißig Prozent der Angestellten in Industriebetrieben sind bereits davon betroffen. Dr. Jörg Tacke und Dr. Michael König diskutierten in einem Interview auf YouTube über die Ursachen des Burnouts aus quantenmedizinischer Sicht und stellten fest, dass das Fehlen des Sinnes im Leben einer der Gründe ist, weswegen Menschen in diesem fatalen Hamsterrad stecken. Sie leben nicht mehr ihre Sehnsüchte und Herzenswünsche und können somit ihren Seelenplan nicht erfüllen. Fehlt die Lebensaufgabe, weil man nur noch funktioniert, um zu überleben, verheizt man seine Kräfte im wahrsten Sinne des Wortes für eine Illusion, und zwar so lange, bis man völlig ausgebrannt ist.

Konfuzius sagte bereits um 500 v. Chr.: „Finde die Arbeit, die dich beseelt, und du wirst dich nie mehr anstrengen müssen."

Interessanterweise nehmen Krankheitsbilder wie Depressionen und daraus folgend Burnout besonders intensiv seit dem 21. Dezember 2012 zu, was schon mehrere Internetseiten, die sich mit der Schwingungserhöhung beschäftigten, bereits im Jahre 2013 prognostizierten. Der Grund dafür ist, wie der Biophysiker Dieter Broers in seinem Film „Solar Revolution" aus dem Jahre 2012 erklärt, die verstärkte Sonnenaktivität. Sie geht immer mit einem Bewusstseinswandel einher, was sich, wie in diesem Roman beschrieben, anhand der Menschheitsgeschichte beobachten lässt. Ich habe in meinem ersten Buch bereits darüber berichtet und nun, zwei Jahre später, werden die prognostizierten Auswirkungen immer deutlicher. Die Sonnenstürme haben extrem zugenommen, was Polarlichter in Breitengraden zeigen, in denen diese normalerweise nicht zu sehen sind. Satelliten fielen aus und teilweise wurde in Nordeuropa das Stromnetz gestört. Der letzte aktuelle Sonnensturm eines solchen Ausmaßes, vor Druck der ersten Auflage dieses Buches, ereignete sich am 22. Juni 2015. Er war der stärkste seit zehn Jahren, weswegen über ihn auch in den Mainstreammedien berichtet wurde.

Dazu kommt das weltweite Chaos in Krisengebieten. Dies alles sind Anzeichen einer sich ändernden Gesellschaft, weg von einem abhängigen Menschen, der brav im Hamsterrad seine Arbeit verrichtet, hin zu einer selbstbewussten Persönlichkeit, die ihrem Leben wieder einen Sinn geben möchte, um dadurch endlich Freude und Zufriedenheit zu spüren.

Doch der Weg dorthin führt nur über das aktive Tun. Wer, wie in manchen Religionen prophezeit wird, glaubt, dass ein Retter kommt, der uns aus dem Joch der Manipulation und Unterdrückung befreit, der wird enttäuscht sein, wenn ich sage, dass nur jeder alleine sein Leben verändern kann. Wie formulierte es Mahatma Gandhi treffend: „Sei du selbst die Veränderung, die du dir wünschst für dieses Leben." Die Gesetzmäßigkeiten im Spiel liefern dafür die Erklärung.

Weil das Licht mit seinen Photonen durch die Sonnenaktivität die Dunkelheit in uns erhellt, ist jeder von uns aufgefordert, seine Hausaufgaben zu machen, um dadurch die alten Energien in sich zu neutralisieren. Ist dies geschehen, entsteht Platz für die Energie der Freude und Liebe.

Literaturtipps:

Broers, Dieter (Morpheus): Transformation der Erde

Hannes, Hendrik: Photonic

DVD-Tipps:

Broers, Dieter: Solar Revolution

Internetquelle:

Dr. Jörg Tacke und Dr. Michael König

Der Burnout aus quantenmedizinischer Sicht (Youtube-Film)

https://m.youtube.com/watch?v=ngxAjAzV_Mc

DER SCHMETTERLING

Der Zweifel ist immer in uns. Solange wir unserem Verstand die Oberhand lassen, werden wir zwangsläufig an den Punkt kommen, an dem wir alles infrage stellen, was uns soeben noch völlig logisch erschien. Auch mir erging es lange Zeit so, doch zwei Menschen haben mir jeden Zweifel genommen, dass es die Quelle allen Seins und das Spiel des Lebens mit seinen Gesetzmäßigkeiten nicht geben könnte, und zwar Dr. Elisabeth Kübler-Ross und Dr. Eben Alexander.

Elisabeth Kübler-Ross war Sterbeforscherin und hat während ihrer Tätigkeit Tausende Menschen in den Tod begleitet, darunter allein Hunderte Nahtoderfahrungen. In ihren Büchern und Vorträgen beschrieb sie sehr detailliert, was die Menschen, die wieder von der „andern Seite" zurückkehrten, erlebt hatten. Dabei spielte es keine Rolle, wie alt die Personen waren und welcher Religion beziehungsweise welchem Kulturkreis sie angehörten, immer berichteten sie von denselben Erlebnissen.

Dafür bekam die Ärztin nach anfänglicher Kritik ihres Standes von mehreren Universitäten den Ehrendoktortitel verliehen, nicht zuletzt wegen der Beschreibung und Dokumentation unglaublicher Tatsachen. In diesem Roman wurde die wahre Begebenheit aus ihrem Buch adaptiert, die beweist, dass von Geburt an blinde Menschen aufgrund ihrer Nahtoderfahrung in der Lage sind zu beschreiben, wie ihr Umfeld am Krankenbett und die dort befindlichen Personen zum Zeitpunkt des Nahtoderlebnisses aussahen. Für den Verstand ihrer Kollegen war damit ein Beweis für das Vorhandensein eines höheren Selbst gegeben, den sie bestätigen konnten. Ich habe daraus in diesem Buch die Geschichte von Charlotte konstruiert.

Einige Zitate aus Elisabeth Kübler-Ross´ Werken lassen erkennen, dass alles, was in diesem Buch zu lesen ist, vor wahren Hintergründen spielt:

„Der Tod ist ganz einfach das Heraustreten aus dem physischen Körper und zwar in gleicher Weise wie ein Schmetterling aus seinem Kokon heraustritt."

„Sterben ist nur ein Umziehen in ein schöneres Haus."
„Der Tod ist nur ein Übergang in eine andere Frequenz."

Dr. Eben Alexander ist ein amerikanischer Neurochirurg, der 2008 an einer seltenen Form von Meningitis erkrankte. Dadurch fiel er für sieben Tage ins Koma. Während dieser Zeit durchlebte er eine Nahtoderfahrung, die er in seinem populärwissenschaftlichen Buch „Blick in die Ewigkeit" beschreibt und analysiert. Seine Erfahrungen haben sein bisheriges medizinisches Weltbild über die Funktionsweise des Gehirns auf den Kopf gestellt. Sie decken sich nahezu mit den Beschreibungen der Patienten von Dr. Elisabeth Kübler-Ross, als sie durch einen Tunnel gingen. Da er zunächst mit den Bildern, die sich bei ihm auf seiner „Reise" eingeprägt hatten, nur wenig anfangen konnte, begann er zu recherchieren und erkannte, dass fast ausnahmslos alle Nahtoderfahrungen dieselben Erlebnisse aufwiesen.

Als Zeuge dieses Ereignisses fordert er heute ein Umdenken in der Medizin. Er sieht es als seine Mission an, seine Erfahrungen weiterzugeben, und hat dafür die Organisation „Eternea" gegründet. Dr. Alexander selbst bringt seine Erfahrung auf eine schlichte Formel: „Die bedingungslose Liebe und Akzeptanz, die ich auf meiner Reise in eine andere Dimension erlebte, ist die wichtigste Entdeckung, die ich je gemacht habe. Tief in meinem Herzen weiß ich, dass meine Aufgabe darin besteht, diese ganz einfache Botschaft – so einfach, dass die meisten sie bereitwillig akzeptieren können – anderen mitzuteilen.

Was Charlotte im Roman nach ihrer Herztransplantation erlebt hat, begründet sich auf den wissenschaftlichen Untersuchungen des Zellbiologen Bruce Lipton. In seinem Buch „Intelligente Zellen" veröffentlichte er seine erstaunlichen wissenschaftlichen Erkenntnisse über die biochemischen Funktionen unseres Körpers. Sie zeigen, dass unser Denken und Fühlen bis in jede einzelne unserer Zellen hineinwirkt. In leicht verständlicher Sprache und anhand eingängiger Beispiele führt er vor, wie die neue Wissenschaft der Epigenetik die Idee auf den Kopf stellt, dass unser physisches Dasein durch unsere DNS bestimmt würde. Vielmehr wird sowohl unser persönliches Leben als auch unser kollektives Dasein durch die Verbindung zwischen innen und außen, zwischen Geist und Materie gesteuert.

Der Verfasser des Artikels „Organwahn" (Der fatale Irrtum von der Heilung durch Fremdorgane), Werner Hanne, beschäftigt sich seit 2008 nach einem dramatischen Ereignis in seinem persönlichen Umfeld intensiv mit dem Thema Organspende. In seiner 42-seitigen Broschüre beschreibt er, was der Öffentlichkeit verschwiegen wird. So erfährt man zum Beispiel auf Seite 20 von Veränderungen der Persönlichkeit:
„Es gibt eine große Dunkelziffer von Organempfängern, die plötzlich ganz anders empfinden, ihre Gefühle nicht mehr einordnen können, suizidgefährdet, ziel- und orientierungslos sind und eine für sie unerklärliche Todessehnsucht haben. Sie finden für ihre Probleme kaum Ansprechpartner. In Kliniken werden sie zurückgewiesen. In diesem Zusammenhang wird deshalb auch von Gedächtnistransplantation gesprochen."

Die Autorin und Psychotherapeutin Elisabeth Wellendorf schildert in ihrem Buch „Mit dem Herz eines anderen leben. Die seelischen Folgen der Organtransplantation" Erfahrungen Betroffener:

„Ich fühle mich an meinen Spender gebunden wie an einen Zwillingsbruder. Er begleitet mich ständig. Manchmal habe ich das Gefühl, als höre ich ihn atmen."

„Mein bisheriges Ich hat sich in ein Wir verwandelt."

„Kann ich mit einem Männerherz noch wie eine Frau lieben?"

„Kann ich das Herz eines bösen, kalten Menschen bekommen haben? Ich fühle nichts mehr."

Literaturtipps:
Kübler-Ross, Elisabeth, Dr.: Über den Tod hinaus

Alexander, Eben, Dr.: Blick in die Ewigkeit

Long, Jeffrey, Dr.: Beweise für ein Leben nach dem Tod: Die umfassende Dokumentation von Nahtoderfahrungen aus der ganzen Welt

Lipton, Bruce: Intelligente Zellen

Wellendorf, Elisabeth: Mit dem Herz eines anderen leben

Internetquelle:
Organwahn.de (PDF zur gleichnamigen Broschüre)

ANGST ODER LIEBE

In der Schule wurden wir alle gewissen Glaubenssätzen unterworfen, wodurch spätestens jetzt das seinen Lauf nahm, was ich in den vorangehenden Kapiteln schilderte. Leistungsdruck und Versagensängste raubten uns das Selbstvertrauen in unsere angeborenen Fähigkeiten und in unsere Intuition. Und noch heute werden Kinder nach überholten Drillmethoden ausgebildet, was sie zu einem angepassten Denken zwingt. Der anerkannte Bildungsexperte und Erziehungswissenschaftler Sir Ken Robinson bringt es auf den Punkt:

Achtundneunzig Prozent aller Kindergartenkinder besitzen noch die Fähigkeit zu unangepasstem Denken, was bedeutet, dass man mehr als nur eine Antwort auf eine Frage geben kann. Jedoch nimmt dies im Laufe der Schulbildung kontinuierlich und radikal ab. Robinson plädiert deswegen für einen Paradigmenwechsel in den Bildungssystemen. Er fordert, den kreativen Geist und die Intuition jedes Menschen zum Ausgangspunkt von Bildung werden zu lassen. Wenn man bedenkt, dass laut anonymen Umfragen in den Führungsetagen der großen Industriebetriebe fast achtzig Prozent der Manager aus dem Bauch heraus Entscheidungen treffen, ist die Forderung zwingend gerechtfertigt. Dass uns die Intuition nicht täuscht, habe ich ausführlich dargelegt. Doch wird die gefühlsbetonte Form der Entscheidungsfindung von den Führungskräften in der Öffentlichkeit kaum einmal zugegeben, da man aufgrund ihrer Ausbildung von ihnen erwartet, schwerwiegende Entscheidungen mittels der Intelligenz ihres Verstandes zu treffen. Schon daran zeigt sich, wie recht Robinson hat.

Als ich dieses Buch zu schreiben begann, wusste ich, dass ich auch das Schulsystem mitverantwortlich machen werde für unsere in der Kindheit verloren gegangenen Fähigkeiten. Mir war klar, dass unsere Kinder oder Enkelkinder nur eine Chance haben würden ihr inneres Kind und ihre Seelenverbindung zu erhalten, wenn die Schule sie darin unterstützte.

Die 15-jährige Schülerin Yakamoz Karakurt veröffentlichte 2011 auf „Zeit online" einen offenen Brief, in dem sie den Alltag einer Gymnasialschülerin beschreibt: „… funktionieren heißt nicht gleich lernen. Lernen bedeutet nämlich vor allem eins: Erfahrungen sammeln."

Der Film „Alphabet" von Erwin Wagenhofer, der 2013 in den Kinos lief, bestätigt meine Erkenntnis. In Anlehnung an Robinsons Forderungen wird in diesem Dokumentarfilm mit erschreckender Deutlichkeit sichtbar, dass uns die Grenzen unseres Denkens von Kindheit an zu eng gesteckt werden. Egal, welche Schule wir besucht haben, bewegen wir uns in Denkmustern, die aus der Frühzeit der Industrialisierung stammen. In diesem Film wird aber nicht nur aufgedeckt, sondern auch nach Lösungen gesucht.

Es ist äußerst wichtig, nicht nur Kritik zu üben, sondern auch Möglichkeiten anzubieten, die aufzeigen, wie ein besseres Bildungssystem aussehen könnte. Eine Lösung bot sich mir in einem E-Mail-Schreiben von einer Bekannten. Sie schickte mir den Internet-Link zu einem YouTube-Video der in Russland am Schwarzen Meer seit zwanzig Jahre bestehenden Schetinin-Schule. Darin erklärt ein 17-jähriger Junge, der diese Schule besucht hat, worin sie sich weltweit von anderen Schulen unterscheidet. Seine Ausführungen, übrigens in sehr gutem Deutsch vorgetragen, decken sich genau mit meinen Vorstellungen und allem, was ich zu jenem Zeitpunkt bereits im Roman niedergeschrieben hatte. So kommt es, dass die Philosophie und Lernweise des atlemurischen Schulsystems, welche die Romanfigur Aaron beschreibt, der Schetinin-Schule gleicht.

Seit dem Sommer 2014 gibt es die erste Schule dieser Art auch in Österreich. Sie nennt sich Lais-Schule. Ihre Inhalte orientieren sich an denen der russischen Schetinin-Schule. Sie wird vom ehemaligen Schüler Richard Kandlin, der im YouTube-Film zu sehen ist, mit betreut. Das Wort „Lais" entstammt dem Indogermanischen und bedeutet natürliches Lernen, spielerisch, kreativ, spontan, voller Neugierde und Begeisterung. Einer der Leitsätze der Lais-Schule stammt von dem Hirnforscher Dr. Gerald Hüther, der auch im Film Alphabeth zu Wort kommt: „In jedem Kind steckt ein Genie. Die meisten Lehrer wissen nur nicht, wie sie das Genie aus ihren Schülern herauslocken sollen."

Ich war erstaunt, als ich bei meinen Recherchen auf einen Film stieß, der am 2. September 2012 im öffentlich-rechtlichen Fernsehen (ZDF) ausgestrahlt wurde. In einer Diskussion zum Thema „Skandal Schule. Macht Lernen dumm?" erörterten der Philosoph und Bestsellerautor Richard David Precht und der renommierte Neurobiologe und Hirnforscher Gerald Hüther die Frage: „Was taugt unser Bildungssystem?" Darin heißt es: „Die Schule, wie wir sie kennen, ist am Ende. Die falschen Leute bringen unseren Kindern die falschen Dinge nach den falschen Methoden bei. Dabei weiß die Hirnforschung heute viel besser, was Lernen ausmacht und Bildung gelingen lässt. Denn Bildung", so Hüther, „ist etwas anderes als das Auswendiglernen von Mathe, Englisch und Deutsch. Doch was steht einer dringend notwendigen, umfassenden Bildungsrevolution im Wege? Warum ist unser Bildungssystem so wenig lernfähig? Warum bringen wir unsere Schulen und Hochschulen nicht auf die Höhe unseres Wissens über das Lernen? Vielleicht liegt es daran, dass ein völlig verändertes Bildungssystem, das nicht nur jedem eine gerechte Chance gibt, sondern kreative, eigenständige und unbequeme Persönlichkeiten hervorbringt, zugleich eine ganz andere Gesellschaft voraussetzt oder entstehen lässt?"

Die Faktenlage zeigt, dass es Möglichkeiten gibt, die die jungen Menschen in ein selbstbewussteres Leben führen können – weg von Angst und Abhängigkeit, hin zu Liebe und Selbstvertrauen.

DVD-Tipp:
Wagenhofer, Erwin: Alphabet

Internetquellen:
Kandlin, Richard (YouTube-Film)
https://m.youtube.com/watch?v=q-mVMaIYg4k

Karakurt, Yakamoz: Mein Kopf ist voll
http://www.zeit.de/2011/34/P-Schule

Lais-Schule
http://www.laisschule.at/

Schetinin Schule (YouTube-Film)
https://m.youtube.com/watch?v=dpHB8kH3yVg

Schule im Aufbruch/Potenziale entfalten.
Neue Lernkultur selber machen.
http://schule-im-aufbruch.de/

Skandal Schule – ZDF.de (Film)
http://www.zdf.de/precht/skandal-schule-23984594.html

DER WESENSKERN

Jeder Mensch ist einzigartig. Das erkennen wir jeden Tag aufs Neue. Und genau deswegen stehen uns in der Tat viele unserer Eigenschaften, die uns so individuell machen, ins Gesicht geschrieben. Der erfahrene Gesichtsleser und Gründer der Academy of Face Reading, Eric Standop, verbindet das alte Wissen des chinesischen Gesichtslesen „Siang Mien" mit neuesten Erkenntnissen der Physiognomik und liefert auf diese Weise einen ganz neuen, umfassenden und fundierten Überblick zu Methodik und Vorgehensweise der Gesichtslesetechnik. Ich habe mich im Roman auf die Beschreibungen in seinem Buch „Gesichtslesen" gestützt und dem Erzähler so ein Gesicht gegeben.

Die Einteilung in die rechte, also die männliche oder väterliche und die linke, weibliche oder mütterliche Seite habe ich im ersten Band der Reihe „Ich bin …" bereits beschrieben. An dieser Stelle möchte ich darauf hinweisen, dass diese Beschreibung auf alle Rechtshänder zutrifft. Bei Linkshändern ist, bedingt durch die Vertauschung der Gehirnhälften, auch die Einteilung der rechten und linken Körperhälften genau umgekehrt angelegt.

„Der Körper ist der Übersetzer der Seele ins Sichtbare", sagte schon der deutsche Schriftsteller Christian Morgenstern vor über hundert Jahren. Quantenphysikalisch erklärt sich dieses Zitat mit der Aussage aus dem Roman: „Da Energie, bedingt durch ihre Information, das Bestreben besitzt, sich in Form auszudrücken, siehst du anders aus als ich. Die einzelnen Atome gehen „in Formation".

Auch das Fingerlesen gehört zu den Übersetzungen der Seele. In seinem Buch „Was Finger verraten" erklärt Reinhard Stengel das alte Wissen über die seelische Bedeutung von Krankheiten und Blockaden. Schon seit vielen Hundert Jahren wird in zahlreichen asiatischen und abendländischen Kulturen der Handdiagnostik eine große Bedeutung zugemessen. Die Hände als unser Werkzeug, mit dem wir in der Welt tätig sind, können uns viel über uns verraten. Die Seele signalisiert über die Form der Hände und Finger, was wir in unserem Leben annehmen und was wir verändern dürfen, um wieder in der Lage zu sein, unseren Weg ohne Hindernisse zu gehen. Doch auch unsere Füße und die Haut liefern uns viele Aufschlüsse über unser wahres Wesen.

Um jedoch an den eigentlichen Kern eines jeden Menschen zu gelangen und dabei seine tiefsten Bedürfnisse zu finden, dient die Numerologie als ein sehr effektives Instrument.

Ich habe bereits in meinem ersten Buch darüber berichtet, dass dieses uralte Wissen den Seelencode darstellt, den sich jeder Mensch für sein Leben ausgesucht hat, und über den er wieder erfahren kann, wer er wirklich ist, wenn er von seinem Weg abgekommen ist.

In diesem Band führe ich nun mit freundlicher Genehmigung aus dem Lehrbuch der holistischen Numerologie von Andreas Stephan Krauth die neun Grundwesenskerne auf. Seit 1989 setzt er die Numerologie zur Beratung ein – zunächst die Namensnumerologie und seit 1994 die Geburtsdatennumerologie. Das Anwenden in Beratungen sowie das Forschen und Weiterentwickeln war in den letzten Jahren eine seiner nebenberuflichen Tätigkeiten. Dabei hat er verschiedene eigene Ideen umgesetzt und weitere Erfahrungen, wie z. B. seine Erkenntnisse im Laufe seiner Synergetik-Therapeuten-/Coach-Ausbildung, oder weiteres Wissen von Riki Prohaska mit einfließen lassen. So entstand über die Jahre ein sehr individueller und erweiterter Umgang mit der Numerologie. Möglichkeiten und Deutungstiefen, welche noch vor zehn Jahren undenkbar gewesen wären, sind heute realisierbar.

Die neun Grundwesenskerne sind in meinen Ausführungen sehr stark vereinfacht dargestellt. Auch kann die reduzierte Typ-Zahl, welche eine komplexe Informationsstruktur abbildet, nicht mit den allgemein bekannten archetypischen Zahlen gleichgesetzt werden. Die hier berechneten Typ-Zahlen dienen ausschließlich dazu, einen Zugang zur Numerologie zu bekommen.

Um einen Einblick darüber zu erhalten, welche inneren Strukturen in einem wirken, bildet man die einstellige Quersumme aus dem eigenen Geburtsdatum.

Ein Beispiel:
Geburtsdatum: 25. 9. 1967

Quersumme:
2+5+9+1+9+6+7 = 39
3+9 = 12
1+2 = 3
Die Zahl 3 ist somit die einstellige Quersumme aus diesem Geburtsdatum. Damit entsprechen Menschen mit diesem Geburtsdatum dem Wesenskern eines 3er-Typs.

Ermittelt man die eigene Quersumme, so lässt sich bei der entsprechenden Beschreibung des Wesenszuges Interessantes nachlesen.

Erhält man dabei die **Quersummenzahl 1**, so liest sich die Beschreibung des Wesenskerns wie folgt: Dein Bestreben ist dahingehend, allem Wirken und Handeln in deinem Leben irgendwie einer ganzheitlichen, höheren Ordnung zuzuführen. Du stellst gerne deine Tätigkeit in den Dienst von etwas „Höherem", über den einzelnen Mensch hinausgehend. Deshalb verfolgst du auch gerne Aufgaben, welche mit einer Mission, Vision und manchmal mit einer religiösen Struktur zu tun haben. Auf diesem Weg machst du meist eine oder mehrere Wandlungen durch, die dir die Chance eröffnen, weit über dich hinauszuwachsen.

Quersumme 2:
Du neigst dazu, vieles in deiner Umwelt zu unterteilen, zu differenzieren und in theoretische Konstruktionen zu verpacken. Somit besteht bei dir die Grundhaltung, alles aus einer gewissen Theorie heraus anzugehen. Bevor du zu einer entsprechenden Entscheidung kommst, durchlaufen deine Gedanken in der Regel eine Überprüfung oder Beurteilung der gegebenen Situation oder der Menschen, mit denen du zu tun hast. Im Grunde deines Kerns bist du sehr sensibel und empfindsam.

Quersumme 3:

Du unterliegst stark der männlichen Motivations- und Antriebskraft. Du hast das Bedürfnis, Pläne und Ideen zielgerichtet umzusetzen. Du möchtest nicht nur Gegensätzliches, sondern auch Menschen für diese Ziele verbinden. Deshalb hast du die Begabung, Gruppen anzuleiten, was gleichzeitig deinen Selbstwert erhöht und Selbstzweifel abbaut. Dies geschieht besonders in sozialen und therapeutischen Bereichen oder dort, wo die angeleiteten Menschen an ihren Anforderungen selbst wachsen können. In jedem Fall ist es für dich wichtig, dich mit anderen Menschen gemeinsam auszudrücken.

Quersumme 4:

Du hast das Bestreben, alles in deinem Leben in eine Tat oder Manifestation zu bringen. Den tiefen Wunsch nach einem stabilen und sicheren Fundament im beruflichen wie auch privaten Bereich gilt es bei dir zu erreichen. Hast du dir einmal etwas in den Kopf gesetzt, bist du von deinem Umfeld schwer oder gar nicht zu überzeugen, es nicht genauso umzusetzen, selbst wenn die gut gemeinten Ratschläge besser oder einfacher wären. Dabei stehst du oft in dem Konflikt, zwar große, tolle und visionäre Vorstellungen zu haben, jedoch hast du meist kaum klare Bilder davon, wie der Weg aussehen kann dies zu erreichen.

Quersumme 5:

Du hast das Bedürfnis, in all deinen Erfahrungen und deinem persönlichen Ausdruck eine große Freiheit wiederzufinden. Dabei mag dein Freiheitsbedürfnis genau im Gegensatz dazu stehen, wie du anderen Menschen begegnest, denn die Rolle des Dirigierenden, Delegierenden oder Organisierenden gefällt dir recht gut. Daher neigst du dazu, die Führung zu übernehmen und der große Boss sein zu wollen. Der Widerspruch, der daraus entsteht, drückt sich auch darin aus, dass du dich einerseits stark für die – beziehungsweise für eine – Familie einsetzt, parallel dazu jedoch deinem Freiheitsdrang folgen möchtest.

Quersumme 6:

Du bist in der Regel sehr harmoniebedürftig und lebst aus den verschiedensten inneren Visionen heraus meist viel zu hoch gesteckte Ideale, die du in die Welt bringen möchtest. Deine starke innere Antriebskraft möchte gerne alles im Leben mit dem entsprechenden Einsatz schnell realisieren. Dabei stößt du immer wieder auf das Thema, dich selbst, aber auch alle anderen so anzunehmen, wie sie sind und wie sie sich zum Ausdruck bringen möchten. Aufgrund deiner impulsiven und triebhaften Art kannst du manchmal zu einer Überforderung für deine Umwelt werden, die dich deswegen entweder attackiert oder versucht einzuschränken.

Quersumme 7:

Du möchtest allem, was du tust, einen entsprechenden Sinn geben oder einen Sinn darin wiederfinden. Dazu begegnest du den dir gestellten Aufgaben meist sehr praxisorientiert und nutzt deine dir zur Verfügung stehenden Energieressourcen, um deine Projekte kraftvoll und lebendig voranzutreiben. Dies tust du zum Beispiel in Bereichen wie Sport, Kampfkunst oder anderen körperlich intensiven Ausdrucksformen. Da du ein Grundbedürfnis nach Fülle und meist nach einem angenehmen Leben hast, findest du dich gerne in Tätigkeiten wieder, mit denen du diese Grundbedürfnisse direkt oder indirekt erfüllst. Als Ausgleich und zur Entspannung wählst du bevorzugt Musizieren, Tanzen oder eine andere künstlerische Ausdrucksform.

Quersumme 8:

Wie die Zahl schon sagt, hast du sehr viel mit „M-acht " zu tun und willst diese Macht auch in den verschiedensten Bereichen in deinem Leben erfahren und erleben. Entweder du lebst die Macht und die Kontrolle über andere aus oder du unterstellst dich einer höheren Macht oder Kontrolle. Manchmal sind auch Wechselwirkungen beider Extreme möglich, wodurch du als eine Art Vermittler übergeordneter Strukturen fungieren kannst, zum Beispiel als Richter, Politiker oder Gerichtsvollzieher. Dein Hang zu Kunst, Harmonie und Beziehung dient dir oft als Mittel, dich nach außen zu präsentieren, um zu veranschaulichen, was du alles besitzt, erreicht hast oder welche Macht du verehrst.

Quersumme 9:

Du hast die Grundbegabung, alle Themen deines Lebens zu hinterfragen und regelmäßig zu verändern, was du besonders gerne auf dir nahestehende Mitmenschen überträgst. Darum empfinden dich viele leicht als chaotisch oder gar unzuverlässig. Dabei herrscht in deinem Inneren das Streben, all dein Tun unter freiheitliche oder gar grenzenlose Aspekte zu stellen. Da alles im Leben zwei Seiten hat, ist es zudem möglich, dass du dir als sehr introvertierter Mensch genau diese Freiheit nicht nimmst, wodurch du dich einer Selbstbegrenzung oder Begrenzung durch dein Umfeld auslieferst.

Literaturtipps:
Standop, Eric: Gesichtslesen

Stengel, Richard: Was Finger verraten

Krauth, Andreas Stephan: Lehrbuch Holistische – Numerologie®

Seminartipp:
Krauth, Andreas Stephan: Kurse der Numerologieschule

LEBENSSPENDER NUMMER EINS

Dass man, wie Esmeralda, durch gesunde Ernährung, einen natürlichen Lebenswandel sowie einen gelebten Seelenplan bis ins hohe Alter gesund und fit sein kann, beweisen die zahlreichen Beobachtungen bei den noch vorhandenen Naturvölkern unserer Erde. Es gibt nicht mehr viele Kulturen, die nach wie vor in vollkommenem Einklang mit der Natur leben. Doch die Stämme am Amazonas oder in Mexiko zum Beispiel, die so gut wie keinen Kontakt zur Zivilisation haben, erfreuen sich vieler über Hundertjähriger, die noch jeden Tag auf Bäume klettern, um sich ihre Nahrung zu besorgen. Dabei essen sie nur zwanzig Prozent dessen, was wir in unserer zivilisierten Welt zu uns nehmen. Sie aber konsumieren Nahrung in reiner, unverfälschter Form, mit Anteilen hochkonzentrierter Vitamine, Enzyme, Spurenelemente und Aminosäuren. Dadurch leben sie vollkommen basisch. Sie wissen instinktiv, dass ihr Körper wie ein Akku funktioniert und auf die wichtigen Minus-Ionen angewiesen ist. Deswegen führen sie ihrem Körper keine belastenden Nahrungsmittel zu, die viel Energie zur Verwaltung benötigen und sie darüber hinaus übersäuern. Dadurch funktioniert ihr Zellstoffwechsel perfekt, indem nahezu so viele Zellen im Körper erneuert werden, wie jeden Moment absterben. Das scheint eines der Geheimnisse zu sein, das dafür verantwortlich ist, den Alterungsprozess stark zu verlangsamen.

In ihrem Buch „Zellleuchten" erklären die Autoren Thorsten Weiss und Jenny Bor, warum rohe grüne Blätter so gesund sind: „Sobald du ein rohes grünes Blatt zu dir nimmst, das voller Chlorophyll ist, gelangt eine Dosis verstofflichtes Sonnenlicht (Biophotonen) direkt in deine Zellen. Das ist wohl der beste Energielieferant für deinen Körper."

Rüdiger Dahlke schreibt dazu in seinem Buch Peacefood im Teil 3 unter der Überschrift: „Das Beste für Körper und Seele, die fantastische Wirkung von Vitamin D3", dass er als wichtigste Heilquelle das Vitamin D3 sieht. Er postuliert es als genauso wichtig wie die tägliche Nahrung. Dabei ist Vitamin D3 streng genommen kein Vitamin, weil unser Körper es selbst herstellt. Trifft ultraviolettes Licht (UV-B) auf unsere Haut, so wird dort die Vorstufe eines Hormons in Vitamin D umgewandelt. Deshalb nennen wir es auch das Sonnenvitamin oder den Lebensspender Nummer eins. Es gelangt über den Blutkreislauf in die Leber und weiter in die Nieren, wo es zu seiner aktiven Form, dem D3, umgebaut wird. Im Prinzip läuft das alles vollkommen automatisch ab, wäre da nicht unser Lebensstil, der die Sonne nicht mehr auf die Haut lässt. Viele Menschen gehen viel zu selten an die Sonne, und die Angst vor Hautkrebs führt dazu, dass wir auch die letzten Sonnenstrahlen durch Sonnencremes von unserer Haut verbannen. Die Folge sind Zittern, Schlafstörungen, Kraftlosigkeit, Kreislaufprobleme, kalte Hände, skelettale Schäden wie Osteoporose usw. Dabei wären laut Gesundheitsexperte Robert Franz sechzig Prozent aller Arztbesuche überflüssig, wenn jeder täglich eine mittlere Dosis Vitamin D3 zu sich nehmen würde. Doch bereits im Kindesalter verlieren wir den Bezug zur Sonne.

Die Anforderungen des Bildungssystems an die heutigen Schulkinder lassen für Spielen in der Natur kaum mehr Raum.

Die 15-jährige Schülerin Yakamoz Karakurt schreibt dazu in ihrem offenen Brief: „Wir sollen Maschinen sein, die funktionieren, und das mindestens 10 Stunden am Tag … 37 Stunden in der Woche bin ich in der Schule und bringe sie danach auch noch für mehrere Stunden mit nach Hause …"

In den 1920er-Jahren fand der Biochemiker Harry Steenbock heraus, dass eine Bestrahlung von Lebensmitteln mit UV-Licht deren Vitamin-D-Gehalt erhöht. Das führte dazu, dass man organische Materialien mit UV-B-Licht bestrahlte, sie in Tablettenform brachte und verabreichte. Zeitungsartikel sprachen vom Wunder des Sonnenscheins in einer Pille und warben für die zahlreichen gesundheitlichen Vorteile. Bald standen ganze Krankenhäuser leer. Die Ärzte und Arzneimittelfirmen standen vor dem Bankrott. Zur gleichen Zeit führten Forscher Untersuchungen an Hunden durch, denen eine vergleichsweise höhere Dosis verabreicht wurde als den Menschen. Viele Versuchstiere starben, was den Rückschluss darauf zuließ, dass eine Überdosis tödlich sein kann. Wie sich später herausstellte, waren es jedoch die Verunreinigungen bei der Herstellung, die toxisch wirkten.

Die Pharmaindustrie nahm dies jedoch zum Anlass, in einer groß angelegten Kampagne die Vitamin-D3-Dosis drastisch zu reduzieren und gesetzlich limitieren zu lassen, sodass die positive Wirkung nicht mehr vorhanden war. Die Folge: Die Krankenhäuser waren wieder voll und das Sonnenvitamin geriet in Vergessenheit. Doch heute erlebt das Vitamin D3 eine Renaissance. Sogar in verschiedenen Zeitschriften kann man wieder darüber lesen. Und in seinem Buch „Hochdosiert Vitamin D3" beweist der Autor Jeff T. Bowles durch seinen einjährigen Selbstversuch, dass keiner vor einer Überdosis Angst zu haben braucht.

Da wir Menschen in den nördlichen Regionen vor allem im Winterhalbjahr einen Vitamin-D3-Mangel verzeichnen, ist eine Zufuhr über eine entsprechende Nahrungsergänzung sinnvoll. Und im Sommer ist es, abhängig von der Hautempfindlichkeit, ratsam, sooft und so viel wie möglich die Haut der Sonne auszusetzen.

Literaturtipps:
Bowles, Jeff T.: Hochdosiert Vitamin D3

Von Helden, Raimund, Dr. med.: Gesund in 7 Tagen

Worm, Michael, Dr.: Heilkraft D

Franz, Robert: OPC – Das Fundament menschlicher Gesundheit

Internetquelle:
Franz, Robert: Vitamin D3
https://m.youtube.com/watch?v=OJG8LJRBwFs

BENJAMIN UND JOSHUA

Das Sammeln und Verzehren von Wildkräutern durfte ich bei einer Frau erlernen, die sich bereits über vierzig Jahre mit diesem Thema beschäftigt. Sie erkrankte damals und heilte sich aus der Naturapotheke. Seitdem hat sie sich ihr Wissen durch Ausprobieren in Verbindung mit dem Studieren von Literatur angeeignet.

Bei ihren Seminaren in der Natur ermutigt sie jeden, einfach selbst die wundervolle Wirkung von Blättern oder Blüten auszuprobieren. Dabei appelliert sie an den Instinkt: Wir haben verlernt, auf ihn zu hören, deswegen ist es wichtig, ihn sich langsam wieder anzueignen. Durch das Probieren eines einzelnen Blattes zeigt der Körper, ob er genau diese Inhaltstoffe benötigt oder nicht. Dabei ist es wichtig, das Blatt lange zu kauen, damit die Wirkstoffe über die Schleimhaut direkt ins Blut gelangen können. Ein zu frühes Hinunterschlucken in den Verdauungstrakt verringert eine optimale Ausbeute. Zudem lässt sich mit dieser Vorgehensweise eine Überdosis vermeiden, denn es kann vorkommen, dass zwei Blätter eines Krauts noch gut schmecken und das dritte ungenießbar wird. Derselbe instinktive Mechanismus schützt auch vor dem Verzehr giftiger Pflanzen.

Ich kann nur jedem empfehlen, sich von fachkundigen Menschen zeigen zu lassen, wie man Wildkräuter richtig isst. Ich bin überzeugt davon, dass die Natur alles für uns bereithält, das wir zu einem gesunden Leben benötigen.

Dass ein Umdenken in unseren Gewohnheiten langsam Einzug hält und wir uns wieder auf unsere Wurzeln besinnen, zeigt das Buch der Stiftung Warentest „Essen aus der Natur". Darin wird an uns appelliert, die Natur wieder zu genießen. Das macht richtig Spaß, denn an jedem Wegesrand gibt es interessante und leckere Entdeckungen zu machen.

Im alten China wurden in der traditionellen chinesischen Medizin (TCM) Ärzte für die Gesunderhaltung bezahlt und nicht erst für die Behandlung der Krankheit.

So bekam der Arzt so lange von seinen Patienten Geld, wie diese gesund waren. Wurde jemand krank, blieben die Zahlungen aus, bis er wieder gesund war. Eine Rückbesinnung auf diese Tradition könnte auch unser Gesundheitssystem reformieren. Allerdings ist diese Vorgehensweise nur möglich, wenn der Einzelne über einen entsprechenden Wissensstand verfügt und auch bereit ist, die Hilfestellungen der Ärzte und Therapeuten anzunehmen und die Selbstheilungskräfte zur Gesunderhaltung zu nutzen. Ein Abgeben der Verantwortung an den Arzt ist dabei keine Option.

Das Schicksal des Arztes Dr. Ryke Geerd Hamer inspirierte mich zu den Ereignissen um Benjamin und Joshua.

Dr. Hamer studierte Medizin, Physik und Theologie. Er wurde 1972 Facharzt für innere Medizin und arbeitete an der Universitätsklinik in Tübingen jahrelang mit Krebspatienten. 1978 erschütterte ein tragisches Unglück seine Familie. Sein geliebter Sohn Dirk wurde während einer Schiffsreise auf Korsika vom betrunkenen Prinzen Emanuel von Savoyen erschossen. Drei Monate später erkrankte Dr. Hamer an Hodenkrebs. Da er bis dahin immer gesund war, kam ihm der Gedanke, dass diese Erkrankung mit dem Verlust seines Sohnes zusammenhängen könnte. Er begann seine Patienten zu befragen, ob auch in ihrem Leben vor der Erkrankung ein Schockerlebnis passiert war. Und tatsächlich, er wurde ausnahmslos fündig! Alle zweihundert untersuchten Patienten wussten von einem derartigen Ereignis zu erzählen. Inzwischen wuchs die Zahl der untersuchten Patienten, deren Daten ausgewertete wurden, auf über 60.000 an und nie fand sich auch nur eine Ausnahme. Schon länger hat man vermutet, dass ein schlimmes Ereignis im Leben eines Menschen Krebs auslösen könnte. Jetzt war erstmals der wissenschaftliche Nachweis erbracht worden.

Seine Entdeckung nennt Dr. Hamer „Germanische Neue Medizin®". Man kennt sie auch unter der Bezeichnung „Die fünf biologischen Naturgesetze". Ich habe sie im Roman in vereinfachter Form dargestellt.

Die Schulmedizin wehrt sich noch sehr gegen diese wissenschaftlichen Erkenntnisse, was zum einen auf dem Vorhandensein von alten Glaubenssätzen beruht, und zum anderen der Pharmaindustrie und allen, die mit an diesem System verdienen, ein Dorn im Auge ist.

Der bekannte Medizin-Journalist Schmidsberger bringt es auf den Punkt: „Wenn Dr. Hamer recht hat, dann haben die Bücher der Schulmedizin nur mehr den Wert von Altpapier!" 1986 wurde Dr. Hamer wegen (wörtlich) „Nichtabschwörung der eisernen Regel des Krebses und Nichtbekehrens zur Schulmedizin" die Arzt-Zulassung entzogen. Allein die Begriffe „Abschwören" und „Bekehren" erinnern an Mittelalter und Religion.

1633 ließ man den Forscher Galileo Galilei unter Androhung der Folter von seiner Theorie „abschwören", dass sich die Erde um die Sonne drehe und nicht umgekehrt, was er damals mit seinem Fernrohr eindeutig hatte beweisen können. Interessant, dass sich über dreihundertfünfzig Jahre später immer noch dieselben Glaubenssätze halten.

Doch wie Wilhelm Busch schon erkannte:
„Wer anderen etwas vorgedacht,
wird jahrelang erst ausgelacht.
Begreift man die Entdeckung endlich,
so nennt sie jeder selbstverständlich."

Träfen die fünf biologischen Naturgesetze bei irgendeinem Menschen mit einer beliebigen Krankheit nicht zu, wäre Dr. Hamer eindeutig widerlegt. Seine Gesetzmäßigkeiten wurden schon hunderte Male hinter verschlossenen Türen überprüft. Jedes Mal wurde festgestellt, dass alles stimmte. Hätte man nur einen einzigen Fehler gefunden, wäre dies sofort an die große Glocke gehängt worden. Doch so blieb den Verantwortlichen der Gremien keine andere Möglichkeit, als ihn über Verleumdungen und Rufmord zum Schweigen zu bringen.

Die fünf biologischen Naturgesetze gelten für Mensch, Tier und in abgewandelter Form auch für Pflanzen. Einzige Einschränkung sind Verletzungen, Vergiftungen und Mangelerscheinungen. (Auszüge aus der Broschüre „Eine neue Medizin auf Basis der 5 biologischen Naturgesetze" von Björn Eybl)

Dass sich jemand selbst das Leben nimmt, ist immer noch ein Tabuthema und wird meist nicht verstanden. Mir war es jedoch wichtig, im Roman darauf aufmerksam zu machen. In Anbetracht der immer stärker ansteigenden Schwingung werden heute mehr und mehr Selbstmorde verzeichnet. Vor allem junge, aber auch psychisch schwache Menschen entscheiden sich in dieser Zeit dafür, freiwillig das Spiel zu verlassen. Meist ist es der Seelenruf, der sie wieder zu sich holt, da sie auf diesem Spielfeld keine Erfüllung mehr finden können. Sie haben sich so sehr verlaufen, dass sie in einer Sackgasse stecken, aus der sie keinen Ausweg mehr finden.

Eine Leserin meines ersten Bandes berichtete mir, dass sich ihr alkoholabhängiger und psychisch labiler Mann in psychiatrische Obhut begab. Dort wurde er mit Psychopharmaka „vollgepumpt", weil dies scheinbar das letzte schulmedizinische Mittel war, sein Problem zu lösen. (Von einem Wesenskern weiß man in der Schulmedizin noch nichts.) Man wies auf die Suizidgefahr hin, doch scheint sich bei den Herstellern und Verordnern dieser chemischen Mittel keiner Gedanken darüber zu machen, weswegen dies eine Reaktion des Patienten sein könnte. Die Beantwortung dieser Frage würde zwangsläufig nach neuen Theorien für die Entstehung von Krankheiten rufen.

Nach einigen Wochen der Einnahme schied ihr Mann freiwillig aus dem Leben. Sie verurteilte ihn dafür, dass er sie zurückließ und nicht um sein Leben kämpfte. Ich erklärte ihr, dass er durch seine Erfahrungen im Spiel des Lebens keine Chance mehr hatte, seinen wahren Wesenskern, seine Sehnsüchte und Herzenswünsche zu leben. Der freie Wille brachte ihn in die unvermeidbare Sackgasse und die Medikamente verbauten ihm zusammen mit seinen Glaubenssätzen den Rückzug. Deswegen war die Entscheidung für seine Seele der schmerzloseste Weg, zurück zur Quelle, zu Gott, nach Hause zu kehren. In der Sackgasse gefangen zu bleiben, bis die biologische Uhr abgelaufen ist, wäre eine Qual für ihn geworden. Dort, wo er sich jetzt befindet, geht es ihm gut.

Seit diesem Gespräch konnte sie akzeptieren, dass er sie verlassen musste, auch wenn sie deswegen immer noch den Schmerz der Verlassenen in sich trägt. Eine Auseinandersetzung mit den tatsächlichen Ursachen auf Basis seines Wesenskerns hätte ihn vielleicht vor dieser Entscheidung bewahrt. Doch egal, wie sich der Mensch entscheidet, es gilt für die Hinterbliebenen, ihm seinen Entschluss zu verzeihen.

Literaturtipps:

Breckwoldt, Michael: Essen aus der Natur

Hirsch, Siegrid/Grünberger, Felix: Die Kräuter in meinem Garten

Eybl, Björn: Die seelischen Ursachen der Krankheiten

Hamer, Ryke Geerd, Dr. med. Mag. theol.:
Wissenschaftliche Tabelle der Germanischen Neuen Medizin®

Hamer, Ryke Geerd, Dr. med. Mag. theol.: Kurze Einführung in die Germanische Neue Medizin

Internetquelle:

Die 5 biologischen Naturgesetze (YouTube-Film)
https://m.youtube.com/watch?v=Z57uBCcOdvI

Zu Kapitel 29

DIE KRAFT DER VERGEBUNG

Das, was Fatima durch ihr Schicksal über die Kraft der Vergebung lernen durfte, ist keineswegs erfunden.

Auf dem Weg in den wohlverdienten Weihnachtsurlaub holte ich mir im Warteraum des Flughafens zum Zeitvertreib eine Zeitschrift aus dem Zeitungsständer. Normalerweise lese ich in einer solchen Situation lieber ein gutes Buch, doch irgendetwas zog mich förmlich zu dieser Zeitschrift. Ohne zu schauen, was ich ergriff, nahm ich sie aus dem Fach und setzte mich wieder an meinen Platz zurück. Ich sah mir die Titelseite an und war verblüfft. In goldenen Buchstaben stand geschrieben: „Wie gut unserer Seele tut, wenn wir anderen verzeihen". Neugierig schlug ich das Magazin auf und las: „Zu Weihnachten beten die Menschen diese Worte: ‚Und vergib uns unsere Schuld, wie auch wir vergeben unseren Schuldigern.' Aber wie geht das? Kaum etwas fällt schwerer, doch wer verzeiht, kann sich auch selbst befreien. Sieben Menschen, die ihren Frieden gefunden haben, erzählen ihre Geschichten:"

Ihre Tochter war Lehrerin. Der Amokläufer von Winnenden erschoss sie auf dem Schulflur. Gisela hat ihm verziehen.

Stefan hat bei einem Verkehrsunfall einen Arm und die Erinnerung an sein Leben davor verloren. Den Verursacher hat er nie gesehen. Der hat ihm zwar seine Vergangenheit genommen, aber nicht seine Zukunft.

Aba kämpft gegen die Hinrichtung des Mannes, der ihre Tochter ermordet hat, weil sie begriffen hat, dass auch er ein Kind Gottes ist, von seiner Liebe umfangen.

Martina wurde unmittelbar nach der Geburt von ihrer Mutter in ein Heim gegeben. Sie fragte sich jahrelang warum, doch heute kann sie dieser fremden Frau nicht mehr böse sein.

Eva hat Auschwitz überlebt. Sie verzieh in einem offenen Brief den Nazis. Es war ein langer Weg, doch heute ist es für sie ein großartiges Gefühl, die Macht zu besitzen zu vergeben.

Sein Sohn Ahmed wurde von einem Israeli erschossen. Der Palästinenser Ismael spendete Ahmeds Organe an israelische Kinder, denn in seinen Augen hat jedes Kind es genauso verdient zu leben wie Ahmed.

Irmgard wurde mit vierzehn Jahren vergewaltigt. Dreißig Jahre später wurde es publik. Der Täter erhängte sich. Das zeigte ihr, dass er ein schwacher Mensch war, und sie verzieh ihm.

Es ist mit Sicherheit eine der schwersten Aufgaben im Leben eines Menschen, aufrichtig zu verzeihen, doch die Beispiele zeigen, dass es jedem möglich ist, die Kraft der Vergebung zu erfahren. Das Anerkennen des Spiels des Lebens, der Ursprung und die Existenz der Seele gehören jedoch immer dazu. Umso mehr war ich erfreut, im „Stern"-Magazin diese ausführlichen Berichte des Autors Andreas Unger zu finden. Er hatte schon häufig über Menschen berichtet, denen Schlimmes widerfahren ist. Und so kam ihm die Frage: „Wie geht Vergebung?"

Das macht mich sehr zuversichtlich, dass ein Wandel in der Gesellschaft eingeleitet ist, der sich nun immer schneller durchsetzt.

Unser Herz ist die Stelle in unserem Körper, die es möglich macht, dass wir vergeben können. Das Gehirn versagt aufgrund seines starken Egos darin meist kläglich. Doch nicht nur Vergebung, sondern alle Arten von Gefühlen werden im Herzen verarbeitet und von dort ausgesendet. Warum das so ist, fand das HeartMath Institute in den Vereinigten Staaten heraus. Die Ergebnisse bestätigen die Einzigartigkeit und die fundamentale Rolle, die das Herz beim Realitätsempfinden der Menschen spielt: Das Herz hat die stärkste elektromagnetische Ausstrahlung im gesamten menschlichen Energiefeld und es führen mehr Nerven vom Herz zum Gehirn als in die andere Richtung. Zudem verfügt es über ein eigenes Gehirn mit zirka vierzigtausend Neuronen und Neurotransmittern aller Art, ähnlich wie das Kopfgehirn. Dieses sogenannte Herzgehirn kommuniziert einerseits mit dem Kopfgehirn, arbeitet aber ebenso unabhängig, wodurch die emotionale Intelligenz entsteht. Sie allerdings will oft erst wieder erlernt werden.

Internetquellen:
Die Kraft der Vergebung – „Stern"-Magazin, Ausgabe 52, 2014
http://www.stern.de/magazin/.../stern-52-2014-die-kraft-der-verge-bung-2160558.html

HeartMath Deutschland
http://www.heartmathdeutschland.de/

Zu Kapitel 30

DAS GEHEIMNIS DES GELDES

Das „liebe Geld" ist in der Tat eines der größten Themen, das uns daran hindert, unseren Wesenskern und den dazugehörigen Seelenplan zu leben. Die Tatsachen, die ich im Roman diesbezüglich eingeflochten habe, sollen lediglich dazu beitragen, zu verstehen, weshalb Geld zum wichtigsten Gegenstand im Leben fast eines jeden Menschen geworden ist. In keinem Fall soll diese Aufklärung dazu dienen, Hass oder Verurteilungen gegenüber der Eliteschicht auszusprechen oder zu schüren.

Fragt man einen reichen Menschen, was für ihn das Wichtigste ist, so wird er nicht sagen: „das Geld", sondern irgendetwas anderes nennen, von dem er nicht genug besitzt. Vielleicht ist es zu wenig Zeit, die ihm zur Verfügung steht. Ein kranker Mensch wird höchstwahrscheinlich Gesundheit als das Wichtigste im Leben ansehen, weil er in diesem Bereich einen Mangel verspürt. Ist er wieder gesund, wird es vermutlich das Geld sein, das ihm fehlt. Deswegen haben clevere Geschäftsleute schnell begriffen, dass man nur einen Mangel schaffen muss, um eine Nachfrage zu erzeugen und schon lässt sich damit Geld verdienen. So viel Geld, dass seit der Einführung des Währungssystems ein starkes Ungleichgewicht in seiner Verteilung entstanden ist.

Bei Wikipedia findet man unter „Vermögensverteilung" eine Studie aus dem Jahr 2000, wonach zehn Prozent der reichsten Menschen neunzig Prozent des gesamten Vermögens weltweit besitzen. Die Ungleichheit hat in den letzten zwanzig bis dreißig Jahren zugenommen. Der Grund dafür lässt sich in der Verzinsung des Geldes finden.

Der ehemalige belgische Zentral-Banker und Universitätsprofessor Bernard Lietaer sagte dazu in einem Interview: „Wir betrachten Geld als selbstverständlich. Aber in Wirklichkeit werden wir durch Geld auf eine Weise manipuliert, welche die meisten Menschen nicht tolerieren würden, wenn sie sich über diese Manipulation bewusst wären!"

Der Wirtschaftswissenschaftler und Universitätsprofessor Franz Hörmann bringt es auf den Punkt. In seinem Vortrag „Das Ende des Geldes" erklärt er die Entstehung des Geldes wie folgt: „Geld wird durch einen Buchungssatz in der Bilanz künstlich erschaffen, indem die Bank Geld vergibt, das sie gar nicht besitzt."

Diese Tatsache sorgt dafür, dass Reiche immer reicher werden und Arme immer ärmer. Würde jeder, der bei der Bank Schulden hat, diese morgen zurückbezahlen, so gäbe es kein Geld mehr.

Irgendwann hat jeder, der schon einmal Schulden gemacht hat, sein Geld zurückbezahlt, doch bis dahin durfte er zusätzlich mindestens dieselbe Summe, die er damals aufgenommen hatte, an Zinsen bezahlen. Diese „übliche" Vorgehensweise beschert den Reichen ihr Vermögen, für das sie niemals arbeiten müssen. Deswegen werben ja auch Banken mit dem Spruch: „Lassen Sie Ihr Geld für sich arbeiten." Ich habe jedoch bis jetzt ausschließlich Menschen oder Maschinen arbeiten sehen. Darum schuften in Wirklichkeit immer die Schuldner dafür, die Guthabenzinsen der Gläubiger zu erwirtschaften.

Wer keine Schulden bei der Bank macht, braucht deswegen nicht zu glauben, dass er sich an diesem ungerechten Spiel nicht beteiligt. Der Wirtschaftsanalytiker und Publizist Helmut Creutz berechnete einen durchschnittlichen Zinsanteil von vierzig Prozent, enthalten in den Preisen nahezu jedes Produktes, weil das gesamte Wirtschaftssystem auf Krediten basiert. Durch das geringe Eigenkapital der Produktionsfirmen, bedingt durch die ungleichmäßige Verteilung des Geldes, sind diese gezwungen, ihre Kreditzinsen in ihre Verkaufspreise einzukalkulieren. Diese werden somit an den Endverbraucher weitergegeben, der damit die Zinsen bezahlt. Würden das die Firmen nicht tun, würden sie, bedingt durch das System, über kurz oder lang pleite gehen. Die Banken als Geldgeber bleiben dabei immer die Gewinner. Deswegen spricht Franz Hörmann zu Recht vom Ende des Geldes, denn dieses System kann nicht endlos so weitergehen.

Ein Sprichwort sagt:

„Der Großvater verdient es, der Vater wird es bekommen, dem Sohn wird es genommen."

Um zu verdeutlichen, dass die Verzinsung (Zins plus Zinseszins) das Geldsystem irgendwann zum Erliegen bringt, wie es in der Vergangenheit schon oft der Fall war, hier ein abstraktes Beispiel:
Hätte Josef seinem Sohn Jesus damals 1 Cent zu 5 % Zinsen angelegt, dann wären im Jahr 1990 zur Wiedervereinigung Deutschlands ca. 143 Mrd. Erdkugeln aus purem Gold daraus entstanden. (Nach 100 Jahren entsteht aus 1 Cent etwa 1,30 €, nach 189 Jahren ca. 101 €, nach 236 Jahren zirka 1001 €, nach 438 Jahren etwa 1026 Barren Gold, nach 1466 Jahren ungefähr eine Weltkugel aus Gold, nach 1749 Jahren zirka zwei Weltkugeln aus Gold und nach 1990 Jahren 134 Milliarden Weltkugeln aus Gold.) Wie an diesem Beispiel zu erkennen ist, wirkt dieses zerstörerische Zinseszinswachstum mörderisch. Es zerstört im Durchschnitt alle sechzig bis siebzig Jahre die Lebensgrundlage der Menschheit, meist durch Kriege, aus denen die „Mächtigen" als Gewinner hervorgehen. Durch Wiederaufbau und Neustrukturierung kann so das Geldspiel wieder von vorne beginnen. Um dieses leidvolle Szenario jedoch solange wie möglich hinauszuzögern, werden gezielte Strategien angewendet.

Die Strategien zur Manipulation und damit zur Aufrechterhaltung des Systems hat Professor Noam Chomsky mit seiner Ausarbeitung der „10 Strategien der Manipulation" in einer Auflistung von Möglichkeiten zur Steuerung von Gesellschaften verfasst. In seinem medienwissenschaftlichen Modell beschreibt er die Manipulation durch die Medien und ihre Strategien als Ziel und zweckdienliches Mittel, für die Interessen der Reichen zu fungieren, ohne allerdings dabei Gefahr zu laufen, nicht den demokratischen Konsens zu wahren. Seine gut erforschten und belegten Theorien zur Massenmanipulation fasst Chomsky in einem Ausspruch zusammen: „Die Propaganda ist für die Demokratie das, was der Knüppel für einen totalitären Staat ist."

Die oben genannten Ausführungen sollen keineswegs in Resignation versetzen, sondern lediglich die Augen öffnen, dass wir alle häufig unbewusst ein

Leben führen, das wir uns so nicht ausgesucht haben. Erst wenn wir erkennen, was es ist, das uns manipuliert, sind wir in der Lage, dagegenzuwirken. Die Manipulationsstrategie greift so sehr in unseren Seelenplan ein, dass wir durch Angst, Mangel, Ohnmacht und Resignation oft nicht mehr in der Lage sind, unseren vorbestimmten Weg zu gehen. Erst wenn wir erkennen, was sich hinter den Kulissen abspielt, haben wir wieder die Möglichkeit, unseren freien Willen sinnvoll einzusetzen, um unsere Sehnsüchte, Herzenswünsche und unseren Wesenskern zu überdenken und zu leben. Das macht uns wieder gesund, glücklich und frei.

Literaturtipps:
Senf, Bernd: Der Nebel um das Geld

Senf, Bernd: Die blinden Flecken der Ökonomie

Internetquellen:
Hörmann, Franz, Prof.: Das Ende des Geldes (YouTube-Film)
https://www.youtube.com/watch?v=KPnrV_ZnPA4

Popp, Andreas: Plan B – Ursache und Auswege aus der Wirtschaftskrise (YouTube-Film)
https://www.youtube.com/watch?v=l2ApFesIGdc

Lietaer, Bernard: Wie funktioniert Geld? (YouTube-Film)
https://www.google.de/?gfe_rd=cr&ei=Inl6VYeBGISBaMTbgLAN&gws_rd
=ssl#q=wie+funktioniert+geld+bernard+Lietaer

10 Strategien die Gesellschaft völlig zu manipulieren (YouTube-Film)
https://m.youtube.com/watch?v=_aw9aRyjLcI

40 % Zinsen in den Preisen – Humane Wirtschaft
http://www.humane-wirtschaft.de/pdf_z/creutz_zinsanteil-in-preisen_
diskussion.pdf

ERKENNEN UND ERWACHEN

Es ist sicher für viele Leser unvorstellbar, dass es Menschen gibt, die so skrupellos sind und ihre Artgenossen einfach nur zu ihrem eigenen Machtvorteil benutzen. Aus diesem Grund werden auch die Menschen, die all das aufdecken, gerne als Verschwörungstheoretiker bezeichnet. Damit steckt man sie in eine Schublade und kann weiterhin den bequemen Weg des Wegschauens gehen. Der Grund, warum man lieber wegschaut als hinzuhören, liegt meistens in der Angst. Angst davor, aus seiner Komfortzone herauszutreten und etwas zu ändern. Lieber sagt man „Das kann doch nicht sein!", wodurch die Unwissenheit weiter erhalten bleibt. Dass aber doch sein kann, was eigentlich nicht sein darf, möchte ich anhand einiger Fakten untermauern. Der Autor Prof. Dr. Peter Joda schreibt in seinem Buch „Ein medizinischer Insider packt aus" über die Verbindungen der Lebensmittel- und Pharmaindustrie. Darin zeigt er anhand des Beispiels von Margarine auf, dass in der Tat, wie im Roman beschrieben, schon bald nach Markteinführung dieses Lebensmittels als Ersatz für Butter in den Sechzigerjahren bekannt wurde, dass eine Einnahme über viele Jahre zu starken gesundheitlichen Schäden führt. Eine Untersuchungsgruppe sollte, ähnlich wie im Roman, herausfinden, welche Fettsäuren hierfür verantwortlich sind, um sie anschließend in ihrer Dosis so zu verringern, dass die anfänglichen kurzfristig eingetretenen Gesundheitsschäden, die eindeutig den Fettsäuren zuzuordnen waren, durch langfristige Schädigungen verschleiert werden konnten. Denn nach zehn oder zwanzig Jahren vermutet keiner mehr einen Zusammenhang mit Margarine.

Dass Lebensmittelindustrie, Pharmaindustrie und viele andere Industriezweige an ihrer Spitze eine kleine Gruppe der Elite vereint, hat der Autor Heiko Schrang in seinem Buch „Die Jahrhundertlüge" aufgedeckt. Die gesamten Zusammenhänge und Machenschaften sowie über die Akteure selbst recherchierte er akribisch und liefert mit Hunderten von Quellenverweisen den Beweis.

Die lange am Himmel zu sehenden Kondensstreifen und das Funksystem, von dem Eddy im Roman berichtet, gibt es wirklich. Die Streifen am Firmament werden Chemtrails genannt und das Funksystem ist unter dem Namen Haarp bekannt. Es handelt sich dabei offiziell um ein US-amerikanisches ziviles und militärisches Forschungsprogramm. Leider ist über beide Einrichtungen in den Mainstream-Medien kaum etwas zu erfahren, da sie wohl von oberster Stelle zensiert werden. Die beste Information in den deutschen Medien über die Existenz von Chemtrails wurde im ZDF in der Sendung „Rettung für das Klima?" mit Joachim Bublath ausgestrahlt. Hierin wurde die Maßnahme ebenfalls mit der Rettung des Klimas begründet. Im spanischen Fernsehen wurde darüber schon ausführlicher berichtet und die tatsächlichen Inhaltsstoffe, die auf die Erde gesprüht werden, gemessen und untersucht. Dies sind, wie im Roman aufgeführt, Aluminium, Barium und Strontium. Was nicht in den Mainstream-Medien zu erfahren ist, lässt sich jedoch dank Internet heute gut recherchieren. Auch wenn viel Unsinniges in diesen Medien verbreitet wird, so kann man die Informationen dennoch sehr gut für die eigene Meinungsfindung nutzen.

Dass viel Wahrheit darin zu finden sein muss, zeigen die wiederholt vorgenommenen Versuche der obersten Stellen, das Internet zu zensieren.

Ende Januar 2014 wurde im deutschen TV-Programm „Morgenmagazin" (Kooperation von ARD und ZDF) über einen Mann berichtet, der Wikipedia-Seiten manipulierte. Vor laufender Kamera berichtete dieser Mann über die Art seiner Manipulation – wie beispielsweise Inhalte geändert wurden. Weiterhin gab er zu, nur Auftragsarbeiten durchzuführen, wobei er den oder die Auftragsgeber nicht nennen wollte. Leider ist der Fernseh-Beitrag, wohl seiner Brisanz wegen, von der Mediathek verschwunden. Auf YouTube kann man noch einen Ausschnitt davon sehen.

Wer mit diesen „unglaublichen" Themen an die Öffentlichkeit geht, wird allzu gerne als Verschwörungstheoretiker abgestempelt. Früher nannte man diese Menschen Ketzer. Verschwörungstheoretiker sind doch alle verrückt, oder? Viele halten Menschen, die an Verschwörungstheorien glauben, für Spinner. Eine neue Studie aus den USA und Großbritannien zeigt jedoch:

Genau das Gegenteil ist der Fall. Sie besagt, dass Menschen, die Verschwörungstheorien ernst nehmen, vernünftiger sind. Sie glauben nicht einfach alles, was sie an Informationen erhalten, sondern hinterfragen Inhalte. Dadurch zeigen sie weniger Gewaltbereitschaft, weil sie nichts und niemanden ungeprüft verurteilen.

Der Politikwissenschaftler Lance deHaven-Smith erklärte dazu, dass mit einer CIA-Kampagne im Zusammenhang mit dem Anschlag am 11. September 2001 der Begriff „Verschwörungstheoretiker" wieder ins Leben gerufen wurde, um Ansichten, die nicht in den Mainstream-Medien verbreitet werden, in der Öffentlichkeit bewusst lächerlich zu machen. Ursprünglich wurde dieser Begriff zum ersten Mal nach dem J.-F.-Kennedy-Attentat gegen Andersdenkende verwendet. So werden Menschen, welche die offizielle Version einer Regierung anzweifeln, öffentlich als Spinner angesehen und man schenkt ihnen kein Gehör mehr.

Eduard Snowden diente mir im Roman als Vorlage für Eddy. Snowdens Zivilcourage mit allen Folgen, die sich für ihn daraus ergeben, sind ein Zeichen dafür, dass es Machenschaften auf dieser Erde gibt, die eigentlich nicht sein dürften. Die Verfolgung von Menschen, die Dinge der Öffentlichkeit präsentieren, welche der Schattenregierung schaden, sind Beweis genug dafür, dass es keine Verschwörungstheorien sind, die hier zutage befördert werden, sondern Tatsachen. Wie heißt es doch so schön: „Getroffene Hunde bellen."

Das Chaos, das gerade auf dem gesamten Planet zu verzeichnen ist, verfolgt einen bestimmten Zweck. Es ist derselbe, der schon immer in der Geschichte der Menschheit zu beobachten war. Chaos bietet Ablenkung und Deckung für die Elite, um andere Pläne umzusetzen, die jedoch unbemerkt bleiben sollen.

Wenn wir also die Geschichte nicht ständig wiederholen wollen, so ist es nun an der Zeit, durch Wissen zu verstehen, was mit uns geschieht. Es ist notwendig, die Manipulation zu erkennen und sich auf sein wahres Ich zu besinnen. So wie Altasar im Roman sagt: „Ein Sklave ist so lange ein Sklave, bis er bemerkt, dass er ein Sklave ist."

Oder, um das notwendige Erwachen jedes Einzelnen mit einem Zitat von Marie von Ebner-Eschenbach auszudrücken: „Die glücklichen Sklaven sind die erbittertsten Feinde der Freiheit."

Literaturtipps:

Joda, Peter, Prof. Dr.: Ein medizinischer Insider packt aus

Schrang, Heiko: Die Jahrhundertlüge

Internetquellen:

Bestes Mainstream-Medienvideo über Chemtrails! (YouTube-Film)
https://m.youtube.com/watch?v=4FtB3K4x974

Chemtrails Achtung, an alle:
Zensur-Tube mag dieses Video nicht! (YouTube-Film)
https://m.youtube.com/watch?v=umxlOiEbUiw

Chemtrails im spanischen TV (YouTube-Film)
https://m.youtube.com/watch?v=o0YvfNsBWOo

Chemtrails & HAARP (YouTube-Film)
https://m.youtube.com/watch?v=0R-C3O4OwhY

Wikipedia-Eintrag und Manipulation (YouTube-Film)
https://m.youtube.com/watch?v=KBhWEiF5JLk

Menschen, die an Verschwörungstheorien glauben, sind vernünftiger
http://www.forschung-und-wissen.de/nachrichten/psychologie/menschen-
die-an-verschwoerungstheorien-glauben-sind-vernuenftiger-13372102

SEI DU DIE VERÄNDERUNG

Mir ist es ein Anliegen, nicht nur aufzudecken, was in unserem System schiefläuft, sondern auch Lösungsansätze aufzuzeigen. Als ich dieses Buch zu schreiben begann, wusste ich, dass ich auch dem Geldsystem ein Kapitel widmen wollte. Doch zu diesem Zeitpunkt hatte ich noch keine Ahnung, wie man dieses Dilemma ändern konnte. Mir war nur klar, dass unser Wirtschaftssystem nach denselben Behandlungsmethoden verarztet wird, wie auch unsere Schulmedizin mit unseren Patienten verfährt. Egal, ob Eurokrise oder Dollarschwäche, es werden immer nur Symptome behandelt, nie jedoch die Ursachen behoben.

Doch dann erfuhr ich von Gradido. Dies ist ein Geld- und Wirtschaftsmodell nach dem Vorbild der Natur. Bernd Hückstädt entwickelte in über fünfzehnjähriger Forschungsarbeit die „Natürliche Ökonomie des Lebens". Heute leitet er die Gradido-Akademie für Wirtschafts-Bionik. Seine Kernaussage lautet: „Wenn wir im Einklang mit den Naturgesetzen handeln, werden wir weltweit Wohlstand und Frieden erleben."

Als ich sein Buch gelesen hatte, war mir klar, dass seine Erkenntnisse in Übereinstimmung mit dem waren, was ich bereits über das Leben und die Gesetzmäßigkeiten wusste. Ob es das Bildungssystem der Schetinin-Schule, die fünf biologischen Naturgesetze von Dr. Hamer, die Vermittlung des Wissens der Elite durch Kevin Trudeau oder die Studien über Nahtoderfahrungen von Elisabeth Kübler-Ross waren – alles passte wunderbar zusammen mit Gradido, der Ökonomie des Lebens. Egal, was auf diesem Planeten geschieht, es unterliegt dem Gesetz der Resonanz in Form von Ursache und Wirkung, dem Gesetz der Vergänglichkeit in Form von Entstehen und Vergehen und es liegt in allem Handeln ein Geben und Nehmen vor, um das notwendige Gleichgewicht zu wahren.

Sein Buch kann auf seiner Homepage kostenlos heruntergeladen werden, sodass man sich von der Sinnhaftigkeit seiner Aussagen überzeugen kann. Sein Wunsch ist es, dieses Wissen durch das frei verfügbare E-Book der breiten

Öffentlichkeit bekannt zu machen und dadurch eine Veränderung einzuleiten. Ich habe im Roman die wichtigsten Eckpunkte einfließen lassen und wünsche mir von ganzem Herzen, dass es in der Bevölkerung Gehör findet.

Es wird immer Kritiker geben, die ihre Zweifel haben, dass dies die richtige Lösung für unsere Umwelt- und Wirtschaftsprobleme ist. Doch ihnen sei gesagt, dass es schon mehrfach ähnliche Systeme gab, die allesamt funktionierten.

Es handelt sich hierbei um Freigeld. Damit wird ein umlaufgesichertes Geldsystem bezeichnet, das frei vom Störfaktor Zins ist. Dadurch ist es wieder auf seine ursprüngliche Funktion als reines Tauschmittel zurückgeführt und kann nicht mehr als Schatzmittel zur Wertaufbewahrung zweckentfremdet oder zur Spekulation missbraucht werden. Es hat damit auch aufgehört, Herrschaftsinstrument zu sein, dem sich alles andere unterordnen muss.

„Das Wohlbefinden und der Wohlstand des einzelnen Menschen, das Glück der Volksgemeinschaft, die Zufriedenheit des ganzen Volkes und der Friede der Welt sind hauptsächlich, wenn nicht gänzlich und allein, ein Geldproblem." (Vincent C. Vickers, Gouverneur der Bank von England, 1910–1919)

Das „Wunder von Wörgl", 1932

In der Tiroler Gemeinde Wörgl stieg infolge der Weltwirtschaftskrise die Arbeitslosenzahl im Jahr 1932 auf über 1500. Das magere Stempelgeld gab es nur wenige Monate. Danach mussten die Arbeitslosen auf Kosten der Gemeindekasse leben, in der wegen sinkender Steuereinnahmen auch bald Ebbe herrschte. Ein wahrer Teufelskreislauf war im Gange, der nicht zu durchbrechen schien: Ein Geschäft nach dem anderen musste dichtmachen, weil die Leute kein Geld hatten, um einzukaufen; Betriebe mussten schließen und ihre Beschäftigten entlassen werden, weil der Handel keine Ware mehr bestellte. Und in die Gemeindekasse floss stetig weniger Geld, weil immer mehr Leute auch keine Steuern mehr bezahlen konnten. Eine absurde Situation: Der Bedarf war riesig und die Arbeitskraft lag brach – weil das Geld fehlte, genauer gesagt, weil es nicht da war, wo es gebraucht wurde, weil es als Tauschmittel den Händen der schaffenden Menschen entglitten war und über die Zinskanäle in die Taschen einiger weniger gerutscht war. Diese wiederum hielten das Geld als Spekulationsmittel zurück und verhinderten damit einen Rückfluss in den Warenmarkt. Geldstauung führt unausweichlich zu Warenstauung und Arbeitslosigkeit. Nur wenn Geld von Hand zu Hand geht, floriert die Wirtschaft.

Der damalige Bürgermeister Michael Unterguggenberger machte aus der Not eine Tugend: Da sich in der Gemeinde ohnehin schon das meiste im Tausch Ware gegen Leistung und damit an der Steuer vorbei abspielte, führte er – mit Zustimmung aller Parteien von links bis rechts – und mit Unterstützung von Kirche, Bank, Gewerbeverein und Gewerkschaft ein eigenes Geld ein. Dieses Geld war ein besonderes Geld. Es war nach der Freigeld-Freiland-Theorie des deutsch-argentinischen Kaufmanns und Sozialreformers Silvio Gesell (1862–1930), dessen Anhänger der Bürgermeister war, so beschaffen, dass es zum Ausgeben drängte. Es zu horten, war nicht lukrativ, ganz im Gegensatz zum „normalen" (Zins-)Geld.

Damit kam die Wirtschaft schnell wieder in Schwung. Auch in die Gemeindekasse floss wieder Geld, weil die Leute ihre Steuerschulden mit dem „Notgeld" bezahlten. Es stand wieder Geld für Arbeitsbeschaffungsmaßnahmen zur Verfügung. In kurzer Zeit konnten die Kanalisation gebaut, eine Brücke fertiggestellt und Straßen erneuert werden. Der Erfolg war überwältigend und sprach sich schnell herum. Sogar der amerikanische Rundfunk brachte einen Beitrag über das Experiment von Wörgl und zeigte sich von drei Wirkungen besonders beeindruckt:

1. von der erstaunlichen Senkung der Arbeitslosenzahl in kurzer Zeit;
2. von der Stärkung der regionalen Kaufkraft;
3. von der schnellen Sanierung der Gemeindefinanzen.

Einige werden jetzt sicher fragen: Warum gibt es das Freigeld heute nicht mehr, wenn es doch so gut war?

Hier die Antwort:
Nachdem rund einhundertfünfzig Gemeinden Freigeld nach Wörgler Vorbild einführen wollten, schrillten bei den Bankiers alle Alarmglocken. Die österreichische Nationalbank pochte auf ihr Notenmonopol und setzte über den Staat das Verbot des Wörgler Freigeldexperimentes durch. Da Freigeld unweigerlich zu einer vom Kapitalismus befreiten Marktwirtschaft führt –

eine wahre Horrorvision für die Bankenwelt –, zertraten diese dieses zarte Pflänzchen einer natürlichen Wirtschaftsordnung in Wörgl zum Wohle ihrer eigenen Interessen. (Auszug aus der Seite der Deutschen Wirtschafts-Gemeinschaft DWG)

Es gibt weitere Bewegungen, die auf die Geldproblematik hinweisen und eine Umkehr fordern, weg von einer Versklavung, hin zu einer Welt ohne Geld. Der südafrikanische Schriftsteller und Musiker Michael Tellinger beschreibt in seinem Buch „Das Ubuntu-Prinzip", wie die alte afrikanische Philosophie von UBUNTU es uns erlaubt, von einer entzweiten, geldgetriebenen Gesellschaft nahtlos zu geeinten Gemeinschaften von Menschen überzugehen, die von ihrer Passion fürs Leben und ihren gottgegebenen Talenten geführt werden. Uns unserer Versklavung als Spezies durch das globale Finanzsystem bewusst zu werden, ist entscheidend dafür, den Weg zur vollständigen Erleuchtung zu finden.

Literaturtipps:
Hückstädt, Bernd: Gradido (auch als Hörbuch erhältlich)

Tellinger, Michael: Das Ubuntu-Prinzip

Internetquellen:
Gradido und E-Book
http://gradido.net/wp/

Zum Thema Freigeld
http://www.freimark-t.de/index.html

Michael Tellinger – UBUNTU Eine Welt ohne Geld (YouTube-Film)
https://www.youtube.com/watch?v=2j8fu6XVIzA

Zu Kapitel 33

DIE KRAFT DES LICHTS

Wie bereits im Roman erwähnt, ist die gesamte Faktenlage keineswegs dazu da, um Angst in dir auszulösen, sondern einzig, um in Zukunft zu erkennen, was im Außen geschieht, das dich zu manipulieren versucht und was du tun kannst, um es zu ändern. Natürlich kommt oft die Ausrede: „Was kann ich schon daran ändern? Ich bin doch nur ein kleines Licht im großen Spiel." Von dieser Reaktion hat die Elite nun schon über viele Jahrhunderte profitiert. Doch die Zeichen deuten darauf hin, dass ihre Zeit vorüber ist, denn die Menschen begreifen immer besser, wie das Leben funktioniert. Wie viele andere möchte auch ich mit diesem Buch einen Beitrag dazu leisten.

Dass jeder Einzelne zählt, zeigt die im Roman erwähnte Beobachtung eines Affenstamms. Im Jahre 1958 machten Wissenschaftler auf der japanischen Insel Kōjima genau die dargelegten Beobachtungen. Der Autor Ken Keyes griff die Thematik 1982 auf und erklärte, wie das geschehen konnte: „Wenn eine kritische Anzahl ein bestimmtes Bewusstsein erreicht, kann dieses neue Bewusstsein von Geist zu Geist kommuniziert werden." Das morphogenetische Feld, welches für dieses Geschehen verantwortlich ist, bezeichnete der britische Biologe Rupert Sheldrake bereits 1973 als ein hypothetisches Feld, das als „formbildende Verursachung" für die Entwicklung von Strukturen dient, die sowohl in der Biologie, der Physik, der Chemie, aber auch in der Gesellschaft verantwortlich gemacht werden kann.

In meinem ersten Band (Kapitel 20 und 21) habe ich bereits darüber berichtet, wie man sich die Funktionsweise dieses Feldes vorstellen kann. Seine Hypothese veröffentlichte Sheldrake 1981 in seinem Buch „Das schöpferische Universum. Die Theorie des morphogenetischen Feldes".

Die Übung, ein neues Drehbuch zu schreiben, indem man sich intensiv vorstellt, wie das Leben aussehen soll, das man sich wünscht, habe ich bereits in Kapitel 18 beschrieben. Dabei geht es um das positive Fühlen. In den

Erläuterungen dazu erwähnte ich Lynn Grabhorn, die diese Vorgehensweise als eine gute Möglichkeit sieht, das eigene Leben umzuprogrammieren. Ein weiterer Autor, Robert Scheinfeld, beschreibt in seinem Buch „Raus aus dem Geldspiel" auf ganz ähnliche Weise, wie er sein Leben meisterte: Im Alter von zwölf Jahren erfuhr er von seinem Großvater, einem sehr erfolgreichen Unternehmer, was ihn so erfolgreich machte. Dadurch begann er zu verstehen, dass es verborgene Kräfte gibt, die beeinflussen, was auf der Welt geschieht, die aber nur wenige Menschen zu durchschauen vermögen. Versteht man diese verborgenen Kräfte und nutzt sie richtig, kann man gewaltige Energien freisetzen und damit in seinem Leben wahre Wunder bewirken. Noch bevor ihm sein Großvater das ganze Geheimnis verraten konnte, verstarb dieser.

So durchwanderte Scheinfeld in den kommenden fünfunddreißig Jahren seines Lebens zahlreiche Höhen und Tiefen, um am Ende die fehlenden Puzzleteile über die Quantenphysik und Quantenphilosophie zu finden und in ein System zu bringen.

Albert Einstein erklärte es wie folgt: „Ein menschliches Wesen ist ein Teil des Ganzen, das wir Universum nennen, ein in Zeit und Raum begrenzter Teil. Es erfährt sich selbst, seine Gedanken und Gefühle, als etwas vom Übrigen Getrenntes, eine Art optische Täuschung seines Bewusstseins. Diese Täuschung ist für uns eine Art Gefängnis, das uns auf unsere persönlichen Bedürfnisse und die Zuneigung zu einigen uns nahestehenden Personen einschränkt. Es muss unsere Aufgabe sein, uns aus diesem Gefängnis zu befreien, indem wir den Kreis unseres Seins, unseres Mitgefühls ausweiten, sodass es alle lebenden Geschöpfe und die gesamte Natur in ihrer Schönheit umfasst."

Fatima beschreibt dem Erzähler die Essenz des Buches von Robert Scheinfeld in diesem Kapitel, indem sie rät: „Ziehe deine Aufmerksamkeit von allem ab, was dich daran hindert, du selbst zu sein …"

Robert Scheinfeld selbst fasst es in seinen Worten zusammen: „Wenn du dich irgendwie unwohl fühlst, tue Folgendes:
• Gehe direkt mitten in dieses Gefühl.
• Fühle die gesamte negative Energie.

- Wenn das Gefühl des Unbehagens seinen Höhepunkt erreicht hat,
  sage die Wahrheit darüber: Ich bin die ultimative Macht im Universum
  und habe dies alles selbst erschaffen. Es ist nur erfunden,
  um in der Polarität zu erfahren, wer ich wirklich bin.
- Fordere diese Energie zurück und lasse sie in dich fließen. Spüre, wie
  dein ganzer Körper vibriert.
- Öffne dich mehr und mehr der energetischen Person in einem
  materiellen Körper, die du in Wahrheit bist.
- Drücke deine Wertschätzung für dich selbst aus, dass du so großartig
  warst, dies zu erschaffen, um daraus zu lernen. Du brauchst diese
  Situation nicht mehr. Sie hat ausgedient."

Für mich ist diese Übung zu einem wichtigen Bestandteil meines Lebens geworden. Ich wende sie immer an, wenn ich das Gefühl habe, nicht in meiner
Mitte zu sein. Ich definiere, was es ist, das mich gerade aus dem Gleichgewicht bringt, und beginne mit der Übung. Je öfter man sie macht, umso
mehr „geparkte" Energien holt man sich zurück in sein Leben, wodurch
man wieder seine wahre Kraft und Stärke entfaltet.

Am 8. August 2014 startete der indische Arzt und Weisheitslehrer Deepak
Chopra im Internet einen Aufruf zu einer gemeinsamen Meditation, um
den Weltfrieden zu bewahren. Damals haben offiziell rund 140 000 Menschen aus der ganzen Welt daran teilgenommen. Seine Begründung, die ihn
zu diesem bis dahin neuen Ereignis veranlasste, war, dass jegliche positiven
Gedanken (aber natürlich auch negative) das morphogenetische Feld entsprechend aufladen. Je mehr Menschen also positive Signale in den „Äther"
senden, desto stärker wird er aufgeladen, und ab einem bestimmten Anteil
an positiven Ladungen bekommt dieser Prozess eine Eigendynamik, vergleichbar mit den Beobachtungen der Affen. Seit diesem Ereignis ruft er
jeden Sonntag zu einer gemeinsamen planetaren Meditation auf. Das mag
ungewöhnlich klingen, jedoch verstärken sich die Energien in einer Gruppe,
zur gleichen Zeit gesendet, um ein Vielfaches. Wenn du also etwas bewegen möchtest, so erreichst du viel mehr, wenn du dich mit Gleichgesinnten
umgibst und mit ihnen zusammen positive Gefühle aussendest. Das muss
nicht eine Meditation sein, auch gute Gespräche, die in dir positive Gefühle
entstehen lassen, führen zu diesem Ergebnis. Auf dieselbe kollektive Weise

entstanden viele Kriege, warum sollte also nicht auch ein kollektives Umdenken, das mit einem Weltfrieden einhergeht, möglich sein.

Den Unterschied zwischen Polarität und Dualität zu erfassen, ist eine wichtige Aufgabe, um zu verstehen, wie es zu all den Ereignissen auf dieser Welt überhaupt kommen konnte und weswegen wir alle daran beteiligt sind.

Der Philosoph und Autor Armin Risi beschreibt in seinem neuesten Buch „Ihr seid Lichtwesen", wo der Fehler in der heutigen Wissenschaft sowie in der daraus resultierenden Denkweise zu finden ist, welcher bei der ganzen Rechnung von Anfang an gemacht wurde. Dabei spielt das Vereinheitlichen von Polarität und Dualität eine entscheidende Rolle. Die Erkenntnis, die sich aus diesem Fehler ergibt, zeigt, dass uns etwas Wichtiges fehlt, um dauerhaft Glück, Freude und Liebe zu erfahren. Esmeralda gab diesbezüglich als Inselälteste das Schlusswort im Roman.

Wenn du durch mein Buch erkannt hast, dass jeder von uns einen wichtigen Beitrag dazu leisten kann, um die Welt zu verändern, dann beginne ab sofort damit. Verändere du dich als Erstes und die äußeren Umstände werden sich automatisch verändern. Es ist kein leichter Weg und du weißt noch nicht, was dich am Ende erwartet. Darum halte deinen Lernindex so hoch wie möglich, denn nur dadurch wirst du ein neues Leben in Erfahrung bringen können. Tust du nichts, so darfst du dich auch nicht über deine äußeren und inneren Lebensumstände beklagen. Wenn du dich für das Handeln entscheidest, so vergiss bitte nicht, die anderen Menschen zu informieren, damit sie es dir gleichtun können.

Literaturtipps:
Sheldrake, Robert: Das schöpferische Universum. Die Theorie des morphogenetischen Feldes
Scheinfeld, Robert: Raus aus dem Geldspiel
Risi, Armin: Ihr seid Lichtwesen

Internetquelle:
Risi, Armin: Der Mensch, ein multidimensionales Wesen (YouTube-Film)
https://www.youtube.com/watch?v=pAX8N74Rm2c

Zu Kapitel 34

DER LETZTE
TAGEBUCHEINTRAG

Abschied zu nehmen von etwas, das man lieb gewonnen hat, ist oft sehr schmerzhaft. Man glaubt, dass man etwas verlieren wird, das man nicht bereit ist herzugeben. Doch erreicht man im Leben immer wieder einen Punkt, an dem es heißt, Lebewohl zu sagen, da etwas Neues auf einen wartet. Alte, vertraute Gewohnheiten geben wir deshalb sehr ungern auf, weil sie uns vermeintliche Sicherheit vorgaukeln. Bei näherer Betrachtung handelt es sich dabei jedoch nur um die Ängste vor dem Unbekannten. Die Neugierde wieder zu entwickeln, in der wir noch lebten, als wir Kinder waren, gilt es wieder zu wecken. Wer sich dies zutraut, der geht auf einem Weg voran, auf dem ihm viele andere folgen können, denn der Mensch ist ein Herdentier. Mit meinen Büchern möchte ich den vielen Menschen, die sich verlaufen haben, wieder einen Weg in eine glückliche Zukunft zeigen. Sie sind bis jetzt einer Führung gefolgt, die sie in eine Sackgasse geführt hat. Manchem ist dies bereits bewusst, andere wiederum haben es noch nicht bemerkt.

Um die Erde von der „Hölle" wieder in das „Paradies" zu verwandeln, braucht es viele Menschen, die die Wahrheit vor dem Schleier, der uns alle mehr oder weniger noch umgibt, verbreiten. Da du dieses Buch gelesen hast, weißt du nun darüber Bescheid, was die Menschen daran hindert, das Spiel des Lebens wieder so zu spielen, wie es einmal vom Schöpfer angedacht war. Wenn du erkannt hast, dass auch du dazu beigetragen hast, zusammen mit allen genau diese Welt zu erschaffen, die wir täglich sehen, dann ist dir auch bewusst geworden, dass wir sie jeden Tag ändern können. Mit jedem Einzelnen, der erwacht und dies erkennt, ist es möglich, das Unvorstellbare zu meistern. Darum sei auch du so mutig wie ich und trage als Mensch, der noch vor Kurzem da stand, wo heute noch viele andere in ihrem Bewusstsein stehen, das Wissen hinaus in die Welt. Wenn du dich durch dieses Buch oder die vielen aufgeführten Bücher, Seminare und Internetquellen zu verändern beginnst – und das wirst du –, dann bist du ein Mensch, der vorangeht, um den anderen zu zeigen, wie es gelingt, sein Leben erfolgreich zu ändern.

Du verbreitest nicht deine Meinung, sondern du lieferst gelebte Fakten. Das ist es, was dich zu einem Vorbild macht. Habe den Mut zur Veränderung und sei dir deiner Aufgabe bewusst, andere auf deine Veränderung aufmerksam zu machen. Ihnen wird deine Entwicklung auffallen, wodurch sie neugierig werden.

Nicht alle Menschen werden dir zuhören können und manche werden dich auch noch nicht verstehen. Doch sei dir klar darüber, dass es nur ihr Verstand ist, der sie daran hindert, die Wahrheit zuzulassen. Ihr Wesenskern ist oft hart wie Stein und das Leben hat sie so geformt. Doch auch sie sind ein Teil der Quelle. Darum verurteile sie nicht, sondern gibt ihnen Zeit. Je mehr Menschen sich um sie herum ändern, umso leichter wird es ihnen möglich sein, einen neuen Glaubenssatz zuzulassen. Sie sind Herdentiere, die der Leitfigur folgen, die am lautesten schreit und der die meisten Menschen hinterherrennen. Doch sind wir im Grunde nicht fast alle so konditioniert?

Durch das Lesen der vielen Bücher, das Besuchen zahlreicher Seminare und das Informieren im Internet konnte ich meine alten Prägungen zu einem großen Teil auflösen. Aus meinen einstmals dicken neuronalen Verbindungen habe ich verkümmerte Leitungen gemacht, die zwar immer noch da sind, jedoch lange nicht mehr diese Dominanz besitzen wie vor der Zeit, als ich begann, mich zu verändern. Das Ganze ist ein Prozess, der nur durch seine Stetigkeit eine dauerhafte Verwandlung hervorruft. Das Schreiben eines Tagebuches, in dem du die für dich wichtigsten Leitsätze festhältst, ist dir eine große Hilfe dabei. Eine Collage oder Worte, die dich jeden Tag daran erinnern, in welche Richtung du dein Leben verändern möchtest, wirken mächtig.

Das ist übrigens auch die Strategie der erfolgreichen Geschäftsleute. Sie lernen dies in Erfolgs- und Motivationsseminaren. Was also auf der Macht- und Angstebene des Geldes funktioniert, wird auch auf der höheren Stufe des Vertrauens in die eigene Seele und die damit verbundene Liebe zum

Leben erfolgreich sein. Je mehr Menschen es sind, die ihrer Seele wieder die Führung übergeben und sich von ihr lenken und leiten lassen, umso schneller tritt die ersehnte Veränderung ein. Es hängt also maßgeblich davon ab, wie schnell das Wissen um das Geheimnis, das uns wie ein Schleier umgibt, unter die Menschen kommt. Wenn jeder den Mut aufbringt darüber zu reden, weil es eine Selbstverständlichkeit ist, dass wir zu dem werden, was wir die meiste Zeit fühlen, kann es sich wie ein Lauffeuer herumsprechen, sodass auch die letzten Skeptiker keine Argumente mehr dagegen finden. Dann entsteht schon bald ein kollektives neues Weltbild, wie damals, als die Erde aus einer Scheibe zu einer Kugel wurde.

WORTE

WORTE DER NOTWENDIGKEIT

Als ich die letzten Zeilen dieses Buches geschrieben hatte, spürte ich, dass für uns Menschen dringender Handlungsbedarf besteht, die Not, die sich durch unser Verhalten unweigerlich ergibt, zu wenden. Ich sehe es nun, in dieser Geschichte und angesichts der darin verwerteten zahlreichen unumstößlichen Fakten, als NOT-WENDIG an, so schnell wie irgend möglich ins Handeln zu kommen, um eine kollektive Bewusstseinsveränderung zu erreichen. Mir ist klargeworden, dass die spirituelle Entwicklung eines jeden Einzelnen in erster Linie nur mit einem gesellschaftlichen, wirtschaftlichen und ökologischen Wandel einhergehen kann.

Wir sind ein Mikrokosmos im Makrokosmos und werden die Erleuchtung, nach der wir uns alle sehnen, nur finden, wenn wir uns dessen bewusst werden, dass wir niemals getrennt von der Natur leben können. So wie der Körper ohne Seele nicht lebensfähig ist, so ist der Mensch ohne eine intakte Natur zum Aussterben verurteilt. Körper, Geist und Seele gehören untrennbar zu jedem Individuum, das die Erde bewohnt. Diese Trinität zeigt sich auch auf globaler Ebene. So sind Mensch und Natur miteinander verbunden. Aber auch der Mensch und die Seele gehören zusammen, so wie die Menschen mit ihren innewohnenden Seelenanteilen untereinander aus derselben Quelle stammen und in ihrem Ursprung eins und damit das Absolute oder die ultimative Liebe sind. Wenn uns das bewusst ist und wir in der Lage sind, unser Handeln danach auszurichten, dann kann das „Experiment Mensch" endlich gelingen.

Unser modernes, technisches Zeitalter mit all seinen Nachteilen bietet uns dabei ungeahnte Vorteile. Mobilfunk und Internet ermöglichen es uns, in Windeseile Nachrichten untereinander auszutauschen und uns miteinander zu vernetzen. Auf diese Weise erfahren Milliarden von Menschen auf der ganzen Welt, was sich hinter dem Schleier verbirgt, der die meisten noch umgibt. Wenn eine sogenannte kritische Masse erreicht ist, deren Augen geöffnet werden konnten, so werden auch die restlichen Menschen sehen, wie schön das Leben sein kann, nachdem wir uns von unseren Zwängen, Glaubenssätzen und alten Gewohnheiten befreit haben, denen wir uns unterworfen haben. Wenn immer mehr Menschen erwachen und erkennen, welche Show hier läuft, ist sie bald schon vorüber.

Ich gebe zu, es klingt fast zu unglaublich um wahr werden zu können, dass wir selbst in der Lage sein sollen, diesen Befreiungsakt herbeizuführen. Zu sehr wirken die beschränkenden, versklavenden Strategien und Manipulationen der scheinbar „Mächtigen" dieser Erde. Dabei spielt das Geld die maßgeblichste Rolle. Der Mangel und die daraus entstehende Angst ist der größte Manipulationsfaktor, der auf uns wirkt. Die im Buch aufgeführten Alternativen zu unserem bestehenden System stellen beispielhafte Lösungen dar. Egal ob Gradido, Ubuntu oder Freigeld, hier haben sich Menschen bereits Gedanken darüber gemacht, wie ein Geldsystem zum Wohle aller aussehen könnte. Denn wenn das sprichwörtliche Kind in den Brunnen gefallen ist, so müssen schnelle Lösungen vorhanden sein. Sie müssen sich zwingend vom Vorhandenen unterscheiden, um nicht der Täuschung des Wolfes im Schafspelz zu erliegen und zum Alten in neuer Verpackung greifen.

Auch wenn wir uns heute noch nicht vorstellen können, wie unser Leben künftig aussehen wird: Ein Rückschritt in die Steinzeit ist aus meiner Sicht nicht angedacht. Vielmehr geht es mir um das Vorhandensein moderner, umweltfreundlicher Techniken, die bereits in den Schubladen der Konzerne lagern und der Öffentlichkeit nur aus Profitinteresse bislang nicht zugänglich gemacht wurden. Sie sollten endlich Anwendung finden und nicht nur für militärische Zwecke missbraucht werden.

Altasar steht im Roman beispielhaft für wohlhabende Menschen, die mit ihrem Geld, anstatt es als Machtmittel zu missbrauchen, Gutes tun und damit der Menschheit bei ihrem Erwachensprozess helfen möchten. Solange es noch Geld gibt, sehe ich die Aufgabe derer, die sehr viel davon haben, darin, sinnvoll und verantwortungsbewusst damit umzugehen. Doch ob diese Botschaft die Verantwortlichen erreicht, steht in den Sternen.

Ich fühlte, so wie vielleicht auch du beim Lesen, eine Resignation beim Recherchieren und Schreiben dieses Romans. Es erscheint unglaublich, dass es Menschen gibt, die in der Lage sind, ihresgleichen auf eine Weise, wie im Roman beschrieben, auszunutzen und dabei völlig skrupellos vorzugehen. Ich fragte mich immer wieder, ob in ihnen kein Gottesfunke angelegt ist, der sie an ihre Mitmenschlichkeit, Moral und Ethik erinnert und der sie vor allem erkennen lässt, dass auch sie ein Teil des Ganzen sind. Doch scheinbar haben diese Menschen sich von sich selbst entfremdet. Irgendetwas musste mit ihnen geschehen sein, das sie wie ferngesteuert handeln lässt.

Meine Recherchen führten mich zu einem YouTube-Film, in dem der Wissenschaftler, Biophysiker und Autor Dieter Broers sein neues Buch „Der verratene Himmel" vorstellt. In diesem Interview erklärt er, dass er auf Spurensuche ging, um herauszufinden, was uns alles manipuliert, um den in unserer Evolution vorgesehenen Bewusstseinswandel zu behindern. Viele Dinge, die er aufzählte, decken sich mit meinen Erkenntnissen, die ich im Roman zusammengefasst habe. Das gab mir eine Bestätigung meiner Denkweise. Auf eine Frage jedoch hatte ich bis jetzt noch keine Antwort gefunden: Warum gibt es Menschen, die zu solch unmenschlichen Taten in der Lage sind, und weshalb lassen wir dies alles so lange schon mit uns machen?
Die Antwort darauf möchte ich trotz ihrer Komplexität in aller Kürze zusammenfassen: Nur ein energetisch versklavter Mensch ist in der Lage, andere Menschen zu versklaven.
Nur Menschen, in denen permanent sehr niedrige Schwingungen vorherrschen, sind in der Lage, ein solches Verhalten an den Tag zu legen. Stellt sich also die Frage: Wie kann es geschehen, dass ein Mensch nicht mehr die Quelle der Liebe in sich trägt, aus der er doch ursprünglich stammt? Die Antwort darauf liefert Broers durch seine geschichtlichen Recherchen:
Es muss in der Tat eine niedrig schwingende Energieform geben, die diese Menschen versklavt hat, ohne dass sie sich dessen bewusst sind. Ein innerlich freier Mensch lebt von der Energie der Liebe, diese Menschen jedoch nähren sich vom Leid anderer Menschen. Das ist ihr Beweggrund, der sie dazu befähigt, solche Taten auszuführen. Sie gehen in Resonanz mit unseren Ängsten, Nöten und selbstzerstörerischen Handlungen und zehren von dieser Energie, die sie für ihr eigenes, aus unserer Sicht leidvolles Leben benötigen. Dieter Broers fand heraus, dass diese Energien schon seit Tausenden von Jahren unserem Spiel beiwohnen. Man gab ihnen im Laufe der Geschichte viele Namen. Der heute gebräuchlichste lautet Archonten.
Archont kommt aus dem Griechischen und bedeutet: der Erste sein. Aus dem Hebräischen übersetzt, heißt es: unsichtbarer Herrscher. Hierin ist offensichtlich der Beweggrund zu finden, warum diese Menschen sich selbst

an die oberste Stelle der Menschheit heben und sogar glauben, dass sie sich über Gott stellen können, indem sie sich die Natur und alle Menschen untertan machen. Sie handeln wie Süchtige, die sich nicht bewusst sind, dass sie sich bei der Befriedigung ihrer Sucht dauerhaft selbst schaden.

Wir sitzen alle in einem Boot, weswegen wir auch gemeinsam untergehen, wenn das Schiff an einem Felsen zerschellt. Das scheint den Drahtziehern jedoch bei aller Intelligenz, die ihnen zuzusprechen ist, nicht wirklich bewusst zu sein. Sie rüsten sich für einen Krieg gegen die Natur und begreifen nicht, dass wir alle gemeinsam als Gewinner trotzdem auf der Verliererseite stehen. Diese Denkweise zeigt, dass ihnen ein Leben voller Freude, Glück und Liebe nicht wichtig ist. Ihnen geht es ausschließlich darum zu überleben, egal wie. Ein Mensch jedoch, der innerlich frei sein möchte, kann dieses Streben allein über die Liebe erfahren. Nur sie schenkt einem göttlichen Wesen Sinnerfüllung – den anderen lediglich die triebhaft gesteuerte Erlangung von Macht, Gier, Hass und Leid.

Was also trägt diese Erkenntnis zu einer Lösung bei?

Es nützt uns wenig, diese Menschen zu verurteilen oder gar bekämpfen zu wollen. Denn, wie wir aus dem Roman und dem Faktencheck nun wissen, unterstützen wir mit dieser Reaktion allenfalls deren Verhalten, weil wir ihnen Aufmerksamkeit und damit Energie in Form unserer Gefühle schenken. Zudem birgt eine Verteidigungshaltung immer die Gefahr von Hass – was, wie aus der Menschheitsgeschichte erkennbar, meist zu Aufständen und Kriegen führt, die wiederum mit viel Leid einhergehen.

Egal, ob wir nun daran glauben, dass diese Menschen von fremdartigen, niedrigschwingenden Energien besetzt sind, das sie zu ihrem Handeln führt, oder ob sie einfach nur einen „schlechten" Charakter haben: Verurteilung ist niemals eine Lösung. Vielmehr sollten wir erforschen, was uns daran hindert, dem etwas Sinnvolles entgegenzuhalten, um damit der Ursache des Ganzen auf die Spur zu kommen. Das allein kann letztlich zu einer dauerhaften Änderung führen. Warum nur befinden sich so viele Menschen noch im tiefsten Winterschlaf, während erst wenige erwacht sind und erkennen, was gerade mit uns geschieht?

Auch hierauf bietet Broers eine Antwort, die er jedoch selbst erst fand, nachdem sein Buch veröffentlicht worden war. So macht er in der Ergänzung zur 2. Auflage auf eine Studie über einen Parasiten, der auf unseren Verstand Einfluss nimmt, aufmerksam: Toxoplasma Gondii, ein Einzeller mit parasitärer Lebensweise. Das Besondere an ihm ist seine Intelligenz und sein Einfluss auf unser Verhalten. Seit Anfang 2000 wird er erforscht und am 21. April 2013 strahlte das Erste Deutsche Fernsehen (ARD) eine Dokumentation zum Thema „Fremdgesteuert durch Parasiten" aus. Darin heißt es, dass rund dreißig Prozent der Menschen von ihm befallen seien. Broers' Recherchen lassen die Vermutung zu, dass dieser Parasit mit dafür verantwortlich ist, weshalb so viele Menschen das sogenannte Froschverhalten an den Tag legen:

Setzt man einen Frosch in einen Topf mit kochendem Wasser, so springt er sofort wieder heraus, um sein Leben zu schützen. Wird er jedoch in kaltes Wasser gesetzt und man erhitzt es, bis es zum Kochen kommt, so bleibt er darin sitzen, bis er stirbt. Unser Froschverhalten sieht ganz ähnlich aus. Würden wir aus einiger Distanz das Weltgeschehen, die Ungerechtigkeit, die Manipulation und die Umweltzerstörung betrachten und vor die Aufgabe gestellt werden, mit unserem Verstand abzuwägen, ob wir an diesem Spiel teilnehmen wollen oder nicht, so würden wir uns vermutlich nicht dafür entscheiden, in die brodelnde „Suppe" zu hüpfen.

Doch wir sitzen bereits mitten im kochenden Sumpf und haben aufgrund der schleichenden Veränderung der Rahmenbedingungen nicht bemerkt, dass wir unsere biologische Lebensgrundlage als menschliches, biologisches Wesen verlieren könnten. Dieses Froschverhalten kann durch das Vorhandensein jenes Parasiten erklärt werden, denn der Parasit setzt sich im Hirn seiner Opfer fest und beeinflusst dort unter anderem den Dopamin-Spiegel, was Verhaltensveränderungen hervorrufen kann.

Dopamin ist ein wichtiger Botenstoff des Nervensystems. Als sogenannter Neurotransmitter – eine Art Hormon – leitet es Signale zwischen Neuronen weiter und sorgt so für die Steuerung sowohl körperlicher als auch geistiger Bewegungen. Dadurch ist Dopamin für eine Vielzahl von Körperreaktionen verantwortlich, etwa unsere Aufmerksamkeitsfähigkeit, unsere Stimmungslage und unsere Emotionen. Angst ist neben einer herabgesetzter Aufmerksamkeitsfähigkeit eine mögliche Emotion, die entstehen kann, wenn der Dopamin-Spiegel stark ansteigt.

Angst in Zusammenhang mit einer geschwächten Aufmerksamkeit sorgt meist für ein hilfloses Verhalten. Man erkennt nicht die Wichtigkeit der momentanen Situation, in der es zu handeln gilt, sondern wähnt sich in einer Position, aus der es keinen Ausweg zu geben scheint. Die Folge ist eine Veränderung der sonst üblichen Hirnaktivität, die sich in Angstzuständen, Depression und im schlimmsten Fall in Schizophrenie auswirken kann.

Die New York Times schrieb dazu am 28. August 2014: „Ein einzelliger Organismus namens Toxoplasma Gondii ist einer der erfolgreichsten Parasiten der Erde. ... Ein Grund für dessen Erfolg ist seine Fähigkeit, seinen Wirt zu manipulieren. Der Parasit kann das Verhalten der von ihm befallenen Wirte so sehr beeinflussen, sodass diese Gastgeber unter Umständen ihren eigenen Tod riskieren." Das würde unser Froschverhalten erklären.

Doch noch ein weiteres Verhalten sorgt dafür, dass wir tatenlos zuschauen, was gerade mit uns geschieht, obwohl wir alle wissen, dass es im schlimmsten denkbaren Fall kein Zurück mehr gibt. Dabei handelt es sich um das Fische-Verhalten:

Bei dem Versuch zur Erforschung des Verhaltens eines Fischschwarms machten Wissenschaftler folgende Entdeckung: Der Fischschwarm schwamm in einem großen Aquarium den ganzen Tag von links nach rechts. Irgendwann setzten die Wissenschaftler eine Glasplatte in der Mitte des Aquariums ein und halbierten somit den Lebensraum der Fische. Zunächst steuerten die Fische auf die Glasplatte zu und stießen, weil sie sie nicht erkennen konnten, mit ihren Köpfen dagegen. Das wiederholte sich einige Male, bis sie sich schließlich in ihr Schicksal ergaben, um von da an nur noch den halben Weg von links nach rechts zu schwimmen. Nach Entfernen der Glasplatte stand den Fischen wieder das gesamte Aquarium zur Verfügung. Doch sie nutzten es nicht mehr, sondern blieben in ihrer Raumhälfte. Die unsichtbare Begrenzung, die die vordersten Fische des Schwarmes einstmals schmerzlich erfahren durften, als sie mit der Glasplatte zusammenstießen, blieb ihnen als Glaubenssatz erhalten: „Ab hier geht es aus irgendwelchen Gründen nicht mehr weiter. Ihren Nachfolgern im Schwarm, teilten sie ihre neue Erkenntnis mit. Diese übernahmen diese „Fakten" ungeprüft in ihr Weltbild.

Unser Weltbild, das wir durch unsere Glaubenssätze kreieren, entsteht meist auf dieselbe Weise. Die ungeprüften Meinungen der anderen und vor allem der Medien führen zu einer unsichtbaren, selbsterschaffenen Begrenzung, die uns unserer wahren Fähigkeiten beraubt. Unsere individuelle Wahrheit, die es für jeden im Leben zu erfahren gilt, wird somit zu einer kollektiven Manipulation durch Gedankenkontrolle. Das schwächt uns und führt zu einem hilflosen Verhalten, genau wie bei einem Befall des Parasiten Toxoplasma Gondii. Darum unterliegt der größte Teil der Menschen ganz ähnlichen Symptomen.

Erst wenn ein Fisch sich traut, die unsichtbare Barriere zu durchdringen, um neue Wege zu gehen, besteht die Möglichkeit für alle anderen Fische des Schwarmes, sich ihrer Begrenzung zu entledigen, indem sie es ihm gleichtun.

Was können wir tun, um uns von diesen unsichtbaren Fesseln zu befreien?
Der Befreiung von unseren Problemen liegt zu einem großen Teil eine selbstauferlegte Beschränkung zugrunde.

In diesem Buch sind die wichtigsten Gründe dafür aufgeführt, die uns in diese Situation gebracht haben. Eine große Hilfe dabei, aus ihr wieder herauszufinden, sind die fünf Schritte, die Altasar im Roman ausführlich erklärt. Wer sich bereitwillig für Neues öffnen kann, der befindet sich bereits mit einem Bein außerhalb seines selbstgemauerten Gefängnisses.

Das Erwachen und die damit einhergehende Transformation sind Prozesse, in die wir uns Stück für Stück hinein entwickeln und so unsere Fähigkeiten entdecken. Unser freier Wille, der uns dabei behilflich ist, wird uns erst wirklich frei zur Verfügung stehen, wenn wir gelernt haben, uns von den Manipulationen, die dieses Buch erörtert, zu lösen und mithilfe unserer Intuition eine eigene Meinung bilden – weg von einer Einheitsmeinung, hin zu unserer individuellen Wahrheit. Die Programme, die einstmals durch unsere neuronalen Verknüpfungen entstanden sind, können sich nun lösen und neue Erfahrungen und Überzeugungen zulassen. Dadurch verlieren die „Mächtigen" ihre Macht, die sie nur haben, weil wir uns fremdbestimmen lassen.

Am Ende dieses individuellen Prozesses steht der spirituell erwachte Mensch, der erkennt, dass persönlicher Handlungsbedarf notwendig ist, um eine kollektive Veränderung herbeizuführen. Im Klartext: Durch Wegschauen oder mit Ausreden wie „Was kann ich alleine schon bewirken?" zu argumentieren, verliert seine Berechtigung, wenn man erkannt hat, dass jeder Einzelne zählt. Veränderung geht immer vom Volk aus, denn die Mächtigen sehen so lange keinen Anlass zu Veränderung, bis Forderungen oder Verhaltensänderungen der Basis danach rufen.

Wie kann eine persönliche Veränderung aussehen?

Der Übergang beginnt mit einer Rebellion des Herzens, die das in jedem von uns innewohnende Bewusstsein erweckt. So ist es möglich, dass du gegen deine eigenen Gewohnheiten, aufgrund deiner Erkenntnisse durch dieses Buch, eine Abneigung entwickelst. Brauche ich wirklich noch mehr i-Geräte, Apps, Modeartikel, übergroße Autos, extragroße Portionen, Luxusartikel, Zweitfernseher oder Doppelgaragen, die vollgestopft sind mit Dingen, die ich gar nicht benötige und die ich vielleicht auch nie wirklich genutzt habe?

Möglicherweise empfindest du Zorn angesichts der wachsenden Kluft zwischen Arm und Reich. Oder eine tiefe Unzufriedenheit aufgrund des ungerechten Handelsgebarens der Banken, die lieber jeden Cent ihrer enormen Profite aus dem unfairen Geldsystem privatisieren, während sie billionenschwere Verluste auf die Schultern der Steuerzahler verlagern. Doch Vorsicht, verurteile sie nicht!

Vielleicht aber empfindest du Kummer beim Anblick alter Waldbestände, beispielsweise, die dem Kahlschlag geweiht sind, weil sie für Papierverpackungen, Einweg-Essstäbchen oder Palmöl-Plantagen geopfert werden und dadurch auch die letzten Orang-Utans ihre einzige ökologische Nische verlieren. Möglicherweise entwickelst du ein Gespür dafür, sodass in dir selbst einige Programme ablaufen, die einer dringenden Veränderung bedürfen, um dich nicht mehr für andere verbiegen zu müssen.

Im Außen stellst du eventuell an deinen Mitmenschen fest, wie sehr sie ein roboterhaftes, fremdgesteuertes Verhalten an den Tag legen und nur noch ihren eigenen Vorteil suchen, wodurch sie skrupellose Handlungen begehen. Aber auch die Sehnsucht, die du beim Lesen dieses Romans empfunden hast, ein Leben wie auf Atlemuris zu führen, könnte ein Hinweis sein auf die beginnende Rebellion in deinem Herzen.

Es gibt sicher unendlich viele Beispiele, die uns jedoch erst auffallen und berühren, wenn wir unser Bewusstsein dafür schärfen. Meist beginnt es damit, zu erkennen, was man nicht mehr möchte, um zu definieren, was man stattdessen will. Doch wir haben verlernt, auf das Wesentliche zu schauen, weil man uns beigebracht hat, uns auf Unwesentliches zu konzentrieren.

Die Inhalte dieses Buches mögen dazu beitragen, die unbewusst getrennte Verbindung von unserer wahren Herkunft wiederherzustellen und zu erkennen, dass die ursprüngliche Freiheit unsere eigentliche Natur ist. Was noch vor Kurzem normal für dich war, weil es der Gesellschaftsnorm entsprach, empfindest du plötzlich als abnormal. Wo du zuvor ein Herdenverhalten an den Tag legtest, das den Regeln der Gesellschaft folgte, fühlst du dich nun als Außenseiter, der wie das sprichwörtliche „schwarze Schaf" gegen den Strom zu schwimmen versucht. Wenn du dieses Verhalten bei dir wahrnimmst, dann weißt du, dass in deinem Herzen die Rebellion in vollem Gange ist und du dich auf ein spannendes Leben einstellen darfst. Denn nun beginnen sich deine alten Gewohnheiten langsam aufzulösen, um Raum zu schaffen für neue Überzeugungen. Dein Bewusstseinswandel ist jetzt aktiv. Du brauchst dich nicht davor zu fürchten, denn er ist von „höchster Stelle" so beabsichtigt und führt dich in eine Zukunft voller Freude, Glück, Freiheit, Liebe und Fülle.

Den Bezug zur Natur zurückzugewinnen und zu verstehen, dass sie genug für alle bereithält, um in Fülle zu leben, ist dabei eine sehr wichtige Erkenntnis. Dies durfte ich durch ein weiteres Buch, das mir zum Abschluss meines Projektes in die Hände fiel, erfahren. In „Spirituelle Ökologie. Der Ruf der Erde" begegnete ich einer Vielzahl von unterschiedlichen Betrachtungsweisen, die in buddhistischen, keltischen, christlichen, persischen und indischen Traditionen sowie in jenen der amerikanischen Ureinwohner und der Sufi wurzeln. Und selbst während ich dieses Nachwort schreibe, erfahre ich aus den Medien, dass Papst Franziskus in der Enzyklika „Laudato si" am 18. Juni 2015 zum Thema Umweltschutz und Ökologie schreibt: „Warum möchte man heute eine Macht bewahren, die in die Erinnerung eingehen wird wegen ihrer Unfähigkeit einzugreifen, als es dringend und notwendig war?"

Zur Verbesserung des Umweltschutzes und der Ökologie kann jeder Einzelne von uns schon viel beitragen, wenn er seine Essgewohnheiten ändert. Denn sie geht unmittelbar mit der Zerstörung unserer Erde einher. In seinem am 16. April 2015 veröffentlichten Dokumentarfilm „10 Milliarden" macht der Filmemacher Valentin Thurn darauf aufmerksam, dass wir bis Mitte dieses Jahrhunderts nahezu zehn Milliarden Menschen auf unserer

Erde mit Nahrung zu versorgen haben. Schon jetzt ist klar, dass dies mit unseren bisherigen Anbaumethoden und Essgewohnheiten nicht bewältigt werden kann. Auf der Suche nach Möglichkeiten stellt er klar heraus, dass ein Umdenkprozess seitens der Hersteller und Verbraucher zwingend notwendig ist. Weg von dezentralen Agrarstrukturen, hin zu regionaler, aber auch solidarischer Landwirtschaft mit biologischem Anbau. Und vor allem weg vom überhöhten Fleischkonsum.

Biologisch hergestellte Nahrung ist in ihrer Erzeugung kostenintensiver, weshalb sie sich zum konventionellen Anbau neben einer besseren Qualität auch durch den höheren Preis unterscheidet. Dass gesunde Ernährung für die breite Masse erschwinglich wird, setzt ein verändertes Essverhalten, vor allem auf die Menge und Wegwerfmentalität bezogen, voraus. Jedoch können sich viele Menschen diese Nahrungsmittel einfach nicht leisten. Der Grund ist in unserem Wirtschaftssystem zu finden. An erster Stelle stehen dabei die hohe Steuerlast sowie die ungerechte Verteilung des Geldes. Schon deswegen ist ein neues, völlig anderes Geldsystem – vielleicht nach dem Vorbild von Atlemuris – dringend notwendig.

Dass bereits ein gesundheitsbewussteres Verbraucherverhalten entsteht, zeigen die zahlreichen Bestseller-Kochbücher über vegetarische und vegane Kost.

Um Fleisch zu produzieren, benötigt man im Vergleich zur vegetarischen Variante in etwa die dreifache Anbaufläche zur Herstellung von Futtermitteln. Die notwendige Reduzierung des weltweiten Fleischkonsums betreffend kann folgendes Aussage hilfreich sein.

Der Parasit Toxoplasma Gondii gerät zum größten Teil über die Nahrungskette in unseren Körper. Am 15. August 2014 äußerte sich dazu erstmals ein Politiker, der isländische Premierminister Gunnalugssonn, öffentlich: „… Wenn Menschen Fleisch aus dem Ausland verzehren, welches nicht richtig gekocht wurde, riskieren sie Änderungen ihrer Verhaltensmuster."

Ob nun der Parasit durch erhöhten Fleischkonsum oder andere Essgewohnheiten in unseren Körper gelangt – man weiß heute, dass alle Arten von Eindringlingen, ob Viren, Bakterien, Pilze oder sonstige Parasiten, die unserem Körpersystem schaden, am besten in saurem Milieu überleben können. Darum ist gesunde Ernährung (wie in den Bänden 1 und 2 von „Ich bin …" beschrieben), die automatisch einen basischen Zustand im Körper bewirkt, eine wichtige Vorbeugung und Behandlung gegen diesen parasitären Befall.

**Das Vertrauen, dass Mutter Erde alles für uns bereithält,
setzt Demut und Dankbarkeit voraus.**

Wenn man bei Freunden eingeladen ist, bringt man als Gast dem Gastgeber ein Geschenk mit, um sich für die Gastfreundschaft zu bedanken. Wenn wir von jemandem etwas geschenkt bekommen, fühlen wir uns normalerweise verpflichtet, ihm auch etwas zu geben.

Das sind nur zwei Beispiele, wie wir zwischenmenschlich miteinander umgehen. Doch wenn es um unsere Mutter Erde geht, so schenken wir ihr für ihre großzügige Gastfreundschaft keinerlei Respekt. Stattdessen berauben wir sie, bis nichts mehr von ihr zu holen ist.

Wir dürfen wieder lernen, dass das natürliche Gleichgewicht nur über ein Geben und Nehmen möglich ist. Das Verständnis für diese Denkweise ist jedoch allein über die Wertschätzung und Dankbarkeit praktizierbar, dass wir nämlich hier zu Gast sein dürfen, um unser persönliches Spiel des Lebens zu spielen. Im Roman geschieht dies unter anderem über das Wirtschafts-, Bionik-Finanzsystem, das im Einklang mit den Naturgesetzen zu einem dreifachen Wohl führt: zum Wohle des Einzelnen, zum Wohle aller und zum Wohle des großen Ganzen. Doch durch das fehlende Wissen und Verständnis um die universellen Gesetzmäßigkeiten sind wir in einer Sackgasse gelandet, aus der es nur durch eine komplette Richtungsänderung ein Entkommen gibt. Bis jetzt führen wir noch Krieg gegen Mutter Erde, so wie wir Krieg gegen angebliche Feinde und Krankheiten führen. Doch wenn wir wieder unsere spirituelle Verbindung zu unserer Seele und der Quelle, aus der wir alle stammen, erkennen und annehmen, dann beginnt das Leben, das wir bis heute noch kennen, langsam auseinanderzufallen und zu sterben. Nur ein verirrter und manipulierter Verstand ist in der Lage, sich wie ein Parasit zu verhalten, der sich früher oder später seiner eigenen Lebensgrundlage beraubt. Doch durch die Kehrtwende erhalten wir die Möglichkeit, ein wundervolles Leben zu führen, in dem nicht zählt, was wir tun, sondern, wer wir sind und was uns zum Ausdruck bringt. Wir erkennen, dass die Erde uns ermöglicht, vorübergehend hier zu sein. Und als gute Gäste respektieren wir unsere Gastgeberin in all ihrer Fülle und Schönheit, da wir das Glück haben, hier leben zu dürfen.

Der Erzähler sucht im Roman nach dauerhafter Freude, Glück, Liebe und einem spirituellen Leben. In meinen beiden Büchern findet er zahlreiche

Möglichkeiten, die ihm zur Verfügung stehen, um diesen Vorsatz bleibend in sein Leben zu ziehen. Das Wissen, das er und die Leserschaft durch die vielen Erkenntnisse erlangen, erzeugt ein vertrauensvolles Verständnis für das Gute in allem, was ist. Unwissenheit hingegen führt immer dazu, unbewusst manipuliert zu werden und eine Verurteilungshaltung einzunehmen.

So möchte ich an dieser Stelle einen letzten Hinweis geben, der mir erst am Ende dieses Buchprojektes verständlich wurde:

Das Streben nach Liebe und die damit verbundene Erkenntnis, dass alles eins ist und doch voneinander getrennt wirkt, fordert von uns ein Loslösen von allen Verurteilungen. Wenn wir verstanden haben, dass es am Ende dieses Prozesses die wahre und aufrichtige Liebe zu allem, was ist, zu erkennen gilt – was bedeutet, dass alles absolut und gut ist, so wie es ist –, dann sind wir im wahrsten Sinne des Wortes „in Liebe vereint". Allzu oft sagen wir jedoch diesen Satz, ohne ihn jemals richtig verstanden zu haben.

Sind wir hingegen in der Lage, die Liebe nach ihrer wahren Bedeutung zu leben, dann geschehen mehrere Dinge gleichzeitig. Wir neutralisieren quantenphysikalisch betrachtet automatisch alle niedrigen Schwingungen oder Energien, die uns zu manipulieren versuchen und gleichzeitig entziehen wir, biologisch gesehen, dem Parasiten Toxoplasma Gondii seine Lebensgrundlage.

Dieter Broers stieß bei seinen Recherchen auf eine Studie, die belegt, dass der Zustand der allumfassenden Liebe, wie sie beispielsweise in einer tiefen Meditation oder einer Erleuchtung, also bei einer direkten Verbindung zu unserer Seele erreicht wird, die Substanz Beta-Karbolin im Körper freisetzt, die nachweislich dem Parasiten seine Lebensgrundlage entzieht.

Dieses Ergebnis zeigte mir, dass wir durch eine Korrektur und Umkehr unserer Lebensumstände zum absolut Guten, das frei ist vom relativen Bösen, in der Lage sind, zuallererst uns und dann die Welt zu verbessern – und dadurch schließlich wieder zu heilen. Wenn wir nur noch im Guten handeln, kann es nichts Böses mehr geben, da wir das Böse allein durch unsere eigenen unguten Taten erfahren können. Der Sinn, weswegen wir Konfrontationen mit dem Negativen, Dunklen oder Bösen im Leben erfahren, ist die Erkenntnis einer notwendigen Korrektur und Umkehr in Demut. Haben wir unsere Fehler und Irrtümer erkannt, so sollten wir uns für eine Umkehr zum Guten entscheiden. Dies ist es letztlich, was wir in der Polarität erfahren dürfen. Kommen wir durch unsere Umkehr ins Handeln und es gelingt uns, damit aus der spaltenden Dualität, in der wir uns heute noch befinden, wieder die sich gegenseitig unterstützende Polarität zu leben, erfahren wir das Paradies auf Erden.

Ich könnte mir vorstellen, dass du diese Zeilen mehrmals lesen musst, um sie in ihrer vollen Tragweite zu erfassen.

Erkennen, erwachen, verändern!

Diese Erkenntnis stellt wohl die größte Herausforderung für uns alle dar und ich bekenne, dass es auch mir schwerfällt, immer die Liebe und das Gute in allem zu erkennen und danach zu handeln. Doch ich bin mir dessen bewusst, dass am Ende dieses Prozesses ein völlig neues Spiel auf uns wartet. Die zweitgrößte Herausforderung ist die Überwindung der Angst davor, neue Wege zu beschreiten. Auch hier gestehe ich, dass es mir nicht immer leichtfällt, aus meiner Komfortzone herauszutreten.

Das, was ich in meinen beiden Büchern an Ratschlägen gebe, ist nicht alles auf einmal umzusetzen. Das ist auch gar nicht erforderlich, denn es handelt sich hierbei um einen Prozess, den es für jeden auf seine Weise zu meistern gilt.

Menschen im eigenen Umfeld von diesen Erkenntnissen zu berichten, sehe ich als eine der dringlichsten Aufgaben an. Die Medien werden es noch nicht tun. Also müssen wir das auf althergebrachte Weise übernehmen, indem wir wieder miteinander darüber reden. Auch wenn anfängliche Skepsis eine erste Reaktion sein kann, die uns die Menschen entgegenbringen, so sprechen die Fakten doch für sich. Es wird heute niemand mehr als Ketzer oder Spinner verurteilt werden.

Liebe Leserin, lieber Leser,

ich wünsche dir auf deinem Transformationsweg in ein neues Bewusstsein von Herzen alles erdenklich Gute. Sei dir dessen bewusst, dass du diesen Weg nicht nur für dich, sondern für alle anderen gleichermaßen gehst, denn in unserem Ursprung sind wir alle eins. Wir stammen aus der absoluten Quelle und sind dennoch einzigartige Anteile derselben.

Von Herz zu Herz, auf Seelenebene
Ralf Marador

Literaturtipps:
Broers, Dieter: Der verratene Himmel

Vaughan-Lee, Llewellyn: Spirituelle Ökologie

DVD-Tipp:
Thurn, Valentin: 10 Milliarden

WORTE DER DANKBARKEIT

Damit ich diese Geschichte zu einem hilfreichen Lebensberater gestalten konnte, waren zahlreiche Fügungen notwendig.

Genau zum richtigen Zeitpunkt traten Menschen mit Informationen in mein Leben, die mir die Möglichkeit gaben das, was in uns und um uns herum geschieht, zu verstehen und in einfachen Worten an meine Leser weiterzugeben.

Ich danke in aufrichtiger Liebe meiner Frau Jeanette für die vielen lehrreichen Gespräche und ihre tatkräftige Unterstützung meines Projekts. Danke, dass wir gemeinsam am selben Strang ziehen, auch wenn wir nicht immer einer Meinung sind.

Ich danke Oliver Bartz von ganzem Herzen für die zahlreichen Diskussionen und seine tatenreiche Unterstützung, mich mit Informationen zu versorgen, die maßgeblich daran beteiligt waren, die klare Botschaft hinter den vielen Worten zu formulieren.

Großen Dank an Margarethe Heidemeyer und Nicolai Weidmann-Heidemeyer. Ihr habt mir mit euren Erklärungen immer wieder die Augen geöffnet, um das zu sehen, was für mich zuvor unsichtbar blieb.

Ich sage Danke an Andreas Krauth für die wundervollen und verständlichen Ausführungen zur Numerologie. Seine Kurse ließen mich erkennen, dass das Leben kein Zufall ist und mit der Sprache der Zahlen jedem die Möglichkeit offensteht, wieder in seine Mitte zu finden.

Ich richte meinen Dank an alle Autoren und Regisseure, deren Bücher ich gelesen, deren Filme ich gesehen und deren Internetseiten ich studiert habe. Durch sie erhielt ich Einblick in das unendliche Wissen. Weil sie vorausgegangen sind, um zu entdecken, was bisher noch den meisten verborgen bleibt, ermöglichen sie der Menschheit, sie nun auch zu finden – die großen Geheimnisse des Lebens.

Der größte Dank gebührt jedoch dir, Mutter Erde. Dass wir bei dir zu Gast sein dürfen und du uns auf selbstlose Weise alles gibst, was wir zum Leben benötigen, um gesund und glücklich zu sein, ist das größte Geschenk, das man bekommen kann. Bitte verzeih mir, dass ich deine unendliche Güte jetzt erst erkenne.

Ich danke dir, meiner Seele Marador, dafür, dass du mich lenkst, leitest und führst, auf dass ich immer zum richtigen Zeitpunkt am richtigen Ort bin. Dadurch ergaben die einzelnen Puzzleteile an Informationen ein wundervolles Bild, auf dem zu erkennen ist, was uns so lange verborgen blieb.

Nun bleibt mir nur noch, einen großen Dank an alle Leserinnen und Leser auszusprechen. Durch das in diesem Buch vermittelte Wissen werden sie in der Lage sein, die Wahrheit vor dem Schleier zu erkennen. So kann jeder Einzelne durch sein tatkräftiges Handeln und die Weiterverbreitung einen großen Beitrag leisten, dass schon bald wieder das Paradies auf Erden entsteht. Danke für die Weiterempfehlung meiner Bücher.

Mehr Informationen zu diesem und anderen Büchern sowie eine Link-Liste unter

www.marador-verlag.de

Haftung für Angaben zu Internetquellen

Dieses Buch enthält Angaben zu Internetquellen, wie Links zu externen Webseiten Dritter, auf deren Inhalte wir keinen Einfluss haben. Deshalb können wir für diese fremden Inhalte auch keine Gewähr übernehmen. Für die Inhalte der angegebenen Seiten ist stets der jeweilige Anbieter oder Betreiber verantwortlich. Rechtswidrige Inhalte waren vor Druck des Buches nicht erkennbar.

Stand: 31. August 2015

NOTIZEN

Ich bin ...

... das Buch über das Geheimnis Deines Lebens

„Das Leben ist kein Wunschkonzert."
Glaubenssätze wie diese bestimmen unser tägliches Handeln. Dadurch ist das Leben vieler Menschen heute von Unzufriedenheit, Angst, Minderwertigkeit, Stress und Krankheit geprägt.
Aus dem Hamsterrad scheint es kein Entrinnen zu geben. Die Verurteilung des Umfeldes ist die Reaktion auf das verlorene Vertrauen in die eigene Kompetenz, sein Leben selbst erfolgreich gestalten zu können. Somit entsteht Resignation, die schwächt und hilflos macht.

Mary und Samuel zeigen dir auf einfache und verständliche Weise, wie du wieder in deine volle Kraft und Stärke kommst. Dadurch eröffnet sich dir eines der bestgehüteten Geheimnisse dieser Erde: das Geheimnis, wer du wirklich bist.

Der Roman basiert auf wahren Begebenheiten im Leben des Autors. Seine persönliche Geschichte schildert er im zweiten Teil des Buches.

Band 1
1. Auflage 2014
ISBN 978-3-00-045014-3
www.marador-verlag.de

DE	19.60 €
A	20.20 €
CH	27.90 sFr

Ralf Bahle, wie der Autor mit bürgerlichem Namen heißt, wurde 1963 in Stuttgart geboren. Er machte eine Ausbildung im Gesundheitswesen Zahntechnik und gründete 1993 ein heute renommiertes Dentallabor. Seinen Erfolg auf diesem Gebiet begründet er mit seiner ganzheitlichen Denkweise. Dieses eher unübliche Vorgehen in seinem Berufsfeld verdankt er den Erfahrungen durch persönliche Lebensumstände. 1998 verfiel er in eine Lebenskrise, durch die er in den folgenden Jahren Menschen kennenlernte, die ihm die Gesetzmäßigkeiten des Lebens vermittelten. Dieses Wissen veränderte sein Leben auf allen Ebenen. Im Februar 2013 folgte er einer inneren Eingebung und schrieb sein erstes Buch „Ich bin … das Geheimnis deines Lebens", in der Absicht, so vielen Menschen wie nur irgend möglich seine außergewöhnlichen und hilfreichen Lebenserfahrungen in leicht verständlicher Form weiterzugeben. In seinem neuen Werk zeigt er schonungslos auf, was konkret uns daran hindern kann, das in seinem ersten Band vermittelte Wissen dauerhaft in unseren Alltag zu integrieren.